新思潮文档

总主编 金惠敏

后现代主义

主编 陈晓明

河南大学出版社

图书在版编目(CIP)数据

后现代主义/陈晓明主编. —开封:河南大学出版社,
2003.9(2008.2 重印)
(新思潮文档/金惠敏主编)
ISBN 978-7-81091-085-9

Ⅰ.后… Ⅱ.陈… Ⅲ.后现代主义-文学研究-文集
Ⅳ.I109.9-53

中国版本图书馆 CIP 数据核字(2003)第 066282 号

责任编辑 袁喜生
责任校对 靳路遥
装帧设计 张 胜

出 版	河南大学出版社		
	地址:河南省开封市明伦街 85 号	邮编:475001	
	电话:0378-2825001(营销部)	网址:www.hupress.com	
经 销	河南省新华书店		
排 版	河南大学出版社印务公司		
印 刷	河南第一新华印刷厂		
版 次	2004 年 1 月第 1 版	印 次	2008 年 2 月第 3 次印刷
开 本	650mm×960mm 1/16	印 张	21.75
字 数	320 千字	印 数	3501—4500 册
定 价	25.00 元		

(本书如有印装质量问题,请与河南大学出版社营销部联系调换)

目 录

金惠敏	总序	（1）
陈晓明	导言	（1）
王　宁	后现代主义：从北美走向世界	（1）
陈晓明	历史转型与后现代主义的兴起	（21）
张颐武	论"后乌托邦"话语	
	——90年代中国文学的一种趋向	（49）
朱立元	关注当代文学中的"后现代现象"	（64）
张清华	面对"后现代"守住那最后的家园	（68）
王岳川	后现代主义与中国当代文化	（72）
王一川	张艺谋神话的终结及其意义	（86）
张德祥	"后现代"论：世纪末的理论魔术与文化呓语	（105）
孙绍振	"后现代"之后	（111）
杨　扬	先锋文学、先锋批评在当代	（115）
贺　奕	群体性精神逃亡：中国知识分子的世纪病	（123）
赵毅衡	"后学"，新保守主义与文化批判	（134）
徐友渔	后现代主义及其对当代中国文化的挑战	（147）
杨守森	20世纪现代、后现代文艺思潮反思	（152）
陆建德	海上逐"后"	（166）
陶东风	后现代主义在中国	（172）
张清华	认同或抗拒	
	——关于后现代主义在中国的思考	（182）
盛　宁	危险的让·鲍德里亚	（197）
王治河	别一种后现代主义	（204）

周　宪	文化的分化与"去分化"
	——现代主义与后现代主义的一种文化分析……（215）
金惠敏	主体的浮沉与我们的后现代性………………………（237）
金惠敏	后现代主义在中国的过去与未来……………………（242）
史　建	90年代中国艺术的后现代倾向 ………………………（248）
曾艳兵	后现代主义与中国诗学………………………………（257）
卓新平	后现代思潮与神学回应………………………………（267）
胡全生	拼贴画在后现代主义小说中的运用…………………（279）
丁　帆	"现代性"与"后现代性"同步渗透中的文学…………（293）
叶舒宪	《哈利·波特》与后现代文化寻根……………………（308）
张旭东	全球化时代的文化悖论：多样性还是单一性 ……（319）

金惠敏

总　　序

　　20 世纪 90 年代以前我们曾经自信地划出了一个相对于"文革"的"新时期",那确乎是群情激扬、光辉灿烂的峥嵘岁月。不过今天从思想史或者思想创新的角度看,"新时期"之"新"似乎仅具有拨乱"返"正的意义,是严格字面意义上的"文艺复兴",它远承"五四"精神,近接 50 年代的"百花齐放,百家争鸣",其关注的主题如人道主义、人性论、主体性、异化、马克思手稿、美的本质、现实主义等等,均是大半个世纪以来时而低抑、时而高亢的老话题,而且,"左"、"右"对垒,阵线分明。"右"者坚信只要冲破"左"的禁锢,前景就是一片光明;而"左"者则认定,"右"将毫无疑问地导致动乱、无序和资本主义复辟。那时的"思想解放"其实只有两条路好走:要么解放,要么就仍然禁锢着。这种水火不相容的思想对抗从另一个意义上说就是单纯而幼稚、激情而盲目,远称不上理性而深刻的"思想解放"。

　　进入 90 年代,思想界急剧分化,乱云飞渡,思潮翻涌。当我们感觉"新时期"这个概念已经无法表述我们当前的思想状况时,思想的"新时期"才真正到来。思维创新的佳境不是二元对立、非此即彼,它总是晦暗不明,难分难解,相互渗透,多种可能性并存。具体说,90 年代的思想界不再是明朗的"左"与"右",它呈现出思想作为一种精神活动的原生态,即使那些看起来不共戴天的学说如现代性与后现代性、自由主义与新左派也不再能够划出个左右来,更兼以无从捉对厮杀的新儒家、全球化、知识分子、文化研究、身体注视、传媒哲学等等,一个问题甚至可能以其他所有的问题为其语境。

但是如果将思想还原为现实,那么可以说所有这一切都是现代化运动以及当前的全球化与古老中国相遇的产物。对于西方世界来说,其思想界的主要议题是如何让传统发扬光大,如伽达默尔哲学解释学就是让传统自己说话,而在中国则除了这层任务之外,更加之以如何与西方这个"他者"相对话。"传统"与"他者"可能就是当今最大的哲学问题。

将这些90年代以来的思想文本归档整理,决不意味着它们已经成熟或者完成使命。应该承认,这些思想还嫌稚嫩,更谈不上形成什么定论。但是,它们是我们走过或达到的一个个里程碑,是当今中国知识界的思想实录,更蕴涵着无限的发展契机。如果我们还想继续前进的话,那么这些文本之作为历史资料的参照意义甚或作为思想地图的指示作用将都是不言而喻的。

知我者,罪我者,我们一概表示感谢。

惶惶然,谨此为序。

2003年8月29日
北京花园村

陈晓明

导　言

　　后现代在中国的传播历经十多年的历史,这段历史始终暧昧不清。现代主义在中国的历史虽然经历了风吹雨打,但多少还有些堂皇悲壮。因为现代主义搭上了"文革"后思想解放运动的快车,现代主义是作为一种时代的变革前驱而被渲染的。现代派文学及其思想理论一直就是改革开放后中国文学走向世界的榜样和标本,它所经历的那些意识形态领域的磨炼,表明它对新旧思想体系都构成巨大的冲击。事实上,现代主义在中国当代文学中的影响力很有限,转化为文学创作成果的就更少见。所谓"'85新潮"在多大程度上具有现代主义的特征,是值得怀疑的。但现代主义确实构成了一种观念的冲击,它虽然没有有效地建构新的体系,但它瓦解了旧有的秩序。在新旧交替的历史过渡时期,现代主义当然也显得不伦不类。在20世纪80年代后期,文坛就一度时兴过"伪现代派"的说法,那种揶揄的语调,与80年代初对现代派的急切渴望相比,真有一种老谋深算的意味。确实,现代主义并未在中国当代文化中扎下根,因为整个现代主义文化产生的历史背景与知识积累,在当代中国并未打下基础。现代主义的那种反叛性和超越性,与中国的文化传统和现状都大相径庭。
　　中国的后现代主义就是在现代主义开创的暧昧场景中登台的,它本身显得更加暧昧。后现代主义在中国出现的最初时期,它几乎没有任何合法性的身份。与现代主义在中国的出台相比,它既无天时(需要新思想的历史机遇),又无地利(改革开放形成的文化态势),更无人和(文学界创新的共同愿望)。然而,后现代主义夹着尾巴躲在"现代派"的麾下步入了历史。实际上,后现代主义在中国的传播并不比现代主义晚多少,大陆最早使用"后现代"这一词汇的可能是董鼎山,他在《读书》1980年第12期上发表了题为《所谓"后现代派"小说》的文章,但这篇评介性质的短文,是否就是汉语中的"后现代"一词的创造,还难以断言。在台湾,早至70年代末期就有"后现代主义"这种说法。大陆的"后现代主义"是否受到台港的影响,尚不确定,但已经有其在先,大陆就很难争夺这一发明权。在80年代初期介绍现代派的文丛和文章中,就有不少后现代主义的作品,只不过那时把这些后现代主义的作品称之为后期现代派。如袁可嘉的《西方现代派文学作品选》,其中有不少篇幅选用后期现代主义作品。在该书中,袁可嘉把荒诞派戏剧和法国新小说等作品,称之为"后期现代主义"。但袁可嘉1982年在《国外社会科学》(第11期)就发表文章《关于"后现代主义"思潮》,可见袁可嘉的这套文丛付梓较早,没有采用"后现代主义"的说法。陈焜的《西方现代主义文学研究》(1981)也多处论述到荒诞派戏剧、"黑色幽默"等现代派艺术特征。他没有使用"后期现代派"的说法。在伍蠡甫主编的《现代西方文论选》(1983)中,也选有法国新小说和荒诞派戏剧阐述文学观念的文章。1984年,何望贤编选《西方现代派文学问题论争集》(人民文学出版社),有些问题划在现代派名下,实际上属于后现代范畴。很显然,法国新小说、荒诞派戏剧以及"黑色幽默",都可以归入后现代主义。这些选本和文集都没有使用"后现代"这一概念。

80年代中期开始出现少量的用"后现代主义"来评介西方文学的新近成果。后现代在中国的传播得力于美国马克思主义理论家弗雷德里克·杰姆逊。1985年,杰姆逊在北京大学中文系做了题为《后现代主义与文化理论》的专题讲座,听者云集。这是后现代主义在中国的传教仪式,传教士本人并不信教。杰姆逊一直是后现代主义文化的激烈批判者,但奇怪的是,杰姆逊本人却在对后现代主义的批判中成长为一个独树一帜的后现代主义理论家。1986年,陕西师范大学出版社出版由唐小兵翻译的杰姆逊的讲演集《后现代主义与文化理论》,这使后现代主义理论的影响迅速波及中国各地。

实际上,后现代主义在中国的传播也有赖于后结构主义打下的基础。后现代主义虽然与后结构主义经常通用,但它们之间的区别还是显而易见的。后者主要限定在哲学与文学理论方面,而前者则更偏向于文学艺术创作、大众文化、文学批评和文化研究。"后现代"所指范围要广得多,以至于它经常被视为是包含后结构主义的一个更大的具有广义文化意义的概念。后结构主义在中国的传播则要早一些。80 年代初期在上海出版的《外国文学报道》就有译介后结构主义的文章。徐崇温在 1986 年出版的《结构主义与后结构主义》,虽然是一本小册子,但作为后结构主义的普及读物,在当时的影响不可小视。但后结构主义在中国的影响并不广泛,从结构主义到后结构主义的转变也没有令人耳目一新或惊恐不已。但后现代主义不同,不管人们的直接反应如何,它在人们心理上造成的刺激是非常强烈的。也许是因为后现代主义涉及的面更广,它不再只是哲学领域或学术圈子里的事,它与更广泛的文学艺术实践,与理论话语的表达方式,甚至与人们的行为方式、道德实践和价值观念相联系。也许有一个现象有些奇怪,在后现代主义和后结构主义最初传播的时期,它们各自为阵,人们对后现代主义的大惊小怪与对后结构主义的熟视无睹并行不悖。似乎只有解构主义才与后现代主义沾亲带故。

80 年代后期,"后现代主义"这种说法开始流行起来,其传播面其实并不广泛,只限于少数外国文学、文艺理论和当代中国文学研究者。80 年代后期,在众多的外国文学研究者中,王宁是最早不遗余力地推介后现代主义理论的学者。在中国的外国文学研究和文艺理论研究领域,大凡涉及西方的理论思潮,免不了首先要以批判的眼光加以介绍,但王宁似乎怀着更大的肯定性热情加以阐发。事实上,后现代主义在中国一直是在批判与怀疑的语境中勉强长大的。最早进行后现代主义引介和阐释的研究者其实寥寥无几。一直到 90 年代初期,一部分翻译的理论论著才陆续问世。1991 年,王宁等翻译出版了由荷兰人佛克马和伯顿斯编选的《走向后现代主义》,这部书立即受到欢迎。1992 年,王岳川与尚水编译的《后现代主义文化与美学》出版,也引起相当的反响。1993 年,刘象愚等翻译出版了哈桑的《后现代的转折》一书。紧接着一系列的国内学者的著作陆续出版,它们有:王岳川的《后现代主义文化研究》(1992),王治河的《扑朔迷离的游戏》(1993),张颐武的《在边缘处追索》(1993),陈晓明的《无边的挑战——中国先锋文学的后现代性》、《解构的踪迹》(1994)，王宁的《多元并生的时代》(1994)，赵祖谟主编的《中国后现代文学丛书》(四卷,1994)，以及由甘肃人民出版社出版、周伦佑主编和国内数位"后学"研究者编辑推出的《当代潮流：后现代经典丛书》(五卷,1995)等等。这些著述在学术界，特别是青年学生中引起较大反响。

关于后现代研究的文章在当时还只是偶尔在主流学术刊物中发表，倒是有几家在学术界并不太知名的刊物成为新生力量。东北沈阳的《艺术广角》一度是"后学"的主要阵地，有关先锋派和前卫艺术的论述占据了这本刊物的主要篇幅，这在当时的学术界是很少见的，这得力于有眼光的编辑辛晓征。我本人写的《边缘的萎缩：从现代到后现代》于1989年发表于该刊，可以说是较早用后现代理论来阐释当代中国文学的变革趋向的文章。《当代电影》在电影界是举足轻重的刊物，但在学术界并不是热门刊物。《当代电影》80年代后期和90年代初期一直都是新理论的生产基地，当时的编辑姚晓濛热衷于此道。结构主义、现象学、精神分析学、后结构主义、解构主义等理论学说，不断从这个刊物涌现。我本人较早写的《拆除在场：论德里达的解构理论》，1990年在该刊发表。那时，很难想像其他的主流刊物会拿出数万字的篇幅发表这类文章。对后现代感兴趣的人似乎集中在文学界和前卫艺术界，栗宪廷、范迪安、尹吉男等人是现代派美术的鼓吹者，他们阐发的现代派的艺术观念，已经非常靠近后现代主义。特别是栗宪廷后来热衷于阐述的"政治波普"、"无聊现实主义"等等，具有明显的后现代主义的倾向。据我所知，最早在刊物中办后现代小辑的，倒是美术界的《艺术潮流》。这可能是一本在香港出版和印刷（在内地发行）的刊物，1993年第2期发表了一组关于后现代的文章。随后，主流刊物《文艺研究》和《中国社会科学》都有讨论后现代理论与文化现象的小辑出现。一些以后现代为主题的会议对后现代研究起到推波助澜的作用。1990年，中国社会科学院外国文学研究所举办关于后现代主义的小型讨论会，在会上发言的有赵一凡、王宁、盛宁和笔者本人。由于盛宁一直关注后现代问题，由他任主编的《外国文学评论》，也给后现代研究开辟了一方之地。而较有声势的会议当数1993在北京大学召开的"后现代文化与中国当代文学国际研讨会"，1994年在西安召开的"后现代主义在当代中国研讨会"等。

在本文的概括描述中,似乎后现代主义在 90 年代初期已经风起云涌,事实上,相比较起远为庞大的主流学术活动,后现代主义在中国学界只是茫茫大海中的一叶扁舟,在风雨飘摇中浪迹天涯。如此诗意的表述其实隐含着严酷的学术话语斗争。据王岳川统计,90 年代上半期,发表的关于后现代主义的文章有近 800 篇。①在这些文章中,批评、质疑、拒斥后现代主义的并不在少数,相当多的文章带着明显偏激的情绪化指责。例如,孙绍振先生就认为,后现代主义不过是一个残酷的文化杀手,一头蚕食现代精神价值的怪兽,他断言:后现代的出现"无论西方还是在中国都是一场令人震惊的文化灾变"。②作为孙先生的学生,我深知孙先生的情绪化激愤的后面,还有无边的宽容作为依托。始终站在当代文化前沿的孙绍振先生,不过是对他偶然间错过了一班车发一下牢骚而已。但其他更多的激烈文字,则是要从当代文化秩序整顿与价值建构的高度,对后现代进行批判与抗拒。有学者指出,在当下中国由后现代发动的这场解构运动,"引发了一场全面的'溃败'与瓦解",呼吁要"守住那最后的精神家园"。③在诸多的批判后现代主义的学者中,贺奕的批判显得全面而彻底。在他看来,后现代主义的根本特征就在于其精神价值的空疏,他指出:"由于缺乏某种终极价值体系作为依托,这种作用最终将流于短促、狭隘和浅薄,中国后现代论者鼓吹的某些观念,诸如拆除深度,追求瞬间快感,往往包藏着希求与现实中的恶势力达成妥协的潜台词,主张放弃精神维度和历史意识,暗含着他们推诿责任和自我宽恕的需要,标榜多元化,也背离了强调反叛和创新的初衷,完全沦为对虚伪和丑恶的认同,对平庸和堕落的骄纵。可悲的是,这些观念于他们不仅是文化阐释估价的尺码,更上升为一种与全民刁滑风气相濡染的人生态

---

① 参见王岳川《后现代主义与中国当代文化》,《中国社会科学》1996 年第 3 期。
② 孙绍振《"后现代"之后》,《小说评论》1994 年第 6 期。
③ 参见张清华《认同或抗拒:关于后现代主义在中国的思考》,《文学评论》1995 年第 2 期。或参见张清华《面对后现代:守住那最后的家园》,《文艺报》1993 年 5 月 8 日。

度。"①这可能是迄今为止对后现代主义定性批判最激烈的言辞。在贺奕的其他论述中,还可以看到后现代被定性为具有"堕落和反动本质",不过是中国文化消极面的"全面复辟"。很显然,后现代主义在批判者的叙述中已经被妖魔化,加诸后现代身上的那些恶劣品质,诸如反价值标准,反人性,反崇高,不要深度,没有原则,怎么样都行……这些在后现代的表述中都有严格的理论前提和必要的限定,但在批判者这里,这些前提和限定被取消之后,它们从特定的文本和历史语境中孤立出来,然后再被推向了极端。后现代在当代中国就这样被叙述成十恶不赦的妖孽和卑鄙下作的混账。对后现代的批判看上去更像大胆的指控和缺席的审判,批判从来不指名道姓,没有具体的文本,没有任何具体的事例,假想的后果被当成既成事实,毫不留情地栽到后现代的身上。后现代已经持续了十多年,当代文化的任何一桩丑闻,任何一项罪恶,看不出与后现代的阐释者有任何关系。后现代的言说者,作为一小撮在这个庞大的文化秩序中极为边缘的游走者,何以会令那么多的人怒发冲冠,这确实是一件奇怪的事。对中国后现代的定义充满了歧义和自相矛盾。当后现代派被定义为反动派和破坏者时,那就说明定义者是认同现有的文化秩序的,后现代主义十恶不赦,就在于扰乱了现存的崇高而美满的文化体系;当后现代主义被定义为合谋者时,它到底与谁合谋? 那么,在那个崇高美满的秩序之外,还有什么别的有力量的存在物吗? 如此看来,那个崇高美满的体系居然可以独立于任何势力而能秩序井然,安然无恙,这如果不是自欺欺人,那就是思维混乱,或者有意颠倒黑白。

  后现代确实危及到真理先天占有者的权力地位,这些批判与反抗的过激化姿态不难理解。从另一方面来说,知识分子始终处于话语的焦虑状态,寻求成为表达言说的中心始终是知识分子的职业追求,而以靠近真理的姿态展开言说,则是最安全也是最有效率的一种言说。后现代不过是侥幸成为知识分子失语症自我诊断的一个话题,成为 90 年代的历史无物之阵中的一个仅有的小小障碍。无的放矢的批判的武器终于有了对象,与其说人们怀着激愤

---

① 贺奕《群体性精神逃亡:中国知识分子的世纪病》,《文艺争鸣》1995 年第 3 期。

讨伐后现代,不如说是带着狂喜进行鞭挞,否则,那么多的形容词与长篇累牍的宣判就变得不可理解了。

　　后现代就这样从一个稚嫩的小浑蛋,被摔打成一个庞然大物——一个话语生产的永动机。关于后现代的话语不断增殖,不管是批判还是申辩,贬斥还是颂扬,它都变得不可拒绝。十多年过去了,我们好像超越了那段怀疑、犹豫和彷徨的历史,但人们好像突然间可以对后现代主义泰然处之的这种接纳并不是出于理论和学理的意义上,更多的则是从现实的直接经验出发的。例如,中国介入全球化的经济现实,中国迅速而大规模的城市化,互联网和电信的普及,全球化的影视传媒的影响等等,这些使人们接受后现代的态度发生了变化。很长时期以来,我都不太使用"后现代"这个词语,只要能用惯常的词语我就回避那些加上"后"缀的术语。这倒不是因为我怯懦,而是疲惫和麻木。但现在,几乎是突然间我才意识到,我们是真的进入了一个后现代的话语空间,不在这个话语平台上言说,已经没有别的去处。例如,现在时髦的"现代性"、"全球化"、"后殖民"、"帝国"等说法,都在后现代的框架之内,至少和后现代沾亲带故。人们现在开始熟练地运用那些词语,那些方法和观念,这也许是一个妥协的极好机遇,人们避免了尴尬,更积极的说法就是达到沟通与理解。谁让我们处在一个多元而又宽容的时代呢?

　　实际上,后现代在中国并不是什么洪水猛兽,我也不相信后现代的言说者和反对者都有多么高远而悲壮的情怀。对于后现代的言说者来说,这不过是知识演绎的必然结果。一代人有一代人的知识,这些知识在很大程度上决定了人们的观念和立场。观念的转化依赖于知识,而不是相反,观念是知识自然而然的延伸。我们总是过于偏执一种观念和立场,以为观念和立场将决定知识的优劣;事实上,只有以知识为依托的观念和立场的差异才是真实的距离。观念并不是从天而降的,它是知识孕育的结果。也正因此,后现代的言说者,实在是因为较早触及到了这种知识,因而才会有诸如此类的立场和观念出现。后现代的言说者,既不是什么悲壮的叛逆者,也不是什么下作的合谋者,而只是对一种知识的探寻和热爱,使他们以这种方式存在。

　　后现代也因为它的舶来品本性而受到质疑,在主张中国文学批评本土化的人们看来,它的知识身份具有不合法性。我想,对这一问题的回应可以从以下几方面去思考:其一,文学理论与批评这门学科就是现代性的一门知识,它本身从基础到概念体系都来自西方,那些早些时候的西方知识已经为中国所用,并被默许为"中国本土化"的了,我以为这种默许因为习以为常而使人们忽略了它的外来色彩。但这里显然存在双重标准,何以新近的知识就是西方的,就不能用呢? 其二,本土化是一个漫长的过程,并不能指望在短时期内就能奏效。其三,本土化与全球化是一个辩证的过程,全球化才使本土化成为一个问题和需要,而本土化只能在全球化的格局里才有意义。本土化的诉求本身构成全球化的一部分,离开了全球化,本土化的诉求就显得多余,因而本土化的纯粹性也是可疑的。其四,中国是一个大国,中国文化从来没有打算成为与西方相对立的差异性的他者文化。建立一种大国文化,或者说,一种大国文化的新生,无疑是应该最大可能地吸取人类一切优秀文化的成果。中国文化历经了唐代的兼收并蓄,纳百川而归大海,才有了那个时期的博大精深。也许现代性以来的中国文化也正在经历又一次的文化大融合,最大可能吸取西方文化的成就,才可能使中国文化在未来的时代变得博大深厚而充满活力。这个时期很可能是一百年,二百年,也可能更久。

如此看来,就没有必要为我们现在吸收西方的文化成果而感到愧疚不安,再退一步来说,对于寻求知识增长和思想自由表达的知识分子来说,知识的民族—国家身份真的是那么重要吗? 这一问题正是后现代知识的难题。后现代强调差异性,也强化文化身份,但在中国,后现代本身就遭遇到了身份合法性的窘境,而反后现代性的人们,却又正是采用了后现代强调文化差异性的立场。这本身表明,在中国,很多问题并不是那么单纯,人们的立场和言说,总是处在怪圈和悖论的边缘。

本书的选编并不是要为中国的后现代塑造某种历史,依然是想把后现代作为一种知识汇集在一起。尽管后现代在中国的传播过程夹杂着不少的喧闹,但我不想把这样一种争执的历史作为中国后现代的主要存在形态来处理,因此,本书并未大量收入那些批判性的文字。在我粗糙地浏览这段简史的过程中,我发现后现代的讨论几乎没有交锋,言说者和批判者之间并没有具体的冲突。

除了个别的批判者之外，绝大多数批判者几乎从来不指名道姓，这可能也给后现代的主张者和言说者的回应带来困难。这既是中国人的情面在作怪，也是近些年的学风造就的古怪心理，因为批判某人很可能造成某人声名鹊起，而抽象的批判则具有捍卫原则和立场的崇高姿态。

基于这种状况，本书只是选取了部分对后现代持批判态度的文章，更多的则是关于后现代正面阐述的文章。为了反映后现代知识的多样性，本书尤为注重过去中国后现代传播过程中较少顾及到的两个方面：其一是建设的后现代主义；其二是后现代与神学的关系。这两方面的内容，可能最有效地回应了那些对后现代持激烈批判的观点。由此也可见，后现代并不是反人性和反历史的，后现代也并不是一味拆除精神家园，它完全可能是建构，实际上它正是在追求这个时代人们可能的精神家园。尽管说此一后现代非彼一后现代，但它至少表明后现代不是天然地就是破坏的、反动的和堕落的。后现代理应有它的多面性和丰富性。

我们并没有迎来一个"后"的时代，但后现代知识会让我们的时代更生动和富有活力。

2002年10月于北京

王 宁

后现代主义:从北美走向世界

  关于后现代主义的理论争鸣自本世纪五六十年代开始以来,至今已有三十多年的历史。仅在文学理论与批评领域,这场争论就吸引了几乎所有的欧美主要批评家和文化及文学研究学者。①人们从一开始对它持怀疑、排斥甚至不屑的态度,逐步转而开始正视这一泛文化现象和文学艺术思潮,并有意识地对之进行全方位、多角度的研究。②80年代后期和90年代初,面对后现代主义文学成为强弩之末、后结构主义批评理论在美国的主导地位被新历史主义所替代之态势,一些曾在后现代主义理论争鸣中作过重要贡献的学者也不禁发出了"后现代主义终结"的叹息声。③显然,曾一度居于战后西方文化艺术思潮之主流地位的后现代主义,也将像它的前身——现代主义那样寿终正寝,成为新的经典;它已被学院派批评家当做"过去的一部分——我们无法直接施予影响的部分"④而加以经验研究,同时也已被载入一部具有权威性的文学史。⑤这一切均表明,后现代主义在西方已完成了自己的历史使命。

  然而,令西方学者困惑甚至惊讶的是,就在80年代后期、90年代初,这股业已衰落了的后现代主义潮流却在东方文学界和文化界(包括日本、中国和印度)成了一个热门话题,它也像当年在西方那样,吸引了作家、批评家、文学艺术研究者、比较文学学者以及范围更广大的读者大众。⑥

  本文就是从文学这一角度切入进而探究的一个尝试。

后现代主义论争:从北美到欧洲

欧洲大陆历来被称为"观念的故乡",而美国则总是扮演着欧陆思想观念的实验场所之角色。就文学创作和理论批评而言,美国也总是跟着其欧洲大师,难以跳出其巨大的身影。随着20世纪美国经济的飞速发展,美国已越来越不满足仅仅以其政治实力去影响它的欧洲盟国了。它还试图从文化艺术的各个方面向欧洲扩张和渗透,因此,毫不奇怪,关于后现代主义的讨论"起源于北美洲的文学批评",而且"在60年代,后现代主义几乎成了一个单单发生在美国的事件"⑦,它被主要用来描述第二次世界大战后"美国性格的变化"⑧、"后工业社会的一种状况"⑨,美国社会的各种"反文化"(counterculture)和存在主义的"智力反叛"力量⑩,它标志着某种现代主义神话的解体⑪,预示着各种"被现代主义'废除'了的艺术风格的'复活'"⑫。参加讨论的学者几乎不约而同地认识到,这股自17世纪末就已缓缓流动的"次要的"(secondary)潜流在20世纪50年代的逐步兴盛,是无法纳入现代主义范畴,更是不可能意味着传统的现实主义的复归的。这股潮流来势凶猛,打着反现代主义的旗号,试图以现代主义的对立物的面目出现,因此它的本质特征是与现代主义"断裂";但是另一些信奉现代主义准则的学者则在这种相对的断裂中看出了它与现代主义的某种继承和自然延伸关系,主张同时从两个层面——共时的和历时的——来理解和描述后现代主义,即在时间上,后现代主义是伴随着现代主义的衰落而来的,但就其历史内容和本质特征而言,它又在更多方面显示出与现代主义的根本对立。

应当承认,60年代发生在美国批评界的那场讨论之影响远远大于关于现代主义问题的讨论。这场讨论的时间持续之长、涉及范围之广,确实在西方近代思想史上罕见,它造就了一大批有着国际声誉的后现代文论家和后现代主义研究者⑬,同时也开创了一种理论建构始自北美,波及欧洲,进而走向世界并最终衍化为一场国际性的文化艺术思潮和文学运动之先例。因而直到80年代初,美国学者艾伦·王尔德还坚持认为,"后现代主义实质上是美国的一个事件"⑭。然而,实际上,发生在70年代末、80年代初的利奥塔与哈贝马斯之争已经把始自北美批评界的这场讨论提高到了哲学和文化批判的高度。⑮

　　细心的读者不难看出,利奥塔那本曾掀起欧洲知识界一场轩然大波的专著《后现代状况:关于知识的报告》(La Condition postmoderne: rapport sur le sauoir, 1979)在很大程度上受惠于贝尔、哈桑、贝纳默和卡拉麦罗等人的研究成果,并将这些零散的、但却带有思辨火花的观点加以系统化和理论化,使之成为一种成熟的"认识观念"(episteme)。可以说,哈—利之争直接为对后现代主义进行理论化的尝试,为杰姆逊从马克思主义的角度对之进行研究,甚至为哈桑的"包容性"(inclusive)后现代主义定义的提出铺平了道路。自 80 年代中期起,国际比较文学协会先后赞助主办或发起主持了三次国际研讨会⑯,正式将后现代主义文学作为一个前沿理论课题予以研究,至此,关于后现代主义的理论争鸣达到了高潮。"后现代"这一术语也在西方文化界逐渐成为"一个家喻户晓的用语。它为哲学家、社会学家、艺术批评家和文学史家所使用,而且最近已成了宣传广告和政治学语言中的一个陈词滥调"⑰。就文学艺术而言,人们并不难在这两个截然对立的极致上发现后现代性:先锋派(包括元小说、超小说、超级小说、新小说、具体诗、语言诗、田野诗派、旧金山诗派、黑山诗派、荒诞派戏剧、视觉诗派、太凯尔语言小说等)⑱的激进的反现代主义传统的实验和文学艺术的日趋商品化(包括非小说、报告文学、新闻体作品、拼贴艺术、大众传媒艺术等批量制作的一次性消费作品)。诚然,后现代术语的频繁出现和后现代概念的普及化加速了理论争鸣的白热化,到了 80 年代末,介入后现代主义论争的学者们大都认识到这一无法回避的客观存在,他们虽对后现代这一概念的定义、内涵和外延以及这一现象的地理学和年代学界限仍众说纷纭,但他们至少在下面几个问题上达成了暂时的和相对的共识:

　　(1)后现代主义并非铁板一块,它有着不同的表现形式,因而对之也就有着种种"不确定的"(uncertain)描述或界定。麦克黑尔可以说,"有约翰·巴思的后现代主义,即补充的文学;有查尔斯·纽曼的后现代主义,即一个膨胀经济(inflationary economy)时代的文学";有让-弗朗索瓦·利奥塔的后现代主义,即当代资讯制度下的一种总的知识状况;有伊哈布·哈桑的后现代主义,即通向人类精神统一之路的一个阶段,等等。甚至还有克默德建构的后现代主义,这种主张认为"后现代主义根本就不存在"⑲;林达·哈琴也可以予以补充,"……还有麦克黑尔的后现代主义,即以其本体论的'主旨'来对现代主义的认识论'主旨'的反动。我们还应当包括弗雷德里克·杰姆逊的后现代主义,即晚期资本主义的文化逻辑;让·鲍德里亚的后现代主义,在那里幻影凝视着僵死的事物的躯体;有克洛克和库克(所描述的)后现代主义的超真实的黑暗面;有斯洛特戴克的玩世不恭或'启蒙虚假意识'的后现代主义;此外还有艾伦·王尔德的后现代文学的'中间领地'"⑳;我们还应当加上以"表达政见"为中心的、带有女权主义色彩的林达·哈琴的后现代主义,以及佛克马所描述的后现代主义,即"一种特殊的语言,或一种特殊的文学代码"㉑。总之,对后现代主义的描述或界定总是"不确定的","包容性的",因而也就不是排他的。这就避免了使人们仅仅抓住其概念而争论不休下去的倾向,而代之深入其内部去分析去研究。

(2) 从历时的层面来考察,作为继浪漫主义、现实主义、象征主义、现代主义和超现实主义之后曾一度居主流地位的一种西方文学艺术潮流,后现代主义在战后的文学艺术上自然有其不同的具体表现形式,有的(如魔幻现实主义和元小说)与传统的叙事话语较接近,与它的连续性便较为明显;有的(如新小说和荒诞派戏剧)则与现代主义不无某种程度上的继承关系;也有的(主要是一些先锋诗派和科幻小说)则沿袭了达达、表现主义等历史先锋派的反叛精神和激进的实验;还有的则竭尽其"拼凑"(pastiche)之技能而融入了通俗文学艺术的大潮。因此,诚如德国学者科勒所总结的,"后现代主义并不是一种特定的风格,而是旨在超越现代主义的一系列尝试"㉒。它同时从两个极致(激进的实验和指向通俗)来对抗现代主义的成规,力图填平现代主义精英意识所人为造成的那个鸿沟,以到达人类精神统一的彼岸。

(3) 既然存在着不同形式的后现代主义,对其考察就自然也多元的:利奥塔从哲学和美学的角度描述了后现代社会的知识状识;哈桑、王尔德则主要关注的是美国文化和文学理论批评,并以此切入进行探讨;佛克马和卡利内斯库主张对之进行经验研究,最终将后现代主义当做现代主义衰落之后的一种国际性文学潮流写入文学史;林达·哈琴则把后现代主义在各门艺术中的表现加以综合比较研究,以期对之"理论化"并进而建立一种"后现代主义诗学"㉓;杰姆逊和伊格尔顿等试图从马克思主义的文化批判角度来概括晚期资本主义社会的这一特定现象㉔;还有专注于后现代主义批评理论研究的,如乔纳森·阿拉克和诺曼·霍兰德:前者的切入视角是政治和批评理论㉕,后者则更侧重于精神分析学和批评理论㉖,等等,不一而足。

当然,时至今日,仍有论者(如哈贝马斯等)对后现代主义的存在及其使命持怀疑甚至否定的态度。在他们看来,自18世纪启蒙运动以来的现代大计尚未完成,因此后现代是一种"具有威胁性的阴影"㉗,而鼓吹后现代主义者实际上就是"新保守主义者"。但持此观点者在当今西方学术界和思想界实在已是寥寥无几了。

后现代主义与现代主义的对立

对于后现代主义的诸种表现形式,我曾在另外的场合提出过自己的建构和描述㉘,为节省篇幅,此处不再重复。我这里仅想再一次强调,后现代主义与现代主义既有着连续性,又有着差异性,任何忽视一方面、强调另一面的看法都是片面的,其结果必将使自己陷入不能自圆其说的窘境。但随着我们对后现代主义研究的愈益深入,其差异性就愈益显得突出。那么,这些差异和对立具体表现在哪里呢,对此,西方学者曾做过辨析。㉙

毋庸否认,后现代主义出现于现代主义之后,但这二者在哲学基础上、美学倾向上和艺术形式的表达上以及各自所赖以产生的文化土壤和所处的社会条件都有着较大的差异,因此这二者在许多方面的对立就是不足为奇的。诚然,就其受影响于非理性主义哲学这一点,二者多有相通之处,但现代主义的哲学基础主要是叔本华、柏格森、尼采、弗洛伊德等人的思想和学说,而后现代主义则更多地受惠于存在主义者海德格尔、克尔凯郭尔、萨特以及(晚期的)尼采、(拉康所阐释的)弗洛伊德、福科等人的思想和学说,因而它们在一些具体的问题上就显出较大的差异甚至尖锐的对立。

现代主义在破坏了现实主义的美学原则之后,还试图创造出另一个假想的中心,而后现代主义则存心要消除这个"中心",破坏乃至摧毁现代主义所精心建构的种种规则。

现代主义的美学仍是一种崇高的美学,而后现代主义的美学则无不和当代社会的商品经济和消费文化相合拍。表现在艺术形式上,现代主义者有着明确的精英意识,甚至达到"为艺术而艺术"的极致,而后现代主义者则要达到"越过边界","填平那个鸿沟"。后现代主义文艺是指向通俗的,它注定要把那些"可表现的事物"突现出来㉚,亦即崇尚某种经验的直接性(immediacy)。

现代主义沉迷于种种人为的等级制度,乞灵于既定的宁静和秩序,而后现代主义则像个永久的"不安分者"一样,不停地制造混乱和无政府状态。

现代主义者所信奉的是"伟大的叙述"或"元叙述",而后现代主义则要抛弃这些信念,"……可以肯定地说,后现代主义总是试图以各种方式来反驳——甚或简直就拒斥——现代主义的基本信念"㉛,后现代主义者热衷于某种"稗史"(les petites histoires)的创造。

现代主义的本体论是确定的,而后现代主义的本体论则是不确定的;现代主义者致力于世界模型的建构,而后现代主义者则致力于世界模型的分解。

现代主义者对世界和人生充满了形而上的沉思,而后现代主义者则竭力对之进行反讽和戏拟,他们的实践"对中介和表述诸问题提供了具有高度反讽意味的评论"㉜,对周围的一切均表现得冷漠和无动于衷。

现代主义的文本显示出结构的整一和意义的确定,具有一定的深度感,而后现代主义的文本则以颠覆和互文性为其特征,以拆除文本的深层结构为其目的。

现代主义的阅读策略是视文本为一个封闭的自足客体,意义产生于作者与文本和文本与读者的双重关系之中,而后现代主义的阅读策略则全然不顾作者,代之以更注重读者对文本的阅读和接受过程,意义的产生在更大程度上依赖于读者的建构。因此,后现代主义者一方面"全然摒弃解释的企图"㉝,另一方面又将其文本对读者"开放",依赖于读者的反应和接受。

现代主义者认为历史的发展是线性的,而后现代主义者则出于反历史的目的,致力于某种历史事件的叙述,甚至创造出一个新的历史。在后现代主义那里,历史与虚构的界限是全然模糊的,整个世界处于一个多元的、无序的状态。

现代主义者的自我意识是十分明确的,而在后现代主义者那里,这种自我意识则是模糊的,其特征表现为主体的失落,对自我本质的探索也没有明确的目的,"非人性化"(dehumanization)的倾向愈益明显。

现代主义文学仍然可以以其自身的优雅形式和隐含深邃的内容给人以美的享受,而后现代主义则没有明确的美学主张,它是一种自由无度的"破坏性的"(unmaking)文学,同时也是一种表演性的文学(a literature of performance)和活动经历的文学(a literature of events)。后现代主义者推崇的是"无选择"(nonselective)技法或"近似无选择"(quasi non-selective)技法,因而从本质上来说,他们以自己的"独创手法来否定语言,否定形式,否定艺术"㉞,但就在他们反艺术的同时,这些手法本身也"常常滋生出新的艺术种类"㉟,亦即"1. 艺术取消自身……2. 艺术反自身……3. 艺术成为一种自我反射的游戏……4. 艺术松散地,甚至任意地规定自身……5. 艺术拒绝解释……"㊱。

当然,如果我们再继续推演下去,还可以再找出另一些特征,但仅仅从上述这十一个方面,我们大概并不难见出后现代主义与现代主义的根本差异甚至对立了,正是这些或更多的差异或对立表明,"后现代主义文学不仅是接着现代主义文学而来的,而且还是与其**逆向相背**的"㊲,"就其自身的迟到或在后而言,后现代主义则可被解释为一种非主流的文化(a culture of secondarity)"㊳。这种文化在浪漫主义兴盛之时几乎被压抑在底层,在现实主义高涨之际几近消亡,在现代主义崛起时保持沉默,而在现代主义衰落之后它则异军突起进而全面兴盛㊴,一跃而成为战后西方文化艺术的主要潮流,并在过去的十多年里逐步向东方国家渗透,成为一种国际性的文学艺术思潮和文化现象。但是不管我们对后现代主义作何理解,我们都不能离开**现代主义**这个逻辑起点,因为从根本上说来,后现代"无疑是现代的一个部分"㊵,它是现代主义发展到极致进而盛极至衰的一个必然产物,这二者的内在逻辑关联性是不可忽视的,因此,必须"根据其未来(post)的先在(modo)这一悖论来理解后现代(postmodern)"㊶这一概念。我认为这正是我们理解后现代主义与现代主义之区别的关键所在。

走向东方:"西方中心"模式的突破

我曾在其他场合指出过,后现代主义是西方资本主义物质文明和精神文明发展到一定阶段时在人类思想文化领域和文学艺术表现领域内的必然的、逻辑的反应。在文学艺术史上,浪漫主义高扬自我和个性之后是现实主义的冷峻、客观和批判,现代主义不得不以一种新的超越的方式来表现自我和弘扬个性。应该说,在这股潮流中,占中心地位的总是人文主义思潮,人为了实现自身文明的现代化大业,进行了不懈的努力和奋斗,取得了辉煌的精神成果。然而,两次世界大战的炮火把人类的一系列美妙幻想击碎了,战后的后工业社会条件和文化扭转导致了高科技、商业化大潮对人的价值实现的冲击,在这样的挑战和冲击面前,人显得如此之苍白无力,如此之渺小,在茫然不知所措之余至多只能发出几声吼叫。因此可以说,50 年代出现在英国的"愤怒的青年",50 年代末、60 年代出现在美国的"垮掉的一代"、新左派和反文化运动不啻是本世纪西方一代知识分子试图捍卫人的价值的最后斗争的回光返照,但这样的结局自然是悲剧性的,后现代主义的"非人性化"和"反主流文化"的倾向已占据了当代文化各个领域,西方文化已发展到其尽头。后现代主义理论实际上就是某种危机的理论。然而,正是在这个时候,后现代主义通过种种渠道进入了东方国家和第三世界国家,在中国、印度和日本等国家和地区的文化和文学中产生了一些复杂的、有悖于当地传统的变体。这些国家的不少作家、批评家、文化和文学学者也都对这一西方特有的文化现象和文学艺术思潮产生了兴趣,这同后现代主义在西方的"强弩之末"之境地适成鲜明的对照。

在印度这个第三世界国家,讨论现代主义和后现代主义常常与探讨"后殖民主义"(post-colonialism)和"非殖民化"(decolonization)问题相关联,关于后现代主义问题的讨论主要发生在孟加拉语文学和理论批评界,自然也涉及了殖民化与非殖民化问题。在印度学者看来,所谓后现代主义在印度是以另一种面目出现的,它不同于西方意义上的后现代主义,它预先假设有一个与之相对的现代主义的存在,而"后现代主义"则对这个假设的目标予以攻击和批判。他们根据印度的国情和社会文化状况,将自己的国家的"后现代主义"运动命名为"uttar adhunikata",以区别于西方的后现代主义。在印度的后现代主义问题讨论中,一些学者还就杰姆逊的后现代主义理论提出质疑。他们以拉丁美洲的后现代主义——魔幻现实主义——的崛起为参照,指出,在拉丁美洲那样一些经济相对落后的第三世界国家,并不存在某种后工业条件,也没有消费者文化,这恰和印度的现状相似。魔幻现实主义实际上是拉美文化的非殖民化进程中的一个产物,因此,可以认为,印度的后现代主义是"外在于"(beyond)现代主义的,或者说是"迟到的"(late)现代主义,它拥有自身的形式特征。㊷在印度学术界,后现代主义文学被界定为"先锋派",而先锋派则是"精英"㊸文学。印度学者阿弥亚·戴夫(Amiya Dev)进而推论,"第三世界的后现代主义具有一种不同的种类,它作为第三世界的非殖民化的组成部分,能够承受任何自我失败和自我反射,它通向一条走不通的道路……作为一个第三世界的后现代主义者实际上就具有现代意识,因为从事非殖民化实际上就是从事现代化"㊹。

和印度一样,中国也是一个第三世界大国,后现代主义在印度的流变无疑对考察中国当代文学中的后现代主义变体提供了极好的参照系。对此我将在下一部分另作阐述。

日本作为一个东方经济大国,无疑有着双重因子:丰厚悠久并深受中国文化影响的东方文化的传统基因和经济膨胀、消费文化发达的后工业条件和后现代主义氛围,再加之现代主义思潮曾于二三十年代掠过文坛并催生出了其变体——新感觉派小说,因此后现代主义的进入日本自然要早于中国。早在1942年,日本文坛就发生过关于"现代性的超越"的讨论,一些作家试图摆脱西方文化的影响,以建立具有自己独立品格的文化和文学。但毕竟战后的日本步西方国家后尘太紧,经济发展也过于迅速,致使这一迟迟才进入现代文明世界行列的惟一的非西方国家带上了不少晚期资本主义的征兆,但后现代主义绝不是战后日本文化的主流,因为在日本文化中依然存在着东西方两大传统的对立和冲突。有的日本学者认为,在日本,"后现代并不像其在西方那样是用来指与此前的现代主义决裂的事件,它在日本几乎与现代主义同步……因为日本在文化上仍然带有一些第三世界国家的特征,具体表现为对欧美新的思想观念(包括后现代主义理论)只是一味紧跟认同,而缺乏应有的批判性评价"㊺。诚如当年的现代主义那样,后现代主义在80年代的日本文坛仍以先锋派的面目出现,他们作品中的后现代性是十分明显的,诸如语言的模糊性,形象的破碎性,意义的无中心,人物的匿名甚至符号化,人际关系的偶然性,人物正是生活在一种变动不居的环境中,自我个性荡然失却,对往昔的怀旧情感致使他们到遥远的过去去寻找形式:支离破碎的"拼凑"式情节,纯文学语言注入了大量通俗文学的成分,等等。因此,面对这样的文学现状,有些日本学者认为,"可以借鉴西方的后现代主义理论来予以解释"㊻。

毫无疑问,以"美国为中心"进而发展到以"欧美为中心"的后现代主义已逐步在80年代中期演变为一场国际性的文化思潮和文学运动。这已成了当今一个不容忽视的事实。但仍有不少东西方学者对此持怀疑态度。在他们看来,后现代主义只能产生于有着特定文化传统和文学背景的西方世界,它和那里的后工业社会的丰裕物质文明以及后现代社会的文化氛围有着必然的联系,因此认为后现代主义已出现在东方和第三世界国家简直令人感到不可思议。上面所举印度和拉美等第三世界国家以及日本等东方国家的例子大概不难对那些看法起到证伪作用。我这里仅想辨析,后现代主义究竟是一种西方社会的独特的、不可输出的文化和文学现象,还是有着不同变体的国际性文艺思潮和波及全球的文艺运动?首先我们看看一些西方学者是如何看待这一问题的。

虽然西方学者在二十多年里已对后现代主义做了种种描述和界定,但承认后现代主义存在的论者们在这一点上却没有太大的异议,即后现代主义只能出现在(包括拉丁美洲在内的)西方社会。杰姆逊认为它是"晚期资本主义的文化逻辑";王尔德指出它"实质上是美国的一个事件";林达·哈琴也始终认为"这是一种西方的模式"㊼;佛克马则根据中国的文化传统、价值观念和语言代码而断言:"在中国赞同性地接受后现代主义是不可想像的。"㊽如此等等。若着眼于东西方文化传统以及时空方面的差异和距离来历史地、辨证地考察,这些看法并不失其相对意义上的正确性,但随着时间的推移和后现代主义思潮本身的发展衍化,这些看法就难免要暴露出其偏颇之处。

首先,我们应该承认,就文学本身来看,后现代主义之所以只能出现在西方自有其悠久的文化传统和文学史分期的必然。在经历了文艺复兴、巴洛克、古典主义、浪漫主义、现实主义、现代主义等历史分期之后,西方文学几乎穷尽了所有的风格技巧和叙述话语,进入了自身发展的极致,而后现代主义的出现则使得"西方文化史上由来已久的一股被置于主流之外的潜流的全面复兴成为可能",因此在后现代主义时代,文学中的各种被"废除了的"风格技巧和一些"不登大雅之堂的"事件统统"复活"了。它们形成了对现代主义主流文化的强有力的挑战,而在东方和广大第三世界国家,则缺乏这样一种循序渐进地发展演变的文化传统和文学观念更新的背景,另外那里的文化土壤之稀薄和接受环境的不适应更是导致了出现后现代主义文学的种种不可能性。

其次,在西方社会,"文学上对无选择性的偏好与丰裕的生活条件所提供的某种'选择的困扰'是相符的,这使得不少人可以有多种选择"[49];而在中国、印度这样一些经济相对落后的第三世界国家,文学在相当程度上带有强烈的社会功利色彩和认识作用,因此在这样的"前现代"条件下侈谈具有"后现代"特征的"无选择技法"显然是不合时宜的,而且确实令西方学者难以想像。即使一些具有明显的后现代意识的第三世界先锋派作家(或后现代主义作家),也只得"注定将和卡夫卡、乔伊斯他们一样,在自己的时代里忍受孤独"[50]。

再者,就其与现代主义的关系而言,既然后现代主义是伴随着现代主义的衰落而崛起的,那么毫无疑问,作为一种文艺思潮和文学运动的后现代主义之出现在西方就是颇为自然的,而在广大第三世界和东方国家,则缺少这样一种文化基础。在那里,现代主义或者姗姗来迟,与后现代主义的进入几乎同步,或者被当做一个假设的存在,其价值尚未被人们所认识,因而很难设想在这样的条件下会产生后现代主义文学。

从上述三方面(或更多的)因素来看,我们似乎可以推论:后现代主义不可能出现在东方和第三世界国家,在这一点上,西方学者的看法不无其相对的正确性。但是我们又必须承认,在当今这个资讯时代,后工业社会的各种高科技的迅速更新发展,以及新闻媒介的日趋先进,大大缩小了人为的时空界限,致使相对开放的东方国家和地区(如日本和亚洲"四小龙"等)及过去曾长期处于文化封闭状态的第三世界国家(中国和印度)不可避免地带上了某种"后现代"色彩。追求先进的思想观念的新一代知识分子很容易受到感染,并自觉地产生某种超前意识;再加之西方后现代文化的输入和文学作品的翻译介绍,以及各种后现代文学批评理论的冲击,更是给了渴望文学观念方法更新、致力于叙事技巧实验和批评阐释的先锋派作家和批评家以精神上的鼓舞。因此后现代主义对东方文学的影响往往更多地表现为一种强有力的精神"激素",它对解放作家、批评家的想像力和理论意识产生了巨大的作用。正是在东西方两种文化的相互撞击、相互交合的大背景之下,第三世界和东方国家的先锋派文学应运而生,成了这种文化渗透和文化交合的产物。但是,这种影响并非消极被动的,而是带有更多的积极接受和创造性转化成分。因此,在这个意义上说来,称东方和第三世界的先锋派文学为后现代主义的变体是颇为适当的,因为它既打上了民族文化传统的烙印,同时又接受了后现代主义的文学代码,因而它实际上已介入到国际性的后现代主义文学运动之中并成为其一个重要的组成部分。下面我将对中国当代文学中的后现代主义变体做一简略阐述。

中国当代文学中的后现代主义因素

用今天的眼光来看,后现代主义进入到中国实际上是80年代初的事[51],这和改革开放政策的实施以及文化氛围的宽松是分不开的,此外,后现代主义文学作品的输入几乎和现代主义在中国文学中的第二次高涨是同步的[52]。然而,在相当一段时期内,也就是后现代主义理论争鸣在西方学术界和思想文化界愈演愈烈之时[53],中国的一大批敏感的理论批评家和外国文学研究者仍沉溺于无端的"现代派"之争[54],他们根本忽视(或者说并未了解)了后现代主义论争在西方的进展及其对于中国当代文学的意义,倒是另一批更具有文学感受力和超前的理论意识的青年作家敏锐地察觉出了另一种不同于经典现代主义的影响。这种影响就来自西方的后现代主义,或者说得再具体些,在创作领域,来自博尔赫斯、马尔克斯、巴塞尔姆、品钦、巴思、冯尼格、贝克特、富勒尔、布特尔、罗伯-格里耶、塞林格、纳博科夫、卡尔维诺、海勒、梅勒等这样一些后现代主义作家;在理论批评领域,则来自萨特、德里达、福科、罗兰·巴特、拉康等这样一些后存在主义(Postexistentialist)和后结构主义理论家。发轫于1985年的新潮小说(或先锋小说)就是后现代主义在中国当代文学中的一种变体,这些作品的相当一批作者有着自觉的后现代意识。⑤在此之后崛起的先锋派批评和学院派批评也或多或少地受到后现代理论的影响。⑥对此我无须再做进一步的资料性追踪,因为在当今的文学创作和理论批评界,谈论"后现代"现象也成了一种时髦。

当我们在肯定了后现代主义对中国当代先锋文学的影响之后,如果我们再前进一步,用"后现代性"作为一种不受时空局限、不受历史分期制约同时又不至于陷入"影响的误区"(赵毅衡语)的阅读阐释代码和一种批评策略的话,就很容易在莫言、马原、残雪、王朔、余华、格非、苏童、叶兆言、北村、刘恒、吕新、扎西达娃、孙甘露、洪峰等先锋小说家的文本中读出这样一些后现代因子:元小说编造、深层结构的拆解、意义的不确定乃至消失、中心的移位、故事的增殖、人物的符号化、主体的失落、情感的分化、反讽的叙述、滑稽的模仿、病态的幽默、离奇的怪诞等。甚至在王蒙和谌容这样有着清醒的现代主义倾向的作家那里,也不难窥见后现代主义的代码,例如《蝴蝶》中的元小说成分就不难辨析出,而《减去十岁》则显然受惠于荒诞派戏剧。至于赵毅衡这样的集理论和创作于一身的海外学者,则更是一方面潜心研究后现代主义文学(主要是元小说),另一方面又致力于元小说的创作实践。同样,借助于后现代性这一阅读阐释代码,我们也可以在岛子、王家新、周伦佑、柏华、欧阳江河、孟浪、虹影、陈东东等一批先锋派诗人的作品中读出一些更具有先锋实验意识的后现代成分,他们中的有些人致力于诗歌语言的革新和实验,试图通过对外来文学的能动性吸收和对本民族前辈诗人的超越,写出东方式的后现代诗歌。⑦但由于他们的实验走了先锋文学的极端,因而有悖于后现代主义的另一种取向——贴近生活,追求经验的直接性和情感的冷漠性,他们的不少作品并未能面世,只能在一个狭窄的小圈子内传诵,其影响自然小于小说中的先锋派。

应当承认,这些先锋派作家中的有些人未必仔细研读过西方后现代主义大师的作品,更无法了解关于后现代主义问题的讨论在西方的衍化进程。在他们的知识结构和文学背景中,既有中国传统的东西,又不乏"五四"新文学的反传统精神,既有现代主义的精英意识,同时又自觉地融进了后现代主义的"平民"意识,因而对于研究者来说,很难仅从影响—接受这个单一的视角对之进行考察。此外,就他们自身的艺术感受、哲学的悟性和文学创造意识来看,他们并不满足于以前的文学成规,试图不断地超越别人,同时也超越自己,所以他们决不屑于对西方后现代主义大师进行简单模仿,而是在这样的吸收借鉴过程中注入了更多的误读—重构—创造的成分[58],这就是他们之所以不同于西方后现代主义作家的部分原因所在。另一方面,我们又必须看到,在当今国际性的后现代主义思潮波及下,这些先锋派作家的朦胧的后现代意识难免不发生波动,他们很容易置身其中并与之认同。

中国当代文学中的另一种后现代主义变体就是所谓的"新写实小说"。追溯一下这个术语的使用也许有助于我们理解新写实小说中的后现代性。"新写实主义"或"新现实主义"(The New Realism)用于描写中国当代文学最早出现在80年代初的海外汉学界[59],专指那些不同于"十七年"的"传统现实主义"和"文革"的"革命现实主义"作品,其下限包括"伤痕文学"和"反思文学",与我们今天所指的新写实小说已相去甚远。但是有一点必须为我们所正视的是:西方汉学界所谓的"新现实主义"不啻是对"革命现实主义"成规的反拨,而我们所说的"新写实主义"或"后现实主义"(王干语)则并非传统的现实主义的深化,而更多地是指**对现代主义和先锋文学实验的反拨和对传统现实主义的扬弃**。在经历了"文革"后文坛思潮迭涌、流派纷争的现实主义复兴、现代主义二次高涨以及先锋派的激进实验之后,刘震云、池莉、方方等新一代小说家更关心的是某种"返回平民"或"返回真实"意识,这种真实既非传统现实主义的那种高度典型化了的抽象的"真实",也不同于现代主义者的那种以表现自我为特征的"真实"。他们以其"沉默的"创作实践给骚动之后的80年代后期的中国文坛注入了新的生机——平民意识,亦即"写出了真正的心态和思想……这一切都是真实的,非常非常真实的"[60],因为作为小说家,他们也如同笔下的人物那样,面对的就是一个"整体的故乡与故乡的具体",亦即"在一个民族内,这一块地方与另一块地方没有太大的差别"○61,因而小说家的任务就是将这一切实在的真实转化为写在文本中的真实。这些主张不禁使人想起了西方后现代主义作家(主要是美国的超小说家)对小说的"平民意识",他们试图"越过边界","填平鸿沟",取消高雅文学与通俗文学之界限,试图"探索小说的多种可能性……不断地更新我们对人的想像的信念,而非对人的歪曲了的真实观之信念"○62,崇尚"经验的直接性",并致力于某种"稗史"的创作,而非那种"伟大的叙述"或"元叙述",等等。总之,不论今天的批评家可以从新写实小说中发掘出何种意义,后现代性至少可以作为解读这些文本的多种代码之一。

按照杰姆逊的概括,后工业社会带来了"新的消费种类:人为的商品废弃:广告、电视和宣传媒介的渗透达到了当今整个社会的史无前例的程度"○63,纯文学受到了强有力的挑战,因而便出现了所谓"受委托的文学"(committed literature)和消费文学,甚至一次性批量的"拼凑"文学。这对当今中国不无影响:纪实文学、报告文学、电视系列片、新闻写作、稗史写作等通俗文化的充斥文坛无疑形成了中国当代文学中的第三种后现代主义变体。这种形式的价值较之前二种自然要小得多,但毕竟作为当今时代特定文化氛围下的产物,仍不失其反映价值。这里值得一提的是,在商业大潮的冲击下,有少数严肃作家——王朔和苏童在寻找严肃文学与市场成功之结合点方面堪称表率,这在中国当代文坛是一个奇观。他们的作品由于距离当下太近,其价值现在还难以估计;但至少可以说,它们以其独特的东方和第三世界的话语为媒介,为国际性的后现代主义文学运动提供了难得的文本。

对于后现代主义文学在东西方的发展流变所作的匆匆巡礼式的评述,只得暂告一段落。在结束本文之前,我再次强调:与西方的情形所不同的是,后现代主义在东方诸国(尤其是中国)不可能成为一种主流文化;恰恰相反,在与主流文化的对峙和抗争中,它有可能走向某种类同和共融,在一种新的多元格局之下成为重要的一种取向,并为未来某个时期的"复兴"奠定基础。对此我们将拭目以待。

注释:

① 例如,介入或间接介入这场讨论的批评家和学者有欧文·豪,威廉·斯邦诺斯,莱斯利·费德勒,伊哈布·哈桑,艾伦·王尔德,弗雷德里克·杰姆逊,杰拉德·格拉夫,让-弗朗索瓦·利奥塔,尤根·哈贝马斯,杜威·佛克马,汉斯·伯顿斯,戴维·洛奇,梅苔·卡利内斯库,林达·哈琴等。

② 有从哲学和文化批判的角度(利奥塔),有从文学理论批评的角度(哈桑),也有从符号学和文学史的角度(佛克马,卡利内斯库),还有从马克思主义的角度(杰姆逊,伊格尔顿)等,其著述大大超过了研究现代主义著述的数量。

③ 例如,由哈桑等人参加并主讲的1991年8月德国斯图加特研讨班的主题就是"后现代主义的终结"(The End of Postmodernism)。

④ 佛克马和伯顿斯编《走向后现代主义》(王宁等译),北京大学出版社1991年版,第7页。

⑤ 由国际比较文学协会主持的大型项目《用欧洲语言撰写的比较文学史》(*The Comparative History of Literature in European Languages*)《后现代主义》分卷(佛克马和伯顿斯编)已完成,并由约翰·本杰明出版公司于1997年出版。

⑥ 这方面可参考第十三届国际比较文学大会(1991年,东京)期间中国、日本、香港和印度代表在关于后现代主义的专题研讨会上的发言,其要点参阅拙文《第十三届国际比较文学大会综述》,《文艺研究》1991年第6期;《从"欧洲中心"到真正的东西方对话》,《文艺报》1991年10月5日。

⑦ 《走向后现代主义》,中译本序,第1—2页。

⑧ 参阅戴维·瑞斯曼等著《孤独的人群》(*The Lonely Crowd*),纽约:德迫迪·安克公司1950年版,第19—24页。

⑨ 丹尼尔·贝尔《后工业社会的到来》(*The Coming of Post-Industrial Society*),纽约:基础丛书1973年版。

⑩ 关于后现代主义在六七十年代美国文学和文化中的发展演变,参阅伯顿斯的文章《后现代世界观及其与现代主义的关系》,见《走向后现代主义》,第17—30页。

⑪ 参阅伊哈布·哈桑《奥尔甫斯的解体:走向后现代文学》(*The Dismemberment of Orpheus: Toward a Postmodern Literature*),纽约:牛津大学出版社1971年版。

⑫ 麦克尔·科勒《"后现代主义":一种历史观念的概括》("*Postmodernismus": Ein begriffsgeschichtlicher überblick*),载《美国研究》(*Amerikastudien*)第22期(1977),第13页。

⑬ 这里尤其应当提及三位美国文论家和学者的作用:崛起于70年代的哈桑

被公认为后现代主义论争中"最多产"和最有影响的批评家;在 80 年代初崭露头角的艾伦·王尔德独辟蹊径,从反讽(irony)这一视角入手对现代主义和后现代主义的不同特征进行比较研究;稍后一些成名但却有着广泛持久影响的杰姆逊则以其思辨的高度和覆盖的广度从一个新的角度对后现代主义论争做出了贡献。

⑭ 王尔德《一致的视野:现代主义,后现代主义和反讽想像》(*Horizon of Assent, Modernism, Postmodernism, and the Ironic Imagination*),巴尔的摩和伦敦:约翰·霍普金斯大学出版社 1981 年版,第 12 页。

⑮ 关于那场争论,尤其应参阅理查德·罗蒂的总结性文章:《哈贝马斯和利奥塔论后现代性》(*Habermas and Lyotard on Postmodernity*),载 R·J·伯恩斯坦编《哈贝马斯与现代性》(*Habermas and Modernity*)一书,麻省理工学院出版社 1985 年版,第 161—175 页。

⑯ 第一次研讨会由佛克马和伯顿斯主持,国际比较文学协会赞助,于 1984 年在荷兰乌德勒支举行,会后出版文集《走向后现代主义》;第二次研讨会于 1985 年在巴黎的第十一届国际比较文学大会期间举行,由卡利内斯库和佛克马主持,会后出版文集《后现代主义研究》(*Exploring postmodernism*),约翰·本杰明出版公司 1987 年版;第三次研讨会在第十三届国际比较文学大会期间举行,由王宁主持,论文收入大会文集第 6 卷,东京 1994 年。

⑰ 《走向后现代主义》,中译本序,第 1 页。

⑱ 参阅哈桑《恰到好处的普罗米修斯之火:想像,科学和文化变革》(*The Right Promethean Fire: Imagination, Science, and Cultural Change*),厄巴纳:伊利诺斯大学出版社 1980 年,第 90 页。

⑲ 麦克黑尔《后现代主义小说》(*Postmodernism Fiction*),麦士恩出版公司 1987 年版,第 4 页。

⑳ 林达·哈琴《后现代主义政见》(*The Politics of Postmodernism*),伦敦和纽约:路特利支出版社 1989 年,第 11 页。

㉑ 《走向后现代主义》,第 5 页。

㉒ 《美国研究》第 22 期(1997),第 13 页。

㉓ 林达·哈琴《后现代主义诗学》(*A Poetics of Postmodernism: History, Theory, Fiction*),伦敦和纽约:路特利支出版社 1988 年版,第 1 章。

㉔ 杰姆逊《后现代主义和消费者社会》(*Postmodernism and Consumer Society*),载福斯特编《反美学》(*Anti-Aesthetics: Essays on Postmodern Culture*),海湾出版社 1983 年,第 111—125 页,和《后现代主义,或晚期资本主义的文化逻辑》(*Postmodernism, or, the Cultural Logic of Late Capitalism*),载《新左派评论》(*New Left Review*)第 146 期(1984),第 53—92

页;伊格尔顿《资本主义,现代主义和后现代主义》(Capitalism, Modernism and Postmodernism),载《新左派评论》第 152 期(1985),第 60—73 页。
㉕ 乔纳森·阿拉克编《后现代主义与政治》(Postmodernism and Politics),明尼苏达大学出版社 1986 年,"导言"部分。
㉖ 诺曼·霍兰德《批评的自我》(The Critical I),纽约:哥伦比亚大学出版社 1992 年版,第二三部分。
㉗ 《反美学》,第 3—15 页。
㉘ 王宁《先锋小说中的后现代性》,《比较文学与当代文化批评》,人民文学出版社 2001 年。
㉙ 确实诸如哈桑、佛克马、王尔德这些学者都发表过自己的观点,参阅哈桑《后现代主义问题》(The Question of Postmodernism),载 H·R·加尔文编《巴克耐尔评论:浪漫主义,现代主义,后现代主义》(Bucknell Review: Romanticism, Modernism, Postmodernism),巴克耐尔大学出版社 1980 年,第 117—126 页;佛克马《文学史,现代主义和后现代主义》(Literary History, Modernism, and Postmodernism),约翰·本杰明出版公司 1984 年;王尔德《一致的视野》中的有关章节。
㉚ 利奥塔《后现代状况:关于知识的报告》,英译本,明尼苏达大学出版社 1984 年版,第 81 页。
㉛ 王尔德《一致的视野》,第 43 页。
㉜ 安德鲁·罗斯《现代主义的失败》(The Failure of Modernism: Symptoms of American Poetry),纽约:哥伦比亚大学出版社 1986 年,第 193 页。
㉝ 佛克马《文学史:现代主义和后现代主义》,第 45 页。
㉞ 伊哈布·哈桑《超批评:对时代的七篇沉思录》(Paracriticisms: Seven Speculations of the Times),厄巴纳:伊利诺斯大学出版社 1975 年,第 20—21 页。
㉟ ㊱伊哈布·哈桑《超批评:对时代的七篇沉思录》,第 20—21 页。
㊲ 佛克马《走向后现代主义》,中译本序,第 2 页。
㊳ 安德鲁·罗斯《现代主义的失败》,第 195 页。另参阅弗吉尔·耐默亚努《一种非主流理论:文学,进步和反动》(A Theory of the Secondary: Literature, Progress, and Reaction),巴尔的摩和伦敦,约翰·霍普金斯大学出版社 1989 年,第 10 章。
㊴ 按照哈桑的说法,他的《奥尔甫斯的解体》一书是一部"后现代主义的文学史",其前驱可追溯至萨德(Sade,1740—1814),直至释惑学到超现实主义,海明威,卡夫卡,存在主义直到非文学,热奈特,贝克特。参见《超批评》一书。
㊵ 《后现代状况:关于知识的报告》,英译本,第 79 页。

㊶《后现代状况:关于知识的报告》,英译本,第81页。

㊷ 参阅印度学者阿弥亚·戴夫提交第十三届国际比较文学大会后现代主义专题研讨会的论文《后现代主义与非殖民化:印度的例子并参照孟加拉》,大会论文集第6卷,东京,1994年。

㊸ 同上

㊹ 同上。

㊺ 参阅岸田俊子提交第十三届国际比较文学大会后现代主义专题研讨会的论文《对日本文学中的后现代主义质疑》。

㊻ 同上

㊼ 引自林达·哈琴1990年7月16日给笔者的信。

㊽ 参见佛克马《文学史,现代主义和后现代主义》,第56页。

㊾ 佛克马《文学史,现代主义和后现代主义》,第35页。

㊿ 引自余华1990年9月16日给笔者的信。

(51) 关于后现代主义文学进入中国文坛的资料性追踪,参阅本书中《先锋小说中的后现代性》一文载《比较文学与当代文化批评》一书,人民文学出版社2001年。

(52) 关于现代主义在中国文学中两次高涨的描述,参阅拙作《现代主义,后现代主义和中国现当代文学》,载《中国社会科学》1989年第5期。

(53) 80年代初,利奥塔和哈贝马斯之争震动了欧美思想文化界,伊哈布·哈桑也曾于1982年来中国访问讲学。但这些都未引起当时的中国学术界的注意。

(54) 实际上,在关于"现代派"问题的讨论中,已不自觉地涉及了后现代主义问题,例如,新小说、黑色幽默、魔幻现实主义、荒诞派等就被当成了"现代派"。

(55) 这些作家包括余华、格非、苏童、叶兆言、刘毅然等。

(56) 例如,在张颐武、陈晓明、王干、李以建等批评家的一些文章中"解构"的取向十分明显,此外,他们还有意识地借鉴了福科、巴特、拉康等人的理论。

(57) 尤其应当指出,岛子一方面潜心翻译后现代主义诗歌,一方面又自己实践试图写出中国当代的后现代史诗。

(58) 显然,认为先锋小说家(主要是格非)只是一味模仿甚至照抄博尔赫斯等后现代主义大师是不正确的,甚至连海外汉学家也读出了格非的独创成分。

(59) 参阅李义(Lee Yee)编《新现实主义:文革后的中国作品选》(*The New Realism:Writings from China after the Cultural Revolution*),纽约:希波克利思出版公司1983年版,前言。

(60) 方方《一切都是真事》,载《中篇小说选刊》1992年第2期,第93页。

(61) 刘震云《整体的故乡与故乡的具体》,载《文艺争鸣》1992 年第 1 期,第 73 页。

(62) 雷蒙德·费德曼《小说的现在与未来》(*Fiction Now and Tomorrow*),芝加哥:斯沃勒出版社 1981 年第 2 版,第 7 页。

(63)《反美学》,第 124 页。

原载《花城》1993 年第 1 期,选入本书时有部分改动

陈晓明

历史转型与后现代主义的兴起

20世纪在人类历史长河中不过是转瞬即逝的几道波痕,然而,对于生活在这个世纪中的人们,尤其对于生活于这个世纪末的中国人来说,这段历史历经千辛万苦,刀光剑影,血火洗礼,令人不寒而栗,却也悲壮激越。对于思想史的研究者来说,20世纪初期以"五四"为象征的新文化运动永远是一个伟大的"神话库",那些一再被人们提起的伟大事件和杰出人物,确实轻易就勾画出历史前行的壮丽曲线。而对于关切当今中国现实的人们来说,20世纪后期的那些历0史情景——那些虚张声势的"思想解放",那些小打小闹的艺术革命,以及那些自以为是或鬼鬼祟祟的叛臣逆子——同样耐人寻味,它也是一种历史景观。

某种意义上,80年代中国在思想上和文化上历经的那些变故,乃是20世纪历经的历史变故的缩影,70年代末到80年代初酝就的"思想解放运动"在知识分子方面所提出的那些命题,所表达的历史愿望与20世纪初期相去未远。历经半个世纪,"启蒙时代"又回到历史原点,这多少有些令人吃惊。从这里也不难发现,中国80年代的历史与"五四"在文化上是脱节的。特别是青年一代知识分子,他们在文化上得益于"五四"传统是如此之少,关于这个伟大神话仅存的文化记忆,主要是"反传统"——这确实是个不解之谜。以致在80年代后期年青一代的作家在逃离"新时期"构造的主流意识形态的同时,不自觉地也在建构"五四"时期确立的历史神话。因此,突出80年代后期文化方面发生的那些变故,并不仅仅是在强调80年代的历史变动之剧烈,同时也不难看到20世纪初期与末期在文化上的尖锐对比,尽管这并不是两个针锋相对的时代,也不可同日而语,然而,历史的变迁如此大相径庭而令人触目惊心,却也是可歌可叹。

有时候,历史的变迁富有戏剧性,80年代后期从整体说是一个文化溃败或文化逃亡的时代,然而它也同时跃进到一个奇怪的"高度"——而"先锋派"文学乃是这一高度的显著标志——不管是用启蒙时代的思想水准,还是用现实主义或现代主义的观念方法去理解这一"高度"都显得力不从心。称其为"高度",是因为不得不用"后现代主义"这个引起广泛争议的术语,来给它做出恰当的历史定位。作为当代文化危机的直接表征,它同时表达了处于这一文化的前沿地带的人们对这一危机做出的及时反应。

也许这种做法要遭致普遍怀疑,在大多数人看来,后现代主义乃是西方后工业社会的产物,而当今中国不过是发展中的第三世界国家,何以能产生后现代主义这种尖端的精神(文化)现象呢?这种怀疑不仅是基于对西方后现代主义做了简单的和片面的理解,同时也没有充分意识到当代中国所处的复杂的多元性的文化情境,特别是对"先锋"的历史规定性和可能性缺乏相应的洞察。在我看来,当代中国出现后现代主义的种种征兆并非是对西方当代文化的简单模仿和挪用,当代中国正处于非常复杂而特殊的历史转型时期,它汇聚了各种矛盾,隐含了多种危机,正是当代中国的"政治/经济/文化"之间构成的奇特的多边关系,决定了当代中国的后现代主义的产生及其显著的中国本土特征。

一 多元的时代:西方后现代主义的兴起及其理论规约

"后现代主义"(Postmodernism)一词最早见于西班牙人F. D.翁尼斯(F. D. Onis)1934年编纂的《西班牙及西属亚美利加诗选》一书,1942年特德莱·费茨(Dudlty Fitts)编辑《当代拉美诗选》再次使用这一词语。1947年英国著名历史学家阿诺德·汤因比(A. Toymbel)在其名著《历史研究》中也采用这个术语,但他特指1875年开始的西方文明解体阶段,与现今谈论的文化范畴并不相同。50年代,美国黑山诗派的主要理论家查尔斯·奥尔生(Charles Olsom)经常使用"后现代主义"一词。60年代以来,这个概念在艺术、文学和哲学研究领域得到广泛运用,它既是一个最时髦的话题,也是一个引起争端的课题。要详尽描述西方后现代主义思潮的来龙去脉是困难的,这里仅只勾勒一个简略的轮廓。

后现代主义作为一种文化现象或文化思潮,在其历史(时间)序列上,当然产生于现代主义之后,然而,这个"之后"意味着"后延"、"后续"还是"背离"、"反动",却是值得考察的问题。在大多数后现代论者看来,后现代主义与现代主义之间的距离或悖反,要远大于现代主义与传统浪漫主义和现实主义。他们宁可牺牲标志现代主义伊始的早期界限的清晰度为代价,而更倾向于使现代主义、后现代主义界限分明。①

现代主义作为一个伟大的幻想运动,并不是像人们习惯认为的那样,是在玩弄一些线条、色彩、结构的技法,在现代主义大师的心里是困扰着人类面临的重大生存危机,寻求解决的途径是他们艺术创作和思想探索的紧迫任务。因而,文学在艺术方面,寻求超越性的精神信仰,表达反社会的抗议情绪,沉迷于神秘性的生存体验,广泛运用象征和隐喻来表现不可言喻的精神深度等等,构成现代主义的基本艺术规范。卡夫卡是一个现代神话的创造者,作为表现主义最杰出的作家,卡夫卡无疑确立了现代主义的经典文本。的确,卡夫卡看到和创造了形象与象征的世界,使人们想到日常事物的轮廓、隐蔽的梦想、哲学或宗教的观念,以及超越它们的愿望。现代主义者经常采取的反文化态度并没有淹没他们采取象征的艺术方式去寻求精神的内在隐秘。超越现实的愿望建立在对于一向被忽略的各种联想形式的信仰上,建筑在对于梦幻的无限力量的信仰上,和对于为思想而思想的作用的信仰上。因而,现代艺术运动追求的那种"精神象征"的深度模式,隐藏在现代艺术信念里,隐藏在现代大师的心灵里,以至于压缩在现代最抽象的视觉形象里。印象主义以后的绘画艺术运动奉行了抽象原则,然而那些抽象的线条、色彩、结构恰恰就是现代精神苦难的象征物。毕加索的《格尔尼卡》作为视觉艺术的伟大抗议书,它的抽象图式是现代人苦难处境的象征形象。而乔伊斯的《尤利西斯》则以它对人类隐秘的"意识世界"的无穷探索,刻画了一幅处于工业文明压制下的现代精神激动不安的全景图。

总之,现代主义艺术家敏锐意识到现代工业文明给人类生活带来的危机,觉察到现代人精神异化、丧失自我的普遍性,看到在商业化社会中人性的实际堕落,于是,他们以对抗社会公众的生活行为去寻求全新的艺术感觉,摆脱现实,在艺术的神秘王国里找到精神无限自由的领地——艺术不只是形式和风格的革命产物,更重要的,艺术是超越现实、超越苦难、超越堕落的永恒性国度。因而创造一个超越性的"彼岸世界",这就是现代思想和现代艺术创造"精神象征"意指的精神归宿。

不能说后现代主义是对现代主义的全面悖反,它们之间必然存在某些天然联系,某些似是而非的重复或反复,更何况某些后现代主义者经常撤退到现代主义。但是,作为"二战"以后的后工业时代的文化潮流,后现代主义在"世界观"上,在价值立场和认知方式方面,以及在艺术规范和方法等原则性方面,与现代主义存在根本差异。

后现代主义作为第二次世界大战之后兴起的文化潮流,广泛涉及大众艺术、先锋派艺术、实验小说、后结构主义哲学及其文学批评。正如科勒说的那样:"尽管对究竟是什么东西构成了这一领域的特征还争论不休,但'后现代'这个术语此时已一般地适用于二次世界大战以来出现的各种文化现象了,这种现象预示了某种情感和态度的变化,从而使得当前成了一个'现代之后'的时代。"②以"二战"为历史分界普遍为现代主义论者所认可。这道历史界线,给它打上"和平"与"冷战"时期鲜明的时代烙印。战后的经济复苏带来和平的景象,在这个时代,人人都挤入或者正在准备挤入温文尔雅的中产阶级,人们在踌躇满志之余对于任何事情都可以表现一种大度的宽容,这种"宽容"有幸成为医治艺术心灵创伤的良药,艺术家不必再像一条受伤的狼一样与社会搏斗,他的那种截然的反抗社会的姿态,更多的为接受社会现实所取代。50年代是个随波逐流的时代,战斗的姿态则显得古怪而不合时宜。70年代,莫里斯·迪克斯坦写道:"50年代所具有的诱惑力表明历史像钟摆一样运动,它迎合我们一劳永逸地解决这些问题的愿望,告诉我们,在生活变得复杂化和我们能够安然无恙地回到一个理想化的时代。"③那个时期被热核战争的恐怖阴影笼罩着,却又弥漫着一种万事如常,人人安分的气氛。这种气氛迅速被60年代的激进主义打破是理所当然的,马尔库塞蛊惑人心的理论声称在后工业社会的任何地方都看不到希望,"单向度的人"则揭示了革命的绝望处境,他只是把社会革命的可能性寄托在那些反抗的艺术家和激进的批评家身上。事实上,60年代的激进主义更像是一次盛大的游戏,那是混合了吸毒、斗殴、性解放、摇滚乐为一体的精彩闹剧,仅仅因为1968年"五月风暴"的象征意义,它的严肃性含义被夸大了。冷战唤起的是恐惧和绝望,而不是愤怒或反抗,激进主义活动的实质仅只是一代人的情绪宣泄,那些绝望和恐惧在疯狂的宣泄中得以消解。人们没有偏执的信仰和绝对的社会目标,50年代流行的"意识形态终结"的说法,如果抛弃它的政治性不顾的话,它是对人们的日常生活原则性不强的理论表述。到了80年代,对权威的破坏和不确实性倾向的增长已经变得更加普遍。正如伊哈布·哈桑在《文化变革的观念》中所说的那样:"唯信仰论和不确定性倾向的力量衍生自更大的社会意向:一种正在西方世界崛起的生活准则、机构价值的破裂,自由欲望的滋生,各种解放运动的风行,全球范围的分裂和派系倾轧,恐怖主义的甚嚣尘上——总之,这众多(many)因素决定了其必然高于单一(one)因素之上。"④ 七八十年代,那些流行术语就是要勾画一个没有权威,丧失中心的处于分解状态的世界图景:公开性、异端说、多元主义、折衷主义、随心所欲、反叛、扭曲变形(deformation)。在哈桑看来,光是最后一个词,就足以包容十几个流行的破坏性术语:反创造,解体(disintegration),分解,无中心(decenterment),错位(displacement),差异,断裂等等。面对着世界的随意性和多样性,人们的生存态度似乎总是处在悬而未决的状态,这里面"隐含着对世界及宇宙间事物之意义和关系的一种根本易变性的宽容"。⑤

这种"多元化"的世界观未必采取一味"宽容"的态度,事实上,多元化的"宽容"与解构整体性、中心化,嘲弄权威秩序的激进策略并行不悖,而那些"后结构主义"(Poststructionism)理论,既是对后现代主义的哲学概括(和表述),同时又反过来成为后现代主义的思想支柱。典型的"后结构主义理论",例如德里达的"解构主义"(Deconstruction),和福科的"话语权力理论"(或"知识考古学"),以及女权主义批评等等,本身是后现代主义文化的理论象征。

德里达的"解构"哲学就是要消除西方形而上学的整个"存在

一神学的"、"言语中心主义的"和"语音中心主义"的传统。结构主义把符号看做能指复归的意义的根源,把符号抬到绝对存在的高度,这是受传统形而上学假定存在有一个中心的观念支配所致。作为本体神学论的消毒剂,作为目的论或末世学思想的消毒剂,德里达坚持认为,从保存在言语中心主义和语音中心主义的遗产中的符号的观念中,我们已预见到语音中心主义把作为存在的意义的历史规定,与依赖这一普遍形式的一切次要规定性混淆起来,言语中心主义于是便赞成作为存在的整体的存在的规定。德里达主张的基本前提是:语词在解读中实际上没有一个最终的、超验的中心或本义。在德里达看来,只有区分或"拖延"才是存在的,而"存在"是不可能的,它总是被迅速变化的"存在"所取代,因为存在依赖于活生生的现在与外界的根本联系,依赖于向一般的外界开放,向不是"它"自己的领域开放。德里达把符号看成是"区分"(differ)和"拖延"(defer)的奇怪的双重运动,那么,语词的意指作用实际上成为语言的差异性的无尽的替代活动。因此,播散(Dissemination)是一切文字固有的能力,这种能力不表示意义,只是不断地、必然地瓦解本文,揭露本文的零乱、松散、重复。并且播散不止于一篇本文都宣告了自身的瓦解。这样,本文陷入了在场(presence)与不在场(absence)的差异体系的替代游戏中。游戏是对在场的打乱,一个要素的在场总是铭刻在一个差异的体系和连锁的运动中的一种意指的和替代的关联。

　　罗兰·巴特用"能指天地"来描述语词的差异性替代关系。"能指天地"意味着由符号内在分裂的本质所决定的那种能指任意而自由地互相指涉的无限可能性。巴特说,一则本文如同一张音乐总谱般的能指播散图,从有限可见的一些能指出发,根据这种差异性的替代关系向无尽的能指海洋一层层播散。因此,分解主义批评家在实践中把"差异"作为一种行为在认识内部发生作用。巴巴拉·约翰逊在《批评的差异》里所采取的批评过程的开始是通过不能充分辨认和消除的其他差异来辨别和消除差异,他的出发点常常是一种二元差异,这种差异接着表明是由更难确定的差异作用所产生的一种幻想。本体之间的差异(散文与诗,男人与女人,文学与理论,有罪与无辜)表明,其基础是对本体之内差异的一种压制,即压制某个本体异于自身的方式。但是约翰逊强调指出,本文异于自身的方式决不是简单的方式:它有某种严格的、矛盾的逻辑,而这种逻辑的结果在一定程度上可以理解。因此对某种二元对立的"分解"并不是消除一切价值或差异,它企图追求那些已经在一种二元对立的幻想中产生作用的、微妙的、有力的差异效果。

分解理论或解构批评排除了任何存在的实在性,消除了深层意义统一构成的任何可能性,存在的神学中心的解体,宣告了语言构造世界和谐秩序的幻想的彻底破灭,语言变成了一个在差异中自我确立的过程。总之,本文的意指活动就是语词在差异性的替代中玩弄在场与不在场的游戏——这就是没有底盘的游戏。

当然,后结构主义(或解构主义批评)并不一定就是当代文学理论和批评的主流,但是,以德里达为圭臬的耶鲁批评学派,其代表人物布鲁姆、哈特曼、德曼和米勒,无疑是我们这个时代最激进而又最敏锐的批评家。后现代主义的艺术运动与分解主义盛行不约而同在进行着本世纪最轻松而又最可怕的一项工程——"拆除深度模式",他们把我们从文明的重压下解救出来,解除我们身上的精神锁链,然而,他们把我们指向一个没有着落的轻飘飘的空中,我们除了在那里游戏,除了怀疑和空虚还能干什么呢? M.波尔曼在《一切坚固的东西都在空气中融化:现代性的经验》中指出,后结构主义从60年代以来给一代避难者提供了对于在70年代时还控制着我们中间许多人的消极的无依无靠感的世界——历史的辩解。没有任何一点试图抵抗现代生活的压迫和不公正,因为甚至我们对自由的梦想也只是给我们的锁链增加更多的链环。

在这样一个多元分解的时代,"人"和"历史"注定了要死去。上个世纪,尼采惊呼"上帝死了",同时宣告超人(即尼采自己)已经到来。在100年以后,福科宣称"人死了"! 当然不只是福科,事实上,后现代主义的写作策略就是以嘲弄"人"的主体地位,颠覆"历史"的必然性逻辑为其宗旨。后现代主义小说不去追踪人类整体性的历史意识,不去探求永恒而内在性的超验存在。而是倾向于追求自反性或元虚构,它反映了一切语言都是自我指涉的这一认识观,后现代小说热衷于创造一种兼收并蓄的文体,把历史、政治、文学传统和个人本质的重大素材转变成幻想、黑色幽默或启示录式的寓言,以及夸夸其谈的个人抒怀。因此,叙述角度成为人物与生活的自由组合过程,叙述方式不过提供了生活的各种可能性而已。现代主义的小说尽管经常也运用生活片断的组合,但是它的内部实际上隐含了一个统一构成的深度,因而它是可分析的,可解释的。而后现代主义的作品是不可分析的,是阅读性的,因为它没有一个内在的深度性构成。例如,乔伊斯的《芬尼根守灵夜》与品钦的《万有引力之虹》,它们都是百科全书式的作品,都有宏伟的生活图景。但是《尤利西斯》有一种内在的"深度构成",各种生活场景,梦幻意识流程,都隐含了一种特殊的意蕴,而这一内在"意蕴"是被预先植入进去的。《守灵》中两个最基本的原则是:第一,历史本身不断地重复;第二,部分总是暗示着整体。文明根据一个预先注定的轮回方式发展和衰落,同样的人物、事件和结构随着轮子转动时以不同的面目再次出现。而品钦则向这种内在的含义和思想的价值提出挑战,小说的中心从对经验的扩展转向对经验的控制。斯罗士洛普在地图上标明的他和那些偶然结识的女人睡觉的地方恰好是 U-2 火箭落下的地方,性和死亡二者之间又有什么关系呢?这里提出的问题是不可解释的,也不必要解释,斯罗士洛普坚持说:"炮弹和狗不一样,它们不戴项圈,没有记忆,没有条件作用。"不管品钦在这里谴责了什么,在这部描写性欲和政治进攻的惊险小说里,一切都是不可思议然而却又是简单明了的。火箭的速度超过声速,它飞来时的声响只有当爆炸后才增大起来。但当你还不知道什么东西打着你时,你已经死去了。这并没有什么宿命的意义,不过是生活的一种任意形式。对于约翰·巴思来说,生活的无意义或个性的分裂可以像轮盘赌一样充满可能性,巴思把对"自我本质"的反思,把现代主义关于我们是谁、是干什么的探索变成了纯粹的娱乐。巴思醉心于对整个形式化逻辑过程的极端戏弄,对组合生活、排列生活、给生活确定意义的那种心灵力量的极端戏弄。生活像是支离破碎的插曲,是漂浮着的歌剧,你可以在岸边观看它,但是只能看到在那个特定地点跟前演出的那一段,其余部分一点也看不到。因为生活残缺不全难以捉摸,不会有引起任何扣人心弦,前后一致的感情,——对于巴思来说,现代世界是一种在碎片中保持得更好的游戏。

当然,后现代主义文化并不限于先锋派艺术、实验小说和后结构主义哲学;实际上,作为后工业文明时代的文化潮流,大众文化(流行艺术、通俗读物、各种娱乐形式)是后现代主义的广泛基础,只不过在当代西方,先锋派思潮与大众文化的界限并不鲜明,相反,它们经常同流合污,向传统经典文本、向权威秩序挑战。实验小说玩弄的"碎片游戏"与流行艺术奉行的拼贴法则如出一辙,典型后现代小说经常从西部小说、科幻小说、色情文学以及其他一切被认为是亚文学(Subliterary)的体裁中汲取养分,它对传统"人文主义"的背叛和对现代主义艺术抱负的嘲弄,使它填平了精英文化和大众文化之间的鸿沟。因此,通俗小说到了70年代实际上构成了后现代文学的主要部分,它是"反文化"、"反艺术"和"反严肃"的,它的方向是反现代主义和反智性的——正如 L.费德勒所说的那样——它致力于创造新的神话(不同于正统现代主义的神话),致力于"在其真实的语境中创造一种'原始魔术'",从而"在机器文明的空隙"造出上千个小小的西部地域。⑥

典型的后现代主义艺术(流行艺术)就是先锋派与大众化的杂拌物。理查德·汉弥尔顿曾经归结"流行艺术"的特征如下:

> 普及的、短暂的、易忘的、低廉的、大量生产的、为年轻人的、浮化的、性感的、欺骗性的、有魅力的、大企业式的。

沃霍尔作为一个故意使人莫测高深的后现代艺术家,他把世界名人、电影明星、电椅、花束、美钞、竞赛场上的骚动、"蒙娜丽莎"摄影,处理成一系列他称为"现代偶像"的复制品。彼埃罗·曼佐尼用粗劣的材料来制作"白色平面",他要把他的"平面"从一切意义和象征主义中解放出来。本雅明早年就看到工业社会在文化上进入一个"机械复制的时代",霍克海默和阿多诺后来称之为"文化工业"——这正是后现代时代文化生产及运动的方式。⑦

总之,后现代主义在西方是"二战"后继现代主义终结而兴起的文化潮流,它广泛涉及哲学、文学、艺术和大众文化。尽管各门类各种体裁的艺术,其"后现代性"不尽相同,但是在理论上还是可以大体归纳出如下几方面的特征:(1)反对整体和解构中心的多元论世界观;(2)消解历史与人的人文观;(3)用文本话语论替代世界(生存)本体论;(4)反(精英)文化及其走向通俗(大众化或平民化)的价值立场;(5)玩弄拼贴游戏和追求写作(本文)快乐的艺术态度;(6)一味追求反讽,黑色幽默的美学效果;(7)在艺术手法上追求拼合法,不连续性,随意性,滥用比喻,混同事实与虚构;(8)"机械复制"或"文化工业"是其历史存在和历史实践的方式。⑧

尽管说生活于每一时代的人们总是夸大了自己所处时代的独特性,对于那些所谓的思想家来说尤其如此;尽管说后现代主义声称的那种"划时代感"也值得怀疑;然而近半个世纪以来人类历史确实发生了深刻的乃至某些根本性的变化,无视这些变化可能比夸大这种变化更加危险,"后现代主义"不过是理解这个时代的象征标记,另一套话语而已。

二 趋同与变异:中国产生后现代主义的前提条件

这些想法并不是虚无飘渺的,正如史蒂夫·卡兹描写的那样:"我们都发现我们虽在不同的都市,但却在同一时间、相同的交通灯下驻足,绿灯一亮,我们都穿过街道。"⑨世界都市趋于形成,"地球村"这种说法也不再是夸大其词的了,世界正在经受经济"一体化"大潮的冲击,种族、信仰、制度、风俗、心理、知识、语言等等,传统社会造就的巨大地区性差异,正在为世界贸易的全方位渗透所消解。中国当然也概莫能外,80年代改革开放的历史大潮,把中国紧紧捆绑在"现代化"这驾马车上,冲破一切阻碍去追赶发达国家。这样一个历史机遇,促使西方文化思潮大量涌入,技术转让和进出口贸易额的急剧增加,以及第三产业的兴盛,使中国社会的文化和经济乃至社会意识发生多方位的深刻变化。

没有人会怀疑80年代的中国文化潮流,一半来自"思想解放运动"的推动,另一半来自对西方现代思潮的追逐,在文学方面尤其如此。由"朦胧诗"和"意识流"小说引发关于"现代派"的争论,大量西方现代派作品和理论批评被评介,给当代中国文学造成巨大的冲击。资料统计表明,仅1978年至1982年五年之内,关于现代派问题的争论论文不下500篇。由袁可嘉等人选编的《外国现代派作品选》(上海文艺出版社),第1卷于1980年出版,第一次印刷发行50 000册,迅速告罄,即使在1983年,第3卷出版,也印刷了21 000册,陈焜的《西方现代派文学研究》于1981年出版,引起的轰动现在恐怕难以有相提并论的学术著作。该书第一次印刷

13 000 册,争相抢购者不只限于大学专业教师,普通文学爱好者也津津乐道,足可见外国现代派文学的魅力。高行健 1981 年出版的《现代小说技巧初探》在作家中引起浓烈的兴趣。冯骥才在给一位作家的信中记录过这种心情:

  我急急渴渴地要告诉你,我像喝了一大杯味醇的通化葡萄酒那样,刚刚读过高行健的小册子《现代小说技巧初探》。如果你还没见到,就请赶紧去找行健要一本看。我听说这是一本畅销书。在目前"现代小说"这块园地还很少有人涉足的情况下,好像在空旷寂寞的天空,忽然放上去一只漂漂亮亮的风筝,多么叫人高兴![10]

  80 年代关于"现代派"文学的理论论争最开放的观点也多半限于"要不要现代派"、"要什么样的现代派"、"有批判性地借鉴"等等,对于作家来说,这纯粹是一个写作实践问题,那些理论是非几乎毫无意义。那些"现代派"作品几乎立即开拓了一个新的艺术天地,80 年代的中国作家和青年批评家没有人能够否认经历了西方文化,特别是现代派文学的洗礼。意识形态禁忌压制不住内心的共鸣,与其说这是精神和文化上"崇洋媚外",不如说这是非常实际的写作的压力所致,"现代派"作品摆在面前就提示了创新的范本,至少是标明了当代小说(以及诗歌)所达到的艺术水准,企图视而不见,或绕道而行都是不可能的。完成了"伤痕文学"和"改革文学"的历史使命的当代小说,必然要在"现代派"的诱惑之下去寻找小说观念和艺术形式的突破道路,"意识流"小说不过是一次小试锋芒的探索,然而它却预示了当代小说在这道路上只能前进的命运。

  历史不仅经常弄假成真,也偶尔弄拙成巧,某些戏剧性的变化却是在无知的情形下悄然发生。80 年代译介的"现代派"作品,其实不少是"后现代派",那时没有人意识到后现代主义与现代主义有什么区别,因为现代主义就足够新鲜、激进和深奥,既来不及分辨,也无须分辨。约翰·巴思著名的后现代派论文《填补的文学》,美国《大西洋月刊》1980 年第 1 期刊出,中国上海《外国文学报道》1980 年第 3 期翻译发表。马丁·埃斯林的《荒诞派之荒诞性》,

《外国戏剧》1980年第1期译出。阿兴·罗德威的《展望后期现代主义》原文载《伦敦杂志》1981年第2～3月号,《外国文艺》1981年第6期翻译刊出。该文使用的"后期现代主义"英文原文就是Postmodernism,它被译成"后期现代主义",可见当时没有意识到后现代主义与现代主义的区别。文中谈到美国的"自白派诗歌",巴思和巴塞尔姆的小说,纳博科夫的《微暗的火》,品钦的《万有引力之虹》,约瑟夫·海勒的《第二十二条军规》以及罗兰·巴特的文学批评,所有这些都是典型的后现代作品。《世界文学》1980年第3期发表陈焜的《黑色幽默——当代美国文学的奇观》,介绍弗里德曼(E. J. Friedman)编辑的小册子《黑色幽默》,书中收入的,当然也是文中谈到的作家,几乎全部是典型的后现代派,例如 T. 品钦,J. 海勒,V. 纳博科夫,C. 西蒙斯,J. 里奇,J. 巴思,K. 冯尼格,W. 马勒斯,D. 巴塞尔姆,N. 梅勒等等,这个名单几乎囊括了后现代派所有的代表作家。陈焜的这篇文章后来收进《西方现代派文学研究》那本小册子,至于袁可嘉选编的那本有着广泛影响的《外国现代派作品选》,第三、四册选入的几乎都是后现代主义作品。

可见后现代主义与现代主义几乎同时涌入中国大陆,只不过它被当做现代主义加以接受和借鉴。这一误读对于当代中国文学的影响是深远的:其一,它使80年代中期出现的"现代派"似是而非——中国实在缺乏现代主义生长的文化根基和精神状态,而且在观念上袭用现代派的作品,在手法方面又借用了一些后现代主义因素(例如"黑色幽默"),事过境迁,批评家用现代派的经典观念定义加以检验时,发现那是"伪现代派",实际上那是一种含混的现代主义。其二,它使年轻一辈的作家还没有步入文坛,就经受了从现代主义到后现代主义的双重影响,他们坐视年长的作家披着现代派的战袍匆忙上阵并且迅速失败。现代派在中国尤为不合时宜,那种超越性的精神和艺术宗教的狂热与中国民族性以及社会条件相去甚远,况且"现代派"在西方"已经终结"的行情(按照卡津的看法,现代主义作为一项艺术运动在30年代就已寿终正寝)逐渐为国内年轻一辈的批评家所了解,现代派没有精神底蕴作依托也就变成无根之木。只有后现代主义这种无根的文化才能在当今中国无根的现实中应运而生。因此,年轻一辈作家步入文坛时,那些现代派的影响已经晶化为"后现代因素",它们切合了中国现实的文学史变迁的历史实际。

更加具体地说,在新时期"后期"或("后新时期")步入文坛的一部分作家(即我们称之为"先锋派"的创作群落),他们既经历过卡夫卡、乔伊斯、加缪、黑塞、萨特等现代大师——他们被认为标志着现代主义向后现代主义过渡——的影响,也为"新小说"所倾倒,当然给予我们最为深刻有力的影响的当推马尔克斯和博尔赫斯,1984年,马尔克斯的《百年孤独》译本在中国大陆出版,显然是由于马尔克斯获1982年度诺贝尔文学奖,以及大陆正在酝酿的"文化论争"的现实背景。马尔克斯在中国青年作家中风行,其震动不亚于1962年博尔赫斯的作品集在美国出版引起的骚动。如果后者直接给"枯竭的美国文学"(巴思语)打开一条突围的出路的话,那么,前者对中国作家的影响不仅有一次立竿见影的效果(寻根文学),而且有着更加深远的影响。一代青年作家开始意识到要把现代派(或后现代派)的观念技巧与中国本土文化结合起来,正是这种结合导致了新的小说观念和叙述方式,显然,博尔赫斯的影响使马尔克斯式的中国产品更有力度,并且向着"形式主义"的高度进军——这一高度距离后现代主义只有一步之遥。如果考虑到博尔赫斯、马尔克斯等拉美"魔幻"作家被美国实验小说(后现代小说)奉为圭臬;那就不难理解中国的先锋派小说和实验小说相比而不乏异曲同工之妙。

当然,后现代主义作为一个理论话题的形式要提到弗雷德里克·杰姆逊(F. Jameson)。作为一个马克思主义批评家,杰姆逊又深受拉康的精神分析学等后结构主义理论的影响,他尤为关注后现代问题。1985年9月至12月,杰姆逊应邀在北京大学开讲当代美国文化思潮,听者云集,讲演稿于1986年以《后现代主义与文化理论》为题结集出版,遂成为热门读物,被多方引用。

尽管"外来文化"的影响不可低估,但说到底当今中国走向"现代化"引发的经济文化的变动则是中国式的后现代主义生存的直接土壤。从整体经济水平而言,中国无疑还处在相当落后的"发展中国家"水平,但是,西方后工业社会的各种迹象在中国的大城市里不难见到。80年代的中国"第三次技术革命"与"第四次技术革命"齐头并进,前者以电力工业、汽车工业和化学工业为核心,在中国已经初具规模;后者以电子计算机为核心,电子技术,生物技术,激光和光导纤维为主的通讯技术，海洋工程，宇宙空间工程，新材料，新能源——虽然刚刚起步，起点很低，但是，对于处在这个社会的文化前列的一部分人来说，却足以构成强劲的感觉上的和心理上的冲击。大量引进外资、借助技术转让，学习发达资本主义国家的经营管理经验，这使得中国的"现代化"必然不可逆转向着"后工业化社会"迈进。仅"六五"期间，我国与国外签订的大中型引进项目为1 300项，用汇97亿美元。涉及能源开发、交通通讯、原材料工业和机电工业等行业。其中引进技术软件合同占50％。30万和60万千瓦发电机制造技术，50万伏直流和交流输变电设备制造技术，彩色显像管生产及大型板坯连铸机制造技术等填补了国内空白。通过引进国外新技术和新设备，使我国高技术的研究、新技术的开发和传统技术的改造都得到了加强。通过技术引进，已重点装备了国家级开放实验室22个，重点科研试验室30个。这批实验室包括：遗传工程、酶工程、天然药物及仿生药物、癌基因研究、新材料元素、固体微结构、晶体材料、元素有机化学、应用有机化学、高纯硅及硅烷、分子生物学、海洋工程、计算机软件工程、催化基础、模式识别、资源与环境信息等等。现阶段我国约有40个实验室的装备已接近或达到国际同类先进标准，形成国内的科研中心。电子工业共引进2 000多项高新技术和设备，1/3重点企业得到了技术改造，技术水平一步跨越近20年。彩色显像管、线性集成电路、铬板、消气剂、计算机、磁盘机和关键元器件等22个大中型骨干企业在80年代中期相继投产，加强了我国电子工业的技术基础，形成初具规模的高新技术产业，产品产量大幅度增长，1981年电子产品出口额仅为1 157万美元，1986年上升到1.19亿美元，1987年上升为2亿多美元，到1991年已超过5亿美元。据资料统计，从1979年起，至1988年6月，我国通过外国政府贷款、国际金融组织贷款、买方信贷、外国银行贷款、对外发行债券和股票等方式，签订的对外借款项目达295个，协议金额397.28亿美元，实际使用320.75亿元美元，吸收外商投资项目达12 161个，外商投资协议金额281.51亿美元，实际使用120亿美元。两项共计利用外资项目12 459项，协议金额678.79亿美元，实际使用414.28亿美元。截至1992年5月，我国已累计批准中外合资、合作和外商投资企业共4.2万家，协议利用外资600多亿美元，引进先进技术30 000项,70％的企业盈利。⑪

在开放省份和大中城市,经济高速增长使中国的现代化(工业化)初具规模。工业化不仅带来发达国家的先进技术和管理经验,同时也必然引发当代中国人的价值观和文化心理的变更。尽管60年代西方盛行的"趋同论"存在诸多谬误,但是,"趋同论"的某些观点还是符合历史实际趋势的,例如,工业化确实引起社会变化,技术进步确实影响了人类行为和价值观念。⑫虽然亨廷顿认为"现代化并不必然包括走向现代政治制度的重要活动",但是,他也看到:"现代化总是包含着变化,经常也包含传统政治制度的瓦解。"⑬然而,当代中国走向现代化引发的社会变化最显著的方面,还是社会心理、价值观念和行为方式方面。这些变化并不单纯是为经济发达或工业化程序所直接决定的,经济发达或工业化仅仅提供一个广阔的背景,这个背景与当今依然保存的传统社会的政治、经济、文化构成极大的反差,形成一种冲突的、富有张力的文明情境——正是这种文明情境给"后现代主义"提供了产生的土壤。

改革开放为"市民社会"的形成提供了契机,尽管中国的"市民社会"还不具备任何政治实践功能,但是,其经济和文化活动却是提示了一个远离政治"一体化"的自由空间。特别是市民文化(又称大众文化、流行文化或通俗文化)给封闭多年的中国增加了现代生活的活力。流行音乐、摇滚乐、时装模特、影视广告、商业招贴画,歌厅、舞厅、咖啡厅、酒吧、体育竞赛、明星崇拜、通俗读物、征婚广告、歌舞晚会、电子游戏机、大型游艺场等等,构成当今中国现代都市混乱不堪而节奏热烈的文化潮流,那些发达国家有的消费文化(或娱乐文化),中国的大城市里应有尽有,尽管质量水准略逊一筹,但它大张旗鼓创造一种"现代化"的生活方式和消费娱乐方式,创造现代的感觉方式和生活态度却是绰绰有余的。汉密尔顿当年归纳的"流行艺术"的特征,不难从当今中国社会方兴未艾的大众文化中找到。虽然"先锋派"表达的后现代性与大众文化相去甚远,并且做出与大众文化对立的姿态,但是那些所谓的"先锋派"也生长于这个文化氛围中,他们的感觉方式和价值观念,他们企图表达的对这个时代的独特感觉,无疑受到这个时代的文化潮流的直接刺激。

当今中国的经济发展状况和文化氛围,给后现代主义的产生提示了最低限度的历史条件。但是,当今中国的后现代主义说到底还是政治/经济/文化多元作用的结果——它是一种文明情境或文化境遇的表征。事实上,即使在美国,后现代主义依然是诸多历史条件多元决定的结果:"二战"的阴影及随之出现的经济全面繁荣、和平景象与冷战的恐惧情绪相混杂,高科技的兴起及其对人们的感觉方式的改变,反现代主义的平民主义倾向,意识形态衰落与左派激进主义盛行相混淆,反战示威和学生运动……这些典型的后工业文明时代的社会现象,其实也是潜在地相互作用的文明因素,它们共同造就了后现代主义式的感觉方式、价值观念和文化态度。高科技和经济发达不过提示了一个社会大背景,在这个背景映衬下,文化的不协调性显得异常突出,瞬息万变的信息时代与传统文化记忆的强烈冲突,富足的生活与核武器竞赛,文化上的宽容,自由主义的多元论与意识形态狂热……正是这种反差和错位的文明情景,才造成后现代主义那种无中心,不完整,丧失历史感,随遇而安的游戏态度,从破碎而荒诞的生活中寻找诗性的快乐的"黑色幽默"风格,最简要地说,早期后现代主义(或对后工业社会率先感应的先锋派式的后现代主义),正是"二战"的后工业文明时代"文化受损"的表征。在这一意义上,经济发达水平并不是惟一的决定因素,也正是在这一意义上,拉美"魔幻现实主义"被实验派小说奉为后现代主义的圭臬。

拉美"魔幻现实主义"创造的那种"神奇的真实",正是对拉美混杂的、充满错位的文明情景的特殊表达,已死的玛雅文明与印第安或阿兹特克文化,帝国主义的经济和文化全面渗透,军政府独裁政权,现代生活和古代通灵论等等。马尔克斯、博尔赫斯、卡彭铁尔等人一直是用欧洲文明和拉美文化的双重眼光来看待他们所处的历史境遇。卡彭铁尔说道:"拉丁美洲的一切都异乎寻常:崇山峻岭和巨大的瀑布,广阔无垠的平原和难以逾越的密林。混乱的城市建设伸入到风景濒临绝灭的内陆。古代的和现代的,过去的和未来的,现代技术和封建残余,史前状态和乌托邦理想,这一切全都交织在一起。在我们的城市里高耸的摩天大楼旁有着印第安集市,集市上巫师术士随处可见。"⑭所谓"拉丁美洲意识",就是古旧垂死的文化记忆与反抗帝国主义或屈服于军政府的殖民地意识的混合物。因为混乱、反差强烈、错位、荒诞,它才显出那种"神奇的真实",它才具有约翰·巴思等人赞赏的奇妙的后现代性,它与发达资本主义的"后工业社会"制造的文化情境,有着异曲同工之妙。

就其经济发展水平而言,三四十年代乃至五六十年代的拉丁美洲显然要低于80年代的中国,拉美有可能产生后现代主义何以中国不行呢? 说到底后现代主义表达了文化受损的状况,当代中国同样置身于一个巨大的"文化落差"之中,不同的时代,不同的信仰,不同的观念和行为方式在这个特定场合汇集,它使当代中国文化变得混乱不堪却又奇妙无比。80年代后期,"精英文化"失落,标志着社会的"卡理斯玛"(Charisma)解体,所谓"文化失范"不过是"解体"的另一种表述。"卡理斯玛"这个词是早期基督教的语汇。马克斯·韦伯借用它来指有创新精神的人物的某些作风品质。爱德华·希尔斯(Edward A. Shils)提出一个关于社会的"卡理斯玛"现象更为综合的看法。他认为,社会上的"卡理斯玛"不一定来自有"卡理斯玛"的个人的创造,"它是赋予人们的行为、作用、制度、符号以及物质客体的一种品质,因为它们被认为与'终极的'、'根本的'、'主宰一切的'产生秩序的权力有联系"。⑮因此,"卡理斯玛可以把人类经验的不同范畴予以秩序化,亦即社会需要秩序的结果。"卡理斯玛赋予社会以中心或中心价值体系:社会有一个中心,社会结构中有一个中心带,而这个中心或中心带是价值和信仰领域的一种现象。"'卡理斯玛'是符合秩序的中心,是信仰和价值的中心,它统治着社会。它之所以是中心,因为它是终极的,不能化约的;很多人虽不能明确说出这点,但却感觉到这样一个不能化约的中心。中心带是具有神圣性质的……中心价值体系的存在,根本上取决于人类需要结合能超越平凡的具体个人存在(并使其改观)的某种东西。人们需要与大于自己身体范围的和在终极的实在的结构中比自己日常生活更为接近核心的一个秩序的一些符号相接触。"⑯著名汉学家林毓生教授在《中国意识的危机》一书中,以"卡理斯玛"的崩溃导致文化脱序(anomre)、道德混乱与失意来描述中国现代思想史出现的危机。⑰

试图分析80年代后期中国社会的"卡理斯玛"解体的历史过程是困难的,这不仅面临涉及的文化现象,社会心理与符号记忆方式等等方面的理论难度,而且会遭遇一些非学术的难题。但是,人们不难感觉到 80 年代后期中国社会的"中心化"价值体系失去创造功能,"一体化"的社会秩序处于严重破损的状况,经济过热发展激化了隐藏的文化矛盾,市民社会在逐步形成,与主流意识形态、知识分子的精英文化处在三元分离的状况,市民社会奉行经济实利主义原则,并且代表了一种有生机的蓬勃向前的社会力量,它使政治精英和文化精英确立的社会秩序面临"合法化"危机——(哈贝马斯的"合法化危机"概念可以与"卡理斯玛"解体并列使用),因而社会的信仰、价值和符号秩序必然发生一系列错位:名/实、动机/效果、真实/虚假、严肃/游戏、真理/谎言、权威/丑角、精神/物质、政治/经济、文化/商业、悲剧/喜剧、仪式/闹剧、爱情/欲望、宣扬/消解、奉献/掠夺、发展/退化、进步/保守、左/右……这些对立项在具体的历史实践中总是相互颠倒,就其存在方式而言,总是出现"名"(能指)与"实"(所指)的分离,因而其运作方式总是发生动机与效果的倒错。在某种意义上,经济实利主义已经消解了"卡理斯玛"中心,甚至那些政治的和文化的意识形态实践实际上却变成经济活动,例如 80 年代末期风起云涌的"弘扬……"、"发展……"、"坚持……"、"推动……",结果其背后却隐藏着经济利益,或者在其实践过程中异化为经济目的。人们始终(或经常)置身于一个自相矛盾的境地:一边是强大而严格的制度体系;另一边却是随机应变的日常生活。在一系列冠冕堂皇的符号秩序掩饰下的是截然相反的现实行径,人们游刃于隐含"合法化"危机的社会秩序的各道裂痕之间而自行其是,错位的文明情境洋溢着无边的荒诞与诗意,置身于这样历史时刻的文化不再有视死如归的革命气节,毋宁说它充塞着不置可否的喜剧精神,它为当代叙述学提示了诗意祈祷、滑稽模仿、抒情与反讽等等一系列感觉方式、修辞方式和表达方式——这种方式使中国当代文学(特别是先锋派文学)最大可能切近后现代主义。

总而言之,当代中国经济虽然处在欠发达的"前现代化"水平,但代表第四次技术革命的高科技产业却也方兴未艾,"后工业社会"的种种迹象也初露端倪,即使就经济发展状况而言,并不是找不到培植后现代主义的土壤。80 年代外来文化的洗礼,给中国青年一代作家提供了借鉴的范本,其中不乏后现代本文的激发作用。然而,不管是经济发展水平,还是文化模仿,都不能充分有效地说明当代中国产生后现代主义的根源及其本土特色。在我看来,正是当代中国的政治、经济、文化之间构成的奇特的多边关系,决定了当代中国的后现代主义可能产生极其显著的中国本土特征。当代中国正处于非常复杂而特殊的历史转型时期,它汇聚了各种矛盾,隐含了多种危机,而当代中国文学中的后现代主义问题,正是这种历史复杂性的高度表征。

三 勉强的记忆:"文革"后的历史叙事或先锋派的文化规定性

在讨论当代中国的文学艺术中出现后现代主义倾向时,有必要把这一问题置放在文学艺术自身的历史实践中来理解,也就是说 80 年代后期出现的后现代性因素,可以看做是泛文化的文明情境的产物,但是,这些"泛文化"条件要全部投射、渗透、凝聚在文学艺术自身的具体实践的每一个推论环节才起作用。因此,回到事物本身,也就是把这些"泛文化"因素融合到文学艺术的实际历史过程中去理解。这当然不是去重新编织历史必然性的逻辑,而是去清理历史推论的那些变动、错位和误置的关系。

"文革"后的中国文学被称为"新时期文学","新时期"这种表述不仅确立着一个反"文革"的政治态度和文化立场,同时意味着一种历史叙事:"文革"被宣告为一个已经过去的、结束的、死去的时代;而一个伟大的"新时期"业已诞生。显然,"新时期"是一次自我命名,因为这个时代才刚刚开始,怎么能证明它是"新"的呢?这个"新"仅仅建立在对"文革"的断然否定的基础上就足矣。事实上,"新时期"文学正是由对"文革"的批判、否定确立其基本命题:"文学是人学"。"新时期"文学作为思想解放运动的急先锋,全力书写"文革"时期极左路线对人们的肉体折磨和精神迫害。反观那充满血泪的、叫人心碎的命运,终于意识到自己的存在,于是,"大写的人"迅速推到历史主潮位置,则是理所当然。

从对"文革"的批判中获得"人"的历史起源的依据之后,文学急于在现实性上对"人"加以书写,因此,关于"文革"的故事在 80 年代初期已经讲完,现在则要讲述"新时期"的故事。"大写的人"随之在现实的理想主义镜像中被放大,在各种关于"人"的话语中获得不断增殖的现实意义。80年代中期,文学几乎忘却了"文革",当时盛行的两股思潮,其一是"现代派",其二是"寻根派"。前者不用说是对西方现代主义思潮涌入中国大陆的直接呼应;而后者却试图去寻找现代化压力之下中国民族的精神文化源流。然而"寻根派"却不过是生动地证明了文化之根已经断裂。"寻根派"作为知青群体,它们本来就没有沟通传统渊源的"文化记忆",他们把个人记忆勉强放大为时代的、民族的历史记忆。上山下乡经历过的那些偏远山乡的异域风情、人伦习俗、神怪传说,原本不过是作为回忆个人失意的青春岁月的背景,现在从个人的故事中剥离出来,成为"民族的故事",成为民族的生存之根。知青群体没有"文化记忆",只有"文革记忆",因此,"寻根"能够寻到的依然只能是(也必然是)"文革"那段历史,企图从中发掘出民族传统的"文化之根"显然是一次记忆错位。而相反,"反传统"的口号则不胫而走,在大多数人看来,传统不过是些痼弊陋习,人们渴望远离传统,向往"蔚蓝色"的文明。

关于"人"的现实性故事遗忘了它的历史前提——"文革"之后,它在"新时期"意识形态推论中起着基础性的构成作用。然而,80年代后期,意识形态主体产生多元分化,出现官方意识形态、知识分子精英意识形态、民间意识形态三足鼎立格局。而知识分子精英意识形态实践功能严重弱化,文学丧失"轰动效应"不过是个不太严重的后果而已,文学不再有现实性的故事可讲,"大写的人"也就不再有现实实践的意义,文学面临深刻的危机并不仅仅在于它被商品经济的洪流冲击到社会的角落,更严重之处在于,文学突然丧失了现实性。它本来就没有历史,现在又丧失了现实话语,它置身于一个空荡荡的荒野之中,除了自言自语,除了沉湎于个人的回忆或幻想,除了讲述一些没有历史、也没有现实内容的故事,它还能有其他什么作为呢?

"文革记忆"给"大写的人"提示了历史起源之后,在"新时期"讲述的现实故事中被遗忘了,现在"新时期"的神话也已枯竭,封存于现实想像关系之下的"记忆"又要恢复,当然,它是以非常隐秘的和奇怪的形式来显灵。1986年至1987年,马原、洪峰、残雪各自以不同的方式提示了过渡时期的经验。他们讲述的故事不再具有意识形态的实践意义,然而,却预示了现实性的转折。文学创作变成个人化的写作经验,变成方法论的游戏和纯粹的幻想经历。马原对"新时期"文学规范断然拒绝的反叛姿态,洪峰胆大妄为的"渎神"行径,残雪那自行其是的幻想经验,所有这些都远离现实也远离历史传统。这一次的文学叛乱,既是一次"无记忆"的自我书写,也是一次"文革记忆"的抽象复苏,与其把这场叛乱视为对西方现代主义(或后现代主义,例如博尔赫斯)的模仿,不如看成是对"文革"那种历史欲望和想像的简要重温。

我们称之为"先锋派"的那个创作群落(他们主要包括:苏童、余华、格非、孙甘露、叶兆言、北村等),是在80年代后期步入文坛的,他们不仅面对着"卡理斯玛"解体的文明情境,而且面对着"新时期"危机的文学史前提——他们无法拒绝的历史和现实。与其说他们从这个历史前提找到新的起点,不如说他们承受了这个"前提"的全部压力而仓皇逃亡。他们与这道前提的关系天然地是对抗的、背离的,他们注定了是"新时期"的叛臣贰子。

在这一意义上,80年代后期崛起的创作群落可以称之为"晚生代"——这一指称实际上并不仅仅指"先锋派",它同样适用于"新写实主义"那批青年作家,如刘震云、刘恒、李晓、李锐、杨争光、池莉、方方,乃至畅销小说写手王朔,以及其他不入派的后起之秀。在诗歌界前几年就有"新生代"一类的说法,这种说法不足以给出这一代作家、诗人的历史规定性,某种意义上,每一时代的作者都是"新生代",而"晚生代"则是对这一批写作者的特殊规定:

(1)面对"知青群体",他们具有"历史的晚生感"。"知青群体"经历过"文革"的战斗岁月,他们与当代中国雄伟的历史神话联系在一起,在80年代,"反文革"的历史叙事方式和文化记忆方式使他们理所当然成为历史主体。"新时期"构造的时代的想像关系,从"知青文学"到"寻根文学"完成的历史升华仪式,"知青群体"当之无愧是这个时代的神话主角——普罗米修斯式的文化英雄。他们讲述的个人的经历,个人的心理,个人的痛苦、忧伤和希望,就是历史,就是集体的历史传记。而这些后来者又如何呢?他们中也有人插过队,当过工人或战士,但通常不过一两年功夫(多则不过三年),与那段历史充其量沾了点边,搭上了末班车,不过是些小配角或小伙计。更多的人,关于那段伟大的不平凡的岁月,除了听说和阅读,再就是想像。尤其是"先锋派"群体,年龄上普遍要小于

"新写实"群体。对于"文革"以及"文革后"的新时期神话,他们更像局外人,他们被拒绝于这段历史主潮之外,他们没有成为时代的弄潮儿,却不过在历史退潮之后,拾掇一些玩物,它不能折射出历史的辉煌,却不过徒添现实的失败感。

（2）面对"大师",他们无法摆脱艺术上的"迟到感"。先锋们在80年代后期,正值外来文化,特别是西方现代派文学大量涌入中国的时期企图崭露头角。他们不仅熟知那些古典时代的大师,而且不断为现代大师所诱惑,例如卡夫卡、艾略特、乔伊斯、黑塞、罗伯-格里耶、西蒙、萨洛特、杜拉斯、巴思、品钦、马尔克斯、博尔赫斯等等。应该承认,他们的写作一开始就蒙上了"大师"们的阴影。与绝大多数前辈作家有所不同——他们只要熟读《讲话》、《水浒传》、《红楼梦》之类,再加上生活,可能就会成为一个出色的作家,年轻一辈作家面对"大师"企图制造艺术革命的戏剧性效果（他们别无出路）,却不得不像罗伯-格里耶说的那样,"话已经被说完了"。我不止一次听到他们慨叹"大师的可怕"。在那些故作狂放的形式实验背后,其实隐藏了黔驴技穷的恐慌。对于年轻一辈作家来说,在艺术上已经没有退路,1986年至1987年,当代中国文学在诗歌方面矗立着北岛这座高塔,在小说方面横亘着莫言和马原两道山峰。在背离传统的语言和叙事方式两项艺术革新上,莫言和马原对年轻一辈的作家既是诱惑也是压力,尤其是超越马原乃是他们崭露头角的必经之路。然而,马原并没有摆脱某些大师的阴影,例如博尔赫斯,那么晚到者又如何呢? 马原躲躲闪闪,他们干脆明火执仗,大打出手,在叙事技巧、语言风格方面铤而走险。博尔赫斯的"空缺"在格非的小说叙事中直接显灵;"新小说"的语言感觉可在余华初试笔锋的几篇力作中重放光辉;孙甘露的那些极端文体则暗藏各路大师的启迪;至于北村,他一直很难摆脱黑塞后期作品的阴影（例如《玻璃珠游戏》之类）;苏童似乎不露蛛丝马迹,可是早期作品中不难见莫言、马原的痕迹,至于他最成功的作品《妻妾成群》,则足见《家》、《春》、《秋》、《红楼梦》,乃至《金瓶梅》这类母本在起决定性的作用。他们无法像年长一辈的作家讲述意识形态的神话,其艺术革命却也难逃"大师"的阴影,与其说他们是艺术上的反叛者和革命者,不如说他们仅仅是"迟到者"或"后来者",就艺术法则而言他们不过是用现代汉语模仿、改装、重述、拼合、拆解"大师"们的话语而已。

(3) 面对传统,他们陷入文化上的"颓败感"。尽管 80 年代知识分子的主流意识形态一直存在"反传统"的势头,但是它起码酿就了一种与传统对话的文明情境。80 年代后期,整个时代的中心化价值体系趋于崩溃,文化这种东西,仅仅被理解为"及时行乐"的有关娱乐形式。商业社会大规模兴盛,现代工业文明给予"传统"以前所未有的冲击,那些"传统"艺术品正明码标价,随时准备向发达资本主义国家的游客兜售;在那些华丽艳俗的庙宇龙门旁边,矗立着"可口可乐"之类的洋文广告牌;在所有"弘扬传统"的背后,总是躲藏着硕大的经济目……这个时代的文化已经为商业主义所侵蚀,而给予文明以创造能力的"卡理斯玛"正趋于解体,先锋们所能感受到的就是强烈的文化溃败感,他们不仅没有历史,没有现实,也没有文化记忆。对于他们来说,关于"传统"的记忆本来就淡薄已极,这不仅与 80 年代的"反传统"风气有关(事实上,这个风气多少还强调了传统),更主要的是几十年的文化断裂。革命的意识形态拒绝"传统",与"传统"决裂才是无产阶级革命事业接班人的当然气质。甚至他们与"五四"时期的文化传统的真实联系也十分有限,他们接受的是关于"五四"的意识形态神话,而不是作为文化传统和艺术传统的"五四"。尽管在他们的写作中,也不时可以看到"五四"巨匠的流风余韵,但那不过是偶然的巧合,我说过,他们得之于外来文化的启迪,甚至要远远大于中国现代那些文人墨客的影响。

传统已经颓然死去,淹没于商业主义的历史大潮中,淹没于初露端倪的后工业文明的巨大幻象之中。奇怪的是,我不止一次听他们慨叹过"传统",渴望与传统沟通,找到传统的文化母本。然而,我却从未听到他们讲述过"传统"、"文化母本"的真实内容。格非的"古典性"仅仅是对传统的"后浪漫式"的眷恋,余华的"传统记忆"限于对《聊斋》的偶尔模仿,北村的"东方神话谱系"更像是宇宙论、通灵术或末世学。对传统的奇怪眷恋在某种意义上乃是后现代小说家的惯用手法,例如巴思与中世纪传奇,巴塞尔姆与古代传说和童话。甚至巴思心目中最理想的后现代小说,就是像卡尔维诺那样,一只脚踩在现代宇宙论上,另一只脚踩在古典传统上。然而,我们时代的"先锋派"——或者说,我们时代的"晚生代"没有真实的传统记忆,他们头脑中,他们心灵深处保存的"文化记忆"——具有真实的历史感的记忆——也就只有"文革记忆"。

对于"晚生代"来说,"文革"既是错过的、无法进入的历史,却也因此成为永久的记忆障碍,它那"神奇的真实性"被抽象化为记忆的形式,它的那种造反、反叛、革命、暴力,乃是一次纯粹的艺术创造。因为经历过"文革",知青群体成为"新时期"的神话主角;因为没有经历过"文革","晚生代"无法讲述"新时期"反"文革"的神话,这是一次神奇的与伟大的掠夺。虽然他们没有成为"文革后"的历史主角,然而,他们却完成了一次"后文革"的艺术革命。当然,"文革"是一场史无前例的政治灾难,然而它也是一场前所未有的文化的末日庆典,作为一次盛大的革命节日,它那放纵的狂欢场面留给人们的印象是深刻而久远的,事过境迁,那些粗暴拙劣的行径无不具有诗性的历史象征意味——它们成为文化死亡之后散落的残简碎片,不仅拼合成一个令人绝望的末日情境,而且喻示着一个令人想入非非的黄金时代。对于一部分中国人来说,"文革"是一段不堪回首的梦魇;而对于另一部分更年轻的人们来说,它可以更像是一场奇怪的仪式、一次疯狂的初恋、一段神奇的传说。不管如何,对于丧失了"文化记忆"的人们,对于远离了深挚的文化母本的人们,对于空空如也的脑袋里晃荡着几个枯燥乏味的政治概念和经典术语的人们来说,"文革"是一段不可逾越的历史,一段无法拒绝的回忆,一块永志不忘的伤疤。"文革"包含太多政治的和文化的象征意义,它以它"反文化"的武断形式填补了几代中国人的记忆空白而成为难以抹去的"文化记忆"。尽管它一开始是作为被否定和被批判的历史事实而存在于人们的叙事话语中,但随着岁月的流逝冲淡了它沾染的政治污泥,许多年之后,以至仅仅若干年之后,它就变成纯粹的"文化记忆"。

我们时代的"晚生代"面对的是"卡理斯玛"解体的现实,处在文化溃败的历史境遇中,他们没有现实的神话可讲,他们没有历史、没有现实、没有大众,只有孤零零的自我。然而,这个"自我"保存有什么样的个人记忆呢?作为梦幻的孤独个体而写作,那些狂乱的想像,那些无所顾忌的诗意祈祷,除了从"文革记忆"中辨认出一点蛛丝马迹,还能找到其他的精神依据吗?也许在表面的美学法则上可以列出博尔赫斯、海勒、马尔克斯、卡夫卡、鲁迅、黑塞、乔伊斯、弗洛伊德、巴特、纳博科夫和尤奈斯库……直至所有现代主义和后现代主义大师的名字,然而,精神呢?对于这一代人来说,"文革"那块巨大的历史幻象在记忆深处缓缓蠕动,就足以怂恿他们沉醉于无边无际的幻觉、没有终结的语词游戏、无法遏止的表达欲望、莫明其妙的暴力行径、失去家园而没有归宿的任意逃亡和随遇而安的死亡……因此,这些被称之为后现代主义的倾向,并不是对外来文化的单纯实验性模仿,更重要的是对他们所面临的现实和所拥有的"文化记忆"进行的历史叙事。

尽管"新时期"的精英话语一直在贬抑"文革"(它由此来确认自身的优越性),但是它同时也把"文革"当作惟一的理论前提和参考链。随着那些历史事实和具体内容被作为"新时期"的历史起源,作为一块历史抹布用完之后,它被随手扔在时代精神的边缘和集体记忆的底层。当"新时期"的幻想之物宣告解体,压制在记忆深处的那些历史印象则浮出现实地表,对于更年轻一辈的人们来说,这些抽象的记忆重新构成他们的历史起源。虽然人们可以强调说文学写作的动力来自纯粹个人化的经验,而且也面临着文学史序列上的母题变异和形式规范创新的直接压力,先锋派在没有现实可讲的困境中挣扎,且要跨越马原的"叙事圈套",只能在叙事方法及语言风格方面铤而走险——这些文学制度法规的现实性是毋庸置疑的;但是,更深一层说,任何有力量的写作,最重要的动力在于从本民族的历史或现实中找到那些令人震惊的事实,这些事实经常构成写作的经验表象,而且内在地起到无意识的支配作用。正如拉康所说的那样,"无意识是'他者'的话语",对这一代人做历史精神分析时,能找到什么其他的"他者的话语"呢?没有,他们远离汉文化传统,那些运用自如的汉字不过是些空洞的方块符码,那个伟大的传统——按照汤因比的观点,在唐代就已经死去。而对于他们,对于我们来说至少在半个世纪前就已经死去。只有"文革"那些残留在印象与现实权力中枢的话语绞合成一种奇怪的"他者的话语"——隐秘而顽强地在起决定作用的"父法"。不管是屈从还是反抗,认同还是背叛,总之这是一种铭刻在生命本体上的印记,一种永远无法分割的"父子"关系。确实,再也没有什么比"文革"那样一种历史疯狂与当今蝇营狗苟的现实拼合在一起的图景更令人震惊的了,无论是绝望还是狂欢,反抗还是逃亡,这一辈人只能在这样令人震惊的历史情景中找到一些深刻有力的印象。尽管对于"文化记忆"的伟大源流来说,这不过是些徒有其表的流风余韵;然而,对于先验性地被阉割了历史和现实的"晚生代"来说,对于遭受语言异化和历史困厄的文明主体来说,这也是弥足珍贵的精神馈赠了。

作为精英文化的残余物,先锋文学被悬搁于文明的虚幻空间,他们远离政治中枢,也远离大众,那些残存的"文化记忆"保留着对权力中枢的绝望逃避,其历史叙事采取了各种各样的隐喻、象征、转喻和寓言的形式。作为自我表白的话语,先锋文学始终讲述自己的历史,它玩弄着自己的游戏,它不想颠覆,也不想填补和替代那个中心。他们是站在历史记忆交汇点上的观望者,既着迷于感官的诱惑力又富有破坏性,不再对自身以外的事物给出承诺,那些随意拼贴的虚假表象意指一个过渡的、游戏的、戏剧性的历史空挡。尽管说先锋派的行为说到底都是一种对个人表白权利的永久更新,而一切权利最终都是政治性的;但是,在意识形态充分活跃的时代,这种远离权力中枢的游戏精神,这种否定、拒绝、非承诺的姿态,则是在开辟一条通往不可归约的现实的精神歧途,在那里,艺术行为仅仅是释放着、书写着和理解着自我的生命铭文而已。

因而,我坚持认为,我们时代的"晚生代"终究是从自己生存的文明现实中体悟到特殊的记忆形式,并且以此表达对语言异化和历史困厄的反抗。那些多元化的决定作用最终要依靠深刻的生命本体力量来实现。那些所谓的时代合力,所谓的多型语境凝聚在有自身历史并始终处于历史中的个人实践品格之中,因而,历史叙事是与意指性主体深处的文化记忆之展开不可分的,后现代性的叙事也正是由于这个主体才得以读解。

总而言之,20世纪后期的中国作为一个发展中国家,或者说一个前现代化社会,它正面临着后工业化社会的各种因素的全面入侵,这个社会在文化上生存于一个"巨大的历史跨度"之间,这个社会中的人们的"文化记忆"受到严重的损坏并发生各种错位,而政治无意识的压力则使这种错位的"文化记忆"产生多种变化,使这个时代的精神地形图变得更加复杂。正是在后工业化/前现代化,历史伪形/文化记忆,政治无意识/个人写作等等多元对立的历史情境中,20世纪末期中国的后现代主义找到了它生存的现实土壤。作为"文化记忆"危机的表达,当代中国的后现代主义有着非常特殊的本土含义。说到底,"后现代主义"仅仅是一种"命名",在文化交汇、碰撞的十字街头,我们无法拒绝这种"世界性"的话语,所谓"先锋文学的后现代性",不过指向一个复杂而极端的文明情境。对于我来说,"后现代时代"并不像利奥塔所构想的那样是一个充斥着"稗史"的时代,也并不是一个仅有着各种并列排法、反论和背理叙述的时代。后现代时代也有某种历史的真实感,我的这些叙述意在打开某个精神地形图、某个群落的集体无意识、某代人的内心生活——正如桑塔格所说的那样,我们需要的是一种艺术的生命欲望,而不是艺术的阐释学。

注释:

① 布赖恩·麦克黑尔《现代主义文学向后现代主义文学的主旨嬗变》,参见佛克马和伯顿斯编《走向后现代主义》中文版,王宁译,北京大学出版社1991年,第90页。
② 转引自《走向后现代主义》第31页。
③ 莫里斯·迪克斯坦《伊甸园之门》,上海外语教育出版社1985年,第28页。
④ 《哈桑论哈桑》,1983年,第29页。
⑤ 阿兰·王尔德《一致视野:现代主义、后现代主义与反讽想像》,巴尔的摩和伦敦:约翰·霍普金斯大学出版社1981年,第132页。
⑥ 勒斯利·菲德勒《越过边界,填平鸿沟:后现代主义》,坎利夫,1975年,第344—366页。
⑦ 参见M.霍克海默、T.W.阿多诺《启蒙辩证法》中文版,重庆出版社1990年,第112—158页。
⑧ 哈桑在《后现代主义》(1971年)一书中列出20多项指标以表明与现代主义根本对立的后现代性;戴维·洛奇在《结构主义的运用》(1981年)也列出后现代主义的六项艺术准则:(1)自相矛盾;(2)排列拼合法;(3)不连贯性;(4)随意性;(5)比喻的滥用;(6)虚构与事实混合。
⑨ 参见史莱夫·卡滋《勒克莱尔和麦克卡佛内》,1983年,第227页。
⑩ 《上海文学》,1982年第8期。
⑪ 所引资料来源,参见王洪模等著《改革开放的历程》,河南人民出版社,第515~519页。1992年资料引自新华社通讯稿。
⑫ 参见《现代化理论研究》一书,美国,罗勒特·海尔布等著,该书多篇论文论及"趋向论",华夏出版社1989年版。

⑬ 亨廷顿《变动社会中的秩序》,上海译文出版社 1989 年,第 38 页。
⑭ 《我们的作家》,南美出版社 1975 年,第 9 页。
⑮ ⑯ 爱德华·希尔斯《中心与边缘》,芝加哥,1975 年,第 127 页,第 3 页和第 7 页。
⑰ 参见林毓生《中国意识的危机》穆普培译,贵州人民出版社 1986 年,穆普培译。

原载《花城》1993 年第 2 期

张颐武

论"后乌托邦"话语
——90年代中国文学的一种趋向

一

　　20世纪的最后岁月已经到来。在这个时刻悄然回首一个世纪以来汉语文学的沧桑变化,我们可以发现,命运的潮水似乎总是把我们带向无法预知的方向。我们的期许和预见也似乎总是被随之而来的惊心动魄、眼花缭乱的转变所淹没和嘲弄。字与词编织的言语之网总是让我们不断漂流,在阅读与写作中遭遇困惑和无可言说的焦虑。因此,在我们的第三世界文化的语言/生存之中,知识分子究竟居于何种位置,"写作"究竟有何价值,我们究竟如何在闪烁迷离的镜像之中映出"自我"的形象,似乎依然是困扰我们的"大题"。这个迫使我们重新思考的"大题"并不会因商品化和大众文化的发展而丧失,反而越来越凸现了其复杂而严峻的性质。进入90年代,汉语文化发生了极其深刻的转变,我们用"后新时期"这一概念归纳我们所处的新的文化语境。"后新时期"是一个对文化话语的诸种新的特征的描述。它既是"新时期"的延续与承继,又是对它的超越。因此,在"后新时期"话语中对我们所述的这一"大题"的回应,乃是一个十分引人注目的话题。本文就是试图从这个角度对90年代文化的一个重要潮流做出分析和归纳。

　　"后新时期"文学实际上包含着两个方面的话语转型。首先,它是大众文化与传播媒介在崛起的过程中充分本土化的过程,是大众文化与传播媒介间的裂痕被迅速弥合的过程。在《渴望》、《编辑部的故事》和《爱你没商量》这样经典性的家庭肥皂剧中,商业文化/权威语法间的冲突已被彻底弥合,一种温和而驯良的日常生活意识形态,一种对"家庭"氛围和无意识的悄然调用,一种东方传统的伦理话语与商业文化的综合体业已获得了巨大的成功和人们的认同。这使得大众文化已越过了80年代始终与意识形态和伦理价值的不适状态,进入了一个起支配作用和占据了话语中心位置的时代。其次,在高级文化和纯文学领域中出现了对传统的规范性话语的"回返",出现了对"新时期"文学的激进性的"探索"和"实验"的逆向运作。在这里,新写实小说这一80年代后期出现的重要文学潮流有了极大的转变。它已由刘震云的《塔铺》、《新兵连》,刘恒的《伏羲伏羲》、《白涡》、《连环套》等充满对欲望的探索和对反价值的权力争逐的描述转变为池莉的《太阳出世》、《热也好冷也好活着就好》,方方的《祖父在父亲心中》这样的平庸、单调而充满幻觉的市民小说。在方方、池莉的小说中,平庸的日常生活被刻意地诗意化、浪漫化为一种超然的美妙境界。"新写实"小说在90年代经历了自身的浪漫化的过程。它的编码策略的中心所指已由欲望转向了浪漫的诗意,与此同时,80年代后期最具原创力,最有前卫精神的潮流——实验文学已趋于沉寂。它的主要作者或趋于极为激进的实验而几乎完全拒绝了阅读,如孙甘露最近的写作;或完全被大众文化和商业性写作所吞没,悄然地认同于商业的"成功"价值准则而放弃了实验,如苏童那些试图表现民国时期中国旧家族隐秘历史的文本。这些文本为了适应电影改编的需求,将场景和对话的意义极度地强化而忽略了对语言的风格的追求。而"实验小说"的另一作者余华则放弃了对"人"的意识形态幻觉的批判,他的《呼喊与细雨》和《活着》等新作已明显地呈现出"回返"古典人道主义话语的趋向。他悄然地认同于旧的价值,沉溺于驯良的悲悯与同情的往昔的温柔之中。激进的实验仿佛在一个早晨变为了温和的低语。"实验文学"的终结是"后新时期"文学崛起的一个明显的征兆。

正是由于这种状况的出现,给高级文化的发展带来了严峻的挑战。一面是大众文化创造的新偶像、新经验无所不在地笼罩了整个文化空间,一面是严肃文学和高级文化悄然地萎缩在一个狭小的知识分子的行会式的"圈子"之中。一面是大批作家涌入了文化市场,像刘恒、陈建功、汪国真的写作活动,已明显地具有商业文化特点,而张艺谋电影的成功正是证明了以东方的"文化特性"进入世界性电影市场的可能性,也证明了中国大陆的严肃文学一旦经过张艺谋精妙的"后殖民化"的重新编码后所具有的国际化的商业价值。张艺谋正是试图在拍卖东方的"神秘"中赢得巨大的成功的,他把一个"被看"的被动、片面、无能为力的民族"神话"展示给第一世界。因此,张艺谋使知识分子发现了自身的全部困境和局促,他使得汉语文学最具原创性的部分被"后殖民化"了,他使得第三世界知识分子的探索也变成了西方人面前的"奇观"。这个时期大陆严肃文学的危机在这里反而被进一步强化了。另一方面,则是大量"神话"式的粗糙的、仓促的自传性文本打破了任何严肃文学/商业文学的分野和界限。像《曼哈顿的中国女人》及《北京人在纽约》这样松散零乱的自传,却把当代的中国人引入了一个美妙而又有感伤色彩的"美国梦"中。这些文本将老式的浪漫话语与美国的拉洋片式的"西洋景"巧妙地统合起来,吸引了无数普通的中国人,也获得了引人注目的商业性的成功。而它们也在大陆的文学批评界获得了非常令人不解的高度评价。许多当代中国文学的重要评论家都给予了《曼哈顿的中国女人》以极高的评价,似乎畅销和成功与文学价值的高低是成正比的。这当然导致了实用批评的参与性急剧地减弱了,批评对文学动作的影响力也缩小了。商业的成功似乎是文学文本成功的惟一的标准。这是一个令人眼花缭乱、无法把握的时代。在这里,我们所关注的是知识分子的角色的转换及当代中国写作所面临的危机,以及在这种危机之中,中国作家的引人注目的抉择与探索。我们可以发现在严肃文学内部发生的深刻转换中,一种新的可能性和契机正在生成,一种新的智慧和挑战正在延展中。

二

90年代严肃文学所面对的挑战似乎来自两个方面。一是大众文化和商品化的冲击所导致的困惑和焦虑;二是如何在"实验文学"(包括实验小说与后新诗潮的诗歌作品)广泛的对写作神话的消解之后,重新建立一套可供动用的价值准则。这两方面的挑战一是外在的,来自与严肃文学不相联系的领域;一是内在的,来自严肃文学内部。但问题似乎只有一个,即我们这些第三世界的知识分子如何面对困境、面对全球性后现代主义文化的挑战,如何采用新的策略维护写作的价值和尊严。在目前的文化语境中,这种严肃的文学是否还有存在的价值?它是否可能继续存在下去?

在这里,从"实验文学"的解构式的对历史、文化、叙事的破坏面前后退,是没有出路的。"回返"传统的幻想和人文激情早已被大众文化的"情节剧"的消费所悄然吞没。"新写实"小说的近期发展,似乎正是证明着这一状况的严重性。因此,超越实验文学而重建价值的渴望如何得以实现,就是一个异常严峻的课题。因此,在一个商业性成功的价值高于一切的时刻站在它的另一面提供新的参照和追问,似乎已经成为严肃文学中最重要的和最能够保持原创性的部分的主要趋向。

这种趋向我以为是一种"后乌托邦"话语在"后新时期"文学中发挥作用。这种"后乌托邦"话语的出现已成为 90 年代文化中一种非常重要的趋向,也是严肃文学中惟一引人注目的新趋向。所谓"后乌托邦"指的是在承认对传统乌托邦幻想及神话的消解的前提下,进行新的超越的尝试。这似乎是第三世界文化语境中后现代性的一种新的表现形式。这既是对旧的乌托邦式的理想主义价值的批判,也是对它的复兴和承继。"后乌托邦"是旧价值断裂的表征,但又是它的回归和转世再生。这种"后乌托邦"话语的突然出现,似乎是当代汉语文化中的知识分子在批判中重新肯定的努力,一种经过了彻底地、决绝地怀疑和批判之后的飞跃,一种突然的、不经论证和反思的超越,一种借助于语言与信仰获得的诗意,一种对外在世界的新的解释和理解。这里我想举出两个极其重要的文本加以讨论。一是王家新的诗《帕斯捷尔纳克》;一是王安忆的小说《乌托邦诗篇》。这是两个向文学的前辈大师致敬的文本,两个试图创造飞跃与超越的激情的文本。它们有惊人的相似之处,表达了在我们的文化中文学的最严肃和最诚挚的选择。我认为这两个文本很好地展现了"后新时期"文学的"后乌托邦"倾向。

王家新的《帕斯捷尔纳克》,是向这位写出过《日瓦戈医生》的杰出天才表达倾慕与敬仰之情的诗。它是一个当代中国诗人在灵魂中与一个俄罗斯诗人对话和交流的企望,一种对诗的生命的守护和礼赞。

> 终于能按照自己的内心写了
> 却不能按一个人的内心生活
> 这是我们共同的悲剧
> 你的嘴角更加缄默,那是
>
> 命运的秘密,你不能说出
> 只有承受、承受,让笔下的刻痕加深
> 为了获得,而放弃
> 为了生,你要求自己去死,彻底地死
>
> 这就是你,从一次次劫难中你找到我
> 检验我,使我的生命骤然疼痛
> 从雪到雪,我在北京的轰响泥泞的
> 公共汽车上读你的诗

　　这个片断中有对已逝的诗人的精神和情操的热烈礼赞,也有对自身的反省和再思。而这里的"轰响泥泞"中的"公共汽车"则是一个与帕斯捷尔纳克的处境完全不同的走向后现代性进程中的第三世界处境的隐喻。在这里,诗人发现自己与前辈诗人间的关系因为这种境遇的不同而有了极大的差异。前辈诗人用语言与诗在召唤他,前辈的圣徒式的光辉在照耀着他。在这里,帕斯捷尔纳克是圣洁的理想主义与英雄主义时代的象征,是一个王家新在平淡的商业性的话语中所突然发现的精神超越的象征。在这里,帕斯捷尔纳克并不代表一种意识形态,而是一种超越的理想,一种梦幻般的突然飞跃的产物。在诗的结尾处,诗人宣布:

> 把灵魂朝向这一切吧,诗人
> 这是幸福,是从心底里升起的最高律令
> 不是苦难,是你最终承担起的这些
> 仍无可阻止的,前来寻找我们

发掘我们：它在要求一个对称
或一支比回声更激荡的安魂曲
而我们，又怎配走到你的墓前？
这是耻辱！这是北京的十二月的冬天

这是你目光中的忧伤、探询和质问
钟声一样，压迫着我的灵魂
这是痛苦，是幸福，要说出它
需要以冰雪来充满我的一生。

　　这里令人感兴趣的是"我"与"你"之间的关系。在这里，"我"这一主体的位置并不确定，他是依靠"你"来定位的。"你"在这里反而始终是诗的中心，诗的主体。"你""寻找"、"发掘"、"探询"、"质问"、"压迫"，不断地主动采取行动，无可置疑地占据着诗中的"主语"位置。全诗都是以"你"对"我"的追问和审视构成的。"我"在这里变成了"宾语"，也就被置于客体的位置上。于是，"我"向大师致敬的诗，却变成了"你"对"我"的追问和审视。"我"是被动的，"你"是主动的。这种特点在这首诗中表现得极为清楚。这种关系不仅是一种形式策略，而且是一种文化状态的呈现。诗人是迷惑的，他受到了召唤和压迫，受到了来自前辈诗人的精神上的控制。但他并不是处在帕斯捷尔纳克的那个悲壮的浪漫时代，他无力召回前辈的姿态和形象。因此，这首诗结束在一个虚拟化的句式之中。最后一句"要说出它需要以冰雪来充满我的一生"是十分明显的虚拟句式，它只是隐约地标示着一种可能，一种期许，而不是一种明确的决心。这里诗人一方面热烈地赞颂他的前辈，但又对前辈注视下的自我充满了疑虑。我们毕竟置身于一个经过了后现代主义文化思潮冲击的世界之中，一切超越语言的幻想，一切对主体力量的礼赞都已经过了来自理论/实践两方面的广泛的质疑，我们无法超越自己的文化处境，但我们的第三世界状态又使我们无法超脱于那些帕斯捷尔纳克所代表的理想的神话。因此，这首诗就出现了某种犹疑不定的矛盾。它肯定信念，但这声音又远不像他的前辈那样明确和清晰；它向往着诗和语言向世界敞开，但这又无法得到确实的证明。诗人只有靠突然地、直接地宣谕自身的信念来达到超越。这种超越仿佛在现实的文化语境中找不到依据,但它却通过这首《帕斯捷尔纳克》得到了阐发。

另一篇王安忆的小说《乌托邦诗篇》则是向一位台湾作家,一位充满了同情和悲悯的心境去关心人类的作家致敬的小说。这篇小说写了叙事者"我"与这位台湾作家相识乃至相知的过程,这也是一个"我"和"你"的不间断的对话的过程。小说一开始就给我们展现了一个讽刺的荒谬的处境。两个具有同一个母语,同一个文化背景的中国作家竟然只能在一个异语言、异文化的土地——美国相遇。这似乎最好地象征了在这个由全球文化走向一体化的世界上深刻的分裂的关系。小说由这一处境引出的却是两个作家由隔膜到沟通的心路历程。在这里,王安忆写出了一个后现代的全球性文化处境使人们进入了目迷五色、眼花缭乱的空间之中。她写下了"看美国足球"的一幕,最典型地表现了这个被平面化的、取消了深度的世界。这是一个当代世界的最好的象征。但这位她所描写的中国作家却在这些兴高采烈的看美国足球的人们中间喊出了:"傻瓜,你们这些傻瓜。"这是一个忧郁的、试图拯救世界的理想主义者,这是一个抗拒这个物质化世界的最后的英雄。王安忆在这里写出了这位英雄般的作家堂·吉诃德式的尴尬和荒谬。她通过自己的冷静的评判观看着这位作家投入无穷无尽的拯救人的行动之中。他要去救一个可怜的少年犯汤英伸,要安慰那些被日军杀害的"花冈惨案"的受害者的家属。她也异常冷静地分析了"我"与这位作家间的距离:"我们是号召要救救孩子的鲁迅先生的后辈,他去救了却没有救成,而我压根儿没有去救,因我知道我想救也救不了。我们俩的孩子都死了,这就是证明。可是,这个人的哀绝却缠绕在我心头。他告别的那一个挥手背影,令我有一股哀绝的悲壮之感。"这个作家所代表的那种宗教般的献身和虔诚似乎已无立足存身之地。他的执著没有换来拯救,但他的坚持却感动了王安忆。这篇小说就变成了对这位台湾作家的热情的歌颂。他的信念和精神并不能使叙事者"我"信服,但却以其精神力量从感情上打动了她。

小说的最后一段充满了矛盾和困惑,但最终又表达了一种真挚的情意:

我不知道我的道路对不对头,也许是后退,也许前边无路可走,也许走到头又绕回了原地,也许仅仅是殊途同归。我不知道命运如何,可是我却知道,无论前途如何,我已渡过了我生命的难关,我又可继续向前,我又可欢乐向前。我还知道,无论前途如何,这是我别无选择的道路,我只可向前,而不可回头。我要上路了,我看见他举起双手,握成拳,向我兴高采烈地挥舞着。呵,我怀念他,我很怀念他!

这一段的前半段是一系列以"也许"开始的困惑。她无法判断她的选择是否可以成立,她无法了解信念和理想的神话是否有现实可靠的基础,她对于这个世界上充满商品化的潮流和对价值的漠视感到无能为力。但又通过怀念那位台湾作家最终超越了这些困惑,重建了理想和信念。这一段的后半段表达了对世界的肯定,这种肯定仿佛并没有理性的和现实的依据,而是直接飞跃的结果,是一个"诗篇"所达到的结果。在这个文本中,作者表达了对"信仰"的力量的矛盾的心情。她发现"信仰"不足以拯救人,但在信仰之外似乎又没有别的东西可以支撑个人的生存。因此,依皈信仰成了两难窘境中超越的企图和尝试。这个文本并不是激越慷慨的颂歌,而是在矛盾与错综中展示乌托邦话语与当代世界间的复杂关系。

王安忆的《乌托邦诗篇》和王家新的《帕斯捷尔纳克》都展示了当代知识分子在"后新时期"文化处境中的矛盾的精神状态。这里一方面有深刻的怀疑精神,有对理想主义和信仰的困惑、不安。因为在经历了对西方后现代主义的广泛了解之后,在"实验小说"与后新诗潮对理想主义话语的广泛消解之后,特别是"乌托邦"的理想,对"人"的整体性的追寻已经受到了商品化的冲击以及它自身的神秘感和衍生能力弱化的情势下,这些文本所流露的怀疑和困惑是和整个社会话语的深刻转型相适应的,是一种世俗的、平易的日常生活趣味的发现,一种对无可把握之事的疑惑。正像一位论者所指出的:"我们已落后于人几十年。到了我们彻底抛弃这些过于热衷意识形态和乌托邦的激情的时候了。我们也不需要任何新的意识形态和乌托邦,只需要一步一步走向我们的目标,争取人民的幸福生活。"①这种世俗化的日常生活意识形态与后现代的消费话语相适应,成为90年代中国的主流话语。而王安忆和王家新的文本也正是在这一主流话语的前提之下"书写"自身的。他们并不否认这一前提,也无意抗拒这一前提。相反,他们以自己充满矛盾的文本再次确认了这一前提。

但这两个文本的真正引人注目之处是他们为我们添加了另一个层面。这是一种似乎无根据的飞跃,一种缺乏前提的飞跃,一种突兀的无可预料的飞跃,也就是说,他们在确认了理想的乌托邦的令人怀疑和缺少根据之后,突然又重申了自己对理想和乌托邦的信念。他们在质疑了本质论之后,却又重申了对本质论的信念。这使这两个文本都有一种"急转"式的风格,一种自相矛盾,自我辩论的调子,一种巴赫金式的"众声喧哗"般的不稳定的状态。这里的一切似乎都令人惊异,因为理想、信念和本质论的确认都似乎缺少来源和归宿,它们仿佛是突然呈现在文本之中的。这似乎是作家想像性地解决与现实的冲突,它提供了一个模糊迷离的可能,一种隐约的对未来的承诺和肯定。

因此,这些文本似乎出现了一个断裂。在文本的许多地方,作者确认和肯定现实的原则,他们无意于反抗这些原则。但文本中又有一个"潜文本"在悄然地发挥作用,它就是我们所指的"后乌托邦"思想。一种对商品化的重新反思,一种对诗意和灵性的悄然寻找。它奔涌于文本的字里行间,寻找着自己的出口。文本/潜文本似乎构成了一种断裂。在文本中已获承诺的原则,在潜文本中又受到了否定。在文本的裂口处,"后乌托邦"式的对价值的肯定再次被唤回了文本。

三

这种"后乌托邦"的话语作为潜文本出现于"后新时期"文学中,是一种相当广泛的现象。它是"后新时期"文学中的一种带有主流色彩的状况。它在日益萎缩的高级文学中具有特殊的意义,它表述了当代人文知识分子在文化抉择中的处境,也表述了对90年代文化潮流的新的反思。

这种潜文本的游移、滑动乃是通过两种形态表现出来的。一是走向信仰,走向一种神圣化的宗教感情,一种虔信。乃是希望通过"虔信"达到超越。因此,"虔信"变成了许多文本的重要的部分。一是走向语言,试图在我们的母语中发现新的生命的可能,在母语中获得生命拯救。下面我简略地分析一下这两种形态。

一　走向"虔信"

这里的"虔信"指的是一种宗教性的情感。在"后新时期"文学中,这种宗教情感呈露得相当明显而清晰。这是一种独特的通过信仰达到超越的途径。这似乎也是对语言和文化失掉信任之后的最后的隐遁和栖居之所,这也是将原有的作为意识形态的现实乌托邦转换为一种幻想性的乌托邦,一种由经验而超验的转换过程。它也是对"记忆"的召唤,试图在无意识的深处寻找新的可能性与新的激情。这种"虔信"的作家中最重要的是张承志。张承志本人是新时期文学的重要作家。在他的《金牧场》这一较早出版的长篇小说中就已流露出强烈的理想主义的虔信。而他 1989 年后的写作活动都围绕着回族和伊斯兰教的一些神秘教派的历史展开。张承志极其激烈地抨击了各种当代流行的思想,他宣称:"19 世纪知性的象征——实证主义,与 20 世纪末迷茫混乱的现代思潮,都无法拯救这些惶惶无路的智识者。"②这种思想既说明了他对现实文化的困惑和焦虑,也说明他试图在这些思想之外去寻找精神的依托。张承志的《错开的花》和《西省暗杀考》等中篇小说都是力图重建回族和伊斯兰教历史的尝试,他努力连缀、拼合、重组一整套靠信仰支撑的"超历史"的历史,试图从中发现信仰的真谛。《错开的花》是时空错杂的故事。作者将今天/往日做了拼合处理,他感慨今日的空虚和无谓的生活,感慨被物质和欲望所湮没的当代人缺乏理想和意志的平庸生活。他礼赞被宗教所激励的虔诚和热情,礼赞那大无畏的奉献的纯洁。《西省暗杀考》则是为信仰而复仇的传奇。张承志对伊斯兰教的信仰最完整的、也是最全面的表述,留在了他的长篇作品《心灵史》中。这不是一部在文类上可以明确认别的文本。它既是一个当代知识分子皈依宗教的心灵的展示,也是伊斯兰教的一个小教派哲合忍耶沙沟派的历史的叙述。它不是我们常见的"小说",而是一部"反小说"。一部混合了纪实性和抒情性的奇特的宗教文献。这部书不是严格的编年史,也缺乏历史的考证。它是根据传说、稗史、秩事写成的,也包含着张承志个人的想像。它是一部信仰的历史,一部教内人对自身宗教的礼赞。

它也是一部当代奇书,说明了一个接受过人类学和考古学训练的知识分子如何重新以巨大的狂热和幻想抛弃了他的背景,沉入了信仰洪流之中,返归了自己的生命母体,从中获得了安慰。张承志似乎是当代中国作家中最奇特、最极端的例子,但也是最有代表性的例子。他力图抗拒周围的世俗化的世界,抗拒语言的虚幻性和话语的独断性,但他却最终投入了宗教的怀抱。

与张承志的例子有相似之处的是诗人周伦佑。他的早期创作以"非非主义"著称,是一个极端的形式实验者和激进的反价值的诗人。他的《自由方块》等诗作和一系列阐释非非主义理论的文章都是以对语言的破坏性实验而产生影响的。但他晚近的写作活动有了令人惊异的转变。他的近期代表作《刀锋二十首》突然回到了一种重建信仰的价值中。这20首诗从形式领域中回到了纯净而简单的表达策略中,而诗本身也试图重建他曾被反复破坏过的信仰与价值的力量。在这20首诗中,他用"水晶"一词象征诗的写作。他向往一种透明的,如水晶般纯净的语言。《自由方块》的驳杂、混乱的言语实验在此已消失不见。在这20首诗中的《石头构图的境况》中,他写道:

> 深入老虎而不被老虎吃掉
> 进入石头而不成为石头
> 穿过燃烧的荆棘而依然故我
> 这需要坚忍。你必须坚守住自己
> 就像水晶坚守住天空的透明
> 含铁的石头在你周围继续堆积着
> 你在石头的构图中点燃着一支蜡烛
> 把身上的每处创伤照得更亮

这里诗人强调的是坚忍的意志和信仰的力量。"老虎"和"石头"都不会造成动摇和游移。这里的"水晶"象征着诗意和创造的力量。在另一首《永远的伤口》的结尾处,诗人写道:"在伤口中,在一滴血里/我们坚持着每天的水晶练习"。这句话在诗里重复了两次,它表达了诗人对诗的信仰,他相信诗可以如水晶般透明地向世界敞开,超越一切表达的障碍与困难。这些诗中仍然有周伦佑原有的调侃和反讽,但又添加了一个虔信的层面,一个令人惊异的层面。周伦佑80年代的诗是彻底平面化的和游戏性的,但现在他为诗选择了虔信的深度。尽管这种深度是幻想性的。因此,他把诗变成了信仰和激情的传释,变成了"在刀锋上完成的句法转换"。诗的语言就置于生命的激情之下,而不再是弥漫性的、如洪水般淹没一切的东西。

诗与小说走向虔信的潮流,标识了知识分子在90年代探索一种新的重建价值的途径的努力。虔信和宗教感不是要在现实的世界上构筑幻想的天国,而是力图寻找一种个人精神超越的途径。这是一条内在超越的道路,一条幻想的道路。

二　走向母语

"后乌托邦"的另一个表达方式是建构一个语言的乌托邦。对于第三世界的作者来说,母语是他最后的栖居之所,是他最后的家。在母语被华丽优美的广告和微妙机敏如王朔式的幽默所充分调用之后,探索母语本身的活力和可能,重新发现我们母语的生命乃是一件异常艰苦的工作。它既要与商品化对母语的惯熟化、模式化的运用相对抗,又要与固有话语对母语的凝定相对抗,它既要解放母语的一切潜能,又要承继古代中国传统中的一切神秘与优美的因素。这里我想举出任洪渊的一组诗作稍加讨论。这组诗题为《汉字,二〇〇〇》,是对中国传统的表意文字的重新探索。他发现了在汉字中所蕴含的巨大的力量,他发现了我们的母语对我们生存的意义:

　　俑
　　蛹
　　在遥远的梦中　蝶化
　　一个古汉字
　　咬穿了天空也咬穿了坟墓
　　飞出　轻轻扑落地球
　　扇着文字
　　　　旋转

　　在另一种时间

> 在另一种空间
> 我的每一个汉字　互相吸引着
> 　拒绝牛顿定律

　　这是《没有一个汉字抛进行星椭圆的轨道》中的一个片断,这又是何等让人震撼的片断啊。在这里作者利用了汉字的同音和字形相近性,却造成了令人惊异的效果。"俑"是埋葬和死亡的象征,是生命的凝固与终结;而"蛹"则是幼虫,是诞生,是自由飞翔之前的停顿。"俑""蛹"字形相近,同音,但象征了完全相反的意义。一是死亡和寂灭,一是诞生和飞翔。汉字在这里展示了它自身的巨大的潜能,这正是钱钟书所指出的:"语出双关,文蕴两意。"③任洪渊在这里将生/死,灭亡/拯救置于同音形似的字中,使汉字本身的活力在这生/死之间得到了解放。汉字在这首诗中自由飞翔了起来。这组诗的其他几首也具有着这样的冲击力。

　　对母语可能性的实验和探索,也是诗人岛子近年诗作的中心。他写有《向我的母语致敬》一诗。在这首诗中,他把母语比做孕育我们的母亲:"一部辞典/无限的字,循环,暗中消长/如你每月的天赐,分泌/植我入这个动词,我说我爱。"爱来自我们的母语,它是赐予我们生命和力量的源泉。它既是始源,又是归宿;既是命运,又是奋斗;它所赐予的是我们生存的希望与勇气。在他的《春天的见证》一诗中,更广泛地打破禁忌,对母语进行了令人惊异的实验。这种实验性写作也表现在孙甘露最近的个人私语式的小说之中。

　　走向母语去寻找拯救在"后乌托邦"话语中也是一个重要的潮流。

四

　　通过上面对"后乌托邦"话语的这些零敲碎打式的分析,我们可以发现它已是知识分子文化选择的一个重要趋向。它是一个重建价值和重新肯定的潮流,尽管这种重建和肯定看不出多少文化/语言/历史的依据,但作家们依靠信仰去重新发现了它。正像王安忆在她的一篇简短的文章中所指出的:"我在观念与形式都为浩浩荡荡的写作者使用消耗几近殆尽的世纪末的年头,重新看到了希望的曙光。"④这曙光来自幻象和梦想,来自一种从否定中突然引发的肯定,一种再度关切世界的愿望,一种从消解中走出的新的建构的欲望。它是我们面对20世纪最后岁月的一种姿态。

　　这一姿态与我们的第三世界的文化处境有关。在一个全球性的后现代主义文化潮流奔涌,而大陆的商品化进程迅速发展的时刻,这一姿态的呈现更有其特殊的意义。这是第三世界知识分子捍卫自我和主体存在的策略,也是追求超越的策略。在一个平面化的世界上,第三世界的知识分子不可能不面对他在这个世界上的边缘处境,他不可忽视在这里所引发出的不可解的矛盾、对立与冲突。正是这种矛盾使他不可能进入一种西方意义上的"后现代性"。他不可能在语言中隐遁得太久。他不可能不面对他周围的文化/历史的巨大压力。他也难于认同于虚无与游戏的策略,尽管他承认这些策略有其自身的可理解的前提。他还是需要理想和信仰,还是需要一种确定性支撑他的存在。因为这种"后乌托邦"的幻想,也是对我们第三世界文化处境的投射。它包含着第三世界知识分子在与西方思想及周围的文化语境的辩证的"对话"。它说明在90年代文化的商品化特征已完全"本土化"之后,所出现的与之对立的新的思考。这种思考当然是坚持着文本的"世界性"的原则的(这一原则乃是指文本是在世界之中发生作用的),它是一种策略上的本质论,它具有神秘的色彩,具有超验的、信仰的色彩而不是来自批判的分析和反思。它是对美的重新发现。这种发现也具有抗拒第一世界对第三世界的压抑、片面化的意义。它是第三世界知识分子对自我与主体的重建的策略。

　　当然,这种策略是发生在德里达、拉康、福科和德鲁兹的著作写成之后,也发生在巴塞尔姆、安迪·沃霍尔的作品出现之后,因此它就与自身的语境产生了某种"错位"。它好像是一种"滞后"的美学,一种偏执和片面的选择。这无疑是正确的。但我们的第三世界的文化处境却使得这种对理想的重申和肯定具有了特殊的意义。它是第三世界的文化争取自身特征的一个方面,它以一种对虔信、对母语的寻找捍卫着第三世界人民的特性,尽管这种"后乌托邦"话语的未来也无法预测,但它毕竟是第三世界知识分子对自身文化的新的表达,一种具有希望的表达。当然,这种希望具有何种意义?它将为我们带来什么?这都使我困惑,但我只想指出,对于90年代的中国文学来说,"后乌托邦"话语是一种有力的、不可忽视的存在。它提供了新的参照,它逼使我们继续思考。

郑敏先生曾用一首诗向解构主义的大师德里达致敬。在这首诗中,郑敏相信德里达仍然是一个怀有希望的哲人,一个寻找超越的诗人:

> 然而飞越的欲望同样燃烧
> 德里达,悲哀的诗人听见美人鱼的歌声
> 扼不住的向往,那"不可能的可能"
> 仍在彼岸,仍在向他召唤

听到这彼岸召唤的不会仅有德里达一个,中国年青一代的严肃的作家也听到了这召唤,他们正在做出回答。

1993年1月

注释:

① 《读书》1992年第6期,第102页。
② 《读书》第90、10、66页。
③ 《钱钟书论学文选》第1卷第4页。
④ 《文艺争鸣》1992年第5期,第63页。

原载《文艺争鸣》1993年第2期

朱立元

关注当代文学中的"后现代现象"

不知从什么时候起,我国当代文学中渐渐滋生、弥漫、发散出越来越浓烈的,既不同于传统现实主义与浪漫主义,也不同于现代主义诸流派的气息。于是,文学理论、批评界的议论亦日渐多了起来。不少青年批评家借用西方文化的新术语"后现代主义"来概括、分析、描述、界定这新的气息,新的现象;但也有反对者,其主要理由是,后现代主义乃是西方资本主义高度发达的后工业社会的独特产物,中国正处在向现代化的工业社会迈进的途中,不具备后工业社会的基础与土地,因而也不可能形成真正的"后现代主义"。

这倒使我回想起几年前文坛上颇热闹过一阵的一桩"公案",那就是中国到底有没有"现代派"、是"真"现代派还是"伪"现代派的笔墨官司。论争双方都洋洋洒洒摆出了理由,但谁也说服不了对方,可惜因为众所周知的非文学的原因,这场论争最后不了了之。现今,"现代派"真伪之争虽然早被人们淡忘,"后现代主义"之争却又换了个名目重新登场,我以为,这中间是有些因果联系的。

要回答当代中国文学中有无真现代主义、真后现代主义的问题,在我看来,应当澄清以下三点:

首先,唯物主义者应当遵循先有存在、后有观念的原则,从事实出发,而不是从概念、定义出发。具体来说,应当从当代文学发展的大量现象和事实出发,看看一定时期的文学中是否确实形成了有若干写作群体在创作,并产生了一定数量的作品和一批有新特点的代表作,它们从立意、选材、视角到审美情趣、体验和表达方式、文体风格等都同传统现实主义、浪漫主义作品有显著的区别。如果确实产生了这些与过去不同的新文学现象,并且在文学界形成了一定的声势与气候,那么,理论批评界就应当给予关注、重视、总结与研究。

80年代以来,中国文学确实风风雨雨、气象万千。喧嚣与骚动、复苏与更新、接纳与抵御、肯定与否定、因循与实验,种种矛盾与冲突,激荡催化着作家的心灵世界,一边是现实主义的复苏和深化,一边是新的创作实验的孕育和开始。从朦胧诗到第三代诗,从王蒙的"东方意识流"小说到刘索拉、徐星表达当代青年躁动心态和感觉的小说再到"寻根派",这一系列与传统现实主义、浪漫主义大异其趣的抒情方式与叙事方式,颇有生气地与前者并存,且赢得了一批为之倾心的读者群。这是一个铁定的事实,是一个不可无视、低估,更不可否认、抹煞的新的文学现象(甚至潮流)。有了这个存在,就需命名、界定与理论概括,"中国的现代派(主义)"的说法于是应运而生。这是自然的,也是合理的。至于"现代派"这顶帽子戴得合适与否,当然可以讨论。

同样,1987年以后,马原、洪峰、北村、苏童、王朔、余华、格非、孙甘露等一批青年作家的作品又与被称为"现代主义"的那些作品大异其趣,这种趋势如果在前几年还看得不太清楚的话,那么,在近两年标榜为"新写实主义"的作家群的作品中就显露得比较明晰了。这些作品流露出对包括现代主义在内的传统意识形态和终极价值信仰的彻底崩溃和全面否定;以消解主体和主体性的"纯客观"冷漠态度来对抗现实的冷漠,取消意义、躲避解释、逃离价值判断、着意呈现生命体验与生存状况的原生态;常以游戏人生的态度来写作,有意颠覆传统表现形式与技巧,字里行间闪烁着反讽和戏谑笔调;把语言实验提高到文学本体的高度,在叙事和抒情的语言策略上煞费苦心,竭力造成由语言游戏自身产生的审美效果;等等。这些文学上的新现象、新特征、新存在,不能不承认,也不能不从理论上加以新的概括与阐释。这就是中国文学中的"后现代主义"提法的由来。

其次,应当看一看先用"现代主义"、现用"后现代主义"来概括新时期中后期中国先锋文学的变化是否有道理。我以为是言之有理、持之有故的。最主要的一条,是当代中国先锋文学同西方现代主义、后现代主义文学确有某种血缘的联系,而且是比较自觉的联系。恐怕很少有人会否认,80年代中后期,一批青年作家(包括部分中年作家)都在寻找文学观念和创作实践上的突破,主要是突破传统现实主义、浪漫主义的规范,扩大文学的表现力,更自由地表现自己对生存方式的独特观照与对生命的深层体验。他们相当自觉地学习、模仿、参照、借鉴、吸收过西方从现代主义到后现代主义文学的观念和表现手段。不少作家的作品,都很明显地流露出模仿某一位或另一位西方先锋作家的痕迹,这里无须一一点明。模仿、消化得好一点的,痕迹少一点、淡一点;反之,痕迹多一点、浓一点。这种自觉的模仿与吸收,是中国先锋文学形成的主要原因之一。当然,产生这种模仿、引进需要的根源,还应从内部(经济、政治、文化等因素)来寻找。但西方现代主义、后现代主义文化和文学的自觉引进,乃是中国先锋文学诞生的直接原因。在此意义上,"彼"是因,"我"是果,采"彼"之名来称呼"我",乃是合情合理之事。

而且,正因为中国的先锋文学是由西方现代主义、后现代主义文学那里引进或嫁接过来的,它们之间确实存在着某种基本的相似性或同质性,这从文学观念、表现手段、叙事抒情方式和审美特征等重要方面都是可以加以比较的。所以,在我看来,把前阶段的中国先锋文学称为现代派、现阶段的称为后现代派是未尝不可的。这就好比中国产的西红柿最初是从域外引进的,或许其品种、大小或口味与母本有些差异,但基本特性是一样的。这里怎么称呼关系不大,要紧的是性质基本一致。

再次,关于中国到底有无现代主义、后现代主义的基础和土壤的问题。其实,马克思关于物质生产和精神生产不平衡关系的思想已为解答这个问题提供了依据。马克思说,艺术的"一定的繁盛时期决不是同社会的一般发展成比例的"。社会的经济发展阶段,特别是生产力发展水平,同文艺的发展水平或样式决不是同步的,有时甚至反差很大,生产力相当低下的地区或社会发展阶段可能创作出至今仍是我们的"一种规范和高不可及的范本"的艺术来。同样,西方后工业社会产生的后现代主义也绝非不可能出现在发展中国家。一个典型例子是,被公认为现代主义(有时又被划入后现代主义)文学的魔幻现实主义,就产生在经济相对不发达、生产力相对落后的拉丁美洲。这里,关键是社会经济发展对文艺发展的制约要通过社会文化心理这个中介才能实现。现代主义与后现代主义出现的一个重要文化背景,是物质生产高度发展而精神生活相对贫困造成人的心理的异化和扭曲。中国虽然经济还不发达,但"文革"造成的亿万人民的精神创伤在许多方面同西方现代派所感受到的文化心态有相通、相近之处:如孤独感、疏远感、生存危机感、"他人就是地狱"……正是特定时期这种群体文化心态孕育着接受西方现代派影响的内在需要。近年我国改革开放,经济上开始起飞,市场经济和商品大潮势不可挡,物质生产与精神生产之间的巨大反差,又为后现代主义的滋生提供了适宜的文化氛围。

还应看到,20世纪末期,世界又进入信息时代,各民族文化之间的相互交流、影响、渗透已极为容易,而且事实上无时不在发生。马、恩早在一个半世纪前就宣告:"过去那种地方的和民族的自给自足的闭关自守状态,被各民族的各方面的互相往来和各方面的互相依赖所代替了。……各民族的精神产品成了公共的财产。民族的片面性和局限性日益成为不可能,于是由许多民族的和地方的文学形成了一种世界的文学。"当代世界文化艺术的交流基本上已接近于同步,没有哪一种较强大的新思潮、观念不可能迅速跨越国界,对其他民族产生影响。现代主义、后现代主义也不例外。

总之,我以为,后现代主义作为一种文化现象,已经现实地存在于我国的文学艺术和文化生活中。用不用"后现代主义"这个名称,当然还可以讨论,但是,对这种具有自己特点的新的精神文化现象的客观存在,则是无法否认的。因此,关注、研究并从理论上概括和阐释这一新现象,乃是文艺理论、批评界一个义不容辞的责任。

原载《文艺理论研究》1993年第2期

张清华

面对"后现代"守住那最后的家园

作为一种广泛的文化思潮,"后现代主义"在近年来已经以不可抵御的态势渗透到我们文化与精神的各个领域。单就文学来讲,从小说到影剧,各色"顽主"已经大显身手,风骚独领,他们从不自觉的朦胧意识到自觉的皈依寻求,次第登场,渐愈成熟,充当精神的"白领阶层",掀起了一股愈来愈强的潮流。他们在以嘲弄和不屑面对一切为传统文化精神所规限和支撑的行为与准则的时候,使一些坚守传统精神价值的人们感到惘然而不知所措,甚至,使一些堕落与自毁者的苦难寻求也感到了无地自容。而今,这股潮流正以摧毁性的震颤冲击着脆弱的文学,将她十余年来的苦苦探求与艰难的自我超越的努力一笔勾销。

这一切是否来得太早了些?

就在人们满怀兴奋、热心甚至以贵族式的傲慢——惟恐自己落伍为思想的"老冒"——投入这股思潮的时候,我们是否还需要一点"危言"?我们的社会究竟为后现代主义提供了多少生长的土壤?我们这个尚跋涉于"前工业化"社会的艰难途程的、80%的人口尚过着农耕生活的民族何时才能真正在文明上体验到一点"顽主"生活的意味?我们的文学是否还需要一点对社会的参与、文化的主题与思想的支撑、对民族古老历史文化的关注的激情以及选择与批判(哪怕仅仅是用来批判与参照)的精神?现如今我们究竟还有多少作家在认真地思考这些问题并长久地潜心耕作于一方精神的园地?放弃了勇气、自信、责任与价值原则的作家,颓唐、放纵、无情地挥霍着自己的才华与读者的情感,兴之所至,随意漂泊,那些貌似深刻和新鲜自以为贵族气的灰色情调掩盖不住他们内心的苍白与空落，他们将怎样维系自己的生存，找到一块使自己的精神得以滋养和驻足的沙洲或者礁岩？

　　我决不是反对我们的文学与世界文学潮流趋同的取向，而是要指出，这种迈进必须努力符合我们自己的现实条件与历史要求。事实上，我们已经意识到了新时期文学在跨越式地重演西方近百年文学思潮历史过程中的过度匆忙给我们的文学带来的疲惫、贫血和发育不良。假如我们在几年前能少一分浮躁，也许我们的收成会更好一些。而眼下我们正在使同一种过失日益加剧。为什么我们在主体意识上不能更冷静、更明白些呢？为什么我们要那样匆忙地忘记我们民族自身的苦难命运而去寻求那种假设的"不能承受之轻"呢？我们现在所面对的，决不是一个西方式的后工业社会，相反，农业文化的依然存续和不断受到挑战正在使我们的民族在前工业化的漫长阵痛中辗转，历史前进的悖论特征正空前明显。在这样的环境下，我们的文学难道不需要在单纯关怀个体心灵经验和技巧的花样翻新之外做点别的什么吗？

　　在工业化最后完成之前，文学的基本土壤除了一般的所谓"现实生活"与现代人的心理矛盾这两块空间之外，更重要的是还以种种方式存在着人类自古相守的许多传统精神价值，特别是还存在着一些相对完整的地域文化结构，而工业文明像潮水一样的毁灭性冲击使这些古老的价值传统在行将沉沦的时候陡然重要起来，人们几乎在感到了它们保守、愚昧与应当摈弃的同时，更感到了它们无可替代的依照作用，它们是这洪水中仅存的孤岛，是那些漂流于浊水中回首呼救者最后的家园。在这些孤岛上，依次诞生了哈代、狄更斯、巴尔扎克和托尔斯泰，也诞生了艾略特、卡夫卡、福克纳与马尔克斯。前者为洪水中的世界唱出了最后的挽歌，他们像牧师和弥撒者为失去的一切做着祈祷；而后者仍把他们的幻想世界建筑在古老文化与充满传统精神价值的世界之上，他们或者仍在使用着古老文化的题材，或者完全对现代工业文明的后果进行着价值的否定，发出他们悲切警世的呼喊。

　　重要的是，我们自己毕竟也有着这种例子，沈从文以湘西民俗为文化与美学承载对现代文明社会所做的拒斥与批判不是越来越受到人们的重视了吗？其他许多有成就的作家如老舍、艾芜、赵树理等等不也曾得益于一方水土所蕴藏的文化滋养与支撑吗？尽管他们的方法与自觉各有不同,对传统精神、地域文化的态度也大相径庭,可在文化与美学价值取向上仍然可以见出他们与上述大师的不谋而合和一脉相承。新时期以来文学的繁荣更与不少作家自觉的传统或地域文化意识有着直接的关系,莫言、郑义、贾平凹、韩少功、张炜,甚至张承志、王安忆、扎西达娃、邓刚等等,无论他们对于古老文化遗存与传统精神价值采取了选择还是批判的态度,无论是莫言笔下那辉煌高扬的红高粱般的"高密东北乡的传统精神",还是郑义笔下那只有厚重的沉石而再也打不出甜水的高原的枯竭与悲凉,这一切都离不开传统背景和地域文化的支撑,他们作品的美学精神及其艺术魅力也无不是建立在传统精神或地域文化之上的。我不能不由衷地赞美他们,因为他们曾几何时,推波助澜,掀起了恢宏的文化浪潮,谱写下一段令人难忘的辉煌篇章!而今,激情的失落、文学使命感的消殒、文化与哲学主题的坍塌,特别是那种有着宏大文化背景支撑的大气磅礴的历史与美学精神的不复存在,怎能不令人黯然神伤?

历史越是不可阻挡地向前,文学越是要关注那些被前行的历史所舍弃的东西,这也许已经成了一种规律。在历史以其不可选择的悖论形式不断使人类痛失一切曾拥有过的美好事物与价值原则的时候,除了文学,哪一种东西还能够承担这一项不可缺少的悲剧补偿的任务?当然,让文学依傍或回溯历史,决不是对现存或未来的一种反动,而是作为文化方式的心理还原。这恰恰是一个现代人应有的文化自觉。因为文学的作用正犹梦幻之于人类,在人类不断上演这些梦幻的时候,传统精神与运载着那些古老风俗和价值习惯的地域文化便成为文学最重要的背景依托和作家精神最后的母体、根系与家园。因为在自然与社会,乡村与城市,原生与异化,人性与枷锁,梦境与现实,过去与未来这一切生存和精神的两极之间,人类永远不可舍弃任何一级。而且在历史不断向未来的必然倾斜中,在工业化越来越严重的威胁与吞噬面前,于内心价值中依傍与坚守过去的一切就越成为必要和必然。

我决不是主张在历史的进程中让作家充当挡车螳螂的角色,文学毕竟只是文学,它挡不住历史的前进,甚至它需要"歌颂"这种前进,但这种歌颂本身又离不开历史文化的参照与批判,这就更需要作家对传统精神与地域文化的自觉与热忱,况且在有几分茫然的颂歌之外,我们不是更需要像托翁和诸多大师那样对文化与传统沦落的"诅咒"吗?不是更需要回首过去,对人类曾经拥有的美好的一切的坚守与歌赞吗?

另一方面,我也并不是在主张让我们的文学去重演西方前工业化过程中文学的历史(浪漫主义、现实主义与现代主义),我们所需要的只是某种自觉的借鉴和启示,而且更何况我们的社会毕竟已经不能像西方那样步步为营地由工业革命向工业化过渡,而是在一种复杂的不平衡中不断地滚动向前,最先进的火箭空间技术与最原始农业耕作交混在我们这个古老国家与奇异的社会矛盾结构中,从这种意义上看,伴随着世界工业化时代浪潮横向运动与漫染的后现代主义思潮也许是不能完全拒绝的,但是我们还是要多几分清醒和警觉,明白从主体上心安理得地加入到后现代主义思潮中是一种历史的错觉,只有在文化立场上的悲壮的坚守才会使技巧上的开放与吸收具有合理性。

我不能设想工业化最后完成时的后果,失去乡村自然及其伴生的地域文化板块将使文学发生怎样绝望的哭泣!尽管我相信即使那时如果人类的记忆不会消失,乡土自然及其所承载的一切精神遗产还将放射出神秘的光芒,可那种可怕的精神巨变必将使人类精神赖以依存的两极均衡不复存在,为尼采所描述过的那种"现代文化的荒漠"将真正来临,并将随之而填补一切真空。

守住这些行将失去的家园吧,它们是生动的、可触及的祖先遗产的仅存的摹本和象征,除此之外,便只有记忆与梦幻了。它已经给了我们那么多的财富,我们有什么理由不与它们生死相守呢?而且,全部近代以来的文学历史都说明,在工业化浪潮的历史悖论愈是充分地体现出来的时候,在传统精神价值愈是受到威胁的时候,就愈是文学最痛苦和最幸运的时候。痛苦使文学充满思想,使它在世界的洪水面前巍然屹立,担当起人类精神的不朽柱石。从工业化行进的速度来看,中国是落后于世界的,后现代主义的时代并未有在中国开始的真正依据。但这也正使我庆幸,使我有理由呼吁与预言,中国的作家应该认清自己所处的位置,应当守住这最后的家园。守住,作家的精神将获得巨大的、无与伦比的财富的源泉;守住,伟大的、具有跨世纪意义的不朽的文学巨著将因此而孕育、而诞生!

原载 1993 年 5 月 8 日《文艺报》

王岳川

后现代主义与中国当代文化

后现代主义(Postmodernism)是当代一种世界性的文化思潮。在对后现代主义的评判上,引起了哲学、社会学、神学、教育学、美学、文学领域经久不息的论争,当代世界许多重要思想家都卷入了对后现代主义精神的理论阐释和严重关注之中。①后现代主义所具有的怀疑精神和反文化姿态,以及对传统的决绝态度和价值消解的策略,使得它成为一种"极端"的理论,使其对资本主义的批判以彻底虚无主义的否定方式表现出来。后现代主义的悖论性格,使其理论本身包含着含混、偏颇的谬误,需要我们既不简单批判,又不盲目认同,而应该从大处着眼、小处着手加以区分、批判和扬弃。摆在我们面前的重要课题,不是回避关于后现代主义的重大论争,而是直面各种层面上的尖锐问题,对后现代主义中富有建设性批判性的思维向度加以肯定,对其虚无主义和价值消解加以批判,对其在中国当代文化上的影响做出恰当分析,从而使我们对这一世界性的文化思潮始终保持一种清醒的学术批判眼光。

后现代主义思潮是后现代社会(后工业社会、信息社会、晚期资本主义等)的产物,它孕育于现代主义的母胎中,并在"二战"以后成为一个毁誉交加的文化幽灵,徘徊在整个西方文化领域。②后现代主义的正式出现是在50年代末至60年代前期,其声势夺人并震慑思想界是在70年代和80年代。到了90年代初,后现代主义开始与大众传媒、多媒体相结合,并日益左右人们的生活。

总体上看,后现代主义思潮在世界文化意识领域掀起了一阵阵"话语转型"旋风。这一转型旋风在人们的思维方式和价值信仰上,造成了传统与现代话语(discourse)的断裂。而美学转型则波及整个艺术和批评领域,引发了前所未有的知识话语紧张,人的觉醒转眼成为"主体性的黄昏"③。这一根本性转变的"后现代性",使今日美学、艺术的对话产生了思维向度的根本变化。

对待后现代主义思潮,存在着反对、赞同、折中三种态度,简单的肯定或否定都无济于对这个问题的认识,而且极易将后现代思维转折与价值中断问题混为一谈而搞乱思想。因为就西方文化而言,后现代思潮仅仅造成了传统与现代的话语冲突,而在中国这一文化语境中,则在传统话语式微的纵向危机之上,再加上了西方文化这一横向的冲击。"后现代困境"是迷惘中的知识分子对自身双重文化信仰危机的话语表述。

如果我们从赞成或反对这种二元论模式中超脱出来,从思维论和价值论角度分别看待后现代思潮,那么,必须承认,后现代主义对中国当代文化的影响并非一无是处,而是功过都十分突出的。对它的评价,应以一个更大的不断发展的文化对话场为依据。

下面,我准备从后现代思维论、后现代价值论、后现代主义在当代中国三个方面,分别论述后现代主义的一些基本特征、基本意向和存在的基本问题,并展开由后现代主义在当代中国文化的错位现象而引发出的一些深层思考。

一 消解现代性话语的思维论取向

我曾经说过而且至今仍然如此认为:后现代主义所禀有的颠覆现代性话语的潜能,使它可以揭示那些潜抑在既有秩序深层的盲视和现代人难以言喻的精神空白和裂隙,书写那些被排斥在既有的历史阐释之下的历史无意识,进而使那些堂而皇之的虚假设定、那些对终极本源的承诺在消解中现出本相。质言之,它通过对语言拆解和对逻辑、理性和秩序的重释,使现代文明秩序的话语归于失效。

后现代主义以消解中心性、秩序性、权威独尊性为其出发点。作为一个后现代哲人,必得注意到现代社会阻碍了人与人、人与社会之间沟通的事实,从而使哲学思想和审美观念从形而上学的独断中解放出来,形成一种开放宽容的文化氛围。没有任何一种现代性话语可以垄断思想探索和精神自由,也没有任何一种观点或学说可以定为一尊,而无视其他观点和学说。

在后现代主义语境中,文化美学不再是知识精英和少数天才的事业,而日益变成大众的事业,成为社会大众日常的活动方式。同时,真理也不再是黑格尔式的绝对理念,而是人们走向实践和解放的产物,对真理的认识只能是人的理解和自我理解活动的结果。可以说,后现代精神就体现在突破了僵化的思想和独断论的禁区,人们可以将自己的思想触角和审美体验伸向自己陌生和渴求的任何精神领域。

后现代美学张扬一种"文化美学"精神,力图打破传统形而上学的中心性、整体性观念,而倡导综合性、无主导性的哲学美学。这是一种禀有"后工业社会哲学精神"的新哲学美学,或者如德里达所说"是非哲学式地写哲学,从外边达到哲学"。④后现代美学不再追求永恒不变的终极真理,也不贬斥历史的、变化的、偶然的因素,或把美学看做反映现实的镜子;相反,后现代美学注重解释学精神,通过对整体性的瓦解走向差异性。美学家不再是那种声称能解决或解释文化领域何以并如何对实在具有一种特殊联系的形而上学者,而是一些能理解各种事物相关方式的专家。处身于多元多维多变的后现代文化之中,这些思想者并不去玄而又玄地设想终极实在、上帝、灵魂、永恒等永远没有答案的问题。这些人没有什么需要解决的特殊问题,也没有什么为特定的学科标准所遵循的特殊"方法"可以利用,因为真理不是先验设定的,而是通过理解和解释达到的。

更进一步看,后现代文化美学时代是一个鼓励探索、允许创新和对可能性加以承诺的时代,它因取消定于一尊的终极答案而促使每一颗大脑不断发现世界和自身的意义,并相信在对世界和人类的无穷多的真实描述中,有一种或数种描述可能说明世界和人的审美本质。这种对非确定性、可能性的希冀,在后现代文化中直接成为一种动力,促使人不再盲目接受未经检验的美学信条,而是通过躬行实践和博览群书,在与历史和现实的对话中,去理解历史、时代和个体。在这个意义上,可以说后现代美学不是一种观念化推导的美学,而是实践的、不断展开的行动美学。与传统哲学美学不同,后现代美学放弃了对同一性、确定性的追求,而转向追求差异性和不确定性,这使美学不断地进入文学、历史、人类学、政治学等各文化领域。美学研究日益成为一种"文化批评"。

后现代主义标明了一种完全不同于传统观念的特殊思维方式,批判了僵化的个性和既定的等级制度,对板滞的等级秩序提出了质疑。因此,后现代主义者表现出一种叛逆性和价值选择性。这种选择性指涉出一种存在状态的多元性和艺术审美的宽泛性。因此,后现代主义超出了语言艺术的界限,并对各门类艺术的界限和艺术与现实的界限加以超越。这样一来,艺术与非艺术的界限模糊了,高雅文学与通俗文学的对立、小说与非小说的对立、文学与哲学的对立、文学与其他艺术部类的对立统统消解了。反对原义,反对单一的解释,提倡多重解释,认为解释即创造,成为后现代主义与现代主义相区别的界碑。

后现代艺术作品将虚构和冷漠作为自己的性格特征。对这一特征的分析不能停留在表面,相反,这种作品的冷漠性表征出现代社会话语的冷漠性。如果说,后现代文学在话语策略上以破碎的艺术形式展示破碎世界非人化的图景,一语道破现代性话语的虚假性而震颤麻木的灵性,进而呼唤人们对现实世界的荒诞加以抗争,从而显示了某种程度上的先锋性,那么,就审美价值论层面而言,后现代文学和美学走向价值平面的"反艺术"、"反美学"、"反文化"倾向,却使其自身抵达虚无主义的营垒。

在我看来,后现代文化的到来,在思维论层面打破了传统中心论而开拓出新境界,但在价值论层面上却带给整个文化美学以虚无主义的色彩;而且更为严重的是,作为社会独立阶层的知识分子的地位和价值也随之发生了重大偏转,知识分子的价值追求和理想信仰与大众的价值信仰日益分离。这表现为,知识分子开始透过后现代之镜,看到终极理想的乌托邦性,而自诩为大众代言人的心态乃是一个幻象,负载民族使命只不过是一种民族主义的话语承诺。价值信仰发生了蜕变,由一元走向多元,由群体性走向个体性,由对精神理想的追求走向对当下肉身感官的享乐。这种新的历史图景,显示出后现代式的思维转型的正面效应不可避免地带来其价值逆转的负面效应,即在消费主义时代放弃价值重建的承诺,消解精英文化的向度而与大众传媒结合,使人类生活走向精神平面化和价值论的"后乌托邦"时代。对此,我们必须进一步分析。

二 "消解价值"的价值论取向

如前所述,后现代主义作为 20 世纪一种重要的文化哲学思潮,在思维论层面具有不可否认的多元性,但在价值论层面却因其精神"平面性"和价值"解构性"而使问题成堆。尤其是后现代主义与大众传媒相结合,与消费主义相妥协,更使后现代主义的先锋性革命性大打折扣,从而出现了价值解体、意义消隐、心性失落的后现代价值景观。

后现代传媒的兴起是建立在"精英文化"衰败的基础上的。当过去那种形而上的乌托邦无济于事,那种狂热的政治神话在现实中露出了非人化的面目时,意识话语开始转型,即由政治意识话语转向科技意识话语(马尔库塞),再转为金钱意识话语甚至消费意识话语(杰姆逊)。金钱和消费的中心化已经出现。今天,充满诱惑的广告本身就是一种世界性的言说方式,一种制约人的意识的不可选择的"选择"。影视广告在制造新神话的同时,使生活的压抑扩散成贫与富、奢靡与饥馁对立的新冲击波。对这种新意识话语的解读,必然使不同消费阶层的差异和冲突明晰化,使人类共同富裕的承诺在当下的消费巨大反差中,演绎成一种钱就是权的世界人生分裂的对峙图景。这种消费至上所引发的人与人、人与社会、人与世界的紧张关系被拜金主义的包装所掩盖,而传媒广告却无视这些一触即发的问题,从而反衬出广告语言的平面空洞性。

消费的现代性话语通过传媒而上升为大众的显意识,人们一旦误认为钱是生命的惟一意义所在时,价值的混乱就不可避免。事实上,消费文化不仅直接影响了人们的生活方式,而且使整个现代文化向享乐主义文化偏转。于是,"玩"和"性"成为这种享乐主义的最后疆界。这种消费至上、享乐至上的文化思潮,不仅突出地体现了文化准则和社会结构准则的矛盾,而且暴露出社会结构和人的精神结构的内在矛盾,以及由这种矛盾所呈现的传统价值的合法性危机。

传媒的意识话语化造成了新的"文化霸权"。它意味着在后现代主义张扬多元主义的旗号下,人们的惟新是求导致了新的一元。这种消费主义的一元性排斥其他所有生活方式和存在方式,造成新的一轮话语沟通和制约的无效。传媒文化的膨胀和过剩生产，并没有给人同时带来精神的充盈和信念的坚定，相反，在传媒的排斥下，真正的艺术家从精神乌托邦中退出，虚无主义乘虚而入。人们在"享乐"的喧嚣嘈杂之中，灵魂失却了宁静的精神栖居和归依之所，虚无战胜了理想并侵入人们的心灵。大众文化在传媒广告的牵引下，已经从文化的价值层面向游戏层面回溯：由文化批判而形式结构，由形式结构而直觉表现，由直觉表现而对象摹仿。⑤今日的文化写作已经抵达了低层浅表的"挪用""照搬"，一种无情怀的"顺流而下"。以传媒为代表的后现代艺术，是一种宁要世俗不要理想，宁要欲望不要情怀，宁要宣泄不要升华的艺术，一种反美学、反文化的艺术。这种精神价值的跌落表明理想主义已经被虚无主义所取代。当代艺术家也许有过愤世嫉俗，有过精神的张扬，然而却在这旧世纪将去、新世纪将临的历史关节点上，遭遇到生活法则与自由放纵的冲突，感受到渴望交流与封闭隔膜的心灵的冲撞，以及欲望的肉身对高扬的精神的"翻身"。于是他们以大奇大怪、大新大异的形式去变态地表现那不可自抑的感觉之流，并以大苦大寂、大冷大凉表现自己对世界的失望和弃绝。

　　由传媒所代表的文艺"类像"表明，当代文化艺术由灵魂裸露的方式回缩到冷漠绝缘的"纯客观描述"，一种放逐本真情感的"语言游戏"。这种状态只能说明某些"大众艺术"的"大腕"的灵魂分裂成两半：一半是尼采式的"超人意志"，一半是卡夫卡式的"弱的天才"性格。这种分裂的灵魂，只能使意志失去涌动的力量，使当代传媒艺术性格更为乖张和漂浮。于是，在这种文化思潮的带领下，人们日益关注自己的钱包和自身的肉体，而对神圣美好不再信任，那种虔敬之心和美好情怀为狂妄之心和低俗之性所取代。而流行文化反过来又强调了这种浑浑噩噩的生活方式的现世合法性，于是，流行艺术借助传媒开始以轻贱谑浪的"侃"文字游戏人生和世界，去掉了人们所剩无几的价值关怀，使生命升华之境开始错位，使无聊的"肥皂剧"统管了人们感性生活的方方面面。时尚缺乏高屋建瓴的人文精神导向和稳定的审美趣味，鼓吹漫无边际的消费观和享乐观，助长不健全的好奇心理和廉价幸福观，在广告化的生活场景中泛滥媚俗的人生喟叹和委琐的个人胸襟。而正常的文化批判则被无批判的吹捧所淹没，追求一时的出名或发财成为当代文化景观中"短期效应"的全部目的。

　　无疑,传媒所代表的新的消费意识有着很强的侵蚀性。在其影响下追名逐利者又走上玩世主义的新迷途,即在思想观念上是无理想的个人主义,在艺术趣味上则是颓废而漠视崇高的小市民气。于是对理想的非难和对人类尊严的亵渎成为今日时髦:贬斥理想而鼓吹堕落,否定精神信念而刺激感官享乐。我不认为这是任何意义上的进步,不管它披着什么样的"现代化"或"后现代性"的外衣。因为真正的理想和人类尊严不会被贬损,人类经历过太多的苦难和无奈,而终将走出苦难并战胜无奈。

　　文化的商品化和心性的边缘化,使当今社会在消费热潮中进一步淡漠了道德内修和价值重建,而以"炒"名人和名牌为"时尚"。追求名牌并不主要追求其使用价值,那些一掷万金乃至百万金的"大款"们在购买名牌商品时所感到的踌躇满志、所体会到的出人头地以及"当今世界舍我其谁"的心理幻象,是以一种变态的文化方式对人与自我、人与世界的关系进行重新编码。当这类"大款"被名牌包装起来时,他那苍白的灵魂和空虚的大脑再也不被人所注意。人们被这种文化的商品或商品的文化包装所"震惊",进而认同这种名牌包装的人是文化强人。而今,电视传媒进一步促进了这种名牌包装术,使人消费名牌时误以为自己具有了文化名牌的品质。对这种"金玉其外,败絮其中"的现象做价值判断是容易的,然而,进行文化深层次的剖析则涉及一个非常重要的问题,那就是消费主义风行,使消费日益名牌化、中心化。文化由心性的塑形转为时尚的包装,任何歌星、影星、丑星不经过名牌式的广告包装,就有被大众遗忘的危险。而真正有思想、有艺术感的思想家和艺术家却因缺少文化包装而默默无闻。

　　就社会文化心理而言,后现代传媒在冷却人们的真血性、真情怀并冷却意义的价值生成中,在"炒文化"的信息盲目叠加中,不期然地抚平了现代人"生活在表面"的失重感和创伤,使其遗忘生活和命运的严峻性以及安身立命的重要性。⑥于是,今天的知识成了电视的知识竞赛的表演,今天的大众趣味是在无目的"忙碌"中获取流行的"文化快餐"。试想,当人们已经在消费主义潮流中感到惟一缺乏的是钱而不是灵性精神时,感到扭曲的是知识者而不是自得其乐的自己时,知识启蒙和精神重建就不可避免地落入大众的"盲点"之中。

　　当然,出问题的不是"后现代媒体"本身,而是操作传媒的"后现代人"。今天,在我们走向现代化的进程中,更需深刻地认识走向现代化的代价和后现代传媒的负面效应,从而在媒体的多元价值清理中,清晰地看到人的问题、生命价值问题乃至人生形而上问题并非都已得到解决,而是恰恰相反,这些问题空前突出而又遭到空前的消解。

　　总之,我们可以在"思维论"层面上肯定后现代主义的批判否定精神和异质多样的文化意向,以冲破那些僵化保守的等级秩序和话语戒律;但必须在"价值论"层面上批判其丧失生命精神超越之维的虚无观念和"零度"艺术观。因此,我们必须在理想主义坍落的"后乌托邦"时代追问总体生命的价值皈依问题,追问在现代传媒的中介作用下人与人的沟通和对话何以可能?当代人在精神消解的世界上怎样实现塑形与自我塑形?大众传播怎样走出"大众化"的低谷而走上"化大众"的新境界?

　　如此,我们才能从价值批判与精神重建的高度反思"后现代主义"在当代中国的若干问题。

三　中国当代文化语境中的"后现代主义"

　　中国的后现代主义理论研究和文化批评,严格地说是在80年代后半期起步的。尽管80年代初已有零散的译介或评介文字,但大多作为现代主义之一脉去看待。1985年,美国学者弗·杰姆逊(Fredric Jameson)到北京大学做了题为《后现代主义与文化理论》的专题讲座,并于1986年在陕西师范大学出版社出版了该书,这使中国学界第一次比较全面地看到了后现代主义的基本框架。其后,一批学者在文化讨论中逐渐将视野从"五四"的古今之争、中西之争,转到世纪末的现代与后现代之争、现代化与心性价值之争上。于是,后现代主义问题凸现出来,引起了一批学者的关注。

　　90年代初,随着中国社会、经济、文化思潮的转型,一些学者开始潜心译介西方后现代主义大师论述当代文化的篇什,出版了佛克马编的《走向后现代主义》(1991)、王岳川编译的《后现代主义文化与美学》(1992)、哈桑著《后现代的转折》(1993,刘象愚译)等译著。其后,一些青年学者又推出他们研究后现代主义文化哲学和文艺美学的新著:如王岳川著《后现代主义文化研究》(1992)、王治河著《扑朔迷离的游戏》(1993)、张颐武著《在边缘处追索》(1993)、王宁著《多元并生的时代》(1994)、陈晓明著《解构的踪迹》(1994)、赵祖谟主编《中国后现代文学丛书》(4本,1994),以及1995年推出的《当代潮流:后现代经典丛书》(4本)等等。国内一些重要刊物也刊发了讨论后现代主义的文章,如《中国社会科学》(1995年第1期)、《文艺研究》(1993年第1期)等。几年内,全国报刊发表讨论后现代主义理论和批评的论文800余篇。另外,全国哲学界、文学批评界先后召开后现代主义讨论会,如1993年在北京大学召开的"后现代文化与中国当代文学国际研讨会",1994年在西安召开的"后现代主义在当代中国研讨会"等。据此可以认为,90年代中国确实存在着不可忽略的后现代主义文化研究和文学批评,并与80年代的文学批评具有明显的差异。也许,清晰把握这种差异,可以使人窥见其未来发展的走向。

受西方"后现代"影响,中国文学80年代后期确实出现了一些具有后现代因素的文学本文(text),大致可以马原、格非、余华、苏童、孙甘露为其代表。当然,这些作家确实在语言上、叙事结构上、价值取向上出现了语言错位、叙事零散、能指滑动、零度写作的倾向,颇类西方后现代本文,但总体上看,仍可以看到其模仿和拼接的缝隙。所以,这类本文被称为"类后现代主义本文",因其中往往还杂有某些非后现代因素。

由于作者的先锋性和复杂性,加之理论界和批评界在80年代后期缺乏相应的理论敏感性,在变化不定的作品面前,批评家往往顾此失彼,出现了批评错位和观念陈旧的尴尬。进入90年代,当理论界养精蓄锐,批评界也获得后现代的批评策略时,大众文化和大众传媒崛起,将先锋作家们冲得七零八落,大众不再向后现代式的"精英"作家脱帽,而是转过身去,在肉身化的大众艺术和媚俗小说中感到"床"的沉重,而将拥有"牛刀"的批评家晾在一边,无"鸡"可杀。在这种情况下,部分批评家迅速与大众文化联姻,在后现代式的当下操作中,丧失了后现代式的批判否定精神,而玩着欢快的"游戏"。后现代主义原初具有的批判性,如今同中国市民趣味相融合,而成为一种生活的时髦点缀,正如在西方摧枯拉朽的前卫性重金属摇滚,在这片黄土地上却不期然地变成成千上万老太太的"健身操"伴音一样。

但是,仍有一批真诚的文化思想家和批评家在关注后现代批评转型问题,并通过对伪理想的拒斥,对虚假乌托邦的颠覆,对僵化话语的消解,开拓出一片思想的自由境界,从而促进了文化批评的转型。

首先是写作观的转型。同 80 年代相比,后现代写作观成功地扭转了写作中长期硬化板结的群体话语,使群体话语转向个体话语,使代神代集团立言转向代自我立言,从而杜绝了那种借群体和历史的名义,将个人意志强加于他人思想之上的做法。这一后现代写作的革命性是不言自明的。然而,这种转型也付出了代价:当作家不再写艺术真理和历史深度时,他就退到小我的身体写作和所谓"纯客观"的"零度写作"上,在无判定、无价值归宿、无理想色彩的写作中,写作者终于感到只写个人的琐屑生活感受使得自己阻断了与历史的参照和人类的沟通。当脚下的井挖空只剩下空洞的愿望时,不仅世界的变形和流动再难把握,而且作为历史弃儿的话语编织物的"自我"再也不可能正常确立。这种跟着感觉走的感觉使笔头失去思想的向心力而成为一个无奇不有无所不包的万花筒。在话语膨胀中,作家以或朦胧、或调侃、或低语、或直白的语言向传统信仰和主题开战,但同样也因虚无而最终导致写作的无聊。因此,问题在于:是否必得在现代性意识话语和个人身体愿望之间,做硬性的二元对立划分和非此即彼的选择?为什么多元论者反而迷失在一元论之中?

其次是语言观的转型。20 世纪发生了三次语言学转向,即从传统语言观转向英美语言观,再转向德国解释学语言观,最后转向法国后现代语言观。后现代语言观在文学中表征为:不谈世界、对象、真理、历史、社会、人物、情节,而只谈语言、符号、本文、语境(context)、关系、结构、生成、转换、消解。这一转型具有革命性——后现代语言拒绝意识深度,而保持自己的平面魔力,它抛弃任何升华净化之类的浪漫色彩,而向日常生活语言靠拢,一方面逃离现代性话语的束缚,另一方面又力求保持自己的先锋性,而设法与大众流行的"伪艺术"相区别。惟其如此,后现代本文并不是作者思想情感的摹写,也不再是有内蕴的微言大义,相反,只使人感到语言对自身的剥离。不是人说话,而是话说人。于是,只能让无意识本能地流出,直接地呈现在本文中。这样终于用语言操作消解了意识、深度、所指。这一语言转型的负面效应也相当明显:语言变得饶舌而浅薄,真理被搁置不顾,思想扭身而去,只有文字符号写满纸张。在无聊的语言生产和消费中,大众发现文学成了无思想和低俗话语的生产和再生产,而不再对"文学的废墟"感兴趣,影视成了新的取代语言的刺激源。后现代作家在消解文学的同时也消解着自我,这恐怕是他们始料未及的。

再次是阐释观的转型。在后现代文学策略中,作家在写自我,而读者却在本文的互文性中看不到作家的"自我",因而只能无视本文而由自己去"误读"。就其积极意义而言,这种写作和阐释的有意"误读",使得作品阐释成为当代意识的形象解读。因为作家那嬉笑怒骂、玩世不恭的写作,是对某种规范的突破。对作品的解读当使这种内在压抑放大而使冲突明晰化,从而在"误读"中使作品的内在震动演绎为一种现实世界必然分裂和冲突的现世图景。尽管后现代文学是反阐释的,但正是通过作品,人们看到后现代作品将冷漠叙事作为自己的性格特征。当"误读"和"反阐释"被推到极端时,阐释就成为人言人殊的东西,成为一种失真和走形的"游戏阐释学"。于是在"作者死了"之后,读者也"死"了。

第四是批评观的转型。后现代批评的要旨是对差异的追求,一种永不停息的高智商的自我解构活动。后现代文学批评从80年代的社会政治批评推进到文化批评,这使其逃离某些陈旧僵化的思维模式和价值体系,从相对褊狭的作家中心批评和本文中心批评走向多元文化诗学批评;从宣谕真理的浪漫激情转向冷静客观的本文精细分析;从中心话语立场撤出,而坚守其播撒性的、边缘性的批评话语立场。对旧叙事、旧观念、旧批评模式进行审查,坚持任何批评洞见本身就包含了排斥其他见解的"盲视",强调任何批评结论都包含自我瓦解的危险,因为文学作品自身永远包含着怀疑和推翻自己意旨的否定因素。后现代文学批评往往通过边缘、外在、异在、他者,对中心、内在、秩序加以嘲弄、错位、斥责,以贬损正统、消除中心、否定等级、内外翻转、上下移位、前后错置,并在对各种本文的新阐释中,强调比喻性的文字。这表明后现代批评家意欲通过比喻性语言将作者和读者引到本文所深隐的另一面,瓦解原意的向心性,以一种全新的角度使本文的"沉默"变为本文的"多音谐调"和"差异喧哗"。后现代批评不再去建立作品的所谓统一的意义和思想,而是以怀疑为武器,从本文的不起眼的小地方或具有矛盾、含混的地方去翻掘在既定话语掩盖下的潜在意义,阻绝传统社会批评的直奔中心主题和寻找一个意义的做法,坚持意义的不确定性和自由性,坚持意义的播撒性和批评的多元性。

最后是价值观转型。后现代文学观、语言观、阐释观、批评观的转型,最终落到价值观的转型上。后现代文化批评坚持怀疑一切——怀疑历史、怀疑真理、怀疑终极价值、怀疑精神的超越性。后现代主义对煽情的伪理想文学保持着警惕,对绝对主义的独断论加以拒斥,坚持相对主义意识、差异意识和过程意识,以及思维叛逆性和价值选择性。因此,与80年代文学创作和批评相比,90年代的后现代批评,更少建构而更多解构,更加强调波普(Pop)化的价值取向,更注重玩世现实主义的文化策略。这一切表明,后现代文化批评日益脱离纯文学或纯审美,而走向价值平面的反文学、反审美、反文化。这个新的图景,显示了后现代式价值逆反使当代人走出独尊主义,在多元价值的格局中达到宽容和互相理解(或误解),共同建构自由的信仰话语空间。任何价值判断均是有限的,都不具有政治性全权诉求的合法性,都只能对自我这一选择负责。就此而言,后现代批评使人与终极价值相脱离,从而只能"生活在别处",并不得不承受"生命中不可承受之轻"。

后现代文化批评的先锋性和问题都同样突出,其问题大致表现在以下几方面:

首先,后现代批评主体的复杂性。中国学者研究后现代主义的困难在于,这一"舶来品"本身的多元属性和中国的前现代(或走向现代)的语境错位,加之90年代后现代主义本文创作和批评都既"新"又"热"、既多又杂,不易评价,同时更因研究者各自的价值归宿、精神支撑点和学术意向不同,造成了批评群体中观点的彼此对立或价值判断的多元并存状态。

批评群体在交锋中逐渐分层,大致可归为三类:一是后现代主义的积极推动者。这类批评者以后现代主义者自居,著文为后现代主义的无信仰、反传统、颠覆性叫好,对"后"这一缀词有特殊的好感,喜欢以后现代为尺度去看待并衡量一切文化现象。二是后现代主义的研究者。这类学者不盲目追"新"逐"热",而是以学者的冷峻眼光分析后现代主义的正负效应和得失利害,其著书行文保持客观性和清醒的批判性。三是后现代主义的尖锐反对者。这类批评者站在传统理想主义和历史人文主义的角度,反对后现代主义的颠覆策略和"怎样都行"的游戏人生观,坚持以传统道德和精神信仰反击后现代主义。

总体上看,这三类后现代批评者的出发点和价值归宿截然不同,共同构成了起伏跌宕的中国后现代批评思潮。从批评群体的构成看,积极推进者大多是 60 年代出生的更年轻的一代人;而客观研究的学者大多为 50 年代出生的青年学者;而坚决反对者大多为 40 年代出生的中年学者。这一构成颇有深意,值得另作分析。

其次,批评的缺席(失去对象)和游击状况。后现代批评在 90 年代初可谓红极一时,但由于大众文化的崛起,并随之成为主流,使坚持前卫立场的批评家面临失去批评对象的尴尬。于是,批评出现了对象的缺席。在无批评对象的情势下,批评家只能将理论与批评实践相分离,热衷于在批评中不断抛出"后"的新组合词,将理论的炫耀和缺乏深度分析的语言游戏作为后现代批评的装饰品,好讲一些新大话、新套话、新不知所云之话去唬人,以"后"的标签取代思想本身,使后现代批评日益玄虚而使人避而远之,进而为人诟病为"伪批评"。可以说这种"词缀欲"、"术语轰炸欲"和"语言自来水欲"并不是真正的后现代批评,而是缺乏批评精神和学术规范的"语言失禁"。

在批评的缺席中,出现了多元以至无元的批评游击状态。每位批评者都标榜"怎样都行"的言说方式,任意解释和界定文学本文,出现了"后现代派小说"、"新写实主义"、"新潮小说"、"后新潮小说"、"先锋小说"、"第三、第四、第五代诗群"、"新状态"、"新体验"、"先锋戏剧"、"第六代导演"……批评家的主体精神的不足和学养的不足,使得在学术规范不健全下盲目制造"主义"和炒热点,而无视"问题"本身,从而使批评家有可能在自己的话语操作中误读后现代批评的历史语境和当代意义。

目前,后现代文艺已从文字本文转向影像本文,即从小说、诗歌转向多媒体。因此,大众传媒批评将成为新的后现代批评。后现代批评是发展变化的、永不停滞的。在后现代主义批评中也得批评后现代主义。因为批判他者也得接受他者的批判,否则就是新的独断和专制。

后现代批评只能保持一种"边缘性批评"的态势,它无法成为中国文化和文学批评的主流。后现代主义不会永远活跃于历史舞台,它终将成为过去。但"后现代性"——怀疑、否定、批判精神——将作为一种新的质素植入人类的肌体,而永远葆有不盲从的、清醒的批判意识。

中国的"后现代"批评只是世纪之交的一种文化景观,随着旧的话语体系和等级结构的消解,批评将重建新的学术规范,进行批评策略、方式的自我检视,重建更合理的文化批评形式,重铸更健康宽容的批评主体品格。因此,中国后现代批评之后仍将有新的批评存在,那就是"批评的批评"。

在世纪末的历史转换中,中国文学批评界和文艺美学界将进一步检讨 90 年代忽略"问题意识"这一课题;坚持批评的正当性和思想独立性,将理论与批评实践相结合,在瓦解旧话语、旧观念时,关注文化重建问题;在多元格局中,以更宽容的态度,建树起更广阔、更健康、更具独立精神的文学批评体系;坚持从群体话语退回到个人话语的势态,但不仅仅拘于个人独白,而是重新整合"主体间性"话语沟通系统,使后现代批评的解构精神成为中国人文价值重建中的前提条件。在新的历史语境中,在解构之后的价值重建中,当会出现全新的精神和健康的心性。

注释:

① 参见王岳川著《后现代主义文化研究》,北京大学出版社 1992 年。
② 参见王岳川等编译《后现代主义文化与美学》第三编,北京大学出版社 1992 年。
③ 弗·R. 多尔迈《主体性的黄昏》,上海人民出版社 1992 年。
④ Richard Rorty, *Consequences of Pragmatism*, Minneapolis: University of Minnesota Press, 1982.
⑤ Jean Baudrillard, *The Ecstasy of Communication*, New York: Semiotext. p. 12.
⑥ Jean Baudrillard, *The Mirror of Production*, St Louis, Mo: Telos Press.

王一川

张艺谋神话的终结及其意义

张艺谋以他的与众不同的电影活动,曾经在80年代后期至90年代前期创造过惊人的"神话"般奇迹,获得过超常的毁誉,于是有引人注目的"张艺谋神话"。而今,随着中国电影界和整个文化界场景的变化,这种"神话"光圈已然转暗。1994年的《活着》似乎是一个重要标志:它虽然于次年获得戛纳电影节最佳男演员桂冠,但由于一些复杂的原因,在国内禁映,而且并未引起像《红高粱》获奖时引发的那种轰动,人们(公众和批评界)已很难再给予张艺谋如过去那种"神话英雄"的毁誉了。这似乎是张艺谋神话的一个终结性标志:超凡的和幻想的神话时代已经结束,平常或平凡时期已然来到。在这种终结性时刻,我们似乎有必要并且有可能回头对这种神话的兴衰转化及其意义做一点分析,以期见出中国电影和文化中的相关问题及其启示。

一 张艺谋神话

当我们说"张艺谋神话"时,这"神话"在这里究竟指什么?张艺谋电影在何种意义上成为"神话"?不妨首先来重温当年中国电影专家眼中的一组难忘镜头:"(1988年2月)23日柏林时间16时整,威廉纪念教堂的钟声敲响了,西柏林城顿时安静下来,12家电视台摄像机对准评委会主席古利尔莫·比拉基。中国影片《红高粱》荣获金熊奖!西柏林的公民们、欧洲的公民们立时看到了这一幕!中国电影首次跨入世界电影前列!当晚20时,隆重的发奖仪式开始了。上千人的大厅,座无虚席。在雷鸣般的掌声中张艺谋从观众席上站立起来,穿过热浪般的人群,登上舞台。中国电影艺术家们在一排捧着银熊的获奖者面前,骄傲地高举着光芒闪烁的金熊。散会了,热情的女记者奔过来拥抱着张艺谋,亲他的脸蛋!本届评委、英国著名女演员特尔达·斯温顿在记者的闪光灯中拥抱着张艺谋,留下最亲热的纪念。张艺谋被包围着,在一群白皮肤人面前,这位留着寸头的黄种人显示了一种东方人的魅力。"①这组镜头向我们展示了张艺谋电影在国际上受到英雄般欢迎的令人空前激动的场面。它或许可以作为一种仪式性象征,使我们由此领略张艺谋在西方和中国所创造的电影神话。张艺谋,一个使"中国电影首次跨入世界电影前列"的神话般英雄!确实,在群星争辉的令人眼花缭乱的20世纪80年代后期至90年代前期中国文艺界,能持续吸引公众的好奇心、艳羡目光和认同或拒斥欲望的神话式英雄,恐怕首推张艺谋了。我们现在不妨来对这位英雄的业绩作一简要回顾。

　　张艺谋于1983年出任"第五代"的筚路蓝缕之作《一个和八个》摄影,在电影圈内始获好评;1984年做后来被称为第五代扛鼎之作的《黄土地》摄影,其卓越的摄影才华首次引起国内外瞩目:获1985年度中国电影金鸡奖最佳摄影奖,法国南特亚非拉三大洲国际电影节最佳摄影奖,美国夏威夷国际电影节柯达最佳摄影奖;1986年,出任《老井》摄影又自荐兼演男主角孙旺泉,并且一炮即红:获日本第2届东京国际电影节最佳男演员奖,第11届《大众电影》百花奖和第8届中国电影金鸡奖最佳男主角奖(这位从未学过表演、也从未尝试过演出的人,竟能一举成功,不是神话又是什么?);更值得纪念的应是1987—1988年:他首次试做导演时执导处女作《红高粱》,竟出人意料地一举夺得第38届西柏林国际电影节大奖金熊奖(与此相对照的是,本来夺标呼声很高的陈凯歌携《孩子王》远征戛纳却失败而归,这使张艺谋就变得一枝独秀了),这个前所未有的"走向世界"大业一旦成功,随之而来的奖项就变得轻而易举了:中国广电部政府奖、百花奖和金鸡奖,以及澳大利亚、津巴布韦、摩洛哥、比利时、法国、民主德国、古巴等国奖项。他1990年执导《菊豆》使自己再度震惊世界:获美国第63届奥斯卡金像奖最佳外语片提名(能获此提名也有理由被认为是中国电影前所未有的空前成功),另香港、法国、西班牙、美国芝加哥等国际电影节奖;1991年导演《大红灯笼高高挂》,更是夺金取银:再获美国第64届奥斯卡金像奖最佳外语片提名,并获意大利第48届威尼斯国际电影节银狮奖及其他多项奖励;1992年摄制的《秋菊打官司》又一次为他赢得盛誉:夺得意大利第49届威尼斯国际电影节大奖金狮奖、"伏比尔杯"最佳女演员奖等,以及中国广电部政府奖特别荣誉奖、百花奖、金鸡奖、北京电影学院首届学院奖影片大奖和导演奖。1994年导演《活着》,于1995年5月获法国第46届戛纳国际电影节最佳男演员奖(葛优)。②

张艺谋正式"触电"不过10余年,却已硕果累累,接连不断地在国内外赢得大奖,搂"金"抱"银",这种在电影界前所未有的成功能不令人艳羡?对此神话,人们的态度是多种多样的:或是惊喜,或是惊惧;急切的认同者有之,愤怒的拒斥者有之。但无论如何,他似乎都已成为20世纪80年代后期至90年代前期中国的超级"文化英雄"。这位超级英雄以他个人的神奇故事,正谱写出一则当代中国自我的"神话"——张艺谋神话。"神话"(myth),原是远古民族对神或超人在一个完全不同于人们通常经历的世界或时代中的非凡行动的虚构性叙述,从而必然地总是人们的非凡的想像、幻想、情感和欲望等主体能力的话语凝聚。而张艺谋神话之"神话",则与这种先民创造的处于实际世界"背后"的超凡的"神"的故事有所不同,而是一种现代产物:即是富有现代理性和科学的人们,出于自己的某种超乎理性或科学之上的现实需要,有意或无意地把非凡想像力投诸现实人物,直到使其似乎具有某些不现实的超凡属性或特殊魅力的结果。张艺谋神话,作为与张艺谋电影活动有关的神话,是当代中国人出于自己的特殊需要而把非凡想像力投诸张艺谋,使其成为神话式英雄的结果。换言之,张艺谋神话虽与张艺谋本人的行动,甚至可以说是创造性行动紧密相关,但决不是简单的个人所有物(如时下所谓"个人化"神话),而是个人与集体一道努力的结果。如果离开了这个时代历史、文化语境,以及处于其中的集体状况,张艺谋个人无论如何奋斗,也无法创造出这种神话。因此可以说,张艺谋神话是指20世纪80年代中期以来由张艺谋本人与当代中国公众一起共同制作的,有关张艺谋电影活动的带有非现实的超凡属性的文化想像活动。

张艺谋神话通常涉及两个基本层面:一是指张艺谋电影本文

的神话,即张艺谋任摄影、演员和导演的影片的镜头组合、美学文体、形式特征、意指活动及深层意蕴等,可以简称为张艺谋本文神话;二是指这些本文被制作和接受的具体文化语境的神话,涉及制作者和接受者所置身其中的特定时代的意识形态氛围、基本价值体系状况和文化压力等因素,可称为张艺谋语境神话。这两个方面自然是紧密相连共同起作用的。有关张艺谋本文神话,我已在别处论述过,这里只打算集中考虑张艺谋语境神话问题。③原始神话早已在现实中消逝了,但我们的无尽想像力却仍然在不断地制作当代神话。张艺谋神话的语境内涵是什么?它对理解我们的时代有什么特殊意义?问题就提出来了。对这些问题的追问,想应有助于我们把握处于世纪之交的中国文化状况。

二 张艺谋神话的语境内涵

张艺谋神话有着 80 年代后期至 90 年代前期中国文化语境的时代烙印。它虽然发生在电影界,但却在艺术界和更广大的文化界产生了深广的影响,所以,它说到底是一种以电影神话面貌出现的文化神话。

从张艺谋的个人经历看,它属于当代中国的"丑小鸭"神话。张艺谋来自中国社会底层,且出身"不好",自然地从小经历坎坷,饱受屈辱。即便是上大学,也经受磨难……然而,他正是凭着特殊的毅力、韧劲和机遇,从当年的"狗崽子"一跃而成为蜚声海内外的"世界级"大导演或"一流"电影大家!或许迄今为止,中国还没有第二位艺术家能鼓荡起这样的显赫声名!于是,人们可能会像安徒生那样感叹说:"只要你是一只天鹅蛋的种子,就算你是生在养鸭场里也没有什么关系。"或许,按照孟子的著名论断来理解可能更符合中国传统:"故天将降大任于斯人也,必先……"但不管怎么说,张艺谋的确创造了一部当代神话,一部令中国人和西方人都倾倒的当代中国"丑小鸭"神话!

相应地,张艺谋神话就可视为当代中国青年的自我实现的神话。在张艺谋以《黄土地》摄影初露锋芒的 1984—1985 年,刚刚开始城市经济体制改革的中国大地,正涌动着个人的自我实现热浪。人们相信,在这个开放的年代,充满了新的机遇,因而以新的方式去寻求新的富于个性的生活，甚至"自我实现"，是可能的。这是一个需要自我实现神话而又产生了这种神话的时代。张艺谋领悟了这种时代精神，并幸运地成为这种神话英雄。首先，这位来自黄土地底层的卑微青年，却能以特殊的韧劲和机遇使中国最高电影学府之门"一"叩即开；刚摆弄电影摄影就以《黄土地》"一"鸣惊人；做《老井》摄影又自荐出演男主角，在东京"一"炮打响；直到首次执导影片就以《红高粱》"一"夜成名。张艺谋，这"一"的神话的制造者！在中国电影史上，还有谁能创造出这样一举成功的奇迹？其次，让人惊奇的还在于，他能通过《秋菊打官司》的成功，而使在国内遭禁的《菊豆》、《大红灯笼高高挂》起死回生，从而身价倍增。这是在艰难困顿中力战取胜、转危为安的神话。这一点反而大大增益了他的神话英雄资本。再次，张艺谋神话还表现在，他从乡村入城市，从西部入京都，从摄影升导演，从世界边缘走向世界中心……这岂不是从边缘进入中心、享受多种"活法"的成功范例？最后，张艺谋神话的尤其精彩处在于，它的主人公总是善于首先在西方获得"说法"，然后据此回头在国内讨得"说法"。这意味着凭借来自中心权威的有力支持而使自己在边缘地带成为新的权威。这应是新的西天取经神话。张艺谋的如上业绩，确实有理由使自己成为当代中国青年自我实现的偶像，而且是"超级偶像"了。然而，神话毕竟是神话而不等于现实。

　　从这则神话的成功过程看，它称得上当代中国人向西方认同的突出范例。电影本是生自西方而于全球繁衍的艺术。西方电影美学自然历来就成为世界电影的最高或中心权威。当张艺谋负笈北京电影学院时，西方正开始向国门初开的急于认同的中国导演展露它那天鹅般高贵的容颜。在蛰伏于此的黄金般宝贵的四年里，张艺谋应当有幸初识西方大师的艺术瑰宝，带着惊喜在西方电影美学的海洋里试泳，得出向西方认同、推动中国电影的美学革命的信念。而当时中国电影界实际的权力结构则根本上迫使他走向西方。并不是他完全自觉地选择了西方，而是客观情形迫使他不得不这样做。在80年代初，中国电影界占主导地位的还是复出的第三代导演和兴起的第四代导演，其电影美学还是主要来自苏联模式。这一主一次的两代导演共同组成了当时中国影界的似乎凛然难犯的正体格局。而张艺谋等才跨出校门的青年学生，有什么本事能在需要资格和资历的现成电影界争抢一席之地呢？他们希望通过《一个和八个》及《黄土地》赢得前辈导演和公众的接纳,但很快就失望了:没能获得自己急切期望的发言权。当感到那支持了"第三代"和"第四代"的苏联模式已不可能再成为自己的后援后,当其新作出世之初竟遭到饱受第三、第四代导演及苏联模式熏陶的中国公众冷遇之后,富有远大抱负而急于寻求轰然出场的张艺谋们,看来只能把最后的希望投向外部奇异力量了。好在"外面"终于给了让张艺谋们满意的"说法":《黄土地》在海外出人意料地受到西方电影界权威的热烈赞扬！这些权威意见反馈回国内,《黄土地》立时命运陡转。中国电影权威和公众才开始以西方人给予的新的目光去正视它,从而"发现"了它的令人惊异的审美与文化价值。"西方"都说好了,中国还能说不？同时,影片在香港电影节上映获得圆满成功,激发起香港人的中国文化认同或寻根热潮,这对那时向往港台的内地观众无疑更产生极大的感召力。这样,这场"海外大捷"一传回内地,就权威性地一举驱使观众重新返回《黄土地》,甚至一度导致了影院场场"爆满"的空前盛况。人们这次借助外力擦亮的眼睛终于"看"出了《黄土地》的不同凡响价值。特别是正自觉履行启蒙使命的大陆精英知识界,更是担负起阐释和传播它在美学与思想上的革命意义的责任。接下来,张艺谋对西方的认同似乎就变得顺理成章和平常了:《红高粱》、《菊豆》、《大红灯笼高高挂》和《秋菊打官司》等影片,都是借助在国外获奖的威力而在国内成功的。特别是当《菊豆》和《大红灯笼高高挂》接连在国内遭禁时,他硬是靠《秋菊打官司》获威尼斯电影节两项大奖的威力,而使两片在国内开禁,从而创造影坛奇迹。所以,鉴于张艺谋的成功体现了"对内以洋克土"的艺术谋略,可以说,张艺谋神话在很大程度上是与向西方认同分不开的。

从开放时代特有的文化想像来说,张艺谋神话被赋予了"中国走向世界"的神话的内涵。张艺谋由于屡屡在国际电影节获奖,并且在开放时代第一次荣获世界第一流电影节大奖,享有"世界级"大导演盛誉,从而被捧为中国电影"走向世界第一人"。当《红高粱》获奖消息传回,《大众电影》杂志就在开篇急切地、充满喜悦地宣告:"中国电影正在走向世界"、"中国电影在世界的地位正在提高"、"中国电影首次跨入世界电影前列"！几篇文章都高度评价张艺谋获奖的巨大意义:"这次,《红高粱》在世界三大电影节之一的西柏林电影节获大奖,说明中国电影走向世界的步伐加快了!"文章援引西方权威的话作支持:"现在美国、苏联、中国的电影处于世界电影的前列","世界电影的希望在中国"。作者颇为骄傲地写道:"中国影片在西柏林电影节获大奖,其意义相当于一个重要体育项目在世界级比赛中获得冠军,是值得全国人民欢欣鼓舞的事!"该杂志还提醒读者尤其注意以下几个镜头:其一,西柏林自由电台记者在影评广播中声称,拍摄《末代皇帝》的贝尔托卢奇应"向张艺谋学习",这个事实的"重要"性在于"从艺术上予张艺谋以新兴的世界级导演的地位与世界著名导演匹比"。其二,"本届评委、英国著名女演员特尔达·斯温顿在记者的闪光灯中拥抱了张艺谋,留下最亲热的纪念"。其三,"张艺谋被包围着,在一群白皮肤人面前,这位留着寸头的黄种人显示了一种东方人的魅力"。④作者们感兴趣的显然是张艺谋被赋予"世界级导演"地位、被世界级演员认可和被处于世界中心的"白皮肤人"簇拥的事实,也就是他走向世界的事实。

  张艺谋就是这样被尊为中国电影走向世界的神话式英雄。他之所以受到英雄凯旋般的隆重欢迎,正是由于被认为在"走向世界"的过程中做出了非凡贡献。"走向世界"是20世纪中国文化界的一个响亮而又充满悲剧意味的口号。它是中国现代性的一个想像物。中国现代性的核心,是要使落后和蒙昧的中国按现代世界先进国家典范——西方标准去实现现代化,即从落后和蒙昧的边缘国度成为现代世界的中心。在中国知识分子的想像中,古代中国曾是世界或天下的中心,中心就等于世界,这时,中国直接地仿佛就是世界。然而,鸦片战争以后,落后和蒙昧的现实使得中国自觉置身在现代世界的中心或主流之外,从而就似乎等于在世界之外。而现代中国的根本任务,就是使中国重返中心即重返世界。所以,"走向世界",在中国现代性意义上,是一种走向现代世界之中心的文化想像物。这样的目标无疑是崇高的和难以实现的。而当中国的政治、经济和军事一再推迟实现这一目标时,人们不得不把无限的希望投寄到文化上:拥有灿烂文化传统的中国,有理由在文化上率先走向世界。从文化上走向世界,可能会为从政治、经济和军事上走向世界铺设必要的台阶。如此,张艺谋就变得格外惹人注目了。在20世纪中国的走向世界历程中,如果出现过神话般奇迹的话,张艺谋无疑是其当然英雄(主角)。作为边缘的中国电影能从西方中心成功地讨来"说法",谈何容易!遥想玄奘当年,跋涉千里,经磨历劫,才从"西天"取来真经。在现代,中国文学向西天取经,更是长路漫漫。20世纪中国文学总是把"走向世界"作为自己的根本性口号,似乎只有走向世界才会有中国的真正的现代文学。而在中国现代艺术家族中,确乎又是最能体现中国文化传统的文学,才最有可能率先冲顶成功。在文学的高大身影反衬下,电影这西方"舶来品",既无传统根基,又远离文化中心,它要走向世界,就仿佛是"天方夜谭"(后来人们才可能意识到,正是电影这"舶来品"比之倚重母语的文学,更有可能跨越文化界限而实现跨文化沟通)。这可能正是中国电影长期以来未被赋予走向世界大任的重要原因之一。由于以走向世界为神圣而光荣的使命,中国作家们自然就把诺贝尔奖当做自己心仪的西方"天鹅"。按理,拥有5 000年辉煌文明史的中国,得个诺贝尔奖不应成为问题。可是,命运仿佛专与我们作对,中国作家总是与之失之交臂。当同处亚洲的印度泰戈尔、日本川端康成都先后荣享诺贝尔奖后,我们这泱泱诗国也该讨得个"说法"了吧?声名最高的鲁迅未成,大抵与他早逝有关。据说老舍"文革"中本来要获奖,但由于浩劫中生死不明,所以未能加冕。到了70年代末、80年代初,沈从文该行了吧?他的一流大家地位不是"外面"先给了吗?但西方竟然还是狠心地没有让这位垂垂老者辞世前获得"说法"。沈从文之后,巴金老人总可以了吧?十多年过去了,似乎总是遥遥无期。或许,这一切该归咎于西方对中国的无知吧?中国辉煌的现代文学难道还够不上一个诺贝尔奖?然而,令文坛尴尬的是,电影界半道杀出个张艺谋。这位刚出道不久,甚至在一些人看来可谓"乳臭未干"的黄土地后生,却轻而易举地在西方赢得几乎如诺贝尔奖在文学界那样重要的电影大奖,似乎使走向世界的文坛梦想毫不费力地转而在影坛成真了。这不是当代神话又是什么?

难怪人们会在文章里抑制不住喜悦地宣告:由于张艺谋等中国导演的走向世界的努力,世界终于"重新发现中国",而更有意义的是,"世界把目光转向中国和中国人,特别是一些大师们对'中国题材'的偏爱。西方人在认真地反思着他们与东方的关系,正努力想看明白自己该当救世主还是该当赎罪人,这也是'回顾过去,瞻望未来'的一种形式吧!"这里强调的重点是张艺谋的贡献的特殊意义:"在《红高粱》之后,不仅中国电影引起全球性的瞩目,电影中的中国和中国人更在西方各国获得了与中国的国际地位相称的'身价'。"文章最后甚至热烈地预言,"中国将与世界的步伐同步运转,这正是电影文化中'重新发现中国'的本质原因!"⑤这里,张艺谋在令"世界重新发现中国"方面确实应记一笔,但是,这一笔究竟该怎样记,却大有讲究。例如,"世界"所"发现"的是怎样的"中国"呢?是否能把这种"中国"就当做现实"中国"呢?还有,说"中国将与世界的步伐同步运转",是什么意思?是说中国的文化已突然发展到堪与西方世界争奇斗妍的一流水平,还是说西方世界正把中国文化从自身的轨道拔出来而纳入西方轨道,或是说中国文化已加入国际化商业制作的循环体系?这些复杂问题显然需要认真梳理,不能笼统断言和盲目乐观。

三 有关张艺谋神话的评论

近十多年来,面对张艺谋神话,人们已提出过多种不同阐释和评价,这里有必要做出初步梳理。有关张艺谋神话的讨论曾出现过两次高潮:一次是在 1988 至 1989 年间,围绕《红高粱》的获奖而展开;另一次是在 1992 至 1993 年间,围绕《秋菊打官司》获奖及由此而来的《菊豆》和《大红灯笼高高挂》开禁奇迹而展开。这两次争论都涉及若干不同观点,彼此分歧颇大。限于篇幅,这里不可能一一检讨。考虑到两次争论虽意见不一,却显露了相同或相近的视点,不妨合而论之。下面以争论较为激烈、分歧尤其显著的有关《红高粱》的评论为例作简单梳理,以便发现众说纷纭之中的相同或相近视点。在极简化或浓缩的意义上,有关《红高粱》的评论可以被分为两类六种:

一类着重从张艺谋影片本文的奇异美学文体本身入手做出阐释和评价。这里又可分做三种:(1)热烈赞美。认为张艺谋影片创造出不同于中国电影传统的奇异的美学文体,是中国电影出现腾飞或进步的有力标志;另一方面,这种奇异文体由于为历来注重新奇的西方电影界所熟悉,所以很容易被容纳,于是成为中国电影走向世界或为西方所容纳的有力标志。如有的论证其东方美学特色,富于"浓烈的东方神秘主义色彩"、"东方民族的神韵","实实在在地体现了深沉的意义,体现了我们的祖辈和民族的神气"。⑥有的强调得奖的国际原因:"《红高粱》中浓烈的东方文化色彩,那放荡不羁的法外之徒,异国情调的民俗和自然风貌,以及融合了现代审美情趣和民族艺术特色的表现形式,在国际上立刻被认同";并揭示它对中国电影美学传统的新贡献:"继承了中国叙事艺术传奇性的特色,又与现代电影的造型性和场面观赏性相融合","既有民俗学的文化意蕴,又以动作的强烈和场面的新奇而引人入胜",从而成功地建立起"异于传统中国电影的现代形态"。⑦(2)全盘否定。这种观点虽然同样看到了影片的奇异美学文体,但相反认为这种奇异文体意味着以丑陋和顽蛮取代美感,属于美学上的严重堕落。论者十分严厉地指出,"《红高粱》成了探索片摈弃美的倾向的终端,成了西部片渲染丑的趋势的集成";"使中国老百姓的顽蛮心理"得到"淋漓的暴露","体现了审美观念的堕落";"使作品从基调到主旋律,从概貌到神韵都粗化、丑陋化了","全部重心只是在于追求上述'蛮'刺激的效果,从而完成银幕上富有开创意味的丑的描塑"。⑧(3)温和批评。与上面的肯定与否定这两种尖锐对立观点不同,这里则试图采取更温和或中性的态度,认为张艺谋电影的奇异文体虽有一定探索性意义,但更存在种种缺憾,"没有完成一部我们说不出是什么样式的新类型的影片"。如影片场面处理"不够新颖和独特",往往"传奇到不要来龙去脉、不要人文背景"的地步。更重要的是,影片结构出现难以弥合的明显分裂和零乱,如先锋探索与商业上的逐奇的不协调、主要人物处理的不一致和简单化等。"《红高粱》给我的感觉是创作当中有错乱、把握不定的东西,没有思考成熟。文化的、社会的、技巧的等等方面都不太完整",因此,以为《红高粱》获奖就等于"宣告中国电影进入国际一流水平",是"非常没有文化的"。⑨

　　第二类则侧重于从张艺谋影片的故事内容入手作出阐释和评价,发现这些影片主要表现中国人生活中的基本的、原始的或人性的方面。这里也可分出三种:(4)热烈赞美。认为张艺谋影片表现了蕴藏在中国人深层的顽强的"个人生命活力"及中华民族的"民族精神"。金鸡奖的评语可能具有代表性:"《红高粱》浓烈豪放地礼赞了炎黄子孙追求自由的顽强意志和生生不息的强大生命力,融叙事与抒情、写实与写意于一炉,发挥了电影语言的独特魅力"。⑩而其他论者更有各自不同的发挥:"'我爷爷'变成了一尊远古的雕像,它作为不屈民族的形象和一个蕴意丰盈的意象,融进了血红的高粱,血红的天空,血红的宇宙。惟有万物之灵的太阳散射出刺人的光芒,象征了永恒、顽强的民族精神"。⑪"《红高粱》表现……在一个非常恶劣的、生命难以生长、人性难以正常发展的自然和人文环境中,生命不屈地生长、人性不屈地挣扎……在国产影片中,我第一次看到这种洋溢着生命的酒神精神。这是一首我们民族的生命赞歌"。⑫(5) 全盘否定。认为张艺谋影片表现和歌颂了我们民族中落后、愚昧或丑恶的东西,这是中国电影的耻辱,而它的得奖恰恰暴露出当前中国文化的深重危机。论者以反映"老百姓私下嘀咕的意见"的方式说:"影片热情歌颂的男主角'爷爷'是一个十足的流氓加无赖。……宣扬和歌颂那些愚昧、落后的东西,完全肯定男主角流氓加无赖的种种表现。不以为耻,反以为荣,比阿Q还阿Q。""如果中国电影像《红高粱》这样的姿态走向世界,甚至为了夺奖,取悦于外国人,专门收集、展示、夸耀我们民族最丑恶的东西,那么,这样得来的奖,不是中国电影的光荣,而是中国电影的耻辱,中国电影的悲哀。"论者还尖锐地把问题提到整个中国文化的"民族危机"高度。⑬另一位论者则把有关批评描写得更为生动:"一部获得国际大奖的《红高粱》,在本国映出后,招来了阵阵骂声,把个导演张艺谋骂得狗血淋头,一无是处。似乎只有让其上吊、抹脖子、上断头台,方解国人之恨。"这是因为他们认为张艺谋"让自己的先人们剃成难看的秃头,穿着碍眼的前边不开口的大裆裤,当众解开裤子捉虱子,还把人家用一头骡子换来的女人往高粱地里拖。打日本人不但没胜,还输了个精光,死得剩下两个人。这导演还有点中国人的味儿没有?难怪上柏林得奖,西德可出过希特勒。外国人凭啥给你奖,不就是你往中国人脸上抹灰,头上扣屎盆子吗?""'正派人'现在甚至已经耻于谈高粱地三个字,因为这已成为淫秽、下流和让人心生邪念的代名词"。人们还把张艺谋与当年因拍摄中国的落后与阴暗面而遭到国人讨伐的意大利导演安东尼奥尼,及专揭中国"丑陋"的台湾人柏杨相提并论:"张艺谋就在中国,为什么不吊销他的执照?听说那小子成了万元户了,这是出卖民族尊严挣来的钱,凭什么还给他发奖金?"⑭这里引述的有些"广大观众"的意见,已似乎不是正常的理性的批评,而简直就是"谩骂"甚至人身攻击了。

(6)既赞美又批评。这里对张艺谋影片既不是单纯地热烈赞美,也不是全盘否定,而是在赞美中披露并批评其在内容上的缺憾,这大致相近于上述的温和立场。不过这里也有略为不同的情况。有的论者从总体上加以肯定,认为"《红高粱》是比较完整的,在原有的探索片经验基础上达到了较高的层次。内容和形式、体裁和风格、电影语言等各方面的把握都较纯熟,它达到探索片的新高度,又列入常规片的行列","前景是可喜的"。同时又承认,影片确实在某些局部存在缺憾,如"给人以前后两部分分割的感觉",但毕竟属于瑕不掩瑜。⑮有的论者则一方面承认《红高粱》"走到了新的境界",具有"强烈的冲击力",另一方面又分析其不足——内容上的"乱"。影片前半部与后半部在形式上不统一,恰恰是"内容不统一"带来的。例如,想写女性对自由生命的追求这一主题,却未能把握"奶奶"对罗汉的感情,后来又转而去表现它不应去表现的"爱国主义"主题去了。不少细节刻画也显得粗糙。而这些正是"因为导演对主题把握不准确造成的"。⑯

就上述两类评论而言,前一类主要是从美学角度看的,关注张艺谋影片在美学文体上的意义,由此入手展开评论;后一类则主要采用了文化角度,专注于影片内容对当前中国文化的意义。具体说来,(1)属于美学—肯定性评价,(2)为美学—否定性评价,(3)为美学—中性评价,(4)为文化—肯定性评价,(5)是文化—否定性评价,(6)属文化—中性评价。这六种评价可能直接地是由部分专家或其他文化人做出的,但在中国公众(无论是电影专业人员、还是非电影或非艺术专业知识分子及普通观众)中都可能具有相当广泛的代表性,显露了有关张艺谋神话的基本不同意见。其实,这六种视点之间的关系在实际中往往是相互联系或交叉的,需要看到其中的复杂情况。现在的问题在于,张艺谋电影及电影神话为什么会引出如此分歧的意见呢?我们该如何看待这种分歧情形?应当讲,无论是美学角度还是文化角度,都是评论张艺谋影片的合理角度,从而都有理由存在。我们决不能简单地断言美学角度是正宗或属于"电影本身",而文化角度是异端或属于"电影之外",或者相反。应当看到,它们各自本身却都不一定完善,都可能出现偏颇:在强调美学意义时可能忽略文化意义,或者相反,在突出文化意义时轻视或遗忘美学价值。同任何其他艺术作品或现象一样,张艺谋神话往往具有美学与文化双重性,因此,把美学角度与文化角度统合起来加以考察,或许是一种明智的选择。

其实,如果把上述两类六种看法一一并置起来,则可以得到三组看法:第一组是(1)与(4)的合并,既肯定张艺谋奇异文体的美学价值,又赞扬其对个体生命和民族精神的张扬,代表着启蒙知识分子群体的激进立场;第二组是(2)与(5)的并置,一面认定张艺谋在奇异文体上的探索是导向野蛮和丑陋美学,一面又批评他对个体本能、原始欲望等的描绘是暴露和出卖中国人的尊严,显示了普通公众的保守立场;第三组是(3)与(6)的并置,在承认张艺谋的美学—文化探索的积极意义的同时,发现其在美学与文化上的明显缺憾,透露出电影专家的温和立场。这三组看法虽然在实际的张艺谋批评中很难完整地见到,但毕竟恰好体现了美学与文化统合起来的双重视野,并分别披露出启蒙知识分子、普通公众和电影专家三种社会身份及其激进、保守和温和立场,因而可以看做有关张艺谋神话问题上的三种基本的阐释和评价模型。

问题不是在于上述三种模型中哪一种更合理或正确以及我们该做何种选择。在我们看来,它们各自都具有某种合理性,但是有限的合理性,都有理由存在,因为现实人们的生存及观点本来就是彼此不同的,没有必要也不可能寻求完全一致。问题在于,上述三种模型与张艺谋神话的关系如何?一个耐人寻味的事实是,它们并不是如我们想像的那样外在于张艺谋神话,而恰恰是张艺谋神话的当然组成部分。激进地赞美、保守地否定和温和地品评,这三者之间的杂语喧哗正编织起张艺谋神话之所以成为神话的必要的文化语境。试想,假如仅有张艺谋的电影活动而没有这样的赞美、否定或品评的文化语境,"神话"又如何可能呢?张艺谋和他的电影合作者们不可能仅凭自身的力量就能制作出张艺谋神话。张艺谋神话,实际上是由张艺谋等电影制作者和广大公众及批评家共同形成的,他们之间具有一种"共谋"关系。

四 张艺谋神话的终结与意义

　　正如我们开头所说的那样,随着《活着》的完成及其遭遇,张艺谋神话走向了终结。这种终结,表明的不是张艺谋电影活动的终结,而是这种电影活动从超常奇迹到平常活动的转化。正是在80年代后期由封闭到开放、向西方认同、走向世界和个人的自我实现渴望等文化语境条件作用下,张艺谋的电影活动被罩上了超常奇迹或神话的光圈。然而,到了90年代中期,当这种文化语境发生改变时,这种超常奇迹就不得不变得平常了,具有了非神话内涵。从张艺谋神话走向终结这一事实,可以回头引申出值得思索的东西。

　　张艺谋创造出中国电影获世界电影大奖的神话,并不必然证明"中国走向世界"这个伟大的现代性幻想获得实现,即并不等于中国文化就达到了本世纪人们为之奋斗的"世界一流"水平,而不过是表明,中国电影已必然地汇入当今世界电影国际化潮流之中。也就是说,张艺谋电影获国际大奖,与其说证明中国电影达到"世界一流"水平,不如说只是证明它进入国际化潮流之中。张艺谋而今已不再被罩上神话英雄光环,恰恰表明这种原来并不平常的国际化在今天已成为平常的现象了。

　　电影国际化的主要标志之一,是跨国资本的利用。从张艺谋率先踩出这条"西天取经(金)"的"通天大路"后,无论是第五代同仁、还是第三代前辈和第四代兄辈,都纷纷起而仿效。谁拥有了跨国资本,谁就可能在电影竞争中占据有利地位。张艺谋神话,在一定意义上正是利用跨国资本的商业神话。而当这种神话终结时,跨国资本的介入就变得平常,因而变得基本和有力了。张艺谋凭借国际化手段在使"第五代"成为中国电影主流的过程中做了关键性贡献,但也正是凭借这一手段,他作为"始作俑者"带动"第五代"抛弃原初的知识分子启蒙文化旨趣而转向了利用跨国资本的大众文化。

　　面对跨国资本,个人又能做什么呢? 跨国资本不仅能统一世界电影制作策略,而且更具有使电影的美学文体和内容都变得国际化的"魔力"。80年代中国知识分子的人道主义式诗意启蒙和自我实现理想,无疑在此受到跨国资本的有力拆解和无情嘲弄。张艺谋神话中固有的启蒙和个性内涵自然不得不为商业性内涵所取代。在这个意义上,张艺谋神话的终结正象征着 80 年代占主导地位的知识分子启蒙神话和个性神话的终结和 90 年代商业(跨国)资本的胜利。

张艺谋神话曾在 80 年代后期被知识分子解读为高雅的启蒙文化(精英文化)在世界上成功的标志(正如前引评论所说的那样),然而,随着其商业色彩的由淡转浓,人们不由得发现,张艺谋神话代表的与其说是启蒙文化的胜利,不如说是它的溃败和转化。当电影艺术不再以承担诗意启蒙为己任,而是以商业成功为基本目标时,启蒙文化也就不得不品尝到溃败的苦果了。同时,这一点可能更为重要:张艺谋之走上国际化大众文化制作潮流,在中国产生一种榜样的感召力,诱使人们转入大众文化制作潮流,于是,形成了启蒙文化内部巨大而深刻的裂变:一部分知识分子转而走向了大众文化制作之路。当张艺谋被奉为神话英雄时,表明上述转向还处在过程之中;而到了这种神话终结时,这种转向已经完成了:启蒙文化中已裂变出大众文化来。而张艺谋并未做成启蒙文化的英雄(把他奉为这种英雄实在是一种必然的语境误读),而不过充当了启蒙文化转向大众文化或在大众文化冲击下失败的"转换器"。对此,今天的启蒙文化界是应当毫不迟疑地做出自己的反省和批判的。

曾经受到广泛赞扬或批评的张艺谋式奇异文体或奇体,在公众眼中也失去了往日的奇光异彩,而变得平淡无奇了:张艺谋所首创的奇体不过只是成了一种谋求商业成功的国际化大众文化制作策略,成了人们竞相仿效的奇体"经典"。

可以说,张艺谋神话的终结,表明 80 年代知识分子启蒙神话和个性神话走向终结,揭示了启蒙文化转化为大众文化的必然性。当然,这还主要是从张艺谋神话"背后"的文化和经济(商业)原因来说的。这并不是回头追问张艺谋神话的惟一路径。从中国电影和审美文化的发展角度看,张艺谋神话还可以留下另一些令人深思的东西。

从中国电影的发展看,张艺谋提供了一个以奇体击败正体而成为主流的成功范例。正体是占主导地位的正统体式的统称,而奇体则是处在边缘地位的非正统的、新奇的或怪诞的体式的统称。在张艺谋出场之前,中国电影界还是以第三代导演为主、第四代导演为辅的正体格局。这种正体是50年代以来电影正统体式的一种延续形态。而正是张艺谋以其奇体代表作《红高粱》一举冲破第三、第四代的垄断地位,有力地带动第五代从临时的"探索片"处境而一跃升上各代导演竞相仿效的正体地位。这是中国电影史上罕见的以奇代正的成功范例。当然,"第五代"很快就尾随张艺谋走上国际化大众文化制作之路,远离启蒙文化的期待,这同样也是需要反省的。同时,从中国电影美学的演变看,张艺谋对"非运动镜头"、"视觉表现美学"、"杂种"电影和"好看"电影的探索,他所创造的象征形象和隐喻形象体式,及对奇异的原始情调、异国情调和流韵的追寻,都为中国电影美学谱写了新的奇异乐章,表明他在中国电影史上将占据着一个十分显赫的地位。未来的21世纪中国电影,肯定会频频向他回顾。无论是赞成还是反对他,他都会是一个绕不开的存在。

不妨看得更宽泛些,从中国审美—艺术文化的转化角度看,张艺谋的作用也是重要的。在他之前,中国艺术的主潮还是一种知识分子的启蒙文化,其基本任务被认为是对大众实施诗意启蒙,即用活生生的艺术形象感染大众,向他们传播理性。而张艺谋的横空出世,打乱了这种诗意启蒙节奏,显示出"娱乐"因素在艺术中的日渐增长及其重要性。张艺谋电影中那些让人或赞美或指责的著名镜头,如颠轿、野合、酒誓、封闭的陈家大院等,在今天看来,其实不过是艺术中不可缺少的新奇娱乐因素。张艺谋不过是较早的示范而已。如今,中国的审美—艺术文化虽然被分做主流文化、大众文化和启蒙文化(精英文化)三大块,但是,同80年代相比,它们无一不增加了明显的娱乐因素,从而具有了娱乐文化的特点。在现代,由于文化概念不同,艺术往往被赋予了不同含义:首先,在启蒙文化意义上,艺术往往被赋予审美或诗意地启蒙的使命,对人具有提升、丰富或塑造等功能;其次,在描述文化意义上,艺术是一种认识手段,常常被当做认识民族性格或社会特性的重要"化石"或"窗口";第三,在娱乐文化意义上,艺术则是人们日常生活中的平常的组成部分。人们的看电影、听音乐、读小说等艺术生活,并不像过去那样是日常生活流程之外的特殊的高雅享受,而往往是与工作、商业、贸易、家居和购物等日常过程交融在一起。这种艺术的主要功能,不再是诗意地启蒙,也不再是认识,而主要是日常娱乐。可见,按不同的文化概念理解,艺术的功能或特性就可能呈现出不同。如果说,在 80 年代主要地在启蒙文化意义上看待艺术,那么,90 年代则经常在第三种即娱乐文化意义上看待它,把它当做日常劳作之余和劳作间隙的消费或休闲等"象征形式"。在 90 年代情形下,所谓艺术中的大众文化、主流文化和启蒙文化潮流,其实说到底都带有娱乐文化性质了。它们在艺术的娱乐文化氛围中都不得不带着娱乐特点:大众文化自然主要表现出娱乐性;主流文化和启蒙文化诚然分别致力于宣传教育和个体探索目的,但由于都置身在娱乐性总体氛围中,所以都或多或少地体现出娱乐特点,或者寻求以娱乐手段去实现其宣传教育和个体探索目的。从娱乐文化潮看张艺谋的电影活动,可以看到:张艺谋神话在 80 年代后期发生,恰与娱乐文化潮的兴起同时。这决不是偶然的"巧合",而是中国现代文化发展的一种必然:它正是娱乐文化意义上的神话。它是那时期卓然兴起的娱乐文化潮的最初的和最有冲击力的潮头部分。在新兴的娱乐文化对于当时占主流地位的启蒙文化的冲击中,它起到了特殊的"急先锋"和偶像作用。因此,在我们考虑这种巨大而深刻的转化的原因时,是不能忽略张艺谋的作用的:他是由启蒙文化转向娱乐文化过程中的一个富于感召力的神话英雄。当娱乐文化成为平常时,这位英雄当然也从神坛走下来了。至于娱乐文化主潮这一现状,启蒙文化界同样应当做出历史的和辩证的反省。它既不能被笼统地视为中国文化的富有活力的新发展的当然代表,也不能被简单地裁定为一种可怕的倒退、停滞或堕落的表征,而是具有比这远为复杂微妙的内涵,需要冷静地和全面地剖析。

张艺谋的近作《摇啊摇,摇到外婆桥》为我们近距离观察这位走下神坛的英雄的面貌提供了合适机会。这是他在"好看"的都市娱乐片方面做的初次精心尝试。影片尽管调动了都市娱乐片所需的迷人的旧上海、神秘的黑社会、令人刺激的惊险场面及国际化影星(巩俐)的个人票房号召力等因素,并在具体细节、方言土语方面付出不能不说有效的努力,但总体上是平庸的,不仅远未达到"世界一流导演"所需要的水准,甚至连稍有票房的国际娱乐片效果也无法获得。中国公众和批评界理应对他要求更高。这可说是张艺谋为其放弃知识分子启蒙信念而掉头走向娱乐文化潮,或中国当代娱乐文化潮的兴起本身,所必须付出的一笔代价,同时也是这位英雄的神话已然终结的一个表征。中国的娱乐文化似应顾及中国人的美学传统。它应既"好看"又"耐看",既充满娱乐因素(快感)又耐人寻味(美感),正像金庸的武侠小说既俗且雅,惊险、刺激而又富于中国文化神韵一样。让人在轻松娱乐中领略悠长的文化余味,这种中国式美学效果的获得,似应成为今后娱乐文化创造的努力方向之一。

张艺谋神话从辉煌到终结,给我们留下了可以多方面阐释和评价的东西。这里自然不及一一检讨,不过是初步提出问题。但想来我们已能认识到,张艺谋神话具有美学与文化双重意义,掺杂的积极及消极价值,都需全面分析,而不能只说单方面。当然,这应当建立在一个共同认识前提下:张艺谋神话在中国电影和文化发展中扮演过必然而重要的角色。他还会继续演下去,尝试令人感兴趣或回味的新奇角色,但已不大可能再演"神话"了。

注释:
① 李健鸣、黄建中、孔民《〈红高粱〉荣获金熊奖侧记》,《大众电影》1988年第4期。
② 以上参考了《张艺谋作品及获奖年表》,据中国电影出版社中国电影艺术编辑室编《论张艺谋》,中国电影出版社1994年,第308—311页。
③ 有关"张艺谋神话",见拙文《谁导演了张艺谋神话?》,《创世纪》(西安)1993年第2期;有关张艺谋影片本文分析,见拙文《异国情调与民族性幻觉》,《东方丛刊》1993年第4期,《我性的还是他性的中国》,《中国文化研究》1994年冬之卷,《面对生存的语言性》,《当代电影》1993年第3期。
④ 见《大众电影》1988年第4期《中国电影走向世界》,《〈红高粱〉荣获金熊奖侧记》等。
⑤ 张雅涓《重新发现中国》,《北京广播电视报》1992年第18期(5月5日)第10版。
⑥ 张海方《自由随意的结构形式》,《电影艺术》1988年第4期。
⑦ 罗艺军《论〈红高粱〉、〈老井〉现象》,《电影艺术》1988年第10期。
⑧ 朱寿桐《愈益丑陋的蛮刺激——谈〈红高粱〉等探索影片的追求》,《电影艺术》1988年第7期。

⑨ 郑洞天《它不是我心目中的〈红高粱〉》,《电影艺术》1988年第4期。
⑩ 转引自罗艺军《论〈红高粱〉、〈老井〉现象》,《电影艺术》1988年第10期。
⑪ 薛晓《红色的铺张——观〈红高粱〉》,《大众电影》1988年第6期。
⑫ 刘再复语,见丽水《刘再复谈电影》,《大众电影》1988年第10期。
⑬ 杜渊《对〈红高粱〉获奖的困惑》,《大众电影》1988年第5期。
⑭ 胥培才《欣赏心态:"高粱们"的自尊心》,《大众电影》1988年第6期。
⑮ 郑国恩《我欣赏它的造型语言》,《电影艺术》1988年第4期。
⑯ 林洪桐《带着缺陷进入新境界》,《电影艺术》1988年第4期。

原载《文艺研究》1997年第5期

张德祥

"后现代"论：世纪末的理论魔术与文化呓语

90年代，中国社会正在经历着比80年代更为剧烈的变化，从经济方式到思想观念，可以说出现了一个全方位的"哗变"情形，这是每一个置身于中国社会中的人，尤其是置身于中国社会底层的生存者所无法拒绝的现实感受。承认这一点是不需要勇气的。文学理论批评界试图用"后现代"的理论来概括目前中国的文化形态。不能说所有谈论"后现代"的人都是"后现代"论者，也不能说目前在中国的现实土壤上论说"后现代"话题没有任何积极意义，但是，值得注意的是，"后现代"的话题越来越被引入误区。出现了一种用后现代主义理论硬套中国文化现象的倾向。并认为惟有"后现代"的话语才能够描述90年代中国的文化形态乃至社会形态，认为在90年代中国文化转型中"后现代"扮演着"重要角色"，这个转型不是从"前现代"向"现代"的转变，而是从"现代"向"后现代"的转变。这种转变的标志是文化和文学的"强有力的市场化和消费的走向"。不错，90年代以来大都市是出现了一些新豪华购物场所，电视剧天天在播放，流行歌曲、通俗文化遍布街头，但是，这些并不是社会转型的根本标志。并不是中国社会或中国文化的质的变化，而只不过是商业主义在现实中的进一步渗透，那些所谓的"流行艺术"也只不过是历史河流中荡激起的一些浮沫而已。如果看见这些表层上的东西就宣布历史进入了后现代语境，那么，理论思维恐怕也有些太省力了吧？有些太捷径了吧？先设下"后现代"这样一个大箩筐，什么样的新现象不能往里装呢？一顿饭挥霍十几万元也不能不算"后现代"吧？卖淫、吸毒、腐败是不是也是"后现代"的"生存状态"？算命打卦、坑蒙拐骗、物价飞涨、文盲高速增长也算"后现代"吧？退一万步说，即使"后现代"的帽子戴到中国的头上，戴在 90 年代的头上"恰到好处"，是不是就算把握了、理解了中国的社会现实和文化状态呢？对于中国的社会进步与文化发展又有什么意义？

因此，问题的关键并不在于中国有没有"后现代"的因素，问题也不在于用什么样的"名称"来概括这个时代的文化。理论思维的任务并不是仅仅给一个现象、一些作品命名，而是认真地研究和分析社会现象和文化现象的内外原因、来龙去脉，必须对其进行价值上的评判，并指出其在历史进步中的作用、意义，在艺术发展上有何建树和创造等等，如果是文化垃圾则必须进行及时的清理，以辨明是非，去伪存真。

要进行这样一种人文科学工作，就不能不站在一定的立场上，运用一定的思想武器和方法。"后现代"论选择了西方的"后现代主义"话语来面对中国的本土现实。因为：

> 理解我们这么一个时代，我们称之为改革开放、商业主义、后工业的时代。理解这个时代我们需要什么样的文化，什么样的话语，当代中国的这样一种历史，这样一种社会，我们不得不去借助西方的话语，你别无选择，因为当代中国走向现代化的是这样一种进程。

这种寻找是理所当然的，借他山之石以攻玉。其实也是近代以来中国学术发展的一个重要策略。但是，借来之石，能否攻玉，还要看石与玉之间的关系。然而，问题并未到此为止：

> 在当今时代，中国知识分子要获得话语权力，要成为中国文化的象征之物，就有必要得到西方发达国家的文化权威包括海外汉学家的指认和命名，这也许有些令人悲哀，然而这是我们文化的命运。本土的文化权威已经颓然死去，人们也没有耐心听取同样的破落者的声音。一个经济和精神双重困窘的族类，它无法指望其他结局，也许这是最好的出路。我们的文化早已把我们置身于这样的境遇，我们已经没有奔赴这一目标和那一目标的自由，连逃脱也被注定了落网，这就是我们

的归宿。

可见,只能是向着西方的话语中逃亡,这就是中国文化的命运和归宿。正是基于这样一种理解,才有必要把"后现代"的话语挪到中国这样一个有十亿农民仍然处于小农经济状态的、绝大多数市民仍然在为维持基本的生存而忙碌的发展中国家。很显然,无论从"后现代"论的动机来看,还是从实际来看,"后现代"论在90年代中国的文学批评界最主要的特征是实现了"话语逃亡",使理论思维完全逃离开中国的社会实际问题及文学艺术的具体创作,而逃亡到一种话语的大本营中,话语替代了分析、判断,仅仅变成了对现象的命名。从而在话语中使中国社会和文化中"出现"了一系列"后现代"性。因而使中国人"处在了"一种"后现代"的语境和生存状态之中。

实事求是地说,"后现代"话题在文学理论批评界的出现,拓展了理论的视界,提供了一种"后现代"的文化参照,这无疑对中国文学理论批评的发展有积极意义。同时,"后现代"话语在多大程度上能切入目前中国社会和文化现状的实际也得到了某种程度的证实,这对于文学理论思维的调整更具有现实意义。但是,这些积极意义并不能掩盖"后现代"论本身所陷入的误区。"后现代"论所陷入的误区,并非细枝末节的问题,而是关系到目前中国文学理论建设的学术立场选择及人文精神确立的带有根本性质的问题。

首先,"后现代"论的一个前提是,现代化的过程就是西化的过程。因此,这个过程本身宿命般地决定了中国本土文化权威的丧失命运,决定了中国本土文化面对现代或后现代的文化情境而失语;因为在一代青年作家那里,他们远离文化传统,那些运用自如的汉字不过是些空洞的方块符码。传统已经颓然死去,淹没于商业主义的历史大潮中,淹没于初露端倪的后工业文明的巨大幻象之中。既然如此,除了西方能够救赎我们,能够赋予我们话语之外,岂有它途?向西方的话语中逃亡——别无选择的选择,这种命运决定了我们只能等待人家说什么,等待"后"之后又是什么"后","新"之后又是什么"新"了。

那个伟大的传统真的死亡了吗?这个传统活在每一个炎黄子孙的身上,活在现实的土壤上,这还需要考证么?如果用一种虚无主义的态度来看这个传统,也许早就死了,甚至就不曾存在过。对于远离这块土地,远离这个传统,不知道世界上还有这么一种文化的人来说,这个传统也当然是"不存在"的。

近代以来,西方先行一步,走在中国的前面,中国远远地落后了。中国的落后,原因复杂,但不可否认很久以来传统文化机制的僵化,文化专制主义直接导致了创造精神的衰退和枯竭。无论是被迫地打开国门还是自觉地对外开放,20世纪,中国经历一系列的改良、革命、改革等,无不与西方的先进思想有关。但是,又无不是中国社会矛盾运动的结果。中国近代史进程的中心主题是中华民族的复兴、强盛主题,这个主题也就是中国的现代主题。近代的文化思路也是始终围绕着这个历史主题而展开的。历史三番五次地表明,封闭锁国和文化禁锢是负隅顽抗式的坐以待毙,而彻底舍弃传统、完全照搬西方的文化和方法也是行不通的,而且是不可能的。历史的进程恰恰是通过把西方先进的思想、方法、经验吸收到中国本土,经过消化转化为自身的营养而实现的。文化和活力也来自于中西文化碰撞过程中的融会和再生,这决然不是一个简单的西化过程,更不是传统的死亡过程。举一个例证:如果不否认"毛泽东思想"是这个历史进程中的一个典型的文化现象,那么,应当看到马克思主义传入中国之后是怎样激活中国的传统文化的生命力的。事实上,中国的现代化过程,不仅没有宣告中国传统文化的死亡,恰恰证明了它的再生能力,任何一种西方文化进入中国本土之后,一方面对中国文化产生刺激,一方面又被中国文化"重写"、"重构"而成为中国文化新的因子。传统的活力就来源于这种吸收和同化的功能,正像一个人不吃饭必然饿死一样。一种文化传统如果失去了这种吸收和同化的能力也只能苟延残喘,日薄西山。很难想像,一个民族在不断强盛,而它的文化在逐渐死亡。任何一个民族,都是与它的文化传统共存亡的。如果说文化传统死亡了,那么这个民族本身已经消亡了。

兴致勃勃地给一个活生生的文化传统下一纸死亡诊断书,不仅使"后现代"论处在一个尴尬的境遇中,而且使"后现代"论丧失了实在的学术立场,使学术研究变成了满天飞翔的话语碎片,成为一种无根的漂浮呓语,在能指的表层游走,无所不包的话语空间中是思想的苍白贫困。毫无疑问,在世纪末这样一个泥沙俱下、腐朽与神奇并生的现实面前,理论的使命是认真研究和解读现实,是实事求是地分清是非、激浊扬清,通过现实批判而促进历史和文化的健康发展。这一历史使命决定了人文科学必须站在本土现实的立场上;从实际问题出发的学术立场选择,决定了中国知识分子必须用自己的头脑思维。

更值得注意的是"后现代"论给"传统"判以"死刑"的同时,宣判了"现代性"的"死刑"。"现代性就是一个西方化的过程,这是没有异议的。问题是:在后现代的文化消费时代里,它有多大的合法性,或者说,现代性在中国究竟处在一种什么样的形态,这是特别需要研究的。"这里的"现代性"是什么意思呢?就是从"五四"到80年代乃至90年代仍在延续的"启蒙话语",也就是关于中国社会"现代化"的思想文化启蒙主题。因为"现代"启蒙的思想主要来源于西方近代兴起的科学精神、民主思潮和人道主义思想。因此,"后现代"论便把"现代性"视为一个"西方化"的过程。而且认为这是"没有异议的"。实际上,这个看法也太"捷径"了,形同于你借了他山之石就是变成了他山之石,你吃了什么就变成了什么,真有些童话味道。即使中国的历史演进就算是这样一个"童话"式地"西方化"过程,那么,在当今的文化消费时代里,这种由"西方化"而赋予的"现代性"——"启蒙话语"也失去了它的合法性,为什么?有人拿顾城之死为证:"我们想一想顾城,顾城完全是一个启蒙主义的诗人,他是试图给予世界一个童话式的、人道主义的悲悯、同情和爱……他的理想世界是西方,是被启蒙过了的现代性的世界。"从而认为顾城之死"宣告了,中国的启蒙文化话语死亡的征兆。因为启蒙的文化再也激不起创造力、想像力和活力了"。因此,"如果还用80年代的'现代性'话语来描述目前的文化状态的话","对目前文化的把握和思考就根本离开了我们的文化语境,变成了一个陶醉在陈旧的理论模式中自语的滑稽角色",这也就是说,目前,只有"后现代"的话语才是惟一的"合法"的话语,"现在中国的文化它是完全失掉了自己的合法性"。这个"中国的文化"指什么呢?那个伟大的传统在半个世纪以前就死去了,从本世纪初至今仍在延续着的那个"现代性"的"启蒙话语"也不过是"西方的"理论模式,如今也随着顾城举起斧子的"一霎间"在中国的土地上失去了"合法性",那么,今日"中国的文化"(哪里还有"中国的文化"?)还剩下什么呢？本来就是一个"虚无"，还有必要宣布它的"不合法"吗？至此，也该举行"后现代"文化的盛大庆典了，在"后现代"话语的狂欢节里，所有非"后现代"话语的操持者都变成了"滑稽的莫名其妙的失语者"。

如果说，"后现代"论宣布传统的"死亡"，完成了话语立场的"西移"、话语权力的自我剥夺，那么，通过宣布"现代性"、"启蒙话语"的死亡，则实现了对现实、对社会的责任感的放逐。这样，由话语逃亡和文化逃亡始到责任逃亡和精神逃亡终，"后现代"论就不能不变成滔滔不绝而又空空如也的话语圈套，变成没有是非判断、没有道德判断、没有价值判断的语言游戏，在一片虚无中高蹈、享受一种逃避思考而消费语词的颠三倒四的快感。在后现代主义的文化视境中，人类所有的活动，无论是庄严、是神圣、是崇高、是卑鄙、是自私，统统都是游戏。所以，你还要思考什么？追求什么？赞扬什么？建造什么？抨击什么？你不觉得这是多么堂·吉诃德吗？你对我们的现实还有什么不满吗？你可以到购物中心去消费、到歌舞厅去卡拉OK，你可以回家去看无穷无尽的肥皂剧，后现代就是一个文化消费时代。什么？你没有钱去消费，对不起，穷人免入"后现代"，让一部分富人先"后"起来。

于是，"后现代"论告诉你："一种文化守望者的新的角色是我们更为需要的"，"在文化的边缘处守望"，这就是"文化守望者的新知识分子的立场"，"昔日在现代性话语中居中心位置的知识分子不应固守自己的旧的想像了"，而应当"调整心态"，否则，你们将是"找不着自己位置的一群人"。那么，文化守望者将守望什么？传统文化已经死亡了，难道还要守望"死魂灵"么？当然不是，而是守望肥皂剧、流行歌曲、广告牌、歌舞厅、购物中心等等"后现代"的文化。消费不起，你总能"守望"吧？

"后现代"论，不愧是一种"先锋理论"，"先锋"到了人们像听一种文化呓语一样如幻如梦，用一种"童话"式的逻辑把十多亿中国人向着现代化的目标艰难跋涉的历史车轮轻易地"推"到了后现代的语境中，推到了后现代的"生存处境"中，如果说这不是"理论魔术"还能是什么？"魔术"不就是让人不相信自己的眼睛吗？

原载1994年6月5日《文论报》

孙绍振

"后现代"之后

几月前,我在《文艺报》上读到一篇谈后现代主义的文章,内容已不甚了了,文章的题目却给我留下了深刻的印象:《面对"后现代",守住那最后的家园》。这里,至少向我们揭示了两个事实:一是后现代主义文化现象已经到来;二是面对后现代大潮的冲击我们应持守的态度。

作为一个热门话题,后现代主义已频频出现在各报章杂志上,并被大批的文化人所谈论。文艺界的一些作品也被冠以"后现代主义"的标签,北京某研究单位还办过"后现代主义理论培训班",据说,北师大出版社曾想出版"后现代小说精粹"丛书。所有这些,共同构成了我们当下所看到的"后现代景象",使我国文化与世界文化新潮的平等对话成为可能。这一事实的发生,引来了我国文化界的一片欢呼声,许多人认为,我们终于获取了一张进入国际文化市场的最新入场券,由此可能带来一个崭新的时代。显然,这是对后现代主义文化本质的一种严重误解。后现代主义即使在西方,也只是一股消极思潮,从无一学者因从事这一新文化现象的研究而感到兴高采烈,他们更多的是陷于无可奈何之中。可是在中国,不少后现代主义学者的反应却正好相反——他们以一个文化弄潮儿的姿态,欢呼后现代主义的到来。这是非常奇怪的。

因此,要真正了解后现代主义的实质,就必须全面认识后现代主义的文化面貌,这样,才能正确对待这一文化事变。王岳川不久前出版了《后现代主义文化研究》一书,长达35万言,是我国第一部全面系统地研究后现代主义文化的学术专著,对我们透彻认识后现代主义这一世界性的文化思潮,是一本必不可少的读物。王岳川在该书的"后记"中说:"作为一种尝试,我力求在新的历史语境中找到一种价值评价和文化反思的基点,并借此对后现代大师之间的争论加以展示,对后现代文化逻辑加以分析,对后现代文艺美学加以厘清,对后现代艺术形态加以剖析,进而力求从总体上对后现代文化精神加以反思和批判,并从价值形态上给予再评价,以重新界说这一充满矛盾的重大问题。"我读完《后现代主义文化研究》一书之后,觉得王岳川基本实现了他的写作设想,完成了对后现代主义文化的全面梳理。

这不是一本简单的介绍前沿学说的普及读物,里面包容了作者严肃认真的理论探索,所以,我们时常可以在其中读到许多智慧的亮点。王岳川用一种宏观的思维方式来观察后现代主义的源起、发展和理论特征,对后现代主义的美学内蕴进行了具有独创性的重组与透视,并让我们看到,后现代主义是如何通过语言消解人类追求真理和盼望的精神面貌,又如何将生命与世界的原初意义消泯在话语的操作之中。这种对后现代主义文化的美学逻辑与解构策略的洞悉,使我们更加明确地认识到:后现代主义是一头蚕食现代精神价值的怪兽。它用颠覆、抹煞和语言游戏等激进的方式,对所有神圣的价值秩序进行了无情的打击,从而抵达了一种"无深度的平面"的临界点。这样,以反命名、反建构为特征的不确定性、非中心化、零散化等后现代瓦解策略就大量增殖,使在场的确定意义根本缺席,历史意识、深度性、主体性等也遭受到彻底的驱逐。所以说,后现代主义是信仰普遍沦丧之后的产物,是对当下技术主义时代的冷漠性的一种迎合,从而令我们想起韦伯所说的"工具理性"对人文精神的丰满性的榨干。

后现代学说充满虚无主义的思想色彩和走极端的怀疑主义精神,它的出现,无论在西方,还是在中国,都是一场令人震惊的文化灾变。王岳川在他所作的研究中,对后现代的反文化姿态就进行了深入的阐释,清晰地描述了后现代的解构冲动和现代主义的中心权力话语之间的对抗。这种互不相容的二元对立,将过去的全部文化产物都消弭得一干二净。因此,我们在后现代的文化图景与新本文观里,只能看到一些零散的碎片,无法再找到一个确定的原则将它们统摄在一起了。

王岳川在书中对后现代主义的这一新价值体系进行定位的同

时,还出示了一种相当中肯的价值批判,可以说,这是《后现代主义文化研究》一书最有意义的部分之一。尽管一切理论话语都是一种价值承诺,但是,对它做出客观的清理与批评,有利于我们走向新的理论视界。尤其是对于后现代主义这样一个残酷的文化杀手,它的诞生与推行虽有其不可阻挠的历史必然性,但我们不应盲目地沉迷其间,将它奉为圭臬,否则,它只会使我国的文化界进一步地沙漠化。

借着王岳川的研究成果,我们知道,后现代主义文化策略目的在于消解价值本体的终极性与真理的永恒性等,即消解我们通常所说的"深度"。它所带来的后果是:主体消失,话语由中心向边缘运作,在一个平面上不断地缠绕与辨析,逐渐让位于后现代精神的不确定性与模糊性。这样,我们不禁要问:当一切的深度都被消解之后,我们在语言的"平面"里还能得到什么?"后现代"之后我们又该走向哪里?

显然,后现代主义将终极拆毁之后,不知不觉中将自身的语言游戏当做了终极加以膜拜。这种以虚无取代实在的文化困境,实际上也就是我们当下所面临的生存困境——生活不再有终极企盼。在人类的精神深处,总是需要有个依托,有个可以赖以憩息的终极家园的,离开这些,人类所遭遇到的只有分裂、荒诞、恐惧乃至绝望,这就是尼采以后人类生存的基本面貌。而后现代主义的兴起,却再次将这种苦难的生存境遇推到了极处,彻底堵死了人类心灵中那条通往神性终极的道路,因此,后现代主义与人类精神的本质是相对立的。当后现代主义时代到来之际,凡有责任感的人都会为之感到恐慌,因为过去我们所坚守的那一隅神圣净土正像水一样地流失,之后,完全站在一片生存的空地上。

所以,后现代主义在本质上说是一个空心的文化实体,在它里面,除了语言这个冷漠的怪物,几乎不再有任何与生存价值有关的东西。只要有生存敏感的人都觉察得到,后现代主义只是文化上的一种逆转现象,一次危险的放纵,它不是我们的最后归宿。就连西方后现代学者的主要干将之一的阿兰·洛威德也说:"后现代主义是一种更深意义的颓废,因为一个人怀疑除自己以外还有别人和世界存在,把自己游离于共同关心的事物,游离于社会的集体性之外,对社会进步而言,是十分危险的。"

人类在生存中毕竟是需要一个中心秩序、一个神性原则来支撑的，这一点，西方目前的文化界已露出明显的回归迹象。王岳川在著作中的"走向'新宗教'"、"后现代主义的前景"等章节中也做了阐释，他尤其介绍了贝尔的"新宗教"理论：向后工业社会的新宗教回归，重聚人和世界的碎片，通过传统信仰复兴来拯救人类。

　　可见，"后现代"之后的这种回归是相当必要的。王岳川自己在书中也忧心忡忡地说："看来，走向后现代主义并非人类的福音，因为以一种更激进方式所获取的并不是灵魂的栖居，而是一种灵魂的虚空。怎么办呢？难道人类将永远迷失在自己创造物质财富和寻求生命意义的中途上？"可以看出，"后现代"之后面临的就是精神的救赎问题。要使人生从虚无中摆脱出来，就必须重新反省生命的终极价值，并重新与这一终极达成原初的统一，以重获精神活力。也就是说，必须重新建立一个精神的新深度空间，使人类的灵魂能栖居其中，彻底告别那个梦魇般的意义的匮乏时代。

　　当然，这种重建深度空间的努力，并非退回到老旧的传统之中，保守人类过去的那种命运，而是站在后现代主义的文化境遇上，避免生命的内在沉沦，建立起一个与新的历史条件具有同构性的价值体系，以此来对抗我们"生命中不可承受之轻"。王岳川在《后现代主义文化研究》中，最终目的就是为了给我们指示一条恢复的道路，使我们通过对"后现代"之后的前景的认识，来超越我们当下的后现代主义文化沙漠不断扩张的困境。可以断言，这种恢复将是人类精神史上的一个新的起点。关于这一点，王岳川在书中多有论及，并且，他在该书"结语"中有一句话是发人深省的："<u>我们所能做的是，在告别20世纪之时重新进行价值选择和精神定位，并在走出平面模式的路途中，重建精神价值新维度。</u>"（着重号为原著所有）

　　这就是我们"后现代"之后的选择。

原载《小说评论》1994年第6期

杨 扬

先锋文学、先锋批评在当代

引 子

　　90年代以来,中国当代文学中最为重要的现象之一,是先锋文学、先锋批评最终形成。研究者在论及中国大陆的先锋文学、先锋批评与当代意识形态的关系时,总以为它们之间是一种对抗关系。有些评论者对先锋文学、先锋批评除抱有同情之外,还对此寄予期望,以为先锋文学、先锋批评可以作为一种文化批判因素,逐渐削弱当代意识形态对文学艺术的控制。在我看来,先锋文学、先锋批评在整个发展过程中,很少与当代意识形态发生尖锐冲突,从未遭受过禁锢的厄运。相反,在广播电视等宣传部门,先锋文学、先锋批评却可以不受阻碍地畅行。这些现象,多多少少能够让我们注意到中国的先锋文学、先锋批评与当代意识形态的复杂关系。但我们的确很少能够见到在先锋文学、先锋批评与当代意识形态关系的问题上,有较为深刻的批评文章。即便有个别文章涉及这方面的内容,也常常为一些微不足道的问题所纠缠,譬如讨论什么中国是否需要先锋派,中国先锋文学接受了哪些外来影响,或是中国先锋文学、先锋批评的本土性在哪些方面构成了与西方后现代主义的差异,等等。

　　事实上,中国的先锋作家、先锋批评家哪有什么后现代主义的文化背景,不要说他们对西方后现代文化是否进行过深入的研究,迄今仍是一个有待证实的问题,就是从他们的创作及批评来说,又何曾受到后现代主义的理论约束呢?如果一定要说后现代主义与中国当代先锋文学、先锋批评有什么联系的话，我想主要还是借助"后现代"这一名称而使先锋文学、先锋批评在中国大陆变得名正言顺起来。也因为有了这种后现代的来头，结果许多评论者放弃了对中国当代先锋文学、先锋批评自身内容的研究，而要去补什么后现代主义理论这一课，这就使得不少评论更是离题万里。

"先锋"的概念

"先锋"一词，取义于西方先锋派，但对于中国当代文学来说，主要指80年代末发展起来的某种文学现象。先锋文学、先锋批评尽管在中国当代文学中还缺乏一个非常明确的理论界定，但从目前人们经常提到的作家作品及评论家的评论文章看，大体还是有一个范围。所谓先锋文学，是指80年代后期出现的一批青年作家的创作。这批作家包括苏童、余华、孙甘露等，他们年龄相仿，大都在30岁左右，并且都生活在南方。至于先锋批评，是以阐释上述作家作品为主，鼓吹后现代主义文化理论的批评。先锋批评家几乎全都集中在北京，生活于学院。虽然他们喜欢谈论文化边缘问题，但从文化位置上判断，他们中没有一个人处于文化边缘状态。在论及先锋文学、先锋批评与当代意识形态关系时，我以为有两个问题能够帮助我们认识它们之间的关系：第一，"先锋文学"概念的由来；第二，先锋批评家为什么要用"后现代"来指称90年代以来的文学文化现象。

有关"先锋文学"的由来问题，目前最流行的说法是指80年代后期出现的一批青年作家的创作。陈晓明先生在给甘肃人民出版社出版的《中国先锋小说精选》所作的序中，认为1987年是中国先锋文学的历史纪元，因为在1987年末，上海的《收获》杂志在第五、第六期连续发表了苏童、余华、孙甘露等人的作品。这种划分从时间上看，并没有多少问题，但应该进一步说明的是，在1987年，这批年轻的南方作家头脑中没有强烈的"先锋文学"的意识，而且他们也没有将自己的创作从新时期文学中分离出来的要求，当然，更没有将自己的创作与后现代主义联系起来。在当时的评论家眼里，这批南方作家的创作延续了新时期以来文学形式上的探索，并从新时期文学创作的成功经验中直接获得滋养。我认为，当时评论家的这种判断是有事实依据的。80年代以来,中国当代文学对文学形式的探索,始终没有中断过,而且成效越来越显著。最初是"意识流"小说的探索,从马原开始,小说形式的探索才与作家的个人经验结合到一起。在他那一组以西藏为背景的小说中,马原展示了一个汉人初到西藏时的陌生感受。这种感受,通过小说叙述手法的变化,非常巧妙地传递出来。马原用自己的创作,为新时期小说叙述变革开辟了巨大的思想空间,后来的许多年轻作家,正是从马原身上,直接感受到创造的灵感。在马原之后,便有了苏童、余华、孙甘露等人的创作。他们年轻而聪明,创作时全然没有马原那份沉重的心理负担,因此,他们能够将马原花费了巨大的心血才创造出来的叙述风格,轻而易举地表现出来。特别是在苏童笔下,叙述的连贯性和对故事情节有节制的控制,真正使小说呈现出优美的姿态。

　　在这批南方作家的创作成长过程中,理论上不断给他们以支持和帮助的,是当时主要居住在上海的一批南方批评家,如批评家李劼和吴亮,他们与上述作家个人之间有直接交往。在马原的创作国内评论界无人反应之时,李劼发表许多评论,积极予以鼓吹和肯定①,对于尚未登上文坛的一批南方作家,则竭力予以推荐。吴亮发表《向先锋派致敬》的文章,推动这批作家向小说文体更为精致的写作方向发展。②通过与南方批评家的个人交往,这批新小说家们不仅获得了自信,而且文体方面的意识也在他们头脑中坚固起来。这一时期是苏童、余华等人创作激情最饱满,优秀之作纷呈的时期。现在评论界所公认的先锋作家最有代表性的几部作品,几乎都在这一时期写就。这一时期,在南方批评家笔下,尽管开始出现"先锋"或"先锋派"等字句,但他们很少表示出要用"先锋文学"来划分出一个与80年代文学相对立的文学时代,当然更不用说倡导什么后现代主义了。将这批南方作家的创作界定为"先锋文学",那是后来鼓吹后现代主义的先锋批评家们追加上去的。

　　我认为苏童、余华等一批南方作家的创作,最初与后来盛行"先锋文学"没有什么联系。在南方批评家心目中,"先锋派"不是什么后现代主义,而是执著于艺术探索的艺术与文化中的先驱现象。③那么,为什么在今天的许多研究文章中会有这样一种非常奇怪的观点,即认为先锋文学与80年代新时期文学相对立,并且与后现代主义相关联呢?这实际上体现了南方作家自身思想的一次转变,也意味着中国先锋文学、先锋批评与当代意识形态之间的联系。

经过80年代末的社会动荡之后,中国当代文学面临反省的任务,以解构为旗号的后现代主义的确吸引了许多思想文化界人士的注意。但在人们的心目中,解构的对象主要应该是当代意识形态,当然还包括当代文学中与意识形态密切相关的部分内容。不管那些鼓吹后现代的先锋批评家们怎样为自己辩护,经过后现代理论两三年的理论解构,当代意识形态对文化艺术的控制并没有削弱,而新时期以来,对当代意识形态最具挑战性的对人的问题的关注热情,却受到严重消解。在先锋批评家眼里,对人的现实生存环境及文化环境的关怀,对人道主义问题的理论反思,似乎都是80年代特定时代的思想产物,而到了90年代,应该是后现代主义时代,以往的问题都成为陈旧的过去了。至于后现代文化到底是一种怎样的文化状况,先锋批评家的做法,便是通过强调先锋文学等文化现象与80年代思想文化的对立来实现的。先锋批评对先锋文学的概括与总结,并不像原先南方批评家那样执著于艺术形式的探求,相反,先锋批评仅仅满足于用先锋文学来证明中国当代文化已处于后现代文化时期,并且后现代是与新时期完全对立的这样一种结论。先锋文学是否代表了后现代文化作为一个理论问题,人们的确可以讨论。但先锋批评使用后现代及先锋文学等概念的目的,主要不在于提出几个文学、文化概念,而在于用这些概念消解新时期文学的思想意义,仿佛90年代是一个后现代主义文化时期,已往的思想问题、文化问题统统不用再提。这种讨论问题的方式,应该说有非常鲜明的意识形态色彩。

传媒与先锋文学、先锋批评

在分析中国当代先锋文学、先锋批评时,不能不提到传媒系统对扩大先锋文学、先锋批评的社会影响所起的作用。与已往的文学现象不同,已往文学作品改编成电影,往往是文学作品首先靠文学自身的力量获得了社会声誉,然后电影编导们才根据文学原作改编电影。但先锋文学的成功,首先是借助电影拍摄成功而获得的。人们对先锋文学的兴趣,是由观赏电影、拍摄电视而引发的。许多读者起初并不知道苏童的《妻妾成群》和余华的《活着》,只是因为张艺谋将这些小说改编成电影,读者才知道苏童、余华,才想到要去找他们的作品阅读。这种现象多少可以让人们在评价当代中国先锋小说的文学价值时有所反省。电影、广播、电视等现代传媒工具,在中国大陆与意识形态宣传工具具有相当程度上的意义复合,在大陆的各种艺术类型中,电影、电视始终是意识形态说教味最浓的,即便是当今相当成功的"第五代"导演制作的影片,也不能完全免俗。

像陈凯歌导演的《霸王别姬》,一旦涉及现实问题,批评的锐气明显软下来,总之是含含糊糊,朦朦胧胧。导演张艺谋的几部影片更是如此,像《红高粱》、《秋菊打官司》、《菊豆》和《大红灯笼高高挂》,说不清到底要表现什么,似乎什么主题都搭着一点,但没有哪一个主题深入下去。我这样评价"第五代"导演们编导的艺术电影,当然不是要贬抑他们个人的艺术才华,而是希望人们注意到某种艺术形式受历史条件的限制,在相当程度上,这种艺术形式自身是有缺陷的。因此,没有必要将电影的成功,简单归结为电影艺术的成功,而忽略了其中的意识形态内容。如果说,电影编导们在选择剧本时,不能不考虑意识形态主管部门的口味的话,那么,我们不难想像,被选中而改编成电影的文学作品本身,也不会对当代意识形态有什么触犯。这就难怪被影视所改编的一些先锋文学作品,从文学角度讲,往往不是作者最优秀的作品,即便是极个别的优秀之作,经过电影改编之后,小说的风格原貌总要遭到不同程度的损伤。很难说《妻妾成群》是苏童创作中最优秀的作品。从苏童对人物的刻画及作品文字的驾驭功力看,《红粉》理应更为出色,而且在原作中,苏童也寄予了反讽的内涵。我认为,这部文学作品是苏童作为南方作家时期最为出色的作品,这样的作品在电影处理上是根本无法复现其艺术原貌的。虽然在电影《红粉》中,导演通过电影语言对改造妓女活动的粗鄙之处,做了某种程度的嘲讽,但同时在许多地方也强化了一种意识形态观念。电影、电视等传媒在中国大陆作为意识形态宣传工具,这原是非常明确的不争之事,因此,没有必要将电影、电视造成的社会轰动效应看得非常重要,更没有必要以此作为判断作家作品成功的标志。

然而,在先锋文学家、批评家看来,电影的成功也意味着文学创作的成功。先锋作家、先锋批评家不仅没有对电影等传媒工具的意识形态功能有所警觉,反而以占据影视市场作为创作和批评的重要目标。在先锋批评家看来,文化艺术进入传媒是后现代文化的一大特色,批评家们用不着为文学作品与传媒的结合大惊小怪。在先锋作家眼里,传媒是宣传作品的最好帮手,作品通过传媒,可以扩大社会影响,给个人带来巨大的社会声誉。但事实上,在文学与影视等传媒的结合过程中,受损害最大的莫过于文学本身了。凡是对大陆近几年文学创作状况有所了解的人,几乎都知道作家们是如何为迎合影视编导的口味而随便编排自己的文学作品的。可以说,哪一位作家与影视沾边,那么这位作家的创作就会出现停滞现象。我不知道苏童对自己改写的《红粉》剧本是满意还是失望,但我相信绝大多数评论者,甚至包括苏童本人都会意识到,从他以及一批先锋作家开始为影视编写脚本起,他们对文学的浓厚兴趣再也不可能恢复到 80 年代时的那种状态了,而且他们的文学创作就此进入自我重复的恶性循环之中,很难再见到有出色的力作奉献于世。

值得反省的中国当代文学批评

先锋文学、先锋批评在 90 年代最终形成,实际上意味着先锋文学、先锋批评在中国当代文学中已走完了自己的历程。到今天,大陆评论界到底有多少人还相信后现代主义理论,并且到底有多少人相信先锋文学、先锋批评真是什么"先锋"。不过,当我们回过头去看看,在先锋文学、先锋批评兴盛发展过程中,中国当代文学批评的软弱表现,倒是让人有相当多的感叹。具体地说,在当代先锋文学、先锋批评与意识形态关系问题上,中国当代文学批评几乎没有真正行使过有力的批评。我认为,主要有两方面的原因。

第一,评论者对先锋文学、先锋批评抱有幻想。许多评论者不加区分地认为先锋文学、先锋批评是中国当代文学中的先驱现象,因而在批评尺度上,我们的评论家们宁愿持宽松态度而不愿坚持批评的立场。先锋文学、先锋批评正是在人们这种惟新是从的心态中奇迹般地膨胀起来。他们以文化边缘人自居,但从先锋批评、先锋文学急于制造一个后现代文化时期的举措看,分明是想确立一种中心,这种中心便是被当代意识形态所认可的中心。事实上,我们在考察中国当代先锋文学、先锋批评的地域分布时,便会注意到,先锋批评家全都集中在北京,而被先锋批评家们封为"先锋作家"的一批南方作家,主要活动区域也慢慢移到北京。北京作为一种文化象征,在中国大陆的地位绝对是中心而不是边缘,先锋批评、先锋文学正是从北京这一中心地带辐射向全国的。特别有意思的是,一批南方作家被确认为"先锋作家"后,几乎没有一个人再谈及自己与南方批评的关系,更没有人敢于承认自己从新时期文学中获取滋养。他们认同先锋批评的价值尺度,大谈特谈后现代主义,或是什么外来文化影响,其实,无论是个人学识还是对外国文学、文化的了解,他们并不见得比大陆许多作家、批评家有优势,只是先锋批评家、先锋作家敢于谈,有机会在电视、广播,大会小会中放言高谈,大众传媒也乐意作推波助澜的宣传工作,再加之有"先锋"作旗号,声势还能不显赫吗?于是,许多批评家,特别是大陆的评论者只得放弃对先锋文学、先锋批评的分析,而急于在知识上补什么后现代主义之课,以为补完了这一课才有资格来评论中国当代的先锋文学、先锋批评。就这一点而言,中国当代文学批评界表现得既天真又脆弱,我敢说,哪怕是批评家们补完了后现代这一课回过头再来评价中国的先锋文学、先锋批评,还会发现许多课补不胜补。

第二,许多中国当代文学批评家以旁观的姿态对待先锋文学、先锋批评,他们既不赞同也不批评,听任这股文学思潮自生自灭。90年代以来,的确有相当一部分批评家沉湎于封闭的批评理论构想之中,在他们看来,文学批评不一定涉及当代各种思潮而可以自成一体,只要批评理论完备,许多具体的现实问题便可自动解决。但我认为,文学批评作为一种实践性非常强的思想活动,正是在对当代文学的敏锐反应中体现出自己的思想价值,如果要论研究,完全可以有专门的学问来承担此任。假若我们的批评家对发生在自己眼皮底下的文学事件都不能做反应,那么,构造再多的批评理论,又有什么意思呢?事实上,新时期文学之所以能在极其艰难的条件下破冰启航,为中国当代文学、当代批评辟出一条通道,现在回想起来,不是在具备了完美的批评理论、批评方法之后才进行的，而是在对现实问题的关注和思考中，不断反省自己也反省文学发展所面临的问题中，才取得较大的文学进步。

如果说，上述两方面问题曾使90年代以来我们的当代批评一度陷于困顿，那么，今天我们的批评应该有更多的勇气敢于正视中国当代文学和当代批评中存在的问题。我想每一位批评者不应该被各种理论和思潮的威势所击倒，而是应从它们对中国当代文学发展是否真正起到推进作用这一点着眼，在批评实践中接受各种挑战。

注释：

① 李劼1987年在《上海文学》第3期发表《试论文学形式的本体意味》，1988年在《上海文论》第2期发表《论小说语言的故事功能》，《钟山》杂志第5期发表《论中国当代新潮小说》。
② 吴亮《向先锋派致敬》，《上海文论》1998年第1期。
③ 南方批评家心目中的"先锋派"的概念，大都与法国作家欧仁·尤奈斯库所论述的"先锋派"概念相似，是指"艺术和文化的一种先驱的现象"，是"一种前风格，是先知，是一种变化的方向……这种变化终将被接受，并且真正地改变一切"。参见欧仁·尤奈斯库《论先锋派》，载《法国作家论文学》，三联书店1984年6月。

原载《东方》1995年第6期

贺　奕

群体性精神逃亡：
中国知识分子的世纪病

　　站在 20 世纪即将终结的地方往回看，我们的目光屡屡为中国知识分子出没于这段历史的身影所吸引。考察他们近百年来心态演变的历程，我们会发现中国知识分子虽然不乏对于独立人格的推崇，然而其行为方式往往又呈现出群体上的趋同和相近。换句话说，中国知识分子即便强调个人抉择，这种个人抉择也是在潜在的群体模式下展开的。社会变革引发的动荡愈激烈，这一特征就表现得愈明显。

　　必须指出的是，所谓群体正是历史为知识分子设下的最大迷障。知识分子群体永远是由殊别的个人组成的，其群体性恰恰应体现在个人对于群体一般规范的疏淡乃至弃绝上。只需将中国知识分子与有着相似命运遭遇的他国（例如俄罗斯）知识分子稍加比较，我们便不能不为前者随波逐流的软弱性深感羞愧。这是受各种幻念和臆想蛊惑的一群，一支信仰上永远居无定所的游牧部落。他们不乏稍纵即逝的热情，却没有一以贯之的勇气，偶尔想采取行动，却又惧怕承担后果。一旦人生境遇陡转，外部压力趋近精神所能承荷的极限，那他们势必迅速调整各自的步调和姿态，通过立场的转变来求得从严酷现实中解脱。

　　正是这种个人向着群体，群体向着群体的群体无休止的精神逃亡过程，折现出中国知识分子人格上的先天缺陷。在我看来，这种大规模的精神逃亡，在本世纪统共有三次发生。

第一逃亡:"五四"的降旗仪式

　　第一次精神逃亡发生在"五四"以后。作为新文化运动主将的一批文人学者,由于意识到运动的性质已发生由文化而政治的偏斜,对纷纭变幻的时局无力执断,因而纷纷揖别了早年的激进主张,心态日趋消沉落寞。一个极为显彰的事实是,恰恰是五四运动中贬抑和訾责传统文化最有力的那批人,"五四"后几乎悉数表现出对于传统文化的复归和认同。领导人物陈独秀,政坛失意后一度借小学遣怀;极言全盘西化的胡适,开始倡导"整理国故",倾全力治中国思想史,埋头作《水浒传》、《红楼梦》乃至《水经注》等书的考据;钱玄同转向历史学和音韵学研究;刘半农则转向语言学研究和民歌谣的搜集整理;周作人初出时的躁厉文风,也渐渐演为后来小品文的迂徐冲淡,品茗谈酒,隐道逃禅。

　　如果说这一转折仅仅体现在个别人身上,倒也无可厚非。问题在于它成了二三十年代中国知识分子的集体风尚,成了人人上瘾,并且无法戒除的大麻。"五四"先锋尚且如此,更不用说晚年的章太炎和康有为辈,两人虽分别在苏沪设坛讲学,但对时政再无从前那般热衷。就连早期曾不遗余力推介西方文化的梁启超,20年代末游欧归来,也在书中痛陈西方文化的种种缺失,从此革面洗心,主张光大东方固有文明以拯救世界。流风所被,"五四"以降的文人学者均深受影响。其中不少人虽有留学欧美的身世,然而一俟回国,很快也沉潜到传统文化的静水深流中去了。宗白华、闻一多、冯友兰、金岳霖、钱钟书、汤用彤,无一不因循着这条由西学返归国学的例路。传统文化以近乎奇迹般的效应,展示出它巨大的眩惑力和吸引力。人们不禁要问,是否传统文化当真具有西方文化所无法比拟的优越性呢?

　　毋庸置疑,本世纪初的中国知识分子,绝大多数抱有强烈的社会功利心。他们之所以吁求引进西方文明,正是因为看中后者注重实用功利的一面。即如陈独秀在《敬告青年》一文中所言,西方文明"举凡政治之所营,教育之所期,文学技术之所风尚,万马奔驰,无不齐集于厚生利用之一途。一切虚文空想之无裨于现实生活者,吐弃殆尽"。可见陈独秀等鼓吹西方学说,断不会满足于穷思极解泛文空论,而实是想以此作为起中国社会于沉疴积痛中的速效良方。他们真正的用心不宣而喻,正是希望通过文化颠覆来促动社会的全面革新。

因此,五四运动自始就有着鲜明的社会指向,这使它以不可遏止的势头,迅速向文化领域以外扩张。不幸的是,诡谲多变的现实情形,使得知识分子心目中预先规划的蓝图一次又一次报废。要想将某种思想学说贯彻到可以加以实际运作的社会层面,毕竟还有赖不少为知识分子无法控制的中间环节。他们终于发现要想将西方文化移植到中国,收获的只会是一堆败絮。中国社会有一具远比他们想像中强健的牙口、咽喉和肠胃,并且从来没因五千年历史的食量打过一个饱嗝。怀着退出历史舞台的失意萧索,他们开始为从前的冒进和偏至反躬自责。他们认为五四运动误入歧途,正是由于过分强调学术的经世致用,急功近利结果欲速不达。而作为反拨,务必恢复学术理念的纯粹性。由于他们已经饱受过分痴迷西方文明而产生的种种空想的毒害,同时又深切体味到传统文化的浓厚强韧难以动摇,他们不得不做出改弦更张的痛苦抉择。他们努力消弭西方学说的世界观内涵,而将之降为一种单纯的方法论。他们重新奏起用"中体西用"旧辞谱写的新曲,最终回到对博大精深的传统思想文化阐幽发微上来。虽然他们期望以此作为在困惑中自守的最后精神据点,但造成的结果却是对于现实的全面逃避。

我已经听厌了有关这场精神逃亡的托辞。例如胡适,一直声称当时他曾动过一番愚念,竭力想把五四运动维持成一个纯粹的文化运动和文学改良运动,却不幸毁于政治救亡的干扰。从胡适一生看去,他并不是一个没有社会抱负的人,只不过当时的事态与发展前景大违他心愿罢了。在我眼中,胡适从来就是一个多重矛盾的奇特混合体,中国知识分子自我迷失的典型。他对政治的眷恋并不下于对学术的嗜迷,然而他远未追从章太炎,近未取法陈独秀,他的内心在对立的两种取向中达成了虚弱的平衡。学术于他成了保持政坛"清流"形象的凭据和资本,政治于他仍然是学术的一面借镜。中国知识分子喜好自欺的通病在他身上暴露无遗。以胡适为代表的"五四"一代人,从笃信西学拒斥国学,转向以西学方法研究国学材料,正好反映出他们置身新旧历史交接时期的尴尬处境,以及矛盾困惑苦恼的内心。

第二次逃亡:剧变下的游离术

　　第二次精神逃亡从 40 年代末期开始,一直持续到 70 年代。如果说前一次精神逃亡中内省性的成分居多,那么这一次则明显导因于外部环境施加的压力。1949 年的政权更迭是一个大转捩点。无数知识分子,一夜间被抛入一个全然陌生的历史境遇当中。种种翻覆变异令他们有种无所适从的迷茫感。一切旧有的思想观念都被倾倒进意识形态的洪炉,成为烧制新文化坯模的燃料。肇始于 50 年代中期,一系列旨在清肃思想领域的政治运动,最终在"文化大革命"中达到登峰造极的酷烈程度。这无疑严重扭曲了这批横跨新旧两种政体的知识分子们的精神品格。顽强执守个人一贯立场,置与社会进程脱节乃至相悖于不顾,这类人可说微乎其微,勉强能让人想到的只有梁漱溟、陈寅恪、熊十力。而自行调转学术创作方向,以应合现行体制极力营造的文化向心结构,这类人倒为数不少,其代表人物有郭沫若、冯友兰。称第一种倾向为守旧,第二种倾向为顺变,那么更多人表露的倾向却是第三种,我称它为游离。

　　游离正是逃亡的预备姿势。

　　这支游离者的队伍,汇聚起大批曾在现代中国文化史文学史上占据一席之地的学者文人。一方面,历史剧变彻底打乱了他们原有的一切准则,使他们几乎丧失了感受生活和表达思想的正常能力;另一方面,写作的自由也受到限制并终被褫夺。即使他们内心有着种种疑虑纠结,即使他们有过因个人理念屡遭剥蚀而感到的痛苦,这一切并未导致他们采取决然的反抗行动。他们只得小心翼翼瞻前顾后,在回避现实与敷衍时事之间闪转往还。他们幻想以对精神的流放来求得一己的苟安,然而心态的消极及时代的热烈氛围对照如此明显,他们并未能够逃脱终将降临的厄运。

　　放眼当代中国历史,我们看到一个无比惨痛的事实:一大批在三四十年代卓有建树的文人学者,创造力呈直线迅速衰退,不少人迫于无奈,只得转向政治风险相对较小的纯研究性领域,或致力翻译介绍外域作品。茅盾专司文学评论,写些《夜读偶记》之类的东西;叶圣陶流连语文教学,热衷评改作文,纠缠于遣词造句;金岳霖在各种行政会议上做例行的主持人发言;贺麟集全部精力于外国哲学著作的翻译;沈从文搁笔转攻出土文物,以研究古代服饰蹉跎时光;钱钟书为阐释古代名章典籍旁征博引,一任文才荒废;丰子恺译介日本文学;冯至译介德国文学;张天翼转写童话;吴组缃专治明清小说;而自俞平伯、废名以下,更有不少人落得后半生一事无成。即便像巴金,虽然创作力经久不枯,但除去晚年的部分散章,成就仍与早期相去甚远。艾青复出后有过瞬时的辉照,但新作无论才力还是构思,都只能使人更怀念起他的遥远过去。

在我看来,这种普遍的颓败现象虽然首先是他们置身其中的整个时代的悲哀,但同时也是他们每一个人的不幸。大起大落的时代铡锋在腰斩他们时显得如此势不可挡,除了得之于本身的锐利之外,还有一个重要原因,就是它根本没有遭遇到任何真正出于个人良知的反抗。

"后现代主义":第三次逃亡的一翼

第三次精神逃亡始于 80 年代末 90 年代初,由那场举世瞩目的政治风波拉开序幕。一夜之间,大批知识分子一度高涨的热情,由迷狂跌至冰点。对现实处境的强烈感受,导致他们开始对自身的思想、行为乃至整个生存方式做出痛苦的反省。他们亟欲摆脱迷惘,在变化的时代背景下确立一种新的应对策略。然而,种种刻骨铭心的经历,使他们的反应沾染上浓厚的情绪化色彩,这最终败坏了理性思考的纯度。具有讽刺意味的是,这种情绪化色彩,恰恰又是在俨然的冷静和克制姿态中表现出来的。显而易见,西方后现代主义思潮在中国文化界的流播,勾勒出这场精神逃亡的一条主要线路。

1985 年,劳生柏作品在中国美术馆的展出,以及杰姆逊在北京大学做的专题演讲,成为后现代主义思潮在中国登陆的两大标志。当然,自那以后很长一段时间,多数中国人都仅仅将"后现代"视为描述西方后工业社会文明情境的专用语,不敢奢望它能和经济发达程度远远滞后的中国结缘。但一俟进入 90 年代,这一看法很快就被掩埋在一片鼓噪声里。许多人不再满足于对后现代理论的评价和评述。他们开始极力宣扬后现代主义在中国的产生不仅可能,而且正在成为事实。从当代中国政治经济的急剧演变中,他们声称可以抽绎出大量的所谓后现代因子。中心与主体的离析,深度模式的消解,传统与历史意识的失落,大众文化的勃兴等等。他们对上述种种倾向大加推许。由于未能辨明"后现代主义"在西方精神文化主流中的堕落和反动本质,他们错误地认为这一思潮代表着西方文明向更高一级形态的嬗递。他们甚至相信,它最终成为主导中国历史文化发展的新架构,不过是个为时早晚的问题。

后现代主义思潮何以能在中国文化界流毒广布,其原因远比我们匆匆做出的判断要复杂。追溯起来,首先我们无法回避"文化大革命"给所有中国人留下的心理后遗症。那段癫狂的历史,真如一块烧得通红的烙铁。它烫穿了那一整套有着华丽包装,曾使人们痴心迷恋的意识形态神话。在为理想的凋落哀恸之余,人们渐渐滋生出一种近乎偏执的清醒。这种清醒使人们在排斥伪价值原则的同时,为防再度遭受欺骗戏弄和侮辱,索性将世间一切价值原则一并拒之门外。抱定如此决绝的态度,确实让人有种淋漓快感,但快感之下却是一个黑黢黢无所依傍,落下去便无以自拔的深渊。

我们看到,一场"文化大革命",整个民族的世故圆滑孱弱几达无以复加。而与市场经济体制伴生的惟利是图的风习,更加助长了人们精神上的普遍沦丧。就在那场喧嚣一时的政治风波过去之后,中国知识分子勉强点燃的理想主义营火,仅存一堆余烬。他们中的一部分人之所以突然变为"后现代主义"的趋鹜,正是因为这能使他们的潦倒心态得到安抚。必须承认,借用后现代主义的一系列原则,对于主流意识形态的霸权地位确实具有巨大的冲击和瓦解作用,在一定的历史阶段,这种作用甚至必不可少;然而,由于缺乏某种终极性的价值体系作为依托,这种作用最终将流于短促狭隘和浅薄。中国"后现代"论者鼓吹的某些观念,诸如拆除深度,追求瞬间快感,往往包藏着希求与现实中的恶势力达成妥协的潜台词,主张放舍精神维度和历史意识,暗合着他们推诿责任和自我宽恕的需要,标榜多元化,也背离了强调反叛和创新的初衷,完全沦为对虚伪和丑恶的认同,对平庸和堕落的骄纵。可悲的是,这些观念于他们不仅是文化阐释估评的尺码,更上升为一种与全民的刁滑风气相濡染的人生态度。如果说西方后现代文化中的解构行为,虽以取消精神向度为目的,但置于西方千百年精神文化传统的深远源流中去看,仍然不乏一定的精神意味,有种使其针对性和破坏性得以成立的背景精神;那么反观中国,精神因素的赤贫一直是传统文化的固有禀性,因此"后现代"论者所倡扬的解构仅仅只能解及文化的表层,终究化为一记空言而已。

新"国学":第三次逃亡的另一翼

很少有人意识到,对后现代主义的宣扬只能代表第三次精神逃亡的一极,与此遥遥相对互为呼应的另一极,则是不久前发源于北京大学、很快波及整个知识界的新"国学"热潮。

这场热潮初起的势头不可不谓猛烈。耄耋之年的学界泰斗,初孚众望的青年学人,纷纷移步出列站到重新染红的"国学"旗帜下。部分报刊为此辟出专版专栏,展开围绕"国学"价值意义的研讨。以"国学"立意命题的专著丛书不断被列入出版计划。北京不少高校接连举办有关"国学"的讲座。在北京大学,以"国学月"命名的系列活动,成了一场草草赈济年轻的西方文化灾民们的流水宴席。应运而生的中国传统文化研究中心,趁热打铁出《国学研究》丛刊一册,其厚重必须双手捧抱方可翻读。它与先期创办的《学人》等刊物一起,构成这场"国学"复兴运动一显一隐两条经络。《国学研究》侧重中国传统文化内在肌理的精微剖析。《学人》虽未公然以"国学"自标,但因其偏于近现代中国思想史学术史的梳理,实际上仍然契合了前者的路数。由于环绕两份刊物的多为国内知名学者,其倡言的煽动力和蛊惑性之强可以想见。

回瞻中国学术百余年来发展历程,不难发现"求是"与"致用"的矛盾贯穿始终。这一矛盾在章太炎那里是"真""俗"之辨,到了"五四"则为"启蒙"与"救亡"的错综缠结。中国知识分子过分炽烈的现世情怀,使得他们往往比照政治功用来为学术进行价值定位,模糊学理探究与政治批评的界限,最终导致以政论僭取学术,以学术包纳政论的恶果。有鉴于此,90年代不少学者力主确保"求是"大端,摒弃"致用"末节,维护学术研究的纯正品质。《国学研究》主张重返传统文化,《学人》倡导清理学术史,不过是一种观念的两套说法。平心而论,他们的主张本身并无任何偏颇失当,况且对于中国数十年来意识形态统辖学术研究的积弊,也算一次难能可贵的矫正。然而,透析隐藏于这一流行论调下的心态,我却不能不感到疑虑重重。"五四"先驱者们走下运动前台后返归国学的旧例,为什么会在70余年过去之后,居然再度降临在新一代学者身上呢?

  两种现象的惊人相似之处,提醒我们必须充分考虑时代变迁施加于学者心理的影响。很显然,两代知识分子最终转向所谓纯学术研究,均是在其社会理想遭受重创,对现实处境备感失望的情形下,因心理失衡而采取的一种最低限度的续存方式。对于90年代的学者说来,太多的翻覆流变起落沉浮,已使他们对各种宣谕说教产生厌倦和鄙薄。而在向主流意识形态边缘和外围加速滑落的过程中,他们又担心惯性的力量最终将使他们失去自控。和"五四"一代一样,他们的困惑也体现在如何确立一种超乎现实功利之上的个人立场。表面看来,回归"国学"似乎正是这种立场的奠基式,但细加分析,就会发现其中包含着一种备受辗轧下产生的心理扭曲。强调学术的纯粹自足,这一认识与其说源于观念上的自明性,不如说更多代表着外部因素作用下产生的反激效果。至于标举政学分途,其真正导因也不在学术而在政治,不在对学术研究的本质产生了洞识,而在对政治锋争的前景失去了信心。这种行为,正如一个人走路跌了一跤,却责怪起脚上穿的鞋子,决定从此以后改成赤足,以为这样就能保证永远不再跌跤一样荒谬。更可慨叹的是,国学论者的学术主张与实际做法严重脱节。他们研究的重心早已不在传统国学的范畴,更多倒是用社会历史背景分析的方法,对学术史上的学派人物或思潮倾向做出阐发评价,并且字里行间仍未消弭自己的訾誉褒贬。这就是说,他们所标榜的纯学术连他们自己也未达到。

  我想,"国学"在今天的回潮,正好暴露出一批知识精英价值取向上的迷惘和精神建构上的消极。而且,这批人一方面口口声声号召回到书斋中潜心向学,一方面又并未真正淡泊个人的得失取予,世间的冷暖炎凉。看似是不甘心"国学"长久遭人冷落的命运,实则是对自己投身的职业产生了动摇和犹疑。制造一场所谓的"国学"热潮,无异于以商业的促销手段来抬高自己身价。处身商品经济的滔天浊浪中,他们自诩清高脱俗,然而"国学"热恰是他们不甘寂寞不忘世纷心境的返照。

今天,正是由于国学论者的推波助澜,一种泯灭性灵散发着腐尸气息的学风弥漫于整个知识界。这种学风名为对80年代普遍存在的空疏浮躁风气的矫正,实则意味着中国知识分子主体意识的消退和创造精神的枯竭。无数人沦为方法论的奴隶,材料的仆从,热衷从古今中外典籍中寻章摘句窃为己有,却全然丧失了个人的独特见识和真切感悟。在他们那里,方法论成了僵死教条的代名词,材料成了自我封闭的牢狱。至于无论多么浅显的道理,也非得借前人之口说出才能成立,这只能引为他们智商低下的最好证明。即便是在被称为中国最高精神堡垒的北京大学,对创造力的贬抑和压制也已达到无以复加的地步。这一学风固然其来有自,但它一个极为重要的源头,不是旁人,恰恰是学贯中西方的一代大家钱钟书。钱氏以《谈艺录》、《管锥篇》等书,展示了一种"观赏学术"的极品。钱氏自恃其无与伦比的天资,学术上不乏新人耳目之处,甚至堪称自成一格,但总的说来,终不免流于琐屑浮华,陶醉在个人渊博学识的陈列中,与真正大器尚有不小差距,可以说,钱氏以其在当代中国学界享有的万人膜拜的地位,引发了一股引经据典炫文取宠的歪风。虽然绝大多数学人,纵使心智耗尽也连钱氏的只鳞片爪不可获得,但他们毕竟都将钱氏视为隐逸的典范和以学术自娱的魁首,私心倾羡不已,以致深受其祸。

末路和生机

比较短短百年中国知识分子三次精神大逃亡的轨迹,我们可以发现一个共同特征,即历次逃亡均以现实情境的逆转为先导和标志。每一重大政治事件的发生,同时也是知识分子群体思维方式蜕变的起点。

这一事实有力指证了中国知识分子的人格上的头号污点。他们从来就匮乏一以贯之、不受时尚流风左右的精神信仰。他们的价值理念完全依附在现世人生的低浅层面上,始终趋从和受制于现世人生景况的演变和更迭。他们无法为自身的存在确立一个终极性的超越维度。这也正是中国千百年历史文化传统的最大症结。我们看到,标榜"内圣外王"的儒家学说,自是将现实需求作为自我认评的重要标准,所谓"修齐治平","修齐"不过是"治平"的手段和铺垫。道家的"出世"说与儒家的"入世"说看似分道扬镳,但就其价值底线均着落在飘忽匆促的现"世"而言,二者本质上并无截然区别。因此,儒道二家思想合成的相生互补系统,成为中国知识分子化解一切生存困厄最有效的减压装置。居庙堂不厌其高,处江湖不惮其远。而佛教东渐能够很快落地生根,也多是因为其生死轮回因果业报的学说,与国人功利心大相投合的缘故。禅宗,作为旷古以来自我解脱的最高伎俩,试图在系列故弄玄虚的公案中,确立一种对于绝对虚无的膜拜。一部中国思想史,只有一些以文字游戏炫智或佯愚的断简残章。"五四"一代知识分子,虽然不少人已认识到文化革新非一朝一夕之功,但仍然囿于视线褊狭,只考虑如何从文化的表面形态着手,却忽略了至为根本的内在精神品性。蔡元培主张的"救国之道,非止一端,根本要图,还在学术",就是显证之一。殊不知抽空价值判断而强调知识的纯粹性,那同样会造成一根自缢的绳索。

时至今日,整个思想文化界仍然深陷迷谷。即便是 80 年代有过的那种对主体精神的含糊肯定,也已经荡然无存。面对商品社会中统辖一切的物质霸权,面对人文科学为时代极度冷落的惨况,知识分子们似乎已有充足凭据不再为自己做出的任何抉择感到耻辱。他们要么被迫与现实中的邪恶面妥协,要么则从现实中全盘抽身退隐以求心灵慰藉。不少人甚至热衷起关于时代剧变下文人学者命运危机的讨论,好像不为自己身份找一个赖以续存的理由就会寝食不安似的。看起来他们在为整个国家民族面临的危难忧心忡忡,说穿了只是对个人的前途感到迷茫和恐惧。

我并非认为个人可以脱离国家民族独存。我只是强调个人应当树立为他的行为负起全责的信念。如果一方是整体的国家、民族、社会,一方是单独的个人,尽管存在着庞大与渺小的强烈反差,我仍然更愿意寄希望于后者。如果进行一轮赌博,我宁愿在后者身上压一笔险注,哪怕注定要输。在我看来,一个人抱怨国家无能也就是抱怨自己无能,指责民族弱败也就是指责自己弱败,对社会心怀不满也就是对自己心怀不满。所谓国家、民族、社会,永远是具体个人的集合,但它们恰恰出现在具体个人消失的时候的地方。世界历史的终极形态决不会给国家民族留下显赫的席位,构成历史瞬间的也决不会是一片黑压压攒动的人头。然而,正是借助国家民族社会这类玄虚的概念,个人才有了推脱本应由他一力承担的责任、苦难以及罪愆的借口。

因此,时下每位中国知识分子,迫切需要摆脱的正是这种建立在国家民族一类概念上的集体思维模式,回到纯粹的个人立场上来。他应抱一种健康积极的心态立足于社会从事文化建设,既关心现实而又不与现实认同,既超离现实而又不与现实脱节。国学论者的逃避企图,后现代论者的妥协意向,在他那里都应遭到唾弃。而对"五四"以来无数以文化精英自诩者,企图毕其功于一役的激进举措,他也应做出深刻反省,因为那归根结底只是想以一种思想暴力去取代另一种思想暴力。

知识分子惟有立足于不受群体拘限的个人,才有资格去希求得到群体对个人的认同和呼应。他理当明确,除开自身的精神品格外他无所凭恃,他的悲剧性,他的价值感,他毁灭的定数和他再生的因由都一并集中于此。

原载《文艺争鸣》1995 年第 3 期

赵毅衡

"后学",新保守主义与文化批判

一

西文中没有与"后学"相当的词,不允许我杜撰一个 Post-isms。美国有人用过 postpeople(后学家),似没有多少人跟着用。而"后学"在中国几乎已经不再是个调侃词,它几乎是千年之末在中国的象征:一切都已是过去时,新的存在新的现状要求不像语言的语言,失语症中的术语。

指责中国"后学家"食西学而不化,是旧式的"影响陷阱"重版,是把论题简单化而置对手于绝地的故技。西方无"后学"一词,证明中国理论家的综合程度超过了西方。

二

以后结构主义、后现代主义、后殖民主义为主的西方晚近文化研究潮流,一直被其反对者指责为"太激进",而从未被指为"保守"。

笔者感到非常惊奇的是,近年(具体说,1993、1994 这两年)在中国知识界出现的新保守主义潮流,却常常引用这些理论作根据,或作佐证。

中国知识界的新保守主义至今没有引起足够注意;而其理论根据部分来自西方激进学说,这件怪事,也没人提及。

这里说的"保守",不是与"革命"相对,也不是与"激进"相对,更不是贬义词。本文中提到的同行,恐怕都不认为"保守"是一种指控,我个人也认为"保守"至少比"激进"好多了。撇开褒贬不谈,保守的最基本意义是保持现状,强调现存文化状态的合理性,现行语言的有效性。因此,保守是与批判相对,文化保守主义是与文化批判精神相对。

反过来,文化批判并不是据激进批判保守,它完全可以据保守批判激进,全看当下已体制化的主流语言为何者。望勿把我卷入保守激进何者更有害的老争论,我谈的是批判与非批判。

三

但当代西方文化学的三大潮流都姓"后",让人深思。不少学者讨论过"此后是否彼后"? 结论是 yes。

三"后"合一,并非三教合一妥协共处,它们几乎是同理论的三个方面,而且三者互为条件:"后殖民主义处理的是向后现代过渡时期的文化政治",而后现代主义则是"西方文化意识到它作为世界中心的地位已受到质疑时的文化反应"。后现代主义需要后殖民主义的他者来构成其"指称拆裂的叙述"。后结构主义虽主要在反思现代性,但是"因为现代主义总是幻想通过文化来赎救现代生活。此类幻想之破产,正是后现代条件之核心"。

既然三"后"合一非有意矫设,那么"后学"之说在西方也应成立。

四

近两年中国文化界的复苏,令人瞩目。知识分子走出沉默,开始寻找自己的立足点,也开始就一系列问题展开热烈讨论。这些讨论大都只是谈中国问题。可是,每次讨论都多少触及一点西方"后学"。

任何学说进入中国,必须被中国化。人文学科本来就是"你找到的必是你想找的材料,你引用的必是你心里早有的理论"。我们感兴趣的是,为什么这些讨论者都能用"后学"支持保守观点? 是因为讨论者只不过为我所用,任意摘录一些词句,非"后学"之罪,还是"后学"本身具有某些特点,使它在中国的具体情境中自然趋向保守?

为此,必须回顾一下两年来中国知识界的一些讨论。本文不拟"综述"这些讨论,只是介绍其中与"后学"有关的部分,请勿以"不全面"责我。

60年代海外学者以林毓生等人为代表,对"五四""全盘反传统主义的批判",80年代去海外的大陆学者几乎只闻赞同未闻异议。

郑敏先生在《文学评论》1993年第3期上发表的《世纪末的回顾:汉语语言的变革与中国新诗创作》,之所以让人吃了一惊,一是海外对"五四"的保守主义评价,看来已经传回大陆;二是谈的是老问题旧观点,用的却是新理论:拉康的心理分析,德里达的解构主义。

郑文引起范钦林的商榷(《文学评论》1994年2月号),同期郑敏写了《商榷之商榷》,第4期《文学评论》发表许明《文化激进主义的历史维变》,试图从历史性角度说明当时的激进当时有理;第5期发表张颐武的《重估现代性与汉语书面语论争》,把争论引向"现代性"的历史与后殖民主义的"他者化"及"他者的他者"等命题。

郑敏指责"五四"白话文运动"急躁"、"偏见"、"形而上"、"从形式到内容都是否定继承"、"自绝于古典文学",其结果是20世纪中国诗歌"成绩不够理想"。论据一:白话文"以口语代替书面语",是重蹈德里达所批判的西方语音中心主义导致逻各斯中心主义之覆辙。论据二:追求一种"易懂"的文字,是忽视拉康指出的"能指与所指之间有一条难以完全跃过的横杠",而且是在追求虚幻的语言透明性,导致50年代政治压力下"汉语透明度达到超常程度"。

指责新诗割裂传统的人,往往忘了文言诗早已在明清搁浅了六七百年;指责现代汉语的人,往往忘记了在19世纪,文言已经捉襟见肘,无法再延续"五千年中华文化传统"。"五四"时期的作家,充分利用文言、口语与翻译的资源,在晚清文学的基础上,因势利导,建立了现代汉语,作为中国现代文化各个领域的根本工具。

郑敏先生的看法,实际上是说在现代汉语成形之前,中文处于一种"自然状态",一种未被殖民者污染的纯净语,原汁原味的原生文化语。"未污染语"是不是个神话暂且不谈,德里达赞美汉语与语音中心的西方语相比是个光荣的例外,受到如此夸奖的汉语就应保持原样?文字中心就不可能是导致中国式逻各斯中心?

现代汉语的"创造",正是在文化批判中产生的。应当说,这是五四运动最站得住脚的成就,也是中国文化转型能力的明证。

五

刘康与张隆溪关于文章、批评与政治关系的辩论,从 1993 年初由海外开始,从英文刊物转入中文刊物,最后也卷入了国内学者。

刘康的发难指向两个问题,一是"后学"未能进入西方汉学:"西方文化界学术界里轰轰烈烈的后现代主义辩论与理论之争,在汉学界自成一体的小圈子里总掀不起波澜,学术的反省和反思总形不成气候。"二是西方汉学界"因(中国)现代文学的政治社会性而否定其艺术价值"。

这两点都是很敏锐的观察。刘康原文中举了两个例子说明上述两点,而这二例恰恰与本文讨论的问题有关。第一段说后结构主义借用毛泽东思想,强调任何文化构造的政治性:

> 正当福科揭示权力与知识的关系,以及历史与艺术文本话语构成中的政治,从而被盛赞为在批判控制西方人文学科的自由人文主义,人们却往往忘记,无论是好是坏,正是毛关于政治和艺术关系的看法激励了福科对西方自由人道主义做激烈批判。毛从政治策略和权力斗争角度考虑这些问题,使他的观点容易导致压制性文化政策。但这并没有改变这样一个事实:政治永远用各种方式渗透每一种文化构造和体制。

另一段关系到夏志清对杨朔的"抗美援朝小说"《三千里江山》的评价。夏志清在《中国现代小说史》一书中认为此小说(以及其他 50 年代大陆政治小说)惟一的价值是:尽管是宣传作品,但作者有意无意地加了对家庭和个人幸福的向往。刘康认为夏的评价是偏见:"其隐藏的信息是资产阶级家庭幻想可以化解共产主义的英雄精神,此小说由此被寓言式地分割成两大块政治寓言……《小说史》用这种寓言方式读中国现代文学,只发现其主要部分没有能达到象征表现(个人经验)的要求。"

刘康的看法实际上是:既然连福科也认为任何艺术都与政治或权力解不脱关系,那么《三千里江山》就不应与80年代后期中国先锋小说有什么本质上的区别:都是政治,也都是艺术。刘康指责80年代先锋小说及批评"试图把语言和艺术形式发展成审美客体,但这种审美化本身是政治性的,它证实而不是瓦解了毛关于文化与文学活动的政治本质之观点"。也许如此,但是刘康难道不是在为他的第二点指责"西方学界至今在政治化地读中国文学"提供根据?

张隆溪指责刘康"以福科或西方理论作为检验真理的标准",实际上是自我矛盾地接受西方"政治辞藻"。

六

由陈晓明主持,张颐武、戴锦华、朱伟参加的座谈会《新十批判书》,或许是最近几年文化讨论中最有锋芒最精彩的篇什,可惜至今只见其二,即《钟山》1994年第1期上的《东方主义与后殖民主义》、第2期上的《文化控制与文化大众》。

几位讨论者对目前大陆文化情势的特殊看法相同:"精英主义式的控制不再能驾驭文化生产和传播,新的文化控制网络正趋形成……某种意义上,这是和工业革命相类似的文化革命。"对精英文化,"这次文化转型可能是致命的"。问题是知识分子对此应怎么办?朱伟认为某些知识分子"仍然在坚持自己的精英立场,无法习惯这种转型期的变化……他们要站出来捍卫一种模式的精英文化"。朱伟表示:"我认为这是荒谬的。"

张颐武认为市场化是知识分子自己呼唤出来的,出现后又非常绝望。"其他阶层都感到了自己在这个文化里有一个自己的位置,而文化的代表者恰恰找不到自己的位置。"这个局面太可笑,因此他们发出的抗议只是"堂·吉诃德式的狂吼"。

陈晓明在《上海文学》上那篇文章为知识分子指一出路:既然在后现代的西方,精英文化与大众文化在合一,精英文化就应当向大众文化靠拢,"集体自焚,认同市场,随波逐流,全面抹平",并且预言"不久后的事实将证明它的同流合污"。他认为再次把精英文化与大众化分离开来,"重新加深二者之间的鸿沟",是徒劳而且有害的。

显然,讨论者们认为自己虽是知识分子,但并非堂·吉诃德,他们认为他们的任务只是"后批判":批判即控制,"后批判"最反感的是文化批判。陈晓明认为后批判接近于利奥塔的"后现代知识"立场:"增强我们对于差异的敏感,促进我们对不可通约事物的宽容能力。"

张颐武对后现代主义论的顺应性总结如下:"(后现代/后殖民理论)意味着对当下文化的参与……它不站在文化的对立面,也不试图超越它。"

四位讨论者中,只有戴锦华表示不安,并对文化"沙漠化"表示焦虑。

七

由陈思和与王晓明在1988年发起的"重写文学史"课题,近年来在海内外学者中一直在继续,只是在大陆不再打"重写"的旗帜而已。但无论在国内外重写的对象,大都从体制化文学史转向知识分子自身的"迷误史"。王晓明的《一个杂志和一个社团》,检讨了《新青年》与"文学研究会"编辑与组会方针上给整个现代文学史带来严重后果的错误,很值得一读。

另一篇可标志"重写"方向转变的陈思和于1994年1月《上海文学》发表的:《民间的浮沉——对抗战到文革文学史的一个尝试性解释》。同刊9月号"批评家俱乐部"集合10位批评家讨论此文。

据讨论者之一陈福民的意见,陈思和用的是"解构策略"。陈思和自己在前言中说是以"西欧17、18世纪出现的市民社会为参照",我们心头立即闪过福科的影子。但陈思和没有直接引用任何西方文化论者的观点。

陈文认为在本世纪中国,"学术文化分裂为三:国家权力支持的政治意识形态,知识分子为主体的西方外来形态,保留在中国民间社会的民间文化形态"。在不同时期,这三者有分有合,但在本世纪,民间文化基本上被政府和激进知识分子排斥。

陈文精彩之处是用阿尔都塞式的"症候式阅读法",从中国现代文学作品中发掘民间文化的潜文本。"民间"不仅吸引了一些知识分子,甚至化解了国家权力意识:它成功地渗入"革命小说"或"样板戏",成为其"隐形结构"(例如《林海雪原》中的绿林匪气,《沙家浜》中的男女斗智),实际上是其中最有趣的部分。因此陈思和给予"民间文化"很高的赞美:"它充塞了这一历史时期最辉煌的文学创作空间"、"自由自在是它最基本的审美风格"。

陈把"重写"范围限定在"抗战到文革",而且有意识处理"农民文化",避开他自己也承认的中国现代民间文化的另外两层——"市民文化"与"传统文化散落部分"。

在《上海文学》举行的讨论会中,一部分人不同意陈思和的观点,他们明显感到近年俗文化之来势汹汹,正在"置文学艺术于死地"。对陈文批评最尖锐的陈福民指出,"民间文化"与官式意识形态一直处于"水乳交融"的关系,并且有强烈的反智色彩。

但郜元宝支持陈思和,他甚至取消了陈的三分式:"对知识分子来说,民间还不只是一种临时的支撑点,而是他最后的家园与安身立命之地。从过于浓厚的意识形态兴趣转向广阔的民间大地,这已不仅是80—90年代文学的一个演化趋势,也可以说是世纪末中国知识分子的一种精神自觉。"

陈思和文中说到本世纪中"一部分保守的知识分子……默默地守护着"散落在民间的传统文化。陈赞扬这些"非主流知识分子",而郜认为今日中国知识界不仅应当而且已经都成为这种"保守的""传统文化守护者"。

这条"惟一的出路",与陈晓明的"合流"相近,陈、郜说的是民俗或传统形态的俗文化,而陈晓明说的是商业性俗文化。这两者正在迅速合流。

八

读完这些讨论,有一个局面已相当清楚:一个强大的新保守主义思潮正在中国知识界翻卷起来。我说的是"思潮",并不是说上述同行是保守主义者。

新保守主义首先表现在对80年代文化热的忏悔自罪心情。最近王蒙反驳"人文精神失落"之说,他反问:"中国哪有过humanism?"套了个洋字,回答自然是否定的。其实王蒙明白,中国知识界感到失落的,是80年代的文化精神。对那场轰轰烈烈的"文化热",人们记忆犹新。高瑞泉的描述生动而准确:"'文革'后,高分学生涌进文史哲专业,大量古籍再版,名著翻译。人们又一次确认:知识是有价值的,思想是有意义的,人本身应得到尊重。这一切都有点像文艺复兴的欧洲。现在看来,这次思潮的动因已消失,很多人为此焦虑,这是我们今天呼唤人文精神的思想环境。"

然而许明认为,近年的争论之所以必要,"是因为80年代我们共同参与了一出典型的文化激进主义的历史活剧,而它的影响余音袅袅,至今不绝于耳"。许明为"五四""文化激进主义"辩护,却称80年代为"活剧",颇为内疚。

郜元宝则对80年代文化热更感羞惭:"80年代起来的一辈人,首先面对的就是长期压抑的话语火山大爆发后留下的一片狼藉。他们一下子就被抛进声音的海洋,还没弄清楚怎么一回事,就稀里糊涂跟着说起来,一说开去便不可收拾……现在是说多了说累了需要静下来倾听的时候了。"

对"五四"与80年代两次文化精神高扬的清算,是新保守主义的一个共同倾向,不管讨论者是否自觉到这一点。

九

新保守主义潮流的最重要表征是自我唾弃精英地位或责任,转而与民间文化——俗文化认同。我们前面提到的四场争议,郑敏试图回归传统,刘康认为官式话语有美学或理论价值,其余人都在不同程度上对俗文化持肯定态度。

悖论的是,具体到俗文化作品,这些人的批评却又十分尖锐,例如《钟山》座谈会对张艺谋、陈凯歌猛烈抨击,对《中国人在纽约》无情剖析,只有王蒙对王朔作品一贯赞扬有加,认为文化精英指责"痞子文学"正是缺乏人文精神。

此悖论把很多人弄糊涂了,其实它是后现代主义理论的题中应有之义。这个理论的一大特点是数量崇拜,从而严重忽视质与价值。后现代主义理论的主要触媒,是当代文化生产(尤其是影视和畅销书)令人敬畏的巨大数量,商业俗文化由其数量声势赫赫而得到很高评价,成为后现代论为之辩护的文化主流。但是具体到作品上,无论西方东方的后现代主义者,毕竟都是饱读之士,常感到难以消受。因此,讨论俗文化作品时各有所见的一批中外批评家,却为"大众文化急剧扩张"的速度和面积所折服,用加拿大研究者胡可丽(Marie-Claire Huot)绝妙的标题,就是"文化小革命"(La petite r'evolution culturelle)。

我建议一种恰好相反的立场:对俗文艺的个别作品应多找其优点;正在体制化的俗文化主流需要清醒的批判。

十

80年代杰姆逊在中国宣讲后现代主义时,中国学界还只是对其文化研究方法感兴趣,后现代主义此词尚未时兴。晚至1992年,这个题目还受到嘲笑,到1993、1994年,讨论后现代主义不仅不再是东施效颦,我们甚至听到这样的议论:

> 后现代主义几乎是畅通无阻地进入我国文艺领域的。中国人接受后现代主义没有像现代主义那么不情愿。当代文学中具有明显后现代主义文化因子的作品一出现就比较成熟和老练。文化的落差为什么没有造成交融的阻塞?原因是我国传统文化中有一种超越历史性的文化基因,能粗线条地与后现代主义文化思想共时性相接。

此处所谓文化现实,是指商业伪文化的泛滥"深入人心";文化基因,指的是传统亚文化。两者渐渐互相渗入,于是中国消费文化被抹上严重的江湖气加"港澳气",于是中国文化跳过现代性直撞入后现代。

多少都认同欧洲人文精神的中国以及其他第三世界知识分子,在本国文化中完全失去地位,只能在三面夹攻的话语牵制间寻找生存的边缘。即使这样,他们还是被西方理论家称为患着"殖民时代的怀旧病","买办知识分子"(comprador intelligentsia),西方话语的叙述者(agent of narration);被中国理论家称为"有如老式唱机发出的声音"。

十一

后现代主义理论的第二个特点,是它自居为一种无偏向的全景性描述。

现代主义论者眼中,整个社会的文学艺术,或其他文化产品,只有很少一部分是现代主义的,其他是现代作品但非现代主义作品;而后现代主义论者眼中,整个社会的文学艺术,全部文化现象,都是后现代主义的。

且慢。据中国权威意见:"后现代现象指的是两个层面的东西,一个是先锋性、实验性的后现代文学艺术……另一个是指大众性、通俗性、商业性的流行作品。"

同一个词,怎么有两个完全相反互不兼容的指称?

让我们把"后现代主义"这词稍稍整理一下。70年代初这词在美国出现时,指的是后现代先锋主义文艺(与"现代主义"一词的用法相应),当时已经有些人用来指整个当代文化,到80年代,后一个用法占了上风,后一个包容前一个。

此词指"商业流行文化",想必是第三义。

不管这个术语如何混乱,对每个论者本人,该术语的指称是不应当在几个事物间滑动的。对利奥塔或杰姆逊,后现代主义指当代文化的整体状况,文化消费主义就成了其中的显著特征,但他们的后现代主义并不"是指"消费文化。

同时指称两个东西,而且是先锋文艺与流行文艺这样两个完全相反的东西,恐怕需要再下点功夫论证。

让我们暂且只说第二个定义——全景扫描式的描述。那样,一个社会只要被指认为"后现代",所有的文化现象也就都是后现代主义的,没有什么标记性的,前导性的,或典型性的作品可言。

不管哪种成分,只要在被标上"后现代"的社会中存在,就是堂而皇之的多元之一;不管哪种文本,落入"后现代"的文化之中,就有了历史合理性。后现代主义作为一种理论,拒绝褒贬、拒绝价值、拒绝批判，只要在已被封为后现代的社会出现，就是等价的，一律进入后现代主义话语的扫描之中，一样是后现代多元散离文化的文本。

文化产品的等价，说到底，是文化商品化的必须。商品当然不是等价的，商品的交换基础却是等价，一幅杰作当然价值比一幅劣作为高，但如果劣作能销售出上百万复制品，那也就可与杰作等值。甚至，杰作如果销售不出去，那就远远不如劣作。伪币驱逐良币的规律现在在整个文化幅度上演出。

三年前，在北京大学一次后现代主义国际讨论会上，我提出一个问题：当代作家还有谁不是后现代的？在座的中外专家没有一人愿意回答我的问题。

这样的理论自然有操作困难：一部后现代主义作品选，应当是当代出版物标本集？北京大学中文系编选的《后现代中国文学选》，其小说、诗歌、评论卷，大致上与一般说的先锋派重合；作家出版社的《西方后现代主义小说系列》，选取标准大致上即后现代先锋主义。是否中国人弄错了？不见得。美国批评家麦卡夫雷（Larry McCaffery）编的《后现代小说家辞典》（*Postmodern Fiction, a Biobibliographical Guide*）所列作家近百人，几乎全部是先锋作家、实验型作家，我没有找到俗文学作家。卡利奈斯库列举20名最有代表性的后现代主义作家，全是先锋作家。

要选，就有价值偏好；要论，却强调无价值偏好。后现代主义理论与对象之剥离，一至于此。

我本人讨论后现代主义，一直指先锋派。意识到其中的混乱，我后来宁愿累赘些，改称"后现代先锋主义"。

十二

对于以理性和科学为基石的西方文化来说，后结构主义的批判是尖刻的，尤其是直接进行文化批判的福科，他认为西方启蒙以来的科学积累与人文精神，只是为了织成一张由知识构成的权力网络。知识分子在这知识权力体制中自然起了类似宗教审判法官的作用，必须对现代社会的压迫性本质负主要责任。

对资本主义如此尖锐的批判，自马克思主义以来尚未见过。

但福科并没有解释现代社会为何需要这样一个压迫性体制,也没有指出任何改造的必要,似乎压迫是理性知识的必然结果,与生俱来,在所难免。像马克思认为资本必然剥削一样,福科认为知识必然对社会进行控制。资本可以剥夺,知识呢?

福科理论是"后学"诸家的主要出发点,这样,知识分子自然成为西方"文化殖民主义"进入非西方国家的通道。

后殖民主义不是一个纯理论,它关系到非西方民族想建成什么样的国家,更确切地说,是西方后学家希望看到一个什么样的非西方。新殖民主义尚想把非西方国家市场化,而后殖民主义理论想看到的是回复到本土价值、本土文化、本土话语,"观光化前样式",原汁原味国粹主义、原教旨主义。这种文化对特定非西方国家的人民福祉是否有利,却不在他们考虑之中。

西方的后殖民主义理论家,以剥夺非西方国家知识分子的话语为代价,树立自己在西方学术界的激进形象。

十三

缺乏批判精神的文学,是庙堂文学,或娱乐文学;缺乏批判精神的理论,可以说是体制理论,或顺应理论。二者都对文化主流起装饰和润滑作用。

诸"后"理论,针对西方社会文化的主流形态,平衡其价值偏向,在西方可以是批判理论;在中国,却正好顺应主流文化。这种变化的关键是:在中国,现代价值并没有立住脚,更没有体制化。后学的无情解构,正好化解了这文化中本来就被排挤的批判精神。

后现代论者明白宣言:当今根本不需要文化批判。批判即"控制",即"训导"。应当说,他们有拒绝参与文化批判的权利。毕竟一个文化中的大部分话语并不具有文化批判色彩,例如当今致力于新国学的学者们在重建传统学术,这是人文建设必要的部分;又例如从事大众文化的朋友们为当代文化的繁荣做了很多努力。传统文化与大众文化本身并不是文化批判的对象,文化批判的对象是体制化,是现存文化秩序的理论化、合理化。

那么,究竟为什么需要文化批判?文化批判的确不是中国学术传统,现代中国除了"五四"和80年代两个很短的时期,文化批判一直未能立足。没有文化批判,文化就会缺少价值制衡,朝一个方向猛踏油门。每当全民一致向什么看,没有别的价值样式的提醒,其结果之不妙,我们领教已不止一次。

  我建议:中国文化批判的主体性建立,并不一定单以西方为他者,更有必要以本国的体制文化(官式文化、俗文化、国粹文化)为他者,这样可避免以主体单一面对文化多元的窘境,也可避开西方中心主义的陷阱。现在是应该在各种顺应理论之外,重建文化批判的时候了;这个文化正在被无情地牵上媚俗之路。

原载《花城》1995 年第 5 期

徐友渔

后现代主义及其
对当代中国文化的挑战

　　西方后现代思潮最为喧嚣的场所不是在哲学领域,而是在文学艺术领域,但其基本主张、基本特征归纳起来却是一些哲学口号或命题,如反表象主义、反本质主义、反基础主义、反逻各斯中心主义、反西方文化中的浮士德传统,等等。

　　后现代主义者认为,西方文化自古希腊以来一个重要的特征就是以人和世界的对立为前提。一边是主动的、理性的、有认识能力的人,一边是被动的、无生气的、等待人去发现和认识的自然。人类的文化活动,人类的精神产品,就是用心灵去反映、描画、表征外部世界。后现代主义者现在反其道而行之,认为不存在那样一个供人类表象的世界。人类发明出来的一切符号,并不是因为与那个世界的关系,并不是因为指称了世界上的某些事物才获得意义。它们的意义来自符号系统内部,即符号之间的关联。传统的心物二元论、心物对立观纯粹是一种神话。

　　从柏拉图到康德,西方思想的主流一直受现象——本质的二元分裂模式支配。哲人们认为,在纷繁的、变动不居的现象背后存在一种不变的实体,它是现象的本源和依据。现象的存在是暂时的,实体的存在才是永恒的。实体是事物的本质,现象不过是该本质的显现,是派生物,有时甚至要遮蔽本质。后现代主义者不承认这种一褒一贬的劈分,他们认为,说现象背后有一个本体是形而上学的假设。他们还反对把自然科学作为各学科的样板,不承认它有优先认识世界本质的崇高地位。他们也反对人性中有某种固定不变本质的说法,认为人性论、人道主义是过了时的主张。既然不能说人的精神具有某种本质,那么人就是彻底自由的,任何加之于人的框框和成见都可以打破。

在后现代主义者看来,西方主流传统中的哲学家思考问题时无不是力图寻找到一个不可移易的出发点,在此基础上建立他们的思想体系的大厦。在古希腊,水、火、原子、数等等分别充当过本体论的基础。在近代,感官经验和先验理性充当过认识论的基础。从古至今,相当多的哲学家把外部世界当成真理的基础。现代的一些哲学家又分别把所指对象、思维的先天结构或历史文化传统当成语言意义的基础。后现代主义者所竭力解构的,就是这种基础、出发点,这种依靠"第一原理"推出一切的思想方式。

后现代主义者的活动方式别具一格,他们不像其他学者那样谈本体、谈对象、谈世界、谈真理、谈社会、谈历史、谈人物、谈情节、谈感受,他们只谈语言、符号、文本,当然也谈语境(或上下文)、关系、结构,以及生成、转换、消解。这是因为,在本世纪哲学发生了一个"语言的转向",许多哲学大师都把语言当做关注的中心。塞拉斯说,对所有抽象实体的意识,甚至对一切个别事物的意识,都是语言问题;海德格尔说"语言是存在的家园";伽达默尔说,人类经验本质上是语言的,谁拥有语言,谁就拥有世界。不能把上述大师称为后现代主义者,但他们为后现代主义提供了有力的思想武器。

对于后现代主义者而言,语言不再是达至本体和认识的工具,不再是容纳思想的容器,传达思想的媒介,它是思想本身,它是惟一的对象,它就是世界。因此,语言具有自主性、自生性和自立性,语言的意义和使用规则都在语言体系内部,我们只能用语言来说明语言,而不能用非语言、超语言的东西来说明语言。这样说来,语言及其意义岂不成了无本之木,无源之流?

后现代主义以一种激进思潮的面貌出现,它吸引大众的方式是它的批判态度,否定一切现存事物的精神和时时、处处唱反调的脾性。因此,在它流行、影响于社会的同时,很少有人对它学理上的缺陷和漏洞做严肃认真的思考。这里,只能简略提及几个突出的问题。

第一,后现代主义者把研究的课题完全局限于语言领域,宣称他们消解了本体问题、真理问题等等。然而,这与其说是消除了旧问题,代之以新问题,不如说是在大多数情况下以新的方式提出和回答原先的问题;与其说是用语言问题代替了关于存在和认识的问题,不如说是把原来的问题提升到语言层面上来研究和解决。后现代主义者否认实体和本质的主张,不过是哲学史上的反实在论;他们用语言来代替世界,不过是用思想或意识来代替世界的旧唯心论的现代语言化的翻版;他们的语境主义或整体论,无非是现代形式的真理融贯论。他们的主张将导致严重的形而上学后果:世界将受我们语言的影响或支配。对于大多数人而言,这个后果将是难于接受的。

　　后现代主义者反对表象主义、本质主义和基础主义,直接导致了相对主义的结果。其他方面不说,这在伦理方面产生的问题是非常严重的。确实,后现代主义者,尤其是其中的解构主义者,借助于消解语言的固有意义,也就消除了人类道德上有稳定性的价值观。他们不只是消解因袭守旧的价值,而且是要消解一切价值。也许,尼采和萨特可以承受"上帝死了"的空虚,但对于大众和社会而言,丧失标准和规则的后果是可怕的。

　　一些后现代主义者(例如福科)在批判现代西方资本主义社会时,把话语和权力相联系,把人们一直视为真理的东西和意识形态宣传混为一谈。这种做法既可用于对西方现存体制的剖析与批判,但也可伤及攻击者自己的立论基础。如果话语就是权力,或由权力渗入而得以推行,真理和意识形态没有区别,那么批判者有什么理由要别人接受自己的主张呢?如果后现代主义者的批判还有一些道理,那么只能说他们的话语还多少符合历史,反映现实,但这和他们的反表象主义、反基础主义是矛盾的。

　　关于后现代主义对当代中国文化的影响,我认为,它在中国并未形成风潮,但对于现存的文化已形成了挑战,这和它在西方社会的情况相似。但是,由于现实状况不同,恐怕它在中国所起的作用,人们对它应取的态度也应和西方有所不同。

　　《走向后现代主义》一书的编者佛克马在该书的中译本序中说,后现代主义与发达地区的现实状况密不可分,而在那些尚在为温饱而奋斗的国度,它是不得其所的。后现代主义属于一个特殊的、复杂的传统,它是不能摹仿的。我把佛克马的话当成是对后现代主义的倾慕者的告诫,这也是我对把后现代思潮引介到中国所表示的忧虑。但是,后现代思潮毕竟已经进入中国国门,我们不可能简单地用一句"不合国情"而将其打发掉。至少有两点理由,使得我们应当重视后现代思潮,大力加强对它的研究。其一,中国社会正在快速地向现代化转型,过去没有的东西,现在正在大量涌现。世界一体化的趋势,使得后现代主义不会与中国绝缘。其二,和其他思潮的产生和发展一样,后现代主义并非只是西方发达社会现状的产物,它的出现和蔓延当然有其学理上的根据,因此,它的某种主张就具有普遍的意义,而这正是我们需要了解、研究和借鉴的。后现代主义的反表象主义、反本质主义、反基础主义,不是哗众取宠地故作惊人之论,而是既有学理依据,又具深刻洞见的主张,这些主张对我们思维的深度和广度形成了挑战和考验,不论我们对后现代主义持什么态度,我们不能回避或绕开它的问题和主张。比如,我们现在大谈道德危机,如果我们不正视后现代主义对于语言意义的消解和其相对主义的结论,不和后现代主义者在语言层面打交手仗,我们就不能真正克服危机,甚至不能理解问题之所在。例如,如果我们想靠使"孝悌忠信"复燃以解决问题,而后现代主义对这些概念的意义或含义来一番解构,你该怎么办?

后现代主义对今日中国文化更广泛的影响不是在学术界,而是在文化艺术界。不少人在他们的诗歌、绘画、小说中表现了后现代倾向(更准确地说,是表现了他们所理解的后现代倾向)。还有不少人是在生活方式、思想方式上表现出后现代倾向。

在今日之中国,要拥抱后现代主义,恐怕是一种急性病。这种急性病在本世纪二三十年代就曾在中国知识界流行过。当时,中国人还远没有掌握(更不要说消化)西方文化中科学、理性的因素以及经验论、反映论方法,就一下子跳跃到生命力论、唯意志论。大半个世纪的社会动荡和政治冲击,使得学术规范尚未在中国知识界、学术界很好确立,有些人又急不可耐地要反规范、反方法,提倡"怎么都行"了。

目前部分中国人所持的后现代态度犹如一柄双刃剑。他们可以用调侃的态度消解某些不合理的、虚伪的、可笑的东西,但也助长一种对待历史、社会、政治的轻佻态度。如果社会的、个人的善恶区分,历史的、政治的光明与黑暗的对立都可以消解,如果一切高尚、热情的行为和卑微、残忍的事件都不过是供我们解释或解构的文本,那么在中国进行的后现代实验将成为埋葬实验者自由的自杀行为。

原载《中国社会科学》1995 年第 1 期

杨守森

20世纪现代、后现代文艺思潮反思

一 低迷暗淡的文艺时代

一个毋庸置疑的事实是：进入20世纪以来，人类的文学艺术笼罩着一层低迷与暗淡的情绪，再也没有了19世纪那般显赫的声势，再也没有出现像托尔斯泰、雨果那样举世公认、雅俗共赏的一流文学大师。代之而起的现代、后现代派，虽然不乏在学术界获得很高评价的作家作品，但对于社会大众，却缺乏真正属于艺术的吸引力。难怪美国文学评论家诺门·勃多列兹早就著文指出：现代派无异于文学的死亡。另一位美国文艺理论家威尔逊也早在30年代就这样声称：诗成了"即将死亡的技巧"①。连后现代主义的重要思想家海德格尔也这样惊呼："伟大的艺术连同其本质已离开人类；近代艺术正在经历慢性死亡。"②进入20世纪以来，随着主体理性的无限膨胀，在一些激进的作家、艺术家那儿，几乎所有的艺术规则都遭到了粗暴践踏，艺术终于陷入了令人迷茫的困境。

这是一个破坏的时代。

破坏，几乎是现代、后现代主义的性质之一。现代主义一出世，似乎就挟带着一种破坏的冲动。请看现代主义的早期派别"未来主义"的宣言：

我们的诗歌中最重要的成分将是勇气、大胆和反叛。
除了在斗争中以外，没有什么美。

> 我们想讴歌战争——使世界健康化的惟一手段——军国主义、爱国主义、无政府主义者毁灭一切的手臂,杀生的优美思想,对妇女的蔑视。把图书馆的书架子点上火!……改变河道,让博物馆的地下室淹在洪水里吧!……哦!愿这些壮丽的油画毫无办法地在水中漂荡!……抓住鹤嘴锄和锄头!去破坏那些古老神圣的城市的地基!③

这听上去,很像是我们当年的"文化大革命"。

这种破坏欲望落实到实际的文学艺术创作领域便是:蔑视艺术规则,追求极端化的创作自由。特别是那些视为后现代主义的作家、艺术家们,他们以更加激进的反叛姿态,故意把小说弄得不像小说,诗不像诗,绘画不像绘画,音乐不像音乐。如被看做后现代主义代表作之一的纳博科夫的长篇小说《微暗的火》,由"前言"、"诗篇"、"注释"、"索引"四部分组成,看上去更像是学术著作。巴思的《迷失在开心馆中》,充满了文学理论及标点符号使用法之类内容。在戏剧领域,出现了不再像"戏剧"的《等待戈多》、《秃头歌女》等作品。在音乐领域,出现了斯托克豪森的《一周间》、凯奇的《4分33秒》这样一些要"把音乐从音符中解放出来"的"概念音乐"。在美术领域,出现了在沙滩、荒漠上堆筑、挖掘而成的"大地艺术",用人体或画家自身作为材料的"行为艺术",用废品组装而成的"集合艺术"等等。这类艺术,不仅破坏了某类艺术的基本规则,甚至也否定了作家、艺术家自身,使作家、艺术家与一般人没有了根本的区别。

遗憾的是,在西方现代文艺史上,这种破坏性,不仅没有受到必要的遏制,反而受到了同样激进的一些理论家的高声喝彩。如被我们视为"西方马克思主义学派"的著名理论家阿多诺认为,这是新型的"反艺术",这些作品越是不被社会接受,就越出色,反之就越低劣。马尔库塞说得更为激进:"艺术作品按照它整个的结构来说,就是造反","艺术本身就有一种破坏性的潜力","永恒的美学颠覆——这就是艺术的任务","艺术就是政治事件"。这对于破坏性的现代主义的恶性发展,无异于推波助澜,火上浇油。

与破坏性相关,这是一个虚无的时代。

与19世纪的作品不同,在现代主义作品中,往往难以见到自信、光明与希望。作家、艺术家们对社会,对现实,对人生,对自己,均失去了信心。反讽与戏谑,自贬与嘲弄,悲观与失意,成为这个时代的主调。乔伊斯说:"历史是一场恶梦";卡夫卡说:"目的虽有,却无路可循;我们称做路的东西,不过是彷徨而已"。萨特说:"社会理想,究竟会不会实现?对这一点,我就一无所知。"德国艺术家乔治·葛罗兹说:"对我们来说,无神圣可言。……我们唾弃万事万物,包括我们自己。我们的象征是乌有,是真空,是空虚。"④

众所周知,这也是一个嗜丑的时代。

从现代主义先驱波德莱尔的《恶之花》开始,人类的文学艺术便似乎开始了一个审丑的时代。蛆虫代替了鲜花,污浊代替了圣洁,乱伦、同性恋代替了爱情,恶作剧般的亵渎代替了严肃的艺术创作,一只小便器居然可以随意置于神圣的艺术殿堂。正是面对如此的文艺现实,英国美学家李斯托威尔发出惊叹:"那么多的当代艺术,就因为对丑的病态追求而糟蹋了。"⑤

这又是一个蔑视大众读者,背叛大众读者的时代。

在许多现代、后现代主义作家心目中,审美愉悦不再是文学艺术关注的价值目标,不再顾及读者的审美娱乐需求,而是力图通过作品,唤起读者的厌恶与痛苦,甚至悲观与绝望。而且,将其视为艺术价值的正常嬗递。卡夫卡在致布洛德的信中说:一本书的作用,就是在人们头上猛击一拳,让人惊醒,"使我们读到时如同经历了一场极大的不幸,使我们感到比死了自己心爱的人还要痛苦,使我们如身临自杀的边缘,感到因迷失在远离人烟的森林中而彷徨。一本书,一本有影响力的书,应该是一把能够破我们心中冰海的利斧"。⑥法国新小说派作家罗伯-格里耶说得更为直截了当:"艺术品就不是让人舒舒服服享受,像在沙发上睡大觉那样,真正的艺术品就是随时让你感到不舒服,因为恰恰在你不舒服的时候,这里才有真实性。"⑦法国学者让-皮埃尔·理查也这样指出:"今天,人们相当普遍地认为,文学的功能已远远超过了它过去仅供消遣、颂德或点缀的作用。人们惯于认为文学表现的是个人存在深处的选择、困扰和难题。"⑧人生本已充满着不堪与重负,又有多少人愿意在饱经现实的磨难之后,再抱起书本,去忍受痛苦的精神煎熬?

事实上,正是由于审美愉悦价值与可读性的丧失,许多现代艺术不再是供社会大众欣赏的"艺术对象",而成了象牙之塔中的小圈子艺术,成了主要供学术界分析探讨的"研究对象"。比如被奉为现代主义小说典范的乔伊斯的《尤利西斯》,真正感兴趣,真正当做"文学作品"欣赏的又有几人?美国当代文学理论家米勒的说法大概不会是别有用心的诋毁:乔伊斯的作品是专门写给教授读的。美国作家辛格说得更为尖刻:"他写得深奥难懂,好让别人一直解释他的作品,采用大量的脚注,写出大量的学术性文章。在我看来,好的文学给人以教育同时又给人娱乐。你不必坐着唉声叹气读那些不合你心意的作品,一个真正的作家会叫人着迷,让你感到要读他的书,他的作品就像百吃不厌的可口佳肴。高明的作家无须大费笔墨去渲染、解释,所以研究托尔斯泰、契诃夫、莫泊桑的学者寥若晨星。但乔伊斯的门徒就需要具有学者的风度。或者说要具备未来学者的风度。""乔伊斯把他的聪明才智用来造成让别人读不懂他的作品,读者要读懂乔伊斯,一本字典是远远不够的,他需要借助十本字典。""大概读他作品的人都是博士学位获得者或是在攻博士学位论文的人。他们就喜欢搞一些晦涩难解的谜。这是博士们的特权。"⑨

也有一些现代或后现代作品,之所以丧失了艺术美,令读者敬而远之,一个重要原因是:表面上的"非理性",骨子里却是强硬的理性。如后现代主义的大地艺术、行为艺术、废品艺术等,常常是某种"巧智"、某种"创意"的产物,而不是独特的审美创造。如萨特的小说与戏剧,虽然获得了学术界的极高评价,但作为艺术作品,却缺乏真正的吸引力,有的甚至不堪卒读,重要原因之一便是,其作品主要是他存在主义哲学思想的图解。

二 哲学尴尬与艺术困境

在西方,形形色色的现代及后现代文艺思潮的产生,当然是可以理解的,是与西方社会自身的历程,特别是精神发展的历程密切相关的。

一是人性哲学的深入发展。20世纪以来,人类严酷的生存现实,特别是两次世界大战的爆发,人与人之间的相互残杀,终于彻底粉碎了文艺复兴以来一些善良的思想家关于人是"万物之灵"、人是"天使"之类的美丽梦幻。于是,"非理性"似乎便成了人类对自身本性的重新确认。二是思维哲学的进一步发展。一些敏感的思想家愈来愈痛切地感到,必须对传统理性的形而上学思维方式进行批判与否定,正是日趋僵化的形而上学思维方式,以及与之相关的语言概念,删削规范了世界,导致了人的生命的枯燥化,世界的干瘪化。前者表现为对人性的失望,后者表现为对人生的失望。

从文化哲学意义上来看,这无疑是深刻的。这里特别应该提及符号学、现象学、存在主义、结构主义、解构主义以及弗洛伊德、荣格"精神分析"等哲学思潮的贡献。它们在更深的层次上使人类认识了自我,它们开拓了文字、符号的功能空间,打破了几千年来一直束缚着人类思维的单向因果及追求概括性、统一性、稳定性、终极所指性的形而上学思维方式。但毫无疑问,由于激进的思维方式,致使许多思想家本人,不由自主地陷入了尴尬,使构成人类精神指向的文化,陷入了令人忧虑不安的迷途。

那些激进的思想家们,虽然要彻底打破"逻各斯中心主义",但他们心里当然应该清楚,人类正是凭依规范性文字符号和形而上思维方式,使自己得以提升,由动物而生成为"人"的。不论怎样打破,忍受文字符号对感性世界的删削,忍受形而上思维方式对感性生命的束缚,怕是人类不幸却又永远无法摆脱的宿命。

那些激进的思想家们,眼睛太毒,也太阴鸷了些。他们把人生和世界看得太透了,把人性、人生的真相彻底揭穿了,这势必也就动摇了人类生存的精神支柱,将人类推进了虚无主义的深渊。实际上,文艺复兴以来日趋强盛的理性权威固然压抑了人的自由本性,但如果任凭非理性本能的自由泛滥,也注定不可能给人类带来幸福。在理性与非理性之间寻找一种和谐与平衡,才是人类理想的生存状态和社会秩序的明智选择。人,总要以"人"的姿态活着。人生,既需要源于自然生命的本真状态,但也不能没有信仰、道德之类虚饰成分。正如人的裸体是真实的,但却不能没有衣饰一样。人生,可以了然生存状态的尴尬,但也的确需要一种庄子式的旷达胸怀,需要一种理想的支撑与精神的抚慰,尽管这支撑与抚慰可能是虚妄的。

在一定意义上说,文学艺术,本应部分地承担化育人类德行、抚慰人类精神的使命,本应清醒地保持与以求真为鹄的哲学的距离,独立地开辟人类的精神空间。但在20世纪的西方历史上,文学艺术,却不怎么顾及社会大众的文化欲求,而过分紧密地胶着于玄妙高深的哲学;或者本身就是某种哲学思想的衍生物;或者无视哲学的尴尬,一直在盲目地为其推波助澜。其结果是,许多作品,只是写尽了人生的失意与悲哀,丑陋与龌龊,但却失去了人类统驭丑的自信;只是热衷于宣泄某些本能意识,但却丧失了应有的价值判断;只是为社会提供了某种哲学意义的研究对象,但却丧失了应有的审美趣味。文学艺术,终于被推进一个晦暗的时代,日益更大范围地失去了读者。对于这种状况,英国当代著名历史学家汤因比说过一段话也许是值得深思的,他说:"艺术家如果成了职业性专家,不是为人类同胞,而只是为专家们著述的话,艺术确实不会有什么成绩的。照我的见解,这种东西已不是为艺术的艺术,只不过是为人的艺术而已。从这一意义看,我认为,文学也好,或者科学,或者学问也好,如果只为少数人所有,那才是真正的不幸,并且是社会弊病的兆候。"⑩

文学艺术,当然可以写丑,但本世纪出现的许多此类作品,由于片面注重于丑的客观展示,缺乏对丑的主体统驭,往往只能唤起令人厌恶的如同实际生活一样的生理刺激,而难以得到艺术性质的审美体验。在文艺学著作、美学著作中,当然也需要谈丑,但如果仅从丑的角度谈"丑",甚至将"丑学"作为"美学"的一部分,总叫人感到不伦不类。

文学艺术,当然可以写虚无,可以高深莫测,但如果缺乏理想之光的照耀,一味宣泄,或故弄玄虚,只能徒增人生的迷茫与烦恼。

文学艺术,当然需要不断创新,不断破坏,但作为艺术创造,毕竟又需要建构。究竟怎样才是文学?才是艺术?才是诗歌?才是小说?总该有一定规则。若过于自由与随意,也就毁灭了艺术。且不论怎么创新,总该要有诱人耽读品评的趣味性,即首先要设法满足人们的消遣娱乐需求。否则,又怎么谈论其审美价值?这一点,即使在当代西方理论界,也是早就受到关注的重要问题。法国文学理论家、小说家乔治·杜亚美这样指出:"作品的趣味性这是一个很重要的问题"。仅有趣味当然还不是好作品,"但是,这并不意味着一个严肃的评论家不应该考虑趣味性问题;这也不意味着,为了对抗不良的艺术趣味,我们应该对所有能使我们消遣的作品,抱着一种高傲的蔑视态度。"这位理论家还特别强调:"任何作家的首要任务,特别是长篇小说家的首要任务,要用自己的主人公吸引住读者。我们有权要求一部长篇小说至少不能比它所描写的实际生活更枯燥。"⑪

文学艺术,当然需要自由,需要率性而为,但某些根本规则、基本质素,则是不能随意改变的,否则就不成其为某类艺术了。如绘画总该有色彩、线条,总需要画纸、画布、画板之类,总该要有空间造型;音乐总是要有音符,总是要构成一定的音符系列;小说也总该写人写事,如像后现代主义的一些人所主张的那样,果真"将音乐从音符中解放出来",怕也就没有音乐了;将人体表演看做是绘画艺术,那也就没什么绘画可言了,倒不如干脆叫做"小品"更加名副其实;把小说写得像议论文、像学术著作,那干脆就叫论文、叫学术著作好了,何必仍叫小说?这正如酒必须要有乙醇、衣服首先要蔽体一样。如果不含有乙醇,可以是别的什么饮料,而不必再称之为"酒";可以是别的什么装饰品,而不能独立作为衣服。

与20世纪以来的大多数作家相比,美国意第绪语作家辛格,也许显得守旧和背时了些,他对那种时髦的反人物、反故事、反情节的现代创作思潮甚为不满,公然声称:"把讲故事从文学中取消,那么文学便失去了一切。文学就是讲故事。当文学开始力图以弗洛伊德的学说、荣格的学说或艾德勒的学说来分析生活,它就变得乏味和没有意义了。"他曾抱怨说:"讲故事在我们这个时代已经成了一种被遗忘的艺术。"并表示:"我自己则尽力设法不要患上这种健忘症。"他认为"短篇小说是比长篇小说短的故事。长篇小说是长的故事,而短篇小说是短的故事"。⑫辛格正是凭他那些传统味十足的、重在讲故事的作品,照样博得了全世界许许多多读者的喜爱,并于1978年,摘取了诺贝尔文学奖桂冠。

可见,文学创作,形式创新固然重要,坚守传统也不见得没有出路,关键要看达到的艺术高度。如果有人老老实实地以曹雪芹的传统笔法,写出一部当代内容的《红楼梦》式的作品,大概照样会成为杰作。相反,如果没有什么真货色,只是一味地标新立异,玩花架子,怕也不可能赢得读者。

三　西方现代思潮与中国当代文艺

20世纪的中华民族,可谓世界近代史上最为多灾多难的民族之一。强寇入侵,文化沉沦,政治失误,造成了一次次沉重的心灵阵痛。"国家不幸诗家幸",从文学艺术角度来说,这是一个应该产生"巨著"而至今却不见"巨著"的时代,这是一个应该出现"大家"而至今依然罕见"大家"的民族。更为令人不安的是,中国当代文坛,正在失去应有的刚健骨骼和血性气质,正在加速自身的精神瘫痪症。一大批本应是民族之魂、社会良心、历史旗手的诗人们、小说家们,已经越来越淡漠了作为中国当代作家应有的现实责任感和历史使命感。他们越过了我们的现实,浮在西方现代文化思潮的泡沫上,搅动起了肤浅的文艺浪花。他们或迷恋于超前消费的先锋意识,或困扰于无可奈何的生存状态,或热衷于纯技巧的摹仿与卖弄。

有一些作家,写出了一些看上去莫测高深,颇具哲学气度的作品,然而仔细考究,就会发现不过是某些现成哲学观念的套用或图解。如对于被称为"先锋派"代表作家余华的小说,评论界有一种看法认为,作者以独特的敏锐性,对深刻地贯穿于当代中国思想中的人道主义精神提出了质疑。不断强调和说明的,是人在语言中的无能为力,语言成了控制和压抑人的东西,人,沉溺于自己所创造的符号秩序之中,无可奈何,找不到出路。余华的小说中,或许不乏这种语言哲学的意味,但却不过是对西方某些现代哲学观的图示而已。存在主义哲学家海德格尔早就指出:"只要我们粘着文字和它的含义,我们便无法接近物象本身。"这种现象,倒正如我国著名作家汪曾祺曾经一针见血地指出的:许多作者,"竭力要表现哲学意蕴。这大概是受了西方现代主义的影响和青年评论家的怂恿(以为这样才'深刻')。作者对自己要表现的哲学似懂非懂,弄得读者也云山雾罩。我不相信,中国一下子出了这么多的哲学家。我深感目前的文艺理论家不是在谈文艺,而是在谈他们自己也不太懂的哲学,大家心里明白,这种'哲学'是'抄来'的。我不反对文学作品中的哲学,但是文学作品主要是写生活,只能由生活到哲学,不能由哲学到生活。"[13]有一位作家,在一篇文章中竟这样得意地告诉读者,当他从法国新小说派那儿发现了一部理想范本(米歇尔·布托尔的《变》),从中"找到了一种新的角度——你!"、"看见了一种新的起码在当今中国文坛还未曾出现过的结构形式"之后,居然"差点按捺不住山呼'万岁'","整整啃了 21 遍,当做自己心中的《圣经》摹仿起来"。⑭

80 年代后期,中国诗坛兴起了以消解意象,亵渎文化,反叛诗美,追求"感觉还原"、"意识还原"、"语言还原"为特征的"非非主义"、"莽汉主义"等先锋诗派。实际上,这些诗派的作品,从形式技巧到创作意旨,也不过是在步法国超现实主义、美国黑山派、奥地利维也纳派、德国新主体意识派等西方一些后现代诗派的后尘。这些作品,除了引人怀疑和反叛传统的"诗"之成规之外,本身却很少是成功的艺术。诸如"你见过大海/你曾想像过/大海/你想像过大海/然后见到它/就是这样/你见到了大海/并想像过它/可你不是/一个水手/就是这样/你曾想像过大海/你见过大海……"(韩东《你见过大海》)"祭司的预言爬满虎皮/麦子随之而来从没见过的麦子/黑色的麦子紫色的麦子/那一年尼罗河茂盛/成群结队的鱼在街头抛锚……水里浸过三遍火里烧过三遍/水深火热的麦子有坚硬的牙齿……"(周伦佑《埃及的麦子》)"隔着一堵墙/你和她同时/退下裤子和裙子/两岸便有声音/淅淅沥沥"(张锋《你和一个女人同时上厕所》)。这样的诗,无论背后有着怎样深刻的哲学,无论理论家们怎样阐释其中的微言大义,作为诗,怕是很难让读者感兴趣的。相反,这种步趋洋人,亵渎文化与艺术的时风,可能会诱使许多涉世未深的年轻人陷入歧途,正如诗人、诗歌理论家郑敏在一篇文章中十分痛心地讲过的:许多青年诗人的诗令她不安,为作者浪费他的才华而不安,而且他们往往用"先锋"的字样解释自己语言的不必要的扭曲和内涵的虚假,以"反诗美"作为特点。这些诗,除了新奇,似乎没有其他的意义。但新奇本身不等于艺术。"反诗美"的追求,当它最初被用以撼动伪装的诗美时,是具有历史意义的,但一旦被超常度使用,作为以"丑"代替"美"的同义词时,也就失去振聋发聩的效果了。⑮

在我们的文坛上,虽然,由于某些圈子内的相互趋奉与吹捧,由于某些时髦批评家们不时发出阵阵喝彩,造成了文学繁荣的某种假象,但真正耐品的诗,可看的小说实在不多。连金克木这样著名的学者都曾这样慨叹:"从前有'闲书'可看,可是现今小说都成了高深研究的对象。"⑯绝大多数普通读者更不肯买账,纯文学刊物、书籍销量的锐减便是明证。国外的反映也不像某些国人那样自视甚高。日本有学者认为:往日的《红岩》、《暴风骤雨》、《李双双》虽有某些不足,但在日本却曾大受欢迎,因为它们有着"对时代风云直接体验的迫力","能够打动多数同时代人的社会理想","而新时期文学则相对缺乏这种魅力"。⑰美国普利策评奖委员会也这样认为:中国当代文学整体散乱,看不出构架,很多作者描绘的是无意义的东西,作者群体有落伍意识,人们无法从中国当代文学中了解中国当代社会。⑱

其他艺术门类的情况同样令人丧气。以美术界而论,如青年画家们1985年在杭州举办的"新空间展",1986年在厦门举办的"新达达画展"以及1989年在中国美术馆举办的"中国现代美展",虽轰动一时,但除了"火烧作品"、"枪击作品"之类新奇"事件"(对于中国人而言)一时引人注意之外,也似乎并没有为美术史提供多少艺术价值。且其创新之"新",也不过是对西方人现代艺术试验的摹仿;其理论支撑,也不过是西方人的"现象学"、"解构主义"这类哲学。

想想这些,对于那些不满现状,意欲创新的中国新潮诗人、作家、画家的敬佩之余,却又不能不令人顿生一种悲哀——为我们民族自身创造力的低下而悲哀。在简单趋奉西方人的背后,我们还会看到一种更为可怕的民族自卑心理。的确,近一个世纪以来,在整个世界文学艺术格局中,我们的民族没有赢得应有的地位,很少有作品获得世界性的声誉。实际上,即使我们数千年以来辉煌灿烂的古代文化,西方人亦知之甚少。这其中的原因当然是复杂的,除了西方人自高自大的"欧洲中心主义"和汉语本身的障碍之外,经济与现代科技的落后怕是最关键的原因。显然,在此情况下,我们的民族要想卓立于世界,首先是自身经济与科技的发展。同样,作为文学艺术,也只有牢牢立足于民族文化和我们特定的社会现实,才有出路。如果过分步趋西方,只能进一步丧失民族自尊。

四 理性建设与文艺理想

西方现代与后现代主义思潮在我国的传播与兴盛,当然也是有其深刻的时代及历史原因的,这就是借助于历史的机缘,一个自我个性久遭压抑的民族,从西方人那儿,从尼采、弗洛伊德、萨特等人那儿,找到了反叛权威,寻求个性解放的思想武器。但在社会基础、历史条件等方面,我们与西方人又有许多根本的不同。西方社会是以现代理性压抑了人性的,而我们是以非理性压抑了人性的。在我们的历史上,从"君主意志"到"个人崇拜",从照搬苏联模式到"十年动乱",骨子里都是"非理性"的。与西方人相比,我们根本没有体验过笛卡儿"我思故我在"的哲学自信,我们跨越一个建立规范和完善秩序的时代,这就使我们对非理性的肯定与西方人不是在同一个基点上,对准的不是相同性质的目标。西方人是源于对资本主义条件下高度发达的科学理性和过分严密的社会理性的怨恨,我们则主要是源于对缺乏理性秩序的封建性的权威意志的不满。

由于文化背景和文化结构不同,在西方,本是有意义的东西,到我们这儿,便极有可能发生质变。

20世纪的西方,"非理性"思潮虽一直在波翻浪涌,但同时却又受到了这样三种强硬的理性力量的抗衡与制约。一是文艺复兴以来形成的对人生价值、个性价值有着正确把握的人文主义思想;二是精神自慰、精神信仰意义上的现代宗教;三是严明健全的法律制度。在这样强固的理性氛围中,"非理性"可以在调谐理性的过于严酷方面产生积极意义,而不论怎样张扬,却终不至于泛滥。

而在我们这儿,本应是与道德律令、社会责任相关联的个性主义,却很容易质变为自私自利的"个人主义";本应是与肯定自我,尊重人权相关联的人性解放,却极易异变为兽性本能的发作。因为中国人骨子里没有宗教,没有上帝,也没有经过西方文艺复兴以来相当一段时间的人文主义文化的熏陶。而可以成为抗衡与制约兽性本能力量,近乎宗教的儒家学说,从五四运动以来,则已被当做封建垃圾,给予了彻底的批判与否定;而多年以来确立的,作为中国人精神支柱的社会主义道德、共产主义觉悟,由于历史进程的缓慢与曲折,特别是由于商品意识的突然兴盛,也已受到了严峻的冲击;我们的法律制度也一直极不健全。可以说,我们是在反叛了封建意识,但却没有新的坚实的理性依托和精神保障的状态下,饥不择食地突然接受了西方现代派思潮的。这就难免有买椟还珠之憾。

在西方,不论现代主义还是后现代主义,都是基于对人类理性的失望,对形而上学思维方式的不满。而对于以直觉思维见长,习惯于权力崇拜的中国人而言,形而上的思维方式不是多余,而是不足。在我们的文化传统中,真正的理性一直被掩抑在"非理性"的阴影中。至今,权大于法,长官意志,个人崇拜,法制意识淡漠,这本来就是"非理性"的产物。因此,在当今中国,更需要的是真正的理性建设,而不是"非理性"的过分喧嚣。

与西方人相比,我们面临不可偏倚的双重任务:感性解放与理性建设。

特别是处于社会转型期的当今中国,在人文精神失范,法制力量依然薄弱,物欲极易恶性膨胀的社会条件下,我们既需要感性的解放,同时又需要科学理性与社会理性的建设。我们的任务要比西方人艰巨复杂得多,绝不是简单照搬西方人的文化就能解决我们千头万绪的问题。与这相关,作为与文化建设密切相关的文学艺术,同样不应该只是简单地趋奉西人,尤其不能盲目地陷入"非理性"、"玩文学"之类的小圈子里。文学艺术,说到底,总是要和人生发生密切关系的,因此就一定离不开时代性、功利性和思想性。概念化无疑将致文学艺术于死地,但概念化不等于思想性,一个没有思想的作家、艺术家,很难成为一个真正有成就的大作家、大艺术家。我们反对概念化,不是不要思想。只是主张:一、这思想应是个人创造性的,而不是轻易挪移自报刊、广播或政府文件;二、这思想应是具有重要意义的,是与社会人生密切相关的;三、这思想应化为作品中的艺术血肉,而不是马克思所批评的"时代精神的单纯传声筒"。车尔尼雪夫斯基说:"文学……就其本性来说,它不能不是时代愿望的体现者,不能不是时代思想的表达者……只有那些在强大而蓬勃的思想底影响之下,只有能够满足时代底迫切要求的文学倾向,才能得到灿烂的发展。"⑲针对我国目前的文艺状况而言,我们深感有重申车尔尼雪夫斯基这一论断的必要。

在新世纪到来之际,中国的文学艺术界,整个文化界、思想界,应该保持清醒的头脑,在承认西方现代文化思潮深刻性的同时,也要切实认识到:那些痛苦而又激进的欧美思想家们,虽然敏锐地意识到了社会问题的严重,但实际上,他们并没有找到文化拯救的妙方。许多有识之士,已开始将目光投向东方,投向中国。许多人断言,21世纪,将是中国人的世纪。这显然不仅指经济,也包括文化。因此,我们必须总结历史的经验,做出正确的选择,这就是:既不该盲目自大,不分青红皂白,重新沉迷于传统文化,更不能急功近利,不顾现实,完全被动地适应外来文化,而是要积极地,在综合吸取的基础上,创造新的文化,并以此促进我们民族的文学艺术以及其他各方面的健康发展。"天行健,君子以自强不息",这才是我们民族文化的风骨,也应是我们民族文学艺术的风骨。

注释:

① ③ 参见伍蠡甫主编《现代西方文论选》,上海译文出版社1983年,第367、64—67页。

② 杨荫隆主编《西方文论大辞典》,吉林文史出版社1994年,第76页。

④ 参见陈慧《西方现代派文学简论》,花山文艺出版社1985年,第10—11、116页。

⑤ 转引自《文学评论》1990年第6期,第36页。

⑥ 鲍维娜、王梅《小说:作家心理"罗曼史"》,青海人民出版社1990年,第213—241页。

⑦ 何帆等编《现代小说题材与技巧》,中国文联出版公司1989年,第205页。

⑧ 让-皮埃尔·理查《文学与感觉》,顾嘉琛译,三联书店1992年,第11页。

⑨ 崔道怡等编《"冰山"现论:对话与潜对话》,工人出版社1987年,第126、127页。

⑩ 阿·汤因比、池田大作《展望二十一世纪——汤因比与池田大作对话录》,荀春生等译,国际文化出版公司1985年,第76页。

⑪ 见王忠琪等译《法国作家论文学》,三联书店1984年,第101—102页。

⑫ 参见《现代小说题材与技巧》一书。

⑬ 汪曾祺《小说陈言》,《小说选刊》1989年第1期,第111页。

⑭ 《怎么写》,1987年6月27日《文艺报》。

⑮ 郑敏《我们的新诗遇到了什么问题?》,《诗探索》1994年第1期。

⑯ 《金克木小品》,中国人民大学出版社1992年,第133页。

⑰ 《当代作家评论》1988年第2期,第34页。

⑱ 转引自《作品与争鸣》1992年第4期,第29页。
⑲ 见北京师范大学中文系文艺理论教研室编《文学理论参考资料》,春风文艺出版社1982年,第401—402页。

原载《文艺研究》1996年第5期

陆建德

海上逐"后"

戴厚英的《人啊，人》英译本名 *A Brick in the Wall*，评论家说，书名若译成 *Humanity! O, Humanity* 听起来就太空泛。英美图书界也不是一概回避宏大的词语，"后现代"的命运比戴厚英的"人"好得多，它风光了几年后还是徐娘不老，时时在新书目录中露脸。

"后现代"的谱牒无比繁杂，有人把当代欧美的奇才怪杰一塌刮子罗列于它的名下，于是独到的论说披上大而无当的"后现代"罩袍后反而显不出特有的棱角。学术界有的人士对"后现代"仍是敬而远之，偶尔使用也会加个引号或夹带些嘲讽。奇怪的是它非但在公共论坛顽强地活了下来，还在一些领域碰撞出许多声响。可惜，50 年以来"后现代"阐释者之间缺乏交流沟通，各唱各的调，唱得有板有眼，听起来却是叽里呱啦一片嘈杂。读者不得不时时提醒自己："谁的后现代？"这是万花筒里碎玻璃拼出的图案，冥府的阴森、俗世的艳丽和未来的荣光兼而有之。约翰逊博士在评福斯塔夫这"不受模仿且不能模仿"的活宝时发出"叫我如何形容你"的感叹，"后现代"还真的与莎士比亚笔下的福斯塔夫十分相像，它拖人下水但又讨人喜爱。福斯塔夫肥胖臃肿，大腹便便，"后现代"则是话语通货膨胀的产物。

"后现代"是各种话语自由活动的舞台，也是权力的争斗场。你能为整个历史时期定性吗？你能用一个词概述当代社会全景吗？"后现代"明灯高悬，乾坤分外清。你的命名得以流通，时代的解释权非你莫属，作为时代的主人你就有站在世界之巅的欣快。

据说，现在"后"字已不代表时序，但要界说"后现代"，"现代性"又是必要的参照。谁的"现代性"？黑格尔、尼采还是洛克？它始于何时？文艺复兴、启蒙时期还是公元5世纪？英国批评家克里斯·鲍狄克说，当人们讨论"现代性"和"有机社会"时，它们早已成为任人描述的死者，它们是否确实存在过呢？不断有勇者（如席格蒙·鲍曼）争先涌入天使不敢涉足之处："现代性"意味着秩序、纯洁、规范性制约，后现代指向无序、杂交、超越并打乱一切既有范畴，它是混沌中的个人自由。

读者可以轻而易举地用另一种后现代来驳斥这一高论。也许担心后现代容易被滥用，作家们往往不敢接受它的冠冕，同时他们也不会为了"后现代"特征（如无选择性写作法）而对自己的创作念紧箍咒。苏珊·桑塔格被誉为后现代的先锋，但是她却拒绝这份好意，并指责后现代"正在使人们脱离具体的历史现实及问题"。我们不妨从让·鲍德里亚版本的后现代论点来为桑塔格的批评做注。

应该说，鲍德里亚对消费社会和媒体的分析可以使资本主义的崇拜者读之憬然，但是他把资本主义对所谓社会代码的垄断绝对化，于是一切对人类社会的认识都被说成是与客观现实完全脱节的、基于"仿真模式"的一套套能指符号，真理问题最终被归结为权力问题，真伪之辨也不再有存在的必要。以此为逻辑，用阿多诺的话来说，"谎言也早就失去了它歪曲现实的真实作用"。鲍德里亚在面对"具体的历史现实"时又是如何做理论的发挥的呢？

在海湾战争前后，鲍德里亚在英国《卫报》和法国《解放报》发表揭露"虚拟战争"的文章，他说到以美国为首的盟军和CNN时声色俱厉，指出处处都是形象的把戏，都是宣传与欺诈，然而他的结论却是："在海湾，战争的结果已预先通过我们的眼睛、感官和话语被寄生病毒——逆转录酶病毒——吞噬了。这就是为什么我们只能提出这一假设：这场战争并没有发生。既然它已结束，我们只能思考它的未发生。"他的推论似乎是合理的：我们首先必须思考这场战争的可然性、可信性，检视能证明它确实发生的种种材料，不然"支持或反对它就是白痴的行为"。可是他的理论预设使他拒绝相信一切信息，桑塔格所说的"具体的历史现实"被他方便地悬置起来。貌似极具批判力的理论从根本上否定了获取实际知识的可能，从而也消解了任何可能形成的对霸权的抵制和反抗，它只是在政治上清静无为的世界里自求多福。克里斯多弗·诺里斯在《无批判力的理论》(1992)一书中引用了一些揭露美军如何滥杀已失去战斗力的伊拉克士兵、轰炸红新月会(穆斯林国家类似红十字会的组织)救护车辆的资料,并由此抨击鲍德里亚逃避世界事务的"后现代"政治阳痿症。(我们还可以另举一例。去年北约轰炸南联盟时,某些参与侵略战争的国家的媒体一味渲染塞族暴行,而轰炸的直接原因仅仅是南联盟拒签朗布依埃协议。到了6月份,有的媒体又开始炒作科索沃北部特雷普查地方一个所谓塞族军队掩埋阿族尸体的"万人坑",从普遍"人权"出发来为轰炸辩白的哈贝马斯更可以心安理得了。鲍德里亚当然熟知妖魔化的伎俩,但是排除了认知现实的可能。联合国战争罪行国际仲裁法庭经过4个月的实地调查后承认,特雷普查没有"万人坑",没有塞族人在那里滥杀无辜的证据。对此鲍德里亚有何高见?笔者切盼哲学界人士借《读书》一角介绍苏珊·哈克的力作《证据与调查研究——重构认识论》。)诺里斯是解构主义最出色的阐释者之一,他将解构主义区别于后现代,倡导康德式的理性——这理性不是帝国主义霸权话语的禁脔,倡导乔姆斯基式的对"具体的历史现实"的积极参与意识。然而令人遗憾的是他一系列批判后现代的著作在我国尚未引起重视。诺里斯和伊格尔顿(《后现代的幻象》,1997,谁读不出书中挖苦、戏仿乃至愤怒的口气?)一样,都不认为后现代是无所不包的现象,它只是一种欧陆知识界的特产,一种认为与其向饥民提供食品还不如挠他们痒痒的政治文化的立场。

欧陆特产往往借道美国形成全球性影响。鲍德里亚的美国道友杰姆逊也是后现代之父。杰姆逊不承认后现代只是诸多风格、现象中的一种,它被演示为后期(晚近)资本主义文化的主导因素,而后期资本主义既是灾难,又是进步——进入历史更高阶段的不可避免的环节(难怪论文集 *Approaching Postmodernism* 在我国被误译为《走向后现代主义》)。抵抗后现代是徒劳的:"后现代是一种历史现象,要用道德的或说教的判断性语言来思考它最终必须被谴责为一种认识分类上的错误。……文化批评家和道德家……和我们大家一样,已深陷后现代空间之中,深深地浸渍于它的新的文化范畴而产生曲折(inflected)变化,老式的意识形态批判只是一种奢侈,对他者的义愤填膺的痛斥是行不通的。"杰姆逊本人的辩证法想必也产生了"曲折变化"。既然如此,还不如濯缨濯足,随遇而安,上上策则是顺风驶船。加拿大哲学家查尔斯·泰勒在评述福科与真理问题时指出,福科的学说看起来是揭露了恶,然而他又尽量使自己不像是在揭示一个必然的结论,即否定或战胜这些恶需要提倡善。就此而言,福科、鲍德里亚和杰姆逊的策略如出一辙。

杰姆逊的"文化逻辑"仿佛揭示了铁的规律,其实他的后现代大块文章只是煞有介事的一面之词。他以相当的篇幅用洛杉矶的好运旅馆(Bona Ventura)来阐明"后现代空间"和"封闭的范畴"。该旅馆入口处的轻描淡写(是否与周围的地势、交通有关?)在波特曼的作品中并无代表意义,如果它的玻璃幕墙有抵制外部世界的作用,那么原东柏林菩提树大街上建于同一时期、也采用巨大玻璃幕墙的共和国宫就是后期资本主义的见证了。这例子说明,后现代的"文化逻辑"无非是杰姆逊阐释意志的表达:

> 后现代话语所表达的是一个"阐释",而不是"事实";是有条件的"假设",而不是可以无条件接受的"真理"。

这精辟论断是盛宁《人文困惑与反思》(1997)一书的结语。该书副题为"西方后现代主义思潮批判",作者涉猎广泛,分别从背景、思潮和人物三方面追溯了后现代的源流和变异(这也是佩里·安德森新作《后现代源流考》的话题)。清理、打扫后现代的奥吉厄斯牛舍不能说没有非凡的耐心和胆量,解构主义、新实用主义、女权主义、新历史主义、后殖民主义都在作者的视野之内,而利奥塔、哈贝马斯、德里达、福科、鲍德里亚、杰姆逊这些我国文科大学生听得耳满鼻满的一时之秀也是介绍与分析的重点。作者没有挟"后"自重,他对"后现代话语平移"现象的批判是及时的警钟。这"平移"指的是近年来某些传播后现代的学人忽略了后现代各构成部分复杂的背景和或隐或显的、有时是互相激烈冲突的文化政治的动机和纲领,把特指的概念不加区别地奉为普适的命题;"平移"既忽略了人文学术中的价值关怀,又忽略了文化差异(尽管某些被戴上后现代帽子的学说所强调的恰恰是文化相对主义)及发展中国家所面临的紧迫问题。

由于后现代指涉不明或指涉太广,要对它进行有的放矢的批判十分不易。从盛宁新作的书名来看,"后现代主义思潮"似乎对"人文"构成了威胁。"人文"内含丰富而且多歧义,能做一些界说当然更好。自从存在主义问世以来,反本质论的学者(从罗蒂到爱德华·赛义德)身上往往有人文(本)主义的血脉,罗蒂的价值偶成论(contingency,相对于价值普遍性、永恒性)就是一个可以发掘的富矿。谈后现代必然会提及罗蒂,但罗蒂的主要目的恐怕还是通过重写他所说的"老后们"("posties")一些概念来充实美国实用主义的人文传统。

要求对这些人物的学说做出全面、公允的评价未免太苛刻了。也许我们没有必要将注意的焦点始终集中在热门话题(或曰"前沿课题")上。由此想到商务1987年翻译出版的一本小书《二十世纪法国思潮》。作者约瑟夫·祁雅理抱怨道,当今的时代迷恋玩世不恭的游戏和近乎虚无的怀疑,一切都不受敬重,学术界流行反叛和穷追猛打的拷问。但是很多学者不擅发表宣言或煽动蛊惑,他们的沉默不等于他们的缺席:

> 因为亵渎和怀疑是青年人的通性,所以青年人自然地倾向以为世界是以阿尔都塞、拉康、福科和德里达为中心的。这样过分简单化是任何评价现代图景……的企图所遇到的自然危险之一;人们所听到和看到的只是那大叫大嚷的鼓动者,而那些思考着和默默地工作着的人则不被注意。可是,在大多数情况下,是后一种人代表社会生活和思想的真正结构,他们维持着作为生活本质的运动。

这"过分简单化"在我国已造成令人担忧的后果。盛宁对此隐隐有所察觉,他在《后记》中写道:"多年来,一直与理论打交道,与生动活泼的文学实际疏离太久了。看来是时候了,把各种各样的理论稍稍放一放,到文学作品世界中去兜一兜风。"将学术跋涉称为"兜风"不失为风趣的自谦,不过作者的焦虑还是显而易见的。希望盛宁今后在"兜风"时多多关注西方学界那些"默默工作着的人",那些在我国没有明星大腕的地位但在自己的领域作出贡献的学者。

理论与文学(或其他领域的具体研究)的"疏离"在我国已露出端倪,这或许是我们不成熟的图书市场对理论的需求所致。笔者因偏见而佩服的艾立克·格里非斯(Eric Griffiths)曾将理论导读比做适宜于各种细菌繁衍生长的河底淤泥(他指的是一本当代文学理论导读,并称作者应被套上颈手枷示众),实际上,出色的理论家并不热衷于撰写大学理论教科书,他们并不是一边做抽象的理论发挥,一边喝令文史哲经典退出自己的视域。真正的理论大师是勤勉细心的读者,他们时时亲近自己研究的对象。"解构主义者"米勒来华讲学时正在重读19世纪英国作家特洛罗普的作品,当他从上衣口袋里掏出牛津蓝皮袖珍版特洛罗普的小说轻轻摩挲时,我们为他对文学的挚爱而感动。近些年来,转述这个主义、介绍那个思潮的图书接踵而来,我们在由衷感谢作者、译者和编辑的辛劳之余,还在暗中企盼理论传播者熟悉被分析的作品或所牵涉的话题,能够辨别理论家各种阅读和梳理的优劣高下。如果精细的感觉触角在干巴巴的理论教条压迫下萎缩,那将不仅仅是个人的损失。拉康和德里达分别在50年代和70年代分析过爱伦·坡的《被窃的信件》,盛宁在从学于杨周翰先生时就对爱伦·坡做过研究,如果他在"兜风"时回到爱伦·坡,相信他会自然而然地弥合理论与文学之间的裂痕。

　　熊十力先生曾说:"吾国学人,总好追逐风气,时之所尚,则群起而趋其途,如海上逐臭之夫,莫名所以。"后现代经过几年的兴奋后并未在我国成为"时之所尚",盛宁这部著作今日仍有劝阻效尤之功。由"海上逐臭"想到"海上逐'后'",当然,"逐"也有"放逐"、"驱逐"之意。

原载《读书》2000年第2期

陶东风

后现代主义在中国

一

如果从杰姆逊的讲演集《后现代主义与文化研究》一书的问世算起,西方后现代主义理论在中国的传播已有近十年的历史。其间出版了多种关于后现代主义的译文集和研究著作,论文更是难以计数。目前,关于后现代主义的讨论在中国学术界仍颇为热闹,而且已跨越译介的阶段而进入中国问题研究,后现代主义也已超出开始时的文学界而成为当代文化研究的支配性范畴之一。

国内关于后现代主义的讨论是在缺乏基本的对话可能性的基础上进行的,参与的各方差不多是在那里自说自话。他们所理解的"后现代",无论作为认知范畴还是作为价值取向都相去甚远,评价当然也就难以一致。但大致说来,在讨论各方中可以概括出以下三种倾向:1. 认为后现代作为分析范畴可以恰当地描述当今中国的社会文化状况,作为价值取向则体现了对话主义与多元主义;2. 认为后现代作为分析范畴根本不适合于中国问题研究,它与中国的现实严重脱节,作为价值取向它等于虚无主义;3. 认为后现代作为分析范畴可以有限定地用于中国问题分析,而作为价值取向它也存在着两面性。

我是比较赞成第三种取向的。我以为第一、第二种倾向都把后现代主义(无论作为分析范畴还是作为价值取向)及中国的文化现状简单化了。"后现代主义"作为产生于西方当代的分析范畴,与中国的现实文化状况存在着不可避免的错位,中国文化在当代呈现出空前的混杂性、拼贴性,后现代主义文化只是其中之一。这样,对于后现代主义文化及理论的鉴别与吸收就必须从中国文化的这种特殊语境出发,认识到:1. 对于当今中国这种"杂交"的文化,后现代主义这一分析范畴的适用性是有限度的,夸大这种适用性无疑是对"后现代主义"概念与中国文化现状的双重误读。一方面,被极大地"中国化"了的所谓"后现代主义"已不是西方语境中的后现代主义;另一方面,如果中国问题的研究者先在心中横梗一后现代主义的偏见,不断强化这一偏见以至于一叶障目,那么,他所见到的中国就不是真正的中国,而是人为地制造的后现代的"中国",他甚至提不出真正属于中国的问题。因为很显然,没有先在的一套话语系统与学理构架,就无从提问;而如果这种先在的话语系统与学理构架与中国的社会文化现实相去太远,那么,所提出的问题就只能是伪问题。目前学界在这种伪问题上做文章者大有人在。2. 后现代(主义)又的确是当今中国诸多文化分支中的一支,如果完全否定当今中国文化中的后现代主义因素,那也是对中国文化的一种简单化的看法,没有看到中国文化的复杂性。从这个意义上说,后现代主义的分析范畴又有一定的适用性。这样,完全排斥或全盘搬用后现代主义的理论都是不可取的,理智的态度是有条件有限度地使用这一概念,并使之与中国的社会文化现实之间形成良性的互动关系。从中国的现实、中国的问题出发寻找适合的分析构架而不是从僵固的理论构架出发制造问题、宰割现实,这应当是目前中国问题研究的一个基本原则。

从价值取向上看,我以为后现代主义具有双面性,它是有力的消解手段与批判武器,怀疑一切原则与中心;同时也可能滑向一种嬉皮士式的游戏一切的"潇洒",在无限度的自由背后是真正的自由的丧失。联系后现代主义在西方出现的时代背景,可以发现,后现代主义在文化、话语领域的放荡不羁、无限度主体扩张,恰好与现实政治与生活领域中集权主义的强化同时出现,与一种新的统治方式——技术专制主义、传媒霸权主义同时出现。后现代主义既体现了现代人对这种新的统治的激烈的发泄反抗,也包含了发泄反抗后的妥协。正如杰姆逊所指出的,后现代主义一方面是对现实社会与政治的强烈反抗,另一方面,这种反抗"现在不再使任何人感到震惊,不仅被非常满意地接受下来,而且还使自身成为制度化的,与西方社会的官方文化结合起来"。①可见,在后现代的激进主义中的确含有无可奈何的妥协,这是不能不警惕的。即使在当今中国的许多具有后现代色彩的大众文化中,也不难发现这种集反抗与妥协于一身的品格。

二

在考察中国的后现代主义时,还必须看到它在中国的特殊接受语境中可能发生的变形。实际上,在许多使用后现代主义的分析范畴与学理构架分析中国文化的文本中,所谓的"后现代"已经蜕变为另一种专制主义权力话语,表现出与后现代精神背道而驰的"霸气"和惟我独尊的一元主义排他性。在这些批评家那里,后现代主义成了争夺话语权的工具,他们捧出"后现代"这一武器,只是因为它新鲜时髦,而在一个惟新是从的商业化时代,新鲜时髦本身就是一种权力。于是许多人都不同程度地呈现出争"后"恐"先"、惟"后"是追的媚"后"心态,作家、艺术家以"后"为荣,争相进入"后"的行列,对"后"这一前缀的任意使用终至"后"的泛滥成灾。现在的中国批评界给人以这样的印象:只有后现代主义话语才是最先锋的话语,而只有最先锋的话语才是最有权力的话语。在当前学术界颇为时髦的反思现代性的思潮中,后现代主义的这种话语/权力运作机制表现得相当突出。不少人运用后现代主义的学理构架与价值取向检视与批判从"五四"到1980年代以现代性或现代主义为核心的文化启蒙工程。应该说,检视乃至批判"五四"与1980年代的文化启蒙不但合理而且必要,而后现代主义也有资格成为可资利用的检视角度之一。但值得指出的是,对现代性的反思与批判必须是开放的、多元的、宽容的,或者说这种反思与批判本身也是经得起再反思与再批判的,而决不能是独断的、专制的、排他的、惟我是从的。遗憾的是,当前许多以后现代主义为武器对现代性文化启蒙的激烈排斥,正好是建立在另一种新的独断论、一元论和新的二元对立思维模式的基础之上,这种二元对立模式即现代性/后现代性、现代主义/后现代主义。许多论者在揭露、批判现代性话语所隐含的现代/传统、进步/落后的二元对立模式的同时，自己也陷入了一种同样僵化的二元对立模式与独断论立场，而这，恰好是后现代精神的反面。事实上，在中国变了形的后现代主义，在一些基本的理论预设与价值取向上与其说是后现代的，不如说是现代的甚至前现代的。如上面提到的二元对立就表明，中国的后现代主义论者在对时间的看法上与"五四"时期信奉现代主义的启蒙一代是相当一致的。这就是，一方面，把时间的未来之维加以神化、注入价值，使未来本身被不容置疑地合法化，成为自明的价值。另一方面，过去在这种时间的神话中被贬值，成为同样是不证自明的伪价值。新与旧的二元对立就是在这样的基础上产生的，它被用于社会历史观和文化价值观，涉及社会科学与人文科学的几乎所有方面。有意思的是，当今的后现代主义论者在批判"五四"激进反传统知识分子的启蒙话语时，不无深刻地指出了这种二元对立的偏颇及西方中心主义，但在这样做的时候，他们是把后现代主义当做比现代主义更新的因而也是更有权力的话语来追逐的，从而陷入了不可自拔的悖论，也丧失了后现代主义的宽容精神。利奥塔指出："后现代知识并非仅仅是权威手中的工具；它增强我们对于差异的敏感，促进我们对不可通约事物的宽容能力。"②德国学者曼弗雷德·弗兰克也认为："新结构主义者的结构不再有明晰的边界，它是开放的，有无数的变化和转换的方式，它放弃了任何对具体的'话语事件'进行统治的野心。"③总之，后现代主义崇尚多元，反对用单一的、固定不变的、普适的逻辑、公式、规律和原则来说明和统治世界，它强调开放性、丰富性和多元性，承认并容忍差异；它坚决反对任何试图将自己的选择强加于人、使异己的事物屈服于自己意志的霸权野心；它尊重各种关于社会构想、生活方式和文化形态的选择。

　　这种多元取向本身就决定了真正的后现代精神不可能对现代主义采取势不两立的态度。许多西方后现代主义理论家都一致认为，在现代主义与后现代主义之间不存在截然的鸿沟，后现代主义保持并发展了现代主义兴盛时期批判精神与先锋姿态。著名后现代主义理论家伊哈布·哈桑反复指出："现代主义并非戛然而止，后现代主义也并非突然发生。现在它们二者是并存的。新的东西是从旧的基础上诞生的。""历史的过程既是连续的又是不连续的，因此后现代主义在今天盛行——如果说它确实占据了主导地位的话——就不意味着历史的中断,也不意味着旧的观念和体制对今天已不再起作用了。"他指出,由达尔文、马克思、波德莱尔、尼采、塞尚、德彪西、弗洛伊德、爱因斯坦等人的思想所形成的强大的文化观念,至今仍在西方人的头脑中起主要作用。他还断言:"现代主义和后现代主义并没有被铁幕或中国的万里长城分成两段:因为历史是一块可以擦掉字迹重新写的石板,文化可以渗透到时间的过去、现在和未来。我觉得我们大家既是维多利亚人,又是现代人,还是后现代主义人。"④也许正是因为认识到了现代主义与后现代主义这种你中有我、我中有你的关系,德国学者沃·威尔什把他的论文的题目起为"我们的后现代的现代",并指出:"后现代主义并不像它的名称所暗示的以及流行的看法所误解的那样,是一种'反现代'的思潮。应当说,它的基本内容在20世纪上半叶作为科学和艺术的主旨便已经存在,只不过当初它们大多停留在一种主张、宣言或构想之上,或仅仅是某一领域的特殊现象,而今天它已经开始全面而深入地成为我们的生活现实。在这种意义上,后现代思维应当理解为现代主义的继续和发展。"⑤如果说在历史发展的阶段性相对清晰的西方情形尚且如此,那么在当今中国的文化大拼贴时代,就更不用说了。

　　同时,从中国当前的文化战略着眼,我认为现代主义所具有的文化精神在当今中国依然应当加以发扬。从"五四"到20世纪80年代的以现代性为核心的文化批判、文化启蒙,虽然存在这样那样的缺陷(如西方中心主义,全盘西化,激进反传统,现代/古代、西方/东方的一套二元对立思维模式等),但不能因此而否定它的历史意义与现实意义,不能把后现代主义中心化、霸权化、神圣化,然后再用这种权力话语来取代现代主义的权力话语,这样做既违背了后现代主义的真精神,也有悖于中国从前现代走向现代的总体历史进程,以及与这一历史进程相适应的文化发展战略。

　　最后,从文化与制度的关系看,中国的现代主义文化始终未曾占据什么中心的地位。一种文化价值的力量,其地位及其对社会存在的实实在在的影响,极大地取决于它的制度化及制度化的程度。一种没有被制度化或制度化的程度很低的文化只能处于社会文化系统的边缘。在西方,现代主义文化之所以能成为中心正是借助于制度化的力量,现代主义的许多内容都已经极大地制度化,成为制度(包括社会政治经济制度与文化艺术制度)的内在构件与价值根基。杰姆逊分析说,在西方,现代主义艺术已经成为经典而被规范化与制度化,正因为这样,现代主义才得以入主西方艺术王国的中心,甚至"像梦魇似的压在活人的心头"。后现代主义就是对这种被制度化的文化压抑的反叛。他指出:"从历史上看,后现代主义的确始自反叛,反叛现代主义在大学校园、博物馆及音乐厅中的制度化,反叛特定建筑风格的规范化,这种牢固的制度和规范在那些成年于 20 世纪 60 年代的一代人看来是一种压迫。难怪他们放弃现代派的价值观并力图借此有计划地为自己争取一方呼吸的空间。"⑥实际上不仅艺术中的情况是如此,整个西方社会制度的建构也都极大地建基于近代以来形成并确立的一整套现代性价值系统(如理性、自由、个体人道主义、主体性等),它们已极大地制度化、具体化以至固化在至今仍相当强大的制度之中。这样,西方后现代主义的反叛,一方面的确是有感而发、有的放矢;另一方面,这种反叛对于稳固的社会制度而言又只能是"语言革命"、"纸上谈兵",很难从根本上消解制度化了的现代性价值系统。

中国的情形就不同了。源于西方的现代性价值系统尽管在"五四"及 20 世纪 80 年代的精英知识分子中得到大力提倡并走向偏激与情绪化,但却始终未曾得以制度化,始终是外在于制度的,即使在今天,情形也依然是如此。现代主义的文学与艺术在大学、博物馆从未像现实主义浪漫主义那样被制度化为真正的中心,现代性的价值系统在我国的社会制度建构中更是始终处于边缘甚至长期被压抑与排斥。这样,现代主义在中国事实上始终是处于文化的边缘,更谈不上成为什么文化的霸权了。如果说现代主义在中国曾经是或已是文化的中心未免有点危言耸听,甚至让人怀疑是人为地在那儿树一个中心以作为靶子或作为推出后现代主义的策略。重申这点对于我们认识真正的霸权不无好处。

三

据杰姆逊说,后现代主义在西方正"左"、"右"受敌,对后现代主义的道德谴责同时来自左翼及右翼。对激进的左翼来说,后现代主义的影像逻辑不仅复制了晚期资本主义的逻辑,而且还强化补充了后者；而对于右翼来说，后现代主义标榜极度的多元与相对，必然走向价值虚无主义。有意思的是，在中国，后现代主义似乎也面临着相似的命运，受到来自多方面的夹击。一些人把它当成消解官方意识形态的洪水猛兽，而秉承"五四"启蒙传统的部分精英知识分子则忧心忡忡地觉得后现代主义正在与文化的商业主义合谋，消解着人文精神及现代主义的价值取向。然而这两股反对势力的出发点又是相去甚远甚至南辕北辙。这种情形必须被置于中国当今文化的特定语境中方可得到理解。

中国文化与中国知识分子目前正处在一个大分化大重组的时代，原先那种以"左""右"为标准划分的对峙格局已被打破，而新的格局和新的阵营又尚未形成。许多不同的文化要素、文化倾向、文化潮流交叉纠缠，同时并存，构成了相当复杂的语境。一般为学者所认可的是官方文化、精英文化、大众文化的三元描述方法。而这三种文化之间也不是泾渭分明，而是相互交叉，你中有我、我中有你、同中有异、异中有同，与80年代的文化格局不可同日而语。即使是精英文化，也存在内在的分歧，显示出多元的走向。后现代主义文化与理论在这样复杂的社会文化语境中出现，其命运也就可想而知了。后现代主义的主要批评者们表面看来都对后现代主义消解一切的极端化的价值相对主义与虚无主义不满，尤其是对所谓"痞子文化"、玩文学、玩人生的游戏态度不满，但在这种表面的相似后面还是存在很大的差别。一些人担心的是后现代主义对官方意识形态的消解，甚至还可能心存对原来的计划体制模式的留恋，他们要重新建构高度一体化、政治化的文化中心；而那些热衷于建构人文精神的知识分子，虽然也反对后现代主义消解一切的态度，但他们所要建构的中心是一种超越于政治和经济的实用主义的纯而又纯的文化价值，用他们自己的话说，就是终极价值、终极关怀，他们把政治实用主义与经济实用主义，把一切非终极的不管什么样的实用主义都当成是人文精神的敌人。他们之反对后现代主义不是出于对从前计划体制的文化一元主义的留恋，而是因为后现代主义彻底的怀疑精神对于他们所要建构的终极关怀同样是一种可怕的消解力量。终极关怀必须建立在形而上学的中心之上，而后现代主义则恰好是任何形而上学、任何中心的大敌。

四

的确,后现代主义作为一种崇尚多元化与相对主义的文化思潮,它的力量与局限、积极性与消极性从来是不可分离地结合在一起的。作为一种有力的解构武器,后现代主义可以有效地消解曾在中国长期以来,特别是"文革"时期形成的据统治地位的高度政治化的文化一元主义,由于这种文化一元主义在今天仍然阴魂不散,所以后现代主义在中国就有了不可否定的积极的批判意义。某些精英阵营的知识分子之所以对所谓"痞子文学"持基本的肯定态度,其出发点就是要借助于它来消解文化专制主义、文化一元主义。因而他们尽管也承认所谓"痞子文化"、大众文化、消费文化有其不可克服的弱点,但其消解与批判作用是主要的,因为即使从建构人文精神的角度说,人文精神的对立面首先也决不是什么大众文化、痞子文化,而是僵化体制,是独断论、一元论、绝对论。

但是,后现代主义是一柄双刃剑,它在消解一切的同时也消解了文化价值建构的基础与可能性,它的极端相对主义的确隐藏虚无主义的因子,甚至发展为无原则的宽容、滑头、玩世、玩人生,更不用说玩文学、玩文化。这样,后现代主义的革命精神就有可能走向它的反面,在表面的激进背后是与真正的专制妥协共处,或使自己的激进立场停留于语言造反、纸上谈兵,接受现实安于现实;它的怀疑一切的态度有可能使得人类的基本价值准则、伦理也无从建构,使所谓的多元蜕变为无规则的无序与混乱。

在这里,我们遇到了人类思维与文化选择所面临的一个基本困境,它既表现在认识论方面,也表现于价值论方面。一方面,人类只有设定认识与价值方面的一些基本点(阿基米德点),以作为真知与至善的基础,才能确保其认识活动与实践活动不致完全坠入相对主义与虚无主义,由此就有了思想史上的各式形而上学,如本质主义、理性主义、基础主义,乃至终极关怀之类;但同时,认识与实践活动中的这个中心点又有可能发展为排他的、一元的、专制的话语霸权,成为僵固的整体、绝对的中心,从而扼杀了精神的自由,走向真知与真善的反面,于是不断地就有一些怀疑论者出来解构这中心、质疑这中心,提倡多元、相对,怀疑论、相对主义、解构主义、后现代主义开始登台亮相。然而当这种怀疑论的、解构的后现代的思潮走向极致的时候,又会导致极端的相对主义乃至虚无主义,从而使得一切知识与价值的建构全部面临消解的危险。这时又会有人出来再次强调相对主义的效域。中西思想史上都充满了这种本质主义与反本质主义、理性主义与非理性主义、基础主义与反基础主义、绝对主义与相对主义的消长与斗争。在一定的意义上说,我们对于后现代主义的矛盾态度也是这一思维困境的表现。一方面,没有一种价值的中心又如何能克服极度膨胀的相对主义与虚无主义?如何消除价值与意义的危机?相对主义与多元取向的确可以有效地防范专制,但它如果缺少另一种力量的制衡又可能走向滑头哲学、玩世主义;另一方面,对于文化价值中心的设定又必须是开放的、宽容的,不能是封闭的、排他的,否则就会走向真理与价值的反面、民主与自由的反面,成为文化专制主义。(此外,对于文化的实用化的强烈拒斥以及对超实用的文化价值的诉求,可能导致忽视文化的专制主义的实实在在的威力,而使这种诉求成为一厢情愿的幻想,使所谓的终极关怀始终流于不触及真正的现实问题甚至回避问题的空谈。而对世俗化、市场化的批判如果不与对一体化的计划模式的清理同时进行,就有可能把这种批判不自觉地引入对于原先的"光明梦"的留恋,给人一种人文精神失落于市场经济的错觉。)

　　我以为,克服当前文化价值建构中的上述悖论,关键在于处理好多元与中心、相对与绝对、世俗与神圣、物质与精神、整合与开放等不同诉求之间的关系,这将是中国文化乃至世界文化价值建构的一个核心的课题,同时也是一个相当棘手的难题。我以为这需要在两种诉求之间形成良性的互动关系与制约关系,也就是后现代主义的倡导者与人文精神论者的握手言和。为了防止相对与多元取向的极端化,我们应当有一些基本稳定的具有普遍效度的文化规范。但我更倾向于把它称为人类行为的基本伦理准则而不是什么终极目标,我以为终极的东西是属于个人的,是个体性的而不是普遍性的,它存在于个体精神世界的最深处,是不可也不必推广或与他人共享的。它的作用不在于把全人类的精神世界统于一,而是在于为个体的灵魂提供一个可寄托的家园。每个人的家园都可以不同,不必也不可强求一律;否则就是对个体自由的侵犯,是

"是可忍孰不可忍"的行为;但同时,人的行为又必须受到基本的价值规范与伦理法则的制约,这种价值规范与伦理法则是具有普遍性的、可推广的,是不可以用文化的或价值的相对主义为借口加以拒绝的,是解构主义的大师德里达与福科都不能不加以保留的。这是一种最低限度的人类共识,它完全可以通过个体与个体之间、群体与群体之间、民族与民族之间的平等对话而达成。在1993年8月召开的"世界宗教议会"大会上,来自世界上各宗教团体的6 500多名代表通过了《走向全球普世伦理宣言》,以作为各宗教共同认可的最低限度伦理原则,这可视做是寻求人类最低限共识的一个有意义的尝试⑦。我想,对于这样一种最低限度的共识与原则,无论是后现代主义者还是现代主义者,是多元论者还是中心论者,是世俗主义者还是超验主义者,是现实主义者还是理想主义者,是留恋日常生活者还是追求崇高伟大者,是小写的人还是大写的人,都是应当也可以接受的。至于终极的、超越的精神家园,我觉得还是留给每一个人自己去建构、去营造,它倒不妨是一元的、绝对的、排他的甚至是专制的,只要它没有世界统一于我、人类统一于我的扩张欲、霸权欲就行。即使它终极得不能再终极、超越得不能再超越、中心得不能再中心、绝对得不能再绝对,只要它限于个体精神信仰的领域,就不会成为剥夺他人自由的文化专制主义。

注释:

① 杰姆逊《后现代主义,或晚期资本主义的文化逻辑》,见王逢振等编《最新西方文论选》,漓江出版社1991年,第335页。
② 利奥塔《后现代状况:关于知识的报告》,见《世界文学》编委会编《后现代主义》,社会科学文献出版社1993年,第58页。
③ 弗兰克《正在来到的上帝》,同上书,第88页。
④ 哈桑《后现代的转向》,中译本,时报文化出版企业有限公司1993年,第67、140、146—147页。
⑤ 见《世界文学》编委会编《后现代主义》,第97—98页。
⑥ 杰姆逊《后现代主义与晚期资本主义的文化逻辑》,见《世界文学》编委会编《后现代主义》,第129—130页。
⑦ 参见《东方》1995年第2期。

张清华

认同或抗拒
——关于后现代主义在中国的思考

后现代主义在我国已经引起了广泛的争论。除了某些为文化传统和政治概念所影响的争议以外,一个显而易见的事实是,后现代主义所对应的发达的后工业社会时代在中国并未到来,与后现代的情绪和氛围完全背道而驰的东西还很严重地存在着。那么,倡导后现代主义在文化与艺术上有没有其现实合理性?它在文学上所带来的影响是什么?我们在文化策略上是应顺从,还是抵抗?这些是很需要探讨的问题。

虚妄与意义:作为理论策略的后现代主义

后现代主义,正像有的西方学者所指出的,它的提出,首先是一个理论或概念的策略。第一,它是对一种与现代主义文化现象有所区别但又复杂得难以说清的文化现象集合的概括。第二,它在每一个具体的使用者笔下又有很大的灵活性,具有概括的广阔可能性与选择自由度。正如后现代主义重要理论家、荷兰学者汉斯·伯顿斯所指出的,"后现代的合法性只能是高度假定性和暂时性的,它并无本体论基础。它是狭隘的和脆弱的,并且包含着悖论。"[①]这一概念的产生是基于对通常所称道的"现代主义"之后所出现的众多纷繁复杂的文学现象的某些"统一性"的假定指代或概括。这种统一性是否存在?似乎难以肯定。比如为后现代理论所概括的所谓"中心消失"向边缘扩散的"不确定性"的特征本身,就已昭示了它们并没有真实的共性与统一性的特征。这就是它的理论"悖论"。所以什么是"后现代主义"?这在西方近20年中已有过众多迥然不同的论述和说明,而且至今也并未获得完全统一的认识。在历经十余年的争论之后,后现代主义的概念逐渐扩大,开始通行。但从一些较具代表性的定义中,仍然可以看出它们本身的庞杂与繁冗。以较广泛地得到人们的承认的伊哈布·哈桑的理论为例,他曾开列了一个具有如此"无法指向一个稳定的、界定明确的中心"的"单子",以表明后现代主义那些朝向现代主义相反方向进行对抗的特征:"元物理学/达达主义;反形式(分离的、分开的);游戏;机遇;无规束;疲惫/沉默;过程/表演;即兴表演;参与;反创造/分解/对立;缺失;离散文本/互文;合成句式;并列结构;转喻;结合;根蒂;反解释/误读;能指;手迹的(作家的);反叙述;圣灵欲望;多形的/雌雄同体的;精神分裂症;差异(difference)——延异(differance)/痕迹;反讽;不确定性;内在性"②等等。在这些几乎无所不包、根本没有任何"中心"的概念集合和"术语学的迷宫"中,哈桑又强调,"不确定性"(indeterminacy)和"内在性"(immanence)是其两个根本的极点,不确定性代表着中心的消失和本体论消失后的扩散和弥漫的结果,而内在性则代表着使人类心灵对上述所有现实本身的必然适应的倾向。

在后现代主义所使用的诸多术语如公开性、多元主义、异端邪说、折衷主义、随心所欲、反叛、变形、扭曲、反创造、解体、无中心、转位、差异、断裂等等概念中,都可以看出它们在方法与艺术特征上的无限弥漫性与解构特征(这种特点的无限扩散本身就是对特点的消弭)。国内的一些学者,如王宁对这些特点做了概括,并结合中国当代文学中的某些表征,归纳出六大后现代主义特征:二元对立的消失;意义与价值中心的扩散;纯文学与俗文学界限的消失;戏仿、摹拟;情感零度;反讽等。③这些概括虽然有不无褊狭和牵强的一面,但毕竟指出了当前中国文学中的某些实际。近几年内,还有其他几位青年学者在介绍西方后现代主义理论与批评的同时,结合以近年当代文学的实际,做了许多大胆的开拓性探讨。但是,事实和逻辑上的疑问仍然是轻而易举的,这种疑问包含了对"后现代主义"事实可能性与合理性的双重怀疑。毕竟我们是在很短的历史时空区间内来审视近年的文学现象的,许多误读和假想的对应是不可避免的。而且,西方学者似乎也从来没有承认在欧洲以外的其他地方已拥有后现代主义,包括亚洲在内。"迄今为止,这一概念仍然毫无例外地几乎仅限于欧美文学界。"这是杜威·佛克马所下的结论。他甚至明确地说,"……西方文化名流的奢侈生活条件似乎为自由实验提供了基础,但是后现代对想像的要求在饥饿贫困的非洲地区简直是风马牛不相及的,在那些仍全力为获得生活必需品而斗争的地方,这也是不得其所的。""也许从一个宽泛的意义上说来,'后现代'这一术语现在也用在一些生活水准较高的地区,例如日本或香港,但是后现代主义文学现象仍局限于某个特殊的文学传统。……我现在尽可能说得清楚些,后现代主义文学是不能摹仿的。"④显然,在佛克马看来,后现代主义是对应于西方后工业社会的特定的文化(包括文学)景观,同时,它又是针对着一个固有的现代主义文化传统的,是一种历史的否定逻辑,它不仅是接着现代主义文学而来的,而且是与之逆向相对、背道而驰的。而这些条件,无论是共时的,还是历时的,其他地方都未真正具备。

然而,事实和逻辑有时又是不完全相等的。从事实的角度讲,西方——具体地说,就是欧美自从现代以来的文化思潮已经完成了一次世界化的传播运动,因此作为其中的一部分的后现代主义也同样具有传播的可能性。尽管它们在工业化程度还不高的地方并不具备真正的"摹仿"性,但是类似的体验性的"戏拟"或"戏仿"已以其鲜明的"后殖民文化"特征而被广泛地实施和操作。更何况,后工业社会的物质背景和文化语境也正由于世界性贸易与信息传播的方式与渠道而弥漫到全世界,作为后现代主义哲学支持的"反文化"的各种思潮以及本世纪最具有广泛影响的存在主义哲学思想都已在全世界范围内得以传播。在这种条件下,后现代主义作为一种文化的可能和理论传播行为,在类似中国这样的前工业化国家里便具有了虚妄和有意义的双重特性。一方面,作为后现代主义物质支撑的后工业社会在中国还是一个神话,因此,在文化的逻辑上它所对应的西方文化阶段应该是现代主义而不是后现代;但另一方面,由当代世界的文化共生性和传播性所决定,作为理论策略的后现代主义又便于承载和表达这种传播。在这方面,最早来中国介绍后现代主义文化理论的美国学者弗·杰姆逊曾做过一个极好的说明,他认为,从"文化分期"上讲,"资本主义已经历了三个阶段,第一是国家资本主义阶段,形成了国家市场,这是马克思的《资本论》的时代；第二个阶段是列宁的垄断资本或帝国主义阶段；……第三个阶段则是二次大战之后的资本主义。第二个阶段已经过去了，第三阶段的主要特征可概述为晚期资本主义，或多国化的资本主义"。⑤相对于文学艺术的发展，"第一个阶段的艺术准则是现实主义的，产生了诸如巴尔扎克等人的作品；但随着时间的流逝，时代的进步，生物学意义上的'变异'不断发生，于是第二阶段便出现了现代主义；而到第三阶段现代主义便成为历史陈迹，出现了后现代主义"。他强调，"后现代主义的特征是文化工业的出现。在欧洲和北美洲这种情况是具有重要意义的，但在第三世界……便是三种不同时代并存或交叉的时代，在那里，文化具有不同的发展层次"。⑥这段话可以说为第三世界（殖民地文化世界）后现代主义的存在提供了两个理论基点，一是工业化（资本主义）三个不同阶段的共时重叠，自然就包含了后工业社会的某些特征；二是"文化工业"这一现代文化生产与传播方式的决定。即使在经济尚未十分发达的前工业化国家，文化的市场化工业性（类似发达国家的）生产特征亦是相当普遍的状况。"市场——文化——消费"成为文化的商业运作的一般公式。这些特征虽然不完全等同于中国当前的社会文化特点，但许多相似性亦是无法排除的。因此，介绍乃至倡扬后工业文化、后现代主义文化艺术理论又不能不说是有充足理由和有相对意义的文化策略。从最低限度上说，它能够保持中国与世界最新文化的密切接触，同时也使得当前文化与艺术理论的构成在日益商业化的社会氛围中具有相对的真实性和客观性。

美国当代学者哈罗德·布鲁姆在研究当代作家与文学传统的承继关系时曾提出了"影响的焦虑"这一著名概念，他认为，当代作家面对前人在艺术与人性的各个领域已无所不在的事实，会感到一种走不出阴影的焦灼。这样，他们就在努力体验和摹仿前人创造的基础上，尽量寻找传统中尚薄弱的一面，以加以放大，并在心理和逻辑上造成一种"逆反式"的效果，即不是前人影响了他们，而是他们"修正"了前人，并创造了在名义上属于他们自己的风格。⑦而实际上在我看，如果这种"影响的焦虑"的心理症结能够成立的话，那在横向上——在前工业化国家对工业发达国家文学影响的接受上会更加明显。新时期以来我们的作家理论家实际上一直是处在开放的兴奋和"走不出阴影"的焦虑中疲于奔命的,在十几年时间中,他们在重重艰难与挫折中几乎是以飞行军的速度完成对百余年西方文学思潮发展历程的体验性重任的。到现代主义这里,这个漫长的征途似乎才告一段落,它可以标志着中国当代文学与西方文化和艺术思潮理论对接的当代化完成了,仅从这一点上,对后现代主义理论的引入就体现了它的策略意义与合理性。但是对接是在虚蹈的情形下完成的,对于中国当代文学来说,这种虚蹈所证明的后现代主义的"乌托邦"色彩表明了它的双重特征与悖论,即,它是以特定的形式延续了先锋文学与先锋理论家所承担的先锋历史使命的,尽管后现代本身是对"先锋"和深度模式的反动,但在中国却是以相反的使命出现的,在当代中国的后现代主义文学现象与理论结构深处,实际上还蕴蓄了与它的本体截然相反的东西,也就是说,它们仍然体现了某种"先锋"特性,仍然继承了几年前现代主义理论与创作实践所延续下来的具有启蒙功能的历史使命,这正是它的策略性与意义所在。当然,对接一旦完成,这种使命便告终结,而且会迅速走向它的反面。从事实与趋向上看,后现代主义在中国推进的结果必然在本质上是悖反于先锋作家的初衷的,先锋运动在抵达后现代主义的门槛之日,就是它进入了埋葬自我的坟墓之时。用这句话来概括他们的悲剧命运,当不为过。

后现代理论策略的另一个明显的作用,是它延续并完成了对旧式理论与批评话语的"切断"工作。这曾是一项艰巨的工作和沉重的历史使命。由启蒙主义到民族(救亡)主义发展而来的现代泛政治理论话语曾经在我们的文学写作和理论批评中占据绝对的统治地位。新时期以来,话语中心由教条政治向着宽松的政治,又向着文化的语意世界转移,泛文化语境终于代替了泛政治语境。当然,以启蒙解放为使命和功能的泛文化话语实际上仍然具有很强的中心性质,但它却为最后的扩散提供了逻辑前提。在这个过程中文学实际上蕴涵了进步(不如说是回归或复原)与衰变的双重趋向,一方面文学归返到了它自己的自足天地,成为个体的抒情与娱乐手段;另一方面,文学被要求具有的强烈的正义感与自由精神以及启蒙主义的主题、功能、价值和光荣的历史使命也逐渐消失了。但在理论界与批评界,由于人们仍然受着惯性思维的限定,因此实际上存在着的两个集合(一为偏守传统的政治批评和社会学批评模式,一为以倡导文化开禁为使命的启蒙主义批评模式),仍然未能随着创作的进展与之相应地进入新的批评话语之中。只是随着结构主义和文体学等形式主义批评方法的进一步扩散,才有部分的改换和推进。后现代主义理论话语的引入,它的强大的消融性与包容量以及其全然不同的批评视角,将会产生一种对上述两种批评模式同时"切断"的效应,以强制其不得不随着创作视角与话语的变革而有所变化。适应,或者沉默,看来已不可避免地成为旧式理论批评的两种选择。

话语的选择、解构或解放的成果与悖论

后现代主义因素或"后现代性"在新时期文学中——当然主要是在"先锋文学"中——究竟有多少成分呢?

在我看来,后现代主义在中国的存在事实首先并不是一种价值意识和文化精神的历史性变更,而是一种话语的摹拟和选择。而且这种选择除了中国当代作家和理论家的某些主动性的努力,更重要的是取决于一种历史性的巧合,即中国权力文化的解构运动与西方后现代文化氛围在表征上的某种重合状态。换言之,我们在很大程度上把权力文化解构过程中的话语解放、转型、逃逸、失范、无确定性、接受的消解、个性的扩张、破坏的意向等等现象,把价值中心、意义中心的解体所带来的文化的"无主题"流向、变异、轻飘、流失、边缘渗透、反中心主义逻辑、反讽语境、痞子文化的放大等等效应当成了后现代主义带来的文化后果,这不能不是一次历史性的巧合和误读。但事实上同样作为一场解构主义运动的后现代文化现象,西方的后现代主义又无可置疑地与中国当代的文化解构有着惊人的相似性,尽管对于两者来说,解构的对象,其文化属性几乎是完全不同的。西方后现代主义是针对现代主义文化无限的个性、意义、深度、精神神话和语言的乌托邦等终极追求的反拨,这种现象是现代主义自身扩张至困境而自我崩溃的后果;中国的文化解构是语言的极端政治中心化、价值形态脱离客观物质基础与参照等。它的本体与西方现代主义除了价值取向与话语风格的乌托邦追求(又是何等不同、相去万里的乌托邦啊)这一点上的相同之外,几乎风马牛不相及,西方的现代主义是对个性主题

和寓意深度的极端张扬,而中国当代政治中心主义文化恰恰是以对个性的否定,主题深度的定向规范为特征的,因此,否定的结果是不一样的,在西方后现代主义那里,对现代主义的否定导致了一场平民主义文化运动,大众文化价值观在最初借助了先锋作家的某些反拨式的操作以后,最终又取而代之,精英文化与大众文化的界限已近乎完全消灭。而在我们这里,否定的结果首先是一场以先锋作家与理论家为标志的现代主义运动,在先锋意识与大众文化之间仍然存在着一条真正的鸿沟,因此,任何将中国当代文化的解构现象与西方后现代主义运动的等同判断都是虚妄的,没有根据的。但是,在话语的解构与运作过程中,就其失重、逃逸和边缘化特征而言,它们是重合的。

另一个表层相似同时又有内在不同的基础是,人的理想的崩溃。杜威·佛克马曾描述西方后现代主义的人文观:"后现代主义世界观是长期的世俗化和非人化过程的产物,文艺复兴时期确立了以人为宇宙中心的条件,而到了 19 世纪和 20 世纪,在科学的影响下,从生物学到宇宙论,人是宇宙的中心这一观念愈来愈难以自圆其说,以至终于站不住脚,甚至变得荒唐可笑了。""人们势必得出这样的结论,人类充其量只是自然一时冲动的结果,而决不是宇宙的中心。"⑧ 现代主义者的哲学先驱尼采虽然曾发出"上帝死了"的宣言,但人本主义仍然作为某种神话为他们所坚守,而 100 年以后,以米歇尔·福科为代表的后现代理论家们则毫不避讳地宣布:"人死了。"这样也就意味着当代西方人的存在哲学抵达了人类精神探索的最后地带。这一结论意味着人们对任何人为的神话的拆除,对任何终极意义,包括从现代主义者那里继承而来的言语中心主义的彻底怀疑。与之相似的是,"文化大革命"时的中国,也感验到了一次人的终极理想的崩溃。在随之而来的愈卷愈大的经济、物质与商业的狂潮中,这个政治的神话以其徒具外在空壳的特征构成了当代中国人文价值与话语方式的奇妙而强烈的反讽状态。在透示着强劲异己力量与物化色彩的商业氛围中,以个人为核心的人本精神与价值也已成为洪水中飘摇不定的浮物与覆舟。尽管所肢解的母本和原物是不同的,但肢解的方式以及所造成的效应却是十分相近的。

谁也无法排除今天中外文化在密切的交流与对话过程中后现

代主义的理论与价值意识的自然渗透,但旧的权力文化的解构流散与转型正是中国文化能够接纳这些外来影响的现实基础。所以我认为如果在理论上承认中国当代文化与艺术实践中的后现代主义,那主要应当是一种话语的摹仿与选择。尽管从本质上说,正如佛克马所断言的"后现代主义文学是不能摹仿的",但历史的巧合又为这种摹仿提供了背景和基础,中国当代泛政治意识中心以及与这一中心相适应的权力话语伴随着巨大历史震颤和深远的文化冲击波的解构景象、商业文化不断弥漫和以其新的"权力"扩张所构成的广阔的历史情境都使这种摹仿具有了不可抹杀的真实性。此外,在这种条件下,话语的某种变形和增殖也会导致我们的误读。比如王朔,在许多后现代理论阐述者和评论者那里,他都已成为中国当代后现代主义文学的有力佐证,他的小说成了许多评论家指称后现代主义作品的典范文本,事实上,这就是一种典型的误读,是话语在特定历史情境下的变形与增殖效应。就王朔本身来说,他并没有像许多评论者所说的那种理论自觉和艺术追求,他只不过是整个文化价值解构过程中的一个有代表性的写作现象而已,是一个"写字儿的",他笔下的那些"准嬉皮士"和带"痞子气"的人物虽然具备了某些文化意味,但这些人物身上的特征并不主要是在其当代特性上,而是一种带有很浓的"习惯"和传统文化意味的人格现象。王朔把他们活灵活现地写出来,可以视为在以某种社会的"边缘"人格对传统人格中心和文化价值中心的嘲弄,看做是"边缘"话语对社会和政治中心话语的某种"反讽"。但究其实质,除了王朔真实地反映了某些"京味"语言的油滑特点以外,这只是理论家们变着法儿把新的"理论话语"套到他头上的结果,是当前人文背景的一种折射,是一种"深刻的误读"。实际上王朔从来就是一个通俗(或曰畅销)小说作家,而且是一个颇富才华和技巧的作家,但他从来就不是一个严肃的先锋作家。

再譬如《废都》,到目前为止,似乎还没有人把它列入后现代主义"文本"之列,但在将来的文学史中,也许历史会选择这部小说作为我们这个解构时代的符号,"废都"这个名字本身就是富有象征意味和增殖可能的,它是解构的崩溃的文化景观的一个缩略和集合性词语。但很显然,它所表明的是中国由一个政治核心的价值划一的社会向着一个商业核心同时又具有多元特征的社会转型过程中,文化的一个无序阶段,在这样一个特定阶段人文价值的混乱和迷失状态,而不是什么典范的后工业社会的景观。

  在面对后现代主义批评家的先锋小说作家那里,话语的增殖和误读扭曲也不可避免。在后现代理论强大的"结构性"和覆罩作用下,他们似乎已完全具备了后现代主义作家的价值观念和话语特征,而事实上作为 20 世纪 80 年代中期探索作家的后继者,作为自觉不自觉地继承了 80 年代文化启蒙情结的一批作家们,他们也许更多地是出于为了取上代作家的"中心"而代之的目的而采取了一些比他们更加"先锋"的艺术策略。但实际上他们中的许多一直是以不懈的努力在建构新的"深度模式",如残雪小说对人性注定的困境与苦难的充满绝望情绪的揭示与后现代主义认同现实、取消焦虑的特征恰好是对立的。苏童作品对历史纵向过程的平面拆解,尽管不无"新历史主义"的方法特征,但其文化喻意也堪称极深,在《1934 年的逃亡》《妻妾成群》一类作品中可以说充斥着成群的文化意象与心理(人性)隐喻,与后现代主义以叙述和能指为本体、削平主题深度的特征也具有显著的差异。马原、洪峰、余华、格非等人的作品都以明显的形而上的抽象思考投射到人类的生存行为(如"性")的困境之上,从各个不同的甚至是完全对立的层面上揭示人类精神结构的悖论性特征与历史循环的苦难命题,尽管他们的叙事策略以及精神指向都具有某些同后现代主义相似的特性,但其对人类生存的显在的终极关怀的主题与不断通过对应于历史逻辑的形而上思考和以象征方式进行文本建构的方法,与西方现代主义作家们所曾努力的方向也如出一辙。然而,由于"理论策略"的需要,后现代主义批评家们忽略了这些。另一批被称为"新写实"一派的作家也是如此,"认可现实"、平民主义价值倾向等特征似乎可以成为论证他们的某种后现代倾向的依据,但深入到这类作品产生的文化背景上看,它们只是一个特定的文化沟坎上的产物,是一段文化低谷中阴暗的艺术回响,其鸡零狗碎的灰色人生景象实际上仅表明了一个特定阶段的文化标签,并不是一个有自足意义的艺术行为。由于其话语风格所表明的现实表征,所以它们增殖的可能性便比较少,因之不是特别受到后现代批评家们的看重。

  总体上,在我看来,先锋小说家们只不过更多地采取了叙事话语的某些激进策略,以确立他们在新时期这个被压缩了解构(与解构之解构)过程中新的先锋地位。在新时期的话语变革过程中,政治话语的自我否定,文化话语对政治话语的否定,文化话语向能指——叙事本体话语的转化,几乎是被压在一个平面上进行的,它们内在的历史逻辑并不清晰。这就造成了新时期文学话语选择中比较混乱、交叠和焦虑的状态,文化话语在一段时期里曾因为承担了类似文化启蒙运动的任务,在艺术中有过众望所归的时期,但它仍是一种中心主义的话语,其意义和言语的终极理想也给文学带来了一个空前疲惫和困惑的时期,语意的历史主义追求在当今的现代化时代要求与日益浓重的商业文化氛围中不断显示出其悖论性质,所以时间不长,在寻根文学的文化—历史话语的自身困惑中,它很快又成了新的更加自由轻松的叙述——能指的本体话语的解构对象。到此时,新时期的话语变革和解放才算是完成了关键的一步,文学的写作从社会、历史和文化的中心地带回到了边缘,它的自身。

但是,无疑这种解构主义的话语选择在背靠社会价值的解体与混乱的背景时,同样表现了空前的混乱,它在还文学以真实的原生本体的同时,也打碎了原有秩序中意义与言语的神话,在这个历史的过渡地带,其语意在面对传播功能的时候也发生了接受的危机与误差。倘若说在1992年以前的几年间,它们还由于种种社会因素的折光而成为人们关注的焦点,其语意也还具备了某些较稳固的定向传播功能的话,在高潮陡涨的1992年以后,就只剩下完全流向个体内心的一极了,意义的逃逸、轻飘和传播中的流失很快地瓦解了"先锋小说"自身,一个对抗于旧式中心的"相对中心"也命定地走到了尽头。文学已没有什么真正的热点和话题,批评家们仿佛已面临失业的窘境,要么重复旧话,做无人问津的絮语呢喃,要么改从他业,这也算是因果轮回、自食其果了。

另一方面,对写作的操作者来说,由"不可摹仿的摹仿"所带来的怯虚与焦虑,由语意本身出于各种原因所导致的轻化与流失,在两个方面刺激和折磨着他们,在完成了解构的十字路口、放射形的叉路口上,话语选择的无限可能性反而使他们无所适从,任何相对集中的方向与潮流已经消失了。

合理的反拨:纳入历史合力的策略回守

"面对后现代:研究还是拒斥?"当我面对这样一个诘问的时候,便想起两年前我所写过的一个题目:《面对后现代:守住那最后的家园》。在那篇文章里,我曾阐述过我的一个理论主张,即对抗的策略。在后现代主义的时尚和潮流中转而采取某些相反方向的文化策略与艺术努力,才会对我们的艺术更加有利,这个方针既有逻辑上的合理性,同时又有事实上的经验教训可以汲取。在上文中,我已经从悖论分析的视角对当代中国的后现代主义文化艺术现象的存在状况做了阐述,这也正是我在这里重提所谓"对抗"策略的前提。在文学的文化和艺术方向的选择上,我们一味追随所谓的历史潮流紧跟时尚的教训已经太多,趋时与浮躁局面也大大妨害了艺术的沉积和深化的过程,使文学的发展更多地停留于表面。当然,这样说并不意味着诸如现代主义和后现代主义的新思潮在中国并未受到抵制,问题是我们是在哪一种意义上抵制的?这是一个复杂的问题,简而言之。西方人文化的发展是处在一种历史的纵向逻辑之中,否定、反否定、否定之否定是其文化内部矛盾斗争的构成规律,而这种本原与否定之间的斗争实际上是处在同一种历史逻辑与文化境遇之中的,它体现了文化发展中的自足自律性规律;而我们近代以来的文化,尤其是在现当代时期的文化发展却完全消解了这种纵向逻辑性,而完全在一种人为设置的横向概念中来决定其文化立场。比如在20世纪80年代初关于现代主义的长时间的争论以及后来不了了之的结局,多数观点是抵制现代主义,但这种抵制并不是文化上的一种历史辩证和对抗,而完全是一种阶级和种族观念的对抗的代替,我们并不是出于别的原因而抵制它,而是因为它"是资本主义世界的东西"而恐惧之。在这里,我首先要申明的就是,我所谓的抵抗与上述政治概念上的立场是完全不同的,是力图体现历史进程中必然存在的纵向逻辑之中的反否定策略。在这个意义上,"守住那最后的家园"正是以对后现代主义的"研究"(而不是"拒斥")为前提的。

对中国当代社会历史状况的准确定位是抵抗策略现实合理性的依据。在前文中我已就此做了分析,尽管我们无法排除杰姆逊所说的那种三个阶段——对应着现实主义艺术的原始积累时期、对应着现代主义艺术的"帝国主义"时期（即前工业化时期）和对应着后现代主义艺术的后工业化时期——的重叠在我们这个时代同时共在的局面，但就最根本的社会因素而言，仍然是前工业化时期。后现代主义批评家们常常是有意放大了我们这个时代的某些后现代特征，而对其与后工业社会中许多截然相反的文化景观则"策略化"地给予缩小或干脆视而不见。他们过多地强调了我们所处的文化解构的价值失衡的背景，对我们社会的物质基础与后现代主义文化之间风马牛不相及的状态则不予提及。可事实上许多西方后现代主义理论家却把物质的富有状态和国家的"福利化"、社会利益的某些"拉平"现象看做是他们文化中那种"平民主义"、"平面化"、"界限消除"和"个人风格难以实现"等等后现代特征的必要的现实基础。所谓后现代主义正是由于社会的福利化的"太平盛世"所造成的"颠倒"和"危机"的奇怪的文化景象。

　　后现代主义的话语与意义解构运动所带来的显在的悖论和负面效应更使我们有理由采取抵抗的策略。为后现代理论家们所描述的那些后工业文化景观比之现代主义文化既是一种前进，但同时也更意味着全面的放弃和瓦解，文化运作失去了它自从文艺复兴和启蒙运动以来的一切理想模式，一切作用于社会的积极动力，理性、正义、真理等一切终极追求和意义建构都被削为平面。与这种"全面的溃败"的文化景观相对应，在中国当代所发生的这场解构运动既给我们的文学带来了生机、更新和发展的机遇，但同时也引发了一场全面的"溃败"与瓦解。回顾20世纪80年代以来它的运动过程，我们不难看出，在它的第一个逻辑阶段，即文化语意对政治话语的解构与替代阶段的确是富有成果的，它给我们的文学与文化带来了一个前所未有的激动和灿烂时代，我们亦曾因之对文学的未来抱有无限的希望与憧憬。但很快，在它还没有来得及充分展开、进入操作和收获的时刻，我们就很快发现这是一场过于天真的梦幻。一方面来自旧的文学和文化观念仍不断以异己的价值判断对它做出拒斥，另一方面更由于经济相对于政治的超前发展所带来的商业化氛围和价值准则的内在基石的解构与动摇，使它很快便处于被打倒和否定的位置，一场"解构的解构"运动一夜之间犹如陡涨的洪水弥漫而来。的确，正如许多后现代理论家们所阐述的,它以其无所不在的渗透与瓦解力量破除了多年以来使我们的文化畸形发育、不断向着偏执的政治语意中心的狭小胡同做自我捆束的困境,为文化和语意的寻找自由与归返家园开辟了广阔的道路与空间。但是,一个不可拒绝的文化悖论也随之摆在我们面前,一场文化解构运动在某种意义上与十几年以前结束的那场文化浩劫不也有着某些惊人的相似之处吗?就连后现代主义的评论者们也对此不无忧虑:"后现代主义的艺术运动与分解主义盛行不约而同在进行着本世纪最轻松而又最可怕的一项工程——'拆除深度模式',他们把我们指向一个没有着落的轻飘飘的空中,我们除了在那里游戏,除了怀疑和空虚还能干什么呢?"⑨

面对中国当代社会的前工业化性质,面对文化解构运动所带来的深刻悖论,我们是否更应该把文化倡扬的策略定位在对应于前工业化社会的现代主义阶段呢?在这迅速扩展的无边的商业氛围中,在价值坍塌、精神消殒、真理缄默、理想褪色、良知逆变的文化危机中,在人们普遍的忧患与焦虑中——我当然不是一览无余地泛指这个时代的所有特征,比如经济改革的推进和物质生产的迅速发展,而是单指文化与道德传统价值的解构现象。实际上经济的迅速前进恰好衬映了文化的失重和混乱。

20世纪80年代的中国文学也经历了一次抛弃和解构的过程,一个巨大的文化转折落差展现在很短的历史空间里。但是如果从社会的现实基础来看,这种毫无根据的提早的转折则不免令人想到虚架在空中的楼阁,犹如一场文化逃亡和放弃沉船的集体灾难一样的文化解构更多的是来自主体的脆弱和民族性格的不成熟,这不是文化发展过程中自动的解构,而是一种弱小的民族心理面对外来文化强大吸力的一种虚妄比附与屈从——这也许就是所谓"后殖民文化"的本质特征吧。另一方面,在文化语义与政治语境的错位式的对抗中,暂时的挫折也增强了这种解构的逃亡色彩。事实上,我们完全应该,也完全可以回到80年代的文化起点上,同时也更认真、更真实、更纯正地重历一场现代主义文化运动,它将在既不排除与新的所谓后现代话语的某些开通,同时又从根本上继承了启蒙主义文化与文学以来的正义理想精神、终极价值追求和深度语意建构等等传统,从而创造出真正适合并推动着我们这个时代前进的当代文化与文学,以在这个价值与信仰受到湮没与挑战的年代里担负起守护和捍卫的历史责任,这并不是在构想一种旧式的神话,而完全是出于时代的需要。况且,即便它仅仅属于一种过时的理想,即使它完全是一种悲剧式的不可抵抗的文化抗争,它也应是一次历史的实践,是民族精神的英雄主义的张扬,而这种悲剧本身就将构成重大的艺术探求。

先锋文学的真正使命就在于它对于政治意识中心所辐射出来的主题、叙述中心和话语权力的不断深入推进的反叛与解构,一旦这个过程完结了,它就应重新为自己定位,并调整它过于超前和激进的策略,否则它就将陷于自我迷失和瓦解的境地。近几年来它的外观的消失就已表明了这一内在文化逻辑。在这样的时刻,文化和艺术上的应有的自觉就是至关重要的了。有社会责任感的人们应该自觉地阻止解构后文化的恣意蔓延和虚化流失,让它从无意义的高蹈流虚中回到现实地面上来。

不管从哪一个方面,资本主义的经济—文化悖论对中国当前的社会(市场经济化是其典型特征)也是适用的,20世纪80年代以来的文化解构现象正是这一悖论的具体体现。因此毫无疑问,相应的保守主义态度应该是特别具有合理性的,更何况我们在文化的实际立足点上与贝尔所处的后工业阶段还相去万里呢。徒然的超前只能得人皮相而失落了真正的自我。

前面我实际上已不止一次地阐述保守的策略,这是基于人类普遍的文化和艺术现象的。正如包括马克思在内的许多哲学家所揭示的那样,在人类的经济与文化、物质生产与精神生产之间,存在着不平衡的规律,精神文化的运作有其自身的独立性,因此这也决定了人们在文化运作中策略的独立性,它不必完全依附于政治和经济运作的需要。同样,在艺术生产和总体的文化运作之间,也存在着不平衡性。艺术家的文化策略完全可以独立于一般的文化立场。在近代以来的最具广阔影响和艺术成就的作家那里,没有几个不是在其艺术创作中采取了相对保守的文化策略的,首倡启蒙运动,号召人们摆脱宗教愚昧而唤起精神理性的卢梭,却在它的小说中宣扬回到大自然的神话;带头掀起反对古典主义艺术的浪漫派领袖雨果、英国的湖畔派诗人们,却在他们的小说和诗歌中追怀中世纪的田园牧歌与宗法传统理想;巴尔扎克、狄更斯、屠格涅夫、托尔斯泰……他们无不是怀抱着"旧式"的人文理想和宗法观念去评判社会、表达他们悖逆于社会历史的思想和作品主题的,但也正是这些作品在资本主义和工业化社会充满血泪的进程中的历史悖论与社会罪恶面前发挥了巨大的和正义的批判力量,这难道不是最值得我们深思和借鉴的吗?

自然,保守的策略并非是没有前提的,一个真正具有思想的作家决不会是出于毫无理性的怀旧情结和历史的反动观念去投入写作,尤其是在文化观念依然有着多重冲突的当代中国,艺术上的文化退守策略与封建主义或极左观念之间的界限是常常被混淆的,也是可能重合的。因此,艺术家应该有较强的艺术和文化理性,将进步的必定指向现代化的历史态度、社会立场与独特的、相对独立的艺术策略(也包括其艺术作品所包含的文化策略)尽可能地统一起来,惟此,他的保守主义的文化与艺术策略才会具有积极的意义。这种矛盾的选择,大约也可以算做是一种"相对意志自由论"吧。

1994年8月于济南

注释:

① 《后现代世界观及其与现代主义的关系》,佛克马、伯顿斯编《走向后现代主义》,王宁等译,北京大学出版社。
② 《走向后现代主义》第34页。
③ 参见王宁《中国当代文学中的后现代性》,《中国社会科学》1990年第1期。
④ 《走向后现代主义》中译本序。
⑤⑥ 杰姆逊《后现代主义与文化理论》,唐小兵译,陕西师大出版社1986年,第5页、第6页。
⑦ 布鲁姆《影响的焦虑》,徐文博译,三联书店1989年。
⑧ 《后现代主义文本的语义结构和句法结构》,《走向后现代主义》第96页。
⑨ 《无边的挑战》第9页。

原载《文学评论》1995年第2期

盛　宁

危险的让·鲍德里亚

鲍德里亚被英语学界认识和接受,基本上是在20世纪80年代的后期。不到几年的工夫,不仅他的著作全都被翻译成了英语,而且又是出传记,又是召开学术研讨会,颇有了几分热闹。1988年,英国《卫报》称他为"纽约知识分子圈里的大红人",此后欧美学界提起他则称之为"后现代主义巨头"或"后现代主义的大教士"。按照这样的评价,此人不可忽略是肯定无疑的了,但细心的读者也许已经感觉到,这"巨头"、"大教士"和"大红人"等用语显然又多少带有一定的贬义,这些称谓的言外之意,看来倒是值得我们稍加留心的。

当下西方学界的"文化批评"热,至少给了人们这样一点启示:伴随着资本主义的经济发展,在社会文化的层面上还有一个同步进行着的,将整个世界的方方面面都文字化、符号化的过程。这个文字化、符号化的过程,并不仅仅是把资本主义的发展以文字符号的形式记录下来,这个记录本身又是一个赋予意义、为之辩护,使之合理化合法化的过程。美国新马克思主义的代表人物杰姆逊看到了这一点,所以他提出资本主义现代化的过程是一个将自然彻底征服,自然的世界变成了一个人文化世界的过程。而许多后现代主义的思想家、理论家也看到了这一点,所以他们认为自己所要承担的任务,其重点已不再是讨论资本主义的经济实践活动,或资本主义的社会体制本身,而是要更深入一步,深入到讨论"资本主义对于文化的表征模式的占有和殖民化"(哈贝马斯语)这一现象上。

然而,"资本主义对于文化的表征模式的占有和殖民化"还有另一个非常特殊和复杂的侧面。早在 20 世纪 40 年代,法兰克福学派的霍克海默和阿多诺在他们的《启蒙主义辩证法》(*Dialectic of Enlightenment*,1944)一书中,曾分析过这样一种现象:资本主义的生产方式,而特别是其中的广告和大众通俗文化,会使得"作为意义载体"的语言降格为"失去质量的符号"(signs devoid of quality)。所谓"失去质量的符号",是一些"本身已变得再也无法穿透的术语",就像那些依附于物品的标签(品牌名)一样,它就这么一个意思,再没有其他任何别的引申意义,术语本身让人没什么好想的。在这种情况下,消费者与他们的日常消费品之间的关系,便成了一种完全被动的、不假思索地接受与被接受的关系。但遗憾的是,霍克海默和阿多诺的这部著作 1969 年才在德国出版,直到 1972 年才被翻译成英语,出版和翻译的滞后大大推迟和限制了这部著作的影响。但霍克海默和阿多诺的这一观点一经传播,立即受到了众多后现代主义思想家和理论家们的重视,成为他们描述和讨论当下的资本主义对社会文化表征秩序的破坏这一问题时的起点。

在这个问题上,沿着霍克海默和阿多诺的思路进行理论探索,并产生了极大影响的人就是鲍德里亚。他于 1973 年发表的《生产之镜》,提出了自己的基本观点,而在后来将近十年的时间内,他又陆续发表了《象征交换与死亡》、《论诱惑》、《幻象与仿真》等一系列著作,对他的观点做进一步的深化和开拓。在他看来,资本主义的生产方式从 19 世纪发展到 20 世纪的 100 年,是一个他所谓的实现"对社会表征的完全操纵"(perfect manipulation of social representation)的过程。他认为,马克思主义讨论了资本主义生产方式和生产关系的转变问题,讨论了工人阶级夺取政权的问题,但是马克思主义理论只讨论了商品的转换,而没有涉及另一个重要的转换,即符号转换的问题。鲍德里亚认为,马克思所讨论的现代资本主义社会,是一个稳定的、可知的世界。在那个世界里,词语明白无误地指向事物,思想是现实的再现,价值与需要相吻合,商品具有不容置疑的价值。然而,资本主义已从对于劳动的最终结果(产品)的占有性控制,过渡到了发达资本主义的对于最初模式或意象的控制的阶段,而发达资本主义的主导社会形态应是符号政治经济学的批判。他认为这项工作是马克思政治经济学批判的继续。

然而，鲍德里亚的符号政治经济学的批判，却隐含了一个极大的理论陷阱，因为他首先是在认识假设上认定，马克思的政治经济学批判仅仅是一套话语的建构，马克思对于生产方式、生产关系的分析，对于劳动、使用价值、交换价值和剩余价值的分析，在他看来，统统不过是对于资本主义现实的一套隐喻性的说法，是"一种代码，一种密码暗号或一套系统性的阐释"。他说马克思粉碎了所谓"经济人"（homoeconomicus）的虚构，粉碎了将交换价值、市场、剩余价值及其形式这一整套系统自然化的神话，但是马克思所做的这一切，都是建立在对于劳动、劳动力的价值等进行话语分析的基础之上。那么，鲍德里亚发问道，"徘徊于革命的想像之中的一种叫做'生产'的幽灵"，是否"同样也是一种虚构，一种把虚构自然化的过程，一种约定俗成的人为见解，一种将所有的人工材料、偶然的欲望、价值交换、最终性和生产纳入代码的仿真模式呢？"他接着又自己回答说，"如果是的话，那么生产就成了一种将此种解码过程强加于我们的代码，而这种解码过程既没有最终性和密码暗号，也没有价值。"他说，"人时时处处都在反思自己，再现自己，按照生产这一范式给自己定位，于是生产就成了分派给他、让他认识最终价值和意义的一种依据"。法国精神分析学家拉康曾说，儿童的心理发育要经历一个他所谓的"镜像阶段"，即儿童需凭借外界的反应这样一面"镜子"才能逐步认识自我，鲍德里亚认为，马克思主义政治经济学实际上是把"生产"也当做是人类借以认识自己和世界的一面镜子，所谓"生产之镜"即由此而来。

鲍德里亚的整个这一构想似乎有点让人不可理解，而实际上他的这一立场即使在西方学界也是引起很大争议的。杰姆逊援引鲍德里亚，目的是为将后现代主义构想为当下资本主义的文化逻辑，然而对这一推论持反对态度的也大有人在。例如，道格拉斯·凯尔纳（Douglas Kellner）在他的那部《鲍德里亚评传》（*Jean Baudrillard: From Marxism to Postmodernism and Beyond*, 1989）中就提醒人们，鲍德里亚是一个非常危险的作家，他的一套观点应该完全摒弃。① 为什么说鲍德里亚"非常危险"？原因其实也很简单。因为他的全部构思立足于这样一个认识前提：即迄今为止的任何一种关于人类社会的认识——马克思主义当然也包括在内，都只不过是一种"说法"而已，只不过是一个文本，在他看来，都是与客观现实断裂脱节、毫不相关的能指符号。在鲍德里亚的心目中，根本就不存在什么反映了客观的实际，因而具有了某种真理性的理论。对于他来说，任何描述社会形态的理论学说，无非都是按照某一种"仿真模式"(simulation model)所作出的一种文本建构。所以在他看来，马克思主义非但不是对于资本主义生产关系的揭示和批判，反而成了资本主义政治经济学的又一种文本再现。

但奇怪的是，鲍德里亚一方面对马克思主义的政治经济学做这样一种釜底抽薪的解构式的读解，否定马克思主义所具有的客观针对性，将马克思主义的精髓掏空而成为纯符号式的文本，而另一方面，他却又希望在所谓"垄断资本主义时代"的名号下，建构起他自己的一套能够涵盖当代发达资本主义社会文化表征体系的符号结构理论。他提出的总体构想是，符号学意义上的人类社会文化表征可分为四个阶段：前工业化社会是第一阶段，社会文化表征形式为象征交换；在第二阶段，工业化社会的社会文化表征为政治经济学；然后发展到第三个阶段，政治经济学的充分发展将象征交换完全否弃；而第四个阶段，完成一个循环后重又回到象征交换。这一构想看似周全，但是鲍德里亚既没有对其中各阶段的符号交换形式本身进行具体的论证，更没有提供任何客观的事实或统计数值作为证据。他对马克思主义政治经济学概念所做的反思，充其量不过是在纯理论层面上所做的一种推理性的游戏，实在不足以动摇具有坚实的实证依据的马克思主义政治经济学原理。

那么，鲍德里亚的符号交换理论是否就一无是处，没有任何的价值了呢？恐怕也不能这么说。至少，如果我们并不认为鲍德里亚的理论设想也是没有所指的能指符号，如果我们认为他的理论多少还有一点现实的针对性，那么，他对当代发达消费社会中所谓符号交换、象征交换的描述，应该说还是能给人以一定的启发的。在《生产之镜》中，鲍德里亚对当代资本主义政治经济形态以及在这种形态下的生产和消费特征倒是做了某种与众不同的分析。鉴于国内学界过去没有介绍过鲍德里亚，所以这里将稍稍多用一些篇幅，对他的观点作尽可能详细的评述。②

鲍德里亚认为，"垄断资本主义时代"是与自由资本主义时代截然不同的一种社会经济形态。关于这一点，列宁和卢森堡等都有过比较深入的分析，而马克思本人则由于历史条件的局限，对这一经济形态的特点只有过一点预见性的论述。而据鲍德里亚说,马克思在《哲学的贫困》一文中曾引用李卡多的话论及商品被垄断后将可能出现的新情况,他认为马克思当时已经看到,在垄断的条件下,商品的价格将不再与它们的自然价值有必然的联系。垄断商品的价格最终将不再依赖供求关系,而仅仅取决于生产它们的成本的增加或减少。鲍德里亚认为,如果垄断扩大到整个体系(他心目中的发达资本主义国家,特别是美国的情况就是这样),那么劳动时间和生产成本甚至都将不再起决定性的作用,供求关系的辩证法就将被绕过,这时起作用的因素,就只剩下了对于可预见平衡的计算,整个垄断体系将自始至终由一个关于竞争的神话在支撑着,由一个虚构的供求关系的辩证法在支撑着。

鲍德里亚认为,与自由竞争时期的资本主义不同,这时候的垄断体系将把"消费"作为控制一切的因素,而这种"消费"不同于过去所谓的"富裕",它成了一种战略性控制、预见性控制的标志,此时消费品的生产和供给完全是对于一种模拟设想所作出的反应,新的生产力将不再向体系提出问题,它们只是预料之中的反应、从一开始就受到控制的反应,整个体系不仅有能力,而且能够游刃有余地通过符号的游戏来应付各种各样的矛盾。那么,所有这一切究竟意味着什么呢?鲍德里亚认为,这意味着西方的发达消费国家已形成了一个庞大的联合体,进入了某种自问自答式的运行状态,一切价值都按照它们的运作符号在里面进行着转换和交流。所谓垄断,与其说是对于生产方式的垄断,毋宁说是对于代码的垄断(the monopoly of the code)。

关于社会代码的垄断而引起的所谓符号功能的变化,是鲍德里亚最为强调的要点。在这一点上,鲍德里亚显然是对霍克海默和阿多诺关于"失去质量的符号"论点作进一步引申。他认为,到了20世纪的后期,"商品"和"符号"可以说是经历了某种性质大体相同的裂变:如果说符号是与它的所指物完全脱离,那么,商品则是它的使用价值与其交换价值的完全脱离;当符号的所指意义和所指物都被放逐后,代码变得不再指涉任何主观的或客观的"现实",而只指涉其本身的逻辑,那么同样的,在垄断资本主义的条件下,所生产的物品的最终所指——它们的使用价值也荡然无存,消费本身已不再是一种享受,它已经又转化为为了生产的目的而必须采取的行动;而在这种情况下,生产又是为了什么目的呢?鲍德里亚的回答是,生产只是为了生产本身。而这一点与符号也是一模一样的:符号的能指变成了它自身的所指物,符号只是为了转换和交流的目的而存在,除此之外它本身不再具有任何别的使用价值;而生产也是为生产而生产,除此之外也没有任何其他的目的和价值。可是,鲍德里亚所描画的这一套,真的符合当下发达资本主义经济活动的实际吗?整个社会的生产受某个"代码"的控制,可这个"代码"又究竟是什么呢?是柏拉图的"理式"?是黑格尔的"精神"?还是别的什么?鲍德里亚语焉不详。说商品的使用价值消失了,如果以美国前总统里根的夫人南茜·里根的一套价值两万四千美元的"极为素朴的"印花棉布长裙为例,我们或许还可以同意他的这一结论,可是,即使在目前最发达的消费社会中,基本的社会生产并没有、也根本不可能到废除成本核算的地步,这恐怕应该是人所共知的常识。

鲍德里亚所说的发达资本主义国家中出现的新现象,诸如消费成了一种社会文化代码;消费对于社会生产的反作用甚至成了生产活动的主宰因素;由于消费的高度发达,促销广告无孔不入地渗透到社会生活的各个方面,人们的文化存在不仅受到消费的影响,甚至要被消费重新界定;广告语言("失去质量的语言","没有所指的能指符号")成了社会文化的表征等等,所有这些,如果不要求提供经济学的或社会学的实际调查和论证,如果只是停留在文化分析的层面上说说而已,那还是不难理解的,说不定还让人觉得颇有些道理。可是,正如查尔斯·纽曼把后现代社会的文化特征比喻为"通货膨胀"一样,鲍德里亚对发达消费社会的一套符号政治经济学的表述,应该说也是聪明的文化人的一种比喻性说法,他们可以对任何社会现象进行褒贬,然而他们的褒贬却并不想经受人们在理论与实际结合的层面上的深究。

迄今为止的"后现代"文化批评家似乎有一个共同的特点,那就是他们都很小心地把自己局限于"文化"的领域。也许他们都意识到了,惟有这样才能给自己争取更多的话语建构的自由,而避免受到实证的反诘。但鲍德里亚却有点过高地估计了自己,他冲出了"文化"的安全区,硬要涉足到政治经济学的领域去说三道四,他向马克思主义这一"宏大叙述"宣战,而自己却又自不量力地要建构另一套"宏大叙述",结果,不仅使他自己的理论建构陷入某种捉襟见肘的窘境,而且还"拔出萝卜带出泥",闯下一个更大的纰漏,借用一句解构主义的行话,就是连带暴露出了整个后现代主义理论本身的一个"意义的死角"(aporia)。解构哲学相信任何文本都存在着某个"意义的死角",即文本本身有某个难以自圆其说的破绽,抓住这个破绽,文本的立论就将自行散架。而鲍德里亚让我们看到了,后现代主义理论本身也存在着一个这样的不能点破的破绽:这一套理论只能是一种"文本"层面上的、正说反说均可的"阐释",它之所以让人听起来有理,秘密就在它是一种对已经与客观实际拉开了距离的"文本"的再阐释,作为立论的基础、立论的出发点的第一个文本已经与现实脱节,那么整个后现代主义理论的立论就不太可能再受第一手事实的检验。西尔维尔·洛特林杰在采访鲍德里亚时曾说过这么一句发人深省的话:"观念的金字塔高耸入云,然而它却建立在一个空空如也的坟墓之上。"有鉴于此,我们对所有冠以"后现代主义"的话语看来都必须有一个新的认识:后现代主义话语所表达的是一个"阐释",而不是"事实";是有条件的"假设",而不是可以无条件接受的"真理"。

1996年4月改定于燕北园

注释:

① Douglas Kellner, *Jean Baudrillard: From Marxism to Postmodermism and Beyond*, 1989, p. 102.
② 以下对鲍德里亚关于消费符号交换的观点的引述,可参见《生产之镜》第125—128页。

原载《读书》1996年第10期

王治河

别一种后现代主义

我曾经在《论后现代主义的三种形态》一文中谈到,"后现代主义与复杂性和多样性有着不解之缘",从某种程度上可以说,"后现代主义是人类有史以来最复杂的一种思潮"。①美国"后现代世界中心"主任格里芬教授等人近年来所倡导的"建设性的后现代主义"便很好地印证了这一点。

需要指出的是,格里芬等人所倡导的建设性的后现代主义也只是建设性的后现代主义的一种形式。与以罗蒂、霍伊等哲学家为代表的建设性后现代主义相比,格氏的建设性后现代主义更多关注的是人与世界、人与自然的关系问题,而且很大程度上是从科学的层面出发讨论问题的。而罗蒂和霍伊等建设性后现代主义者则主要是从哲学的层面讨论问题,所探讨问题的领域也宽广得多,不仅包括人与自然的关系问题,而且包括人与人、人与文化、人与哲学的关系问题。尽管存在着这些差别,但双方在"富有建设性"这一点上是一致的。也正是这一点,将它们与否定性的或激进的后现代主义区分开来。

为确保"换汤不换药"的情况不再发生,为确保思想霸权、方法霸权永远不再建立,为"使王位的空缺成为常态",激进的后现代主义者往往对建构一种新哲学、新思想体系和新的世界观持非常谨慎的态度,怕自己在批判对手的同时又重犯对手的错误。这使它多少具有一种悲观主义的色彩。相对而言,建设性后现代主义的胆子便大得多,也更富有建设性,它积极寻求重建人与世界、人与人的关系,积极寻求重建一个美好的新世界,颇有点乐观主义精神。伯姆教授的下面一段话很有助于我们了解建设性后现代主义的"精神风貌"。

> 在整个世界秩序四分五裂的状况下,如果我们想通过一种有意义的方式得到拯救的话,就必须进行一场真正有创造力的全新的运动。一种最终在整个社会和全体个人意识中建立一种新秩序的运动。这种秩序将与现代秩序有天壤之别,就如同现代秩序与中世纪秩序有天壤之别一样。我们不可能退回到前现代秩序中去,我们必须在现代世界彻底自我毁灭和人们无能为力之前建立起一个后现代世界。

建设性后现代主义的问世,从一个侧面证明了后现代主义的内在生成力和生命力。这不免使有些学者的"后现代主义已成强弩之末"之类的断言显得有些草率。急于下定论,忙于"出走"的游击作风是学界的一个顽疾,它助长了浮夸的学风。看似深沉,实则浅薄。但愿这次能多少汲取点教训。

判断一种思潮是否即将完结,是否具有生命力,其实是有标准的。这个标准就是它所提出的问题,它是否具有新思想。用这个标准衡量一下后现代主义便会发现,后现代主义是有生命力的,因为它所提出的问题都是与我们人类的存在和命运息息相关的,它看到了现代性的局限性并试图用一种新的思想超越它。

格里芬在本书"英文版序言"中明确指出:"我们可以,而且应该抛弃现代性,事实上,我们必须这样做,否则,我们及地球上的大多数生命都将难以逃脱毁灭的命运。"②

问题提到这样的高度绝非是危言耸听,想一想两次世界大战给人类带来的巨大灾难,想一想我们所生存于其中的病态世界:"土地越来越贫瘠,天空弥漫着烟雾,河流充满着污染",便会觉得他们所言是持之有据的。在建设性的后现代主义看来,这个世界的病态不仅表征为自然环境的破坏,而且表征为精神文明的衰落,表征为人的心灵的被荼毒。莫诺认为与自然环境的破坏相比,人的精神文明的破坏是"一个更阴险、更深层的罪恶"。现代性不仅导致了世界的异化而且导致了人的异化,人像吉普赛人一样,生活在一个异化世界的边缘,"这个世界听不到他的音乐,无论对于他的希望,还是对于他的痛苦或罪恶,这个世界都无动于衷。"这自然涉及到"生命的意义"问题。

现代主义将意义世界的塌陷归咎于后现代的怀疑主义。而后现代主义则认为,正是现代性导致了意义的丧失。而意义则是价值的基础,"没有了这个基础,还有什么能够鼓舞人们向着具有更高价值的共同目标而共同奋斗?只停留在解决科学和技术难题的层次上,或即便把他们推向一个新的领域,都是一个肤浅和狭隘的目标,很难真正吸引住大多数人。它不能释放出人类最高和最广泛的创造能量,而没有这种能量的释放,人类就陷入渺小和昙花一现的境地。从短时期看,它导致了不利于生产力发展的毫无意义的活动,从长远看,它正把人类推向自我毁灭的边缘。"③

按照建设性的后现代主义的分析,所谓的"现代"世界观出现于17世纪的欧洲,它导致了科学、技术和工业取得了令人瞩目的成就,"但是它没有阻止(或许甚至是促成了)史无前例的分裂、虚无主义和毁灭的产生"。正如莫里斯·伯曼指出的那样,"西方生活似乎越来越趋于熵化、经济和技术的混乱以及生态灾难,最终导致精神上的肢解和分裂。"④

建设性的后现代主义自信对于现代性及其世界观在社会上和精神上的毁灭性,它比以往任何运动揭示得都透彻。它志在超越这个现代性。理由有两点:其一,从事实上看,有越来越多的证据告诉我们,现代世界观(集中体现为现代科学世界观)与人类的整体经验不相符;其二,从价值上看,现代世界观的后果从许多方面上讲,对于人类、对于我们的社会、对于我们的星球并无裨益。用威利斯·哈曼的话说就是:"我们时代严重的全球性问题——从核武器的威胁到有毒化学物质,到饥饿、贫困和环境恶化,到对地球赖以生存的体系的破坏——凡此种种都是几个世纪以前才开始统治世界的西方工业思想体系所产生的直接后果。"

可见,正是现代性及其在西方世界所产生的一系列严重的现实问题构成了建设性的后现代主义的存在依据;也正是对现代性的批判和超越,奠定了建设性的后现代主义的存在价值。

所谓超越现代性,在建设性的后现代主义那里,意味着超越现代社会存在的个人主义、人类中心论、父权制、机械主义、经济主义、消费主义、民族主义和军国主义。用格里芬的概括就是,使人们摆脱现代"机械的、科学化的、二元论的、家长式的、欧洲中心论的、人类中心论的、穷兵黩武的和还原的世界"。也正是对现代性和现代世界的这种批判和超越构成了建设性的后现代主义的主要理论内容。具体表现在以下几个方面。

首先,建设性的后现代主义反对现代哲学的二元论和还原论。它认为坚持二元论和还原论的现代哲学是一种"祛魅的哲学",正是这种"祛魅的哲学"最终导致了世界和"自然的祛魅"。所谓"自然的祛魅",是指否认自然具有任何主体性经验和感觉。由于这种否认,自然被剥夺了其丰富的属性,被抽象为"空洞的实在"。在这个过程中,由伽利略所始创,继而被笛卡儿所完善的分析的方法起了重要作用。作为一种具体的科学研究方法,分析法是一种有重要价值的研究方法,在科学发展史上功不可没。但它毕竟是一种有限的方法,一旦将这样一种有限的科学方法非法地升格为哲学方法,夸大为无限的方法,就导致了形而上学的还原论。还原论要求将事物从复杂还原到简单,从多元还原为一元。根据这种方法,要了解事物的真相,就必须尽可能地了解构成事物的最简单的基础粒子或"终极粒子",它是事物的最小单位,是构成一切事物的基础。它代表着存在本身,是存在的存在。它的特性规定了事物的特性。在终极粒子中是没有精神的位置的。它排除了色彩、声音、结构或质量这样一些在我们的日常世界中司空见惯的东西。

这样一种理论和方法实际上是"机械的",由此产生的世界观便是机械论的世界观。机械论的第一要旨就是尽可能地将世界还原成一组基本要素;第二,这些要素彼此之间基本上是外在的,它们不仅在空间上是分离的,而且每一要素的基本性质彼此之间也是独立的;第三,由于要素之间仅仅是通过彼此推动而产生机械的相互作用,因而其作用力难以影响到其内在性质。在过去的年代里,机械论一直是行之有效的,而且现在在某些领域中也仍是行之有效的,然而并不能因此将它视为放之四海而皆准的真理。事实上,尽管机械论的拥护者们也承认,这一原理也是有局限的,它在许多方面有待改进,但仍不恰当地将之夸大为惟一普遍适用的方法。他们声称:所有事物最终都可用这种方法处理,并认为"如果我们运用了这种方法,我们便可应对所有可能出现的情况"。建设性的后现代主义则向这种机械论哲学进行了挑战。

建设性的后现代主义的现代机械论世界观的挑战武器是后现

代的整体有机论。后现代的整体有机论是后现代有机论和后现代整体论的结合。以格里芬为代表的建设性的后现代主义者视科学家出身的美国哲学家怀特海为后现代有机论的首倡者。后现代有机论坚持认为,所有原初的个体都是有机体,都具有哪怕是些许的目的因。一切事物都是主体,它们都有内在的联系。从目的论意义上看,所有的生物都是生命的核心,都有其自身的利益,所有的生物都具有平等的内在价值。整体主义则认为,我们之所以对保持一个人类生活于其中的健全的生命圈关怀备至,是因为这样一个世界远比一块熔化的岩石更有价值。但是除非我们能够说出,从哪种观念上它更有价值,否则这种信念就很难理解。这种使整体主义者认为生命的价值高于岩石的价值的观念便是"全体的观念"。需要指出的是,后现代整体主义所讲的"整体"是指"完整的整体"或"流动的集体"。整体包含于每一部分之中,部分被展开为整体。与机械论将不连续的物体当做首要的实在,把有机体的包容与展开当做第二位的现象相反,后现代的整体有机论将包容与展开的连续运动(即整体运动)看做是第一位的,分离的物体理所当然地被看做是第二位的。宇宙被看做就是一个"完整的整体"。从某种程度上说,整个宇宙是主动地包含于它的每一部分之中的。由于整体包含于每一部分,因此,从某种程度上也可以说是其他部分以某种形式包含于每一部分之中。这样,认为部分只具有外在联系的机械论观点便遭到了否定,对内在联系的强调便成为建设性的后现代主义的重要理论趋向。

建设性的后现代主义以生物学的最新成果为依据,进一步对机械论的还原论进行了质疑。生物学中的机械论认为,有机体从单个的受精卵发展为一个复杂的生物有机体,这一过程与汽车从零件组装成整机没有什么两样。然而,最新的科学研究表明,如果你在发育着的青蛙胚胎早期切下其肢体的雏形,摇散其细胞,然后随意把它放回原处,一条正常的青蛙腿还会发育出来。位于某一位置的细胞并不是注定要成为某一部分,任何细胞都可以依其整体环境而成为腿(但不是眼)的一部分。机器的零部件可以拆散和重新组装,而胚胎与此不同,它的各组成部分的形成似乎是由它们在胚胎发育的关键时刻的空间关系所决定的。据此,莱沃丁质问道:"如果发展真是事物间关系的产物,那么我们如何能将关系的令人难以置信的复杂性还原成为一组可操作的规则呢?我们又如何使用那种恪守笛卡儿式分析的实验方法来达到这一点呢?"

后现代的整体有机论对"有机"、"整体"、"内在联系"的强调要昭示人们的是:我们与世界是一个整体。我们不仅包含在他人中,而且也包含在自然中。事实上可以说,世界若不包含于我们之中,我们便不完整;同样,我们若不包含于世界之中,世界也是不完整的。"那种认为世界完全独立于我们的存在之外的观点,那种认为我们与世界仅仅存在着外在的'相互作用'的观点,都是错误的。"

其次,与此相联系,建设性后现代主义反对现代世界观的人类中心主义。根据这种人类中心主义,人是凌驾于自然之上的,并有权为了自身的利益去掌握和控制自然,甚至随心所欲地塑造自然。这就是我们平常所说的"人是自然的主人"。人对自身的理解基本是囿于如何征服自然、超越自然,而不是如何与自然融为一体。

在建设性的后现代主义看来,"人类就其本质来说优于其他物种这一观点是毫无根据的,这不过是人类为自己谋利益的一切荒谬的偏见",因此应该"予以摒弃"。⑤人的这种"自命不凡"不仅是一种"错觉",而且它还是我们人类毁灭性行为的祸根。事实上,在整个自然界生物系统中,我们也并不是格外重要的。人种不过是众多物种中的一种,既不比别的物种更好,也不比别的物种更坏。它在整个生态系统中有自己的位置,只有当它有助于这个生态系统时,才会有自己的价值。但人类并没有什么特殊的价值,人类自命不凡地认为自己有特殊价值已导致了人类利益和所有物种的利益赖以生存的生态秩序的大规模的破坏。建设性的后现代主义倡导一种全球伦理,该伦理的首要准则是:"若一事物保护生物群落的完整、稳定和美好,那它准是对的;反之必错。"与人类中心论强调人与自然的对立相反,建设性后现代主义强调人与自然的同一,并预言以倡导人性与自然的"同一性"为旨归的后现代世界观将帮助人们走向"完美的人性"。从哲学上看,建设性后现代主义最大的贡献在于扭转了我们的思维定势,拓展了我们的思维视野,激活了人们创造性思维的激情。在这一点上,它与否定性的后现代主义是一致的。

福科在一本书中曾经谈到:"对知识的热情,如果仅仅导致某种程度的学识增长,而不是以这样那样方式或在可能的程度上使求知者偏离他的自我,那么它归根到底能有什么价值可言? 在人的一生中,如果要不断观察与思考,有时候关于了解自己能否采取与自己思维不同的思维方法去思考,能否看到与自己的所见不同的事物这样的问题便会变得绝对必要。"对于那种认为这样做是在跟自己玩思想游戏的指责,福科的答复是:"今天的哲学——我这里是指哲学活动——如果不是思想用以向它自己施加压力的批评工作,那在它又是什么? 它要不是在于努力弄清如何以及在何种程度上才能以不同的方式思维,而是去为早已知道的东西寻找理由,那么,它的意义究竟何在?"⑥建设性的后现代主义者也一再强调:对世界观的自满是危险的。他们援引波普的话说,真正的科学家都是不固执己见的人,他们是努力寻找证据以证明自己的理论不对的人。因此,建设性的后现代主义同否定性的后现代主义一样努力为"偶然"、"差异"、"异端"甚至为所谓的"荒谬"正名。格里芬教授就一再告诫人们:在真正的荒谬与貌似荒谬之间是有区别的。

建设性的后现代主义在否定现代思维方式的基础上提出了一种崭新的后现代思维方式,促使人们重新思考人与自然、人与世界的关系,重新思考思维与存在、物质与意识的关系。这一点建设性后现代主义者是很自觉的。科布教授就曾明确谈到,由于机械唯物论的、二元论的现代思维方式"极大的束缚了现代社会",因此,使人类摆脱它们的束缚是他"最强烈的呼声"。

建设性后现代主义告诉我们:从思维方法上看,"我们首要的错误是假设我们能够把某些要素从整体中抽取出来,并可在分离的状态下认识它们的真相"。事实上,我们对于作为整体的宇宙的任何认识都是我们的观察和思维方式抽象出的结果,这种方式有时极为便利,也很有功效,但如果我们认识不到它的局限性,陶醉于一时之得,便会导致盲人摸象的境地,其结局是很可悲的。有鉴于此,奥德姆教授强调指出,任何一个层面上的发现,都有助于另一个层面上的研究,但决不能完全解释那一层面发生的现象。当某个人目光短浅时,我们可能会说他是"只见树木,不见树林"。或许,阐明这种方法的更好的方法是说,"要理解一棵树,就必须研究树所构成的树林和构成树的细胞和组织"⑦。

建设性的后现代主义推崇一种整体论的方法。这种整体论的方法并不排斥分析,它包容和运用了现代所有严格的分析技巧,但它并不停顿在分析上,也不推重客观、冷漠的分析价值观,它既包容又超越了分析方法。因此,它既不是还原论的,又不是反理性的。它对分析方法的采用仅仅是达到更广阔目标的手段。这样一种整体论的研究方法来源于它所研究的对象,它所研究的对象(世界)是"一个有机体和无机体密切相互作用的、永无止境的、复杂的网络"。

在建设性的后现代主义看来,在人与世界、思维与存在的关系上,现代思维方式的根本失误在于强调二者之间的对立。现代世界中的真与善与美的分离,价值与事实的分离,伦理与实际需要的分离最终都源于人与世界、物质与意识的分离。建设性的后现代主义志在通过发动一场思维方式上的巨大变革来消除这些分离。建设性后现代主义者十分强调变革思维方式的重要性。用大卫·伯姆的话说就是:"我们思考这个世界的一般方式对于我们的意识以及我们的整个存在将是一个至关重要的因素。"因为,如果我们把世界看做是与我们相分离的,是由一些计算操纵的,由互不相关的部分组成的,那么我们就会成为孤立的人,我们待人接物的动机也将是操纵与计算。但是,如果我们能够换一种思维方式,用一种新的眼光看世界,认为它具有一种我们也具有的秩序,我们就会感觉到自己与世界融为一体了。我们将不再只满足于为了自己的利益而机械地操纵世界,而会对它怀有发自内心的爱。我们将像对待自己的至爱之人一样呵护它,使它包含在我们之中,成为我们不可分割的一部分。

这样,建设性的后现代主义便彻底改变了世界的形象,用 F. 费雷的话说就是,"世界的形象既不是一个有待挖掘的资源库,也不是一个避之不及的荒原,而是一个有待照料、关心、收获和爱护的大花园"⑧。这与激进的后现代主义的思想先驱海德格尔的有关思想不谋而合。海德格尔就曾一再强调人应该保护那块他从中获取食物并在其上从事建设的土地。人并不是自然的主人,人是自然的"托管人",就如同原初意义上的农夫的"技能"并不是对土地的一种"挑衅",而是一种捐献(播种),一种接受(收获),一种年复一年的保管员的职责一样。⑨

不难看出,以格里芬为代表的建设性后现代主义面对当今问题丛生、严峻异常的现实,既不是"袖手言心性",更不是"听天由命",而是积极寻求解决问题的方法,努力为人类寻找出路。这种务实的、积极的进取精神无疑是十分可贵的。它所提出的许多创意也是十分富有启迪性的。但问题是:靠谁来实现建设性的后现代主义者热心设计的这些美好蓝图呢?请外星人恐怕不现实,比较可行的选择是由此刻正活生生地生息、劳作在我们这个星球上的男男女女来承担这个重任,而这些男男女女的思想又很难跳出现代思维方式的围城。因此,否定性的后现代主义所倡导的对"人"自身的拷问和批判便显得很有必要,它对现代性(包括"人")为什么产生,如何产生(如权力的介入)的分析,也是颇为深刻的。这些深刻的分析为最终克服现代性提供了坚实的思想依据。相比而言,建设性的后现代主义的理想主义色彩便显得有些过浓,发展到极端,便有走向空想主义的危险。

今天看来,以福科和德里达等哲学家为代表的激进的后现代主义并非像人们渲染的那样不可救药。尽管它有否定主义、怀疑主义和虚无主义的倾向,但是并不能因此将它等同于否定主义、怀疑主义和虚无主义。这样理解尽管简便,但却极易抹杀它所蕴涵的可贵的批判精神(正是这种精神铸成了哲学的灵魂),进而忽视这种精神对于人们清理几千年来形成的层层精神枷锁和思想沉疴所具有的深刻的解放意义。

其实,在激进的后现代主义强调否定一切、摧毁一切的同时,也就暗含着保留一切、建设一切的意思。从语义学上看,英文 unmaking(摧毁)一词就同时具有"恢复事物原样"的意思,要"恢复事物的原样"不从事建构是不行的。可见,否定性的后现代主义与建设性的后现代主义是一而二、二而一的事。二者的终极关怀是一致的,都对人类及其生存于其中的地球的命运怀抱深深的关切。这样我们也就领悟了海德格尔对荷尔德林的解读:荷尔德林这位身不由己的流浪者,乃是一切人中最在家的。否定性的后现代主义与建设性的后现代主义的区别仅仅在于侧重点的不同:前者侧重于对旧事物的摧毁,后者侧重于对新事物的建构;前者侧重于方法论,后者侧重于世界观。这或许与前者的创始者是哲学家、思想家,而后者的倡导者大多是科学家、神学家不无关系。

尽管激进的后现代主义和建设性的后现代主义存在着这样那

样的问题,但透过它们所提出的问题,我们不难感受到后现代思想家深深的忧郁和炽热的激情,这不禁使我们想起哲学家本真的天职——操心。仅此一点,他们便理应赢得我们诚挚的敬意。

这里要特别感谢大卫·雷·格里芬教授,没有他和文郁君的积极努力,本书的问世是不可能的。我们从"建设性的后现代主义"丛书中选择几本纳入"新世纪学术译丛"在国内出版。在特意为这几本书中文版所写的序言中,格里芬教授所表现出的对中国的关注,使我们再一次具体地感受到建设性的后现代主义者博爱的情怀。

注释:
① 参阅《论后现代主义的三种形态》,载《国外社会科学》1995年第1期。
② 格里芬《后现代科学》英文版序言。
③ 同上书,第3章。
④ 莫里斯·伯曼《世界的返魅》,纽约,班滕出版社1984年,第1页。
⑤ [加]E.温克勒《环境伦理学观点综述》,《加拿大哲学评论·对话》1991年第1—2期合刊。
⑥ 福科《性史》,上海科学技术文献出版社1989年,第163页。
⑦ P.奥德姆《生态学》,纽约,1963年,第4页。
⑧ 格里芬《后现代科学》第6章。
⑨ 参见[英]乔治·斯坦纳《海德格尔》,湖南人民出版社1988年,第187页。

选自格里芬《后现代科学》(中央编译出版社1998年),这是作者为该书中文版写的序言

周 宪

文化的分化与"去分化"
——现代主义与后现代主义的一种文化分析

现代主义：文化的分化

文化的发展，从古典形态向现代形态的转变，我以为有两个基本的标志值得注意。第一，文化的分化导致了古典文化的瓦解，进入现代文化的基本特征就是文化更加剧烈和深入地分化，换言之，分化是文化现代性的主要特征。第二，在分化的基础上，文化出现了更加明显的冲突和矛盾。倘使说古典文化的基本特征体现为和谐的话，现代文化的基本特征则是对立冲突。在古典文化中，精神与物质、个体与社会、感性与理性尚处于相对的和谐状态之中，然而，现代文化的形成，打破了这种和谐，进而构成了尖锐的对立冲突。

从西方文化的发展来看，席勒和黑格尔最先意识到现代文化的来临。前者以素朴的诗和感伤的诗的分野，后者以散文时代取代诗的时代作为描述，从不同的角度涉及古典文化终结问题。马克思通过对资本主义制度的分析，特别是通过对异化劳动的分析，指出了封建社会与资本主义社会的巨大差异。斯宾格勒宣称，浪漫主义以降，西方文明已奏响了没落的衰音；齐美尔则在世纪之交惊呼：西方文化步入了"文化悲剧"的时代；海德格尔断言，技术理性对精神的凌越，使人们不再"诗意地栖居"……所有这些伟大的德国思想家们都道出了一个显而易见的事实，那就是一个全然不同于古典文化的现代文化已经展现在我们面前。

现代文化是工业化、都市化、自由市场经济和技术进步的必然产物。产业革命率先在西方告别了农业社会,人口的相对集中形成了前所未有的城市及其市民大众,自由市场经济把供求关系和商品交换逻辑推演到社会生活的各个方面,而技术的不断进步则根本地改变了物质和精神产品的生产消费行为。在这样基础上所形成的现代文化,具有不同于古典文化的自身逻辑和特征。

按照西方学者的普遍看法,现代文化滥觞于文艺复兴,但作为具有严格历史意义的概念的现代主义(先锋派)文化,则是19世纪下半叶以后的事。韦伯在其著名的宗教社会学研究中发现,理论的、伦理的和美学的知识和实践从宗教和形而上学的统一中分离出来,是西方文化现代转变的标志。换言之,分化的历史过程逐渐导致了一种有别于宗教—形而上学传统文化的现代文化。哈贝马斯继承了韦伯的这一看法,指出文化的现代性就导源于这样的分化,以至于出现了专门化的不同职业,以及认识—工具结构、道德—实践结构和审美—表现理性的三元分立。这样的分离对艺术意味着什么呢?一个显而易见的发展趋势是,艺术越来越被当做一个独立的自律的领域,艺术的根据不必在宗教的或其他领域中寻找,它应该而且必然是自在的和自为的。这正是现代主义艺术的基本特征。根据美国学者丹尼尔·贝尔的看法,"现代主义文化扰乱了文化的一统天下。动乱来自三个方向:对艺术和道德分治的坚持,对创新和实验的推崇,以及把自我(热衷于原创与独特性的自我)奉为鉴定文化的准绳"①。这三个特征可以说基本上概括了现代主义的面貌。关于现代主义艺术的自律倾向,最突出地表现在对所谓"纯粹性"的追求上。"纯粹"艺术概念的提出,似乎说明了现代艺术家突然意识到以前艺术的不纯粹性。所谓"不纯粹性"指很多意思,首先是艺术服务于非艺术的目的(如道德的目的或政治的目的),其次是指艺术的各个门类尚未达到自身的规定性和特殊性,比如绘画和雕塑的观念相互纠结,小说、诗歌和戏剧也彼此相通。而现代主义艺术家的一个基本目标就是发现各种艺术有别于其他艺术的不可替代的独特性。诸如"纯诗"、"纯形式"之类的概念在现代主义艺术中是屡见不鲜的。有的美学家把现代主义艺术的这个特征归纳为一种"风格的异化"或"审美的孤立"。关于现代主义艺术的基本特征,西班牙著名哲学家奥尔特加在20世

纪 30 年代最先做出了完整的概括,他写道:

> 在分析本世纪艺术风格时,我们发现它包含了几个密切相关的倾向。新的风格倾向于:1)将艺术非人化;2)避免生动的形式(按:这里是指传统的逼真模仿形式);3)认为艺术品就是艺术品而不是什么别的东西;4)把艺术视为游戏和无价值的事物;5)本质上是反讽的;6)生怕被别人模仿,因而精心地加以完成;7)把艺术当做无超越性结果的事物。②

在奥尔特加看来,现代主义艺术把人群分成两类,一是小部分理解现代主义艺术的观众,另一类是绝大部分不理解甚至敌对的大众。从总体上说,现代主义艺术走的是一条与大众相对立的精英文化路线,遂逐渐演变成为一种"小圈子里的艺术"(马尔库塞语)。

在现代主义艺术如日中天时,一种和大众密切相关的艺术也在逐渐形成。如前所述,现代社会的变化,特别是工业化、都市化,把大量人口吸引到城市中来。于是,奥尔特加发现,与上个世纪相比,20 世纪的社会出现了一个值得注意的新景观——现代大众。他发现,"一战"结束以后,欧洲各国的大城市里,无论是饭店、剧院、海滨还是公园,甚至是火车轮船上,到处是大批的陌生人。以往只为少数人服务和开放的地方,如今却是人头攒动。社会大众,这个现代社会的新阶层,是现代社会的产物。"社会总是由两个构成要素组成的动态整体:少数人和大众。少数人是这样一些个体或个体组成的集团,他们被赋予某种特殊的资格。大众则是没有这样的资格的人们的群集。大众不能孤立地或主要理解成'劳动阶级'。大众是平均的人。在这方面,纯粹数量的东西——大量的人——可以被转化为一种量的决定因素:它就变成为一种共同的社会特质,即彼此没有差别的人,却又在他自己身上重复出现的种属类型。"③这就是说,现代社会出现了和传统社会俗民截然不同的大众,他们彼此之间的差别已经消失,相似性或一致性已经成为主要特征,所以大众是"平均的人"。这和 20 世纪 50 年代美国社会学家里斯曼提出的传统社会是"传统引导",近代资本主义社会是"内在引导",而当代资本主义社会则是"他人引导"理论有异曲同工之妙。大众的出现,又导致了资本主义的所谓"超级民主",即传统社会中区分人群及其活动的那些标准和规则,在现代社会里已经失去了效力。过去少数人享用的文化,如今变成为大众的活动。奥尔特加认为,大众不但成为文化的主宰,而且将形成一种大众的政治主宰。如果说现代主义艺术是和"选择的少数"(奥尔特加语)相一致的话,那么,与大众相一致的则是另一种文化——大众文化。事实正是如此,与现代主义或先锋派艺术相对立,西方社会的现代化,特别是文化的现代性发展过程中,出现了大众文化。如果说现代主义艺术是一种"高雅文化"的话,那么,大众文化则是一种"低俗文化"。文化的分化,在现代其实是和社会的分化相一致的。

齐美尔在世纪之交悲哀地发现,新兴的现代文化,以物质客观力量统治着精神的主观力量,以社会的群体生活扼杀着个体的自由,一个"文化悲剧"时代正在到来。斯宾格勒忧心忡忡地哀叹,商品化的铜臭侵蚀了艺术的机体,艺术的自律价值日益用外在商品尺度来衡量。到了本世纪二三十年代,大规模都市化的形成以及大批城市大众的涌现,伴随着大众传播媒介的出现,一种带有文化产业性质的大众文化应运而生。这种文化的迅速蔓延构成了现代文化新的格局和"游戏规则",除了拥有大量受众这一点上与民间文化相似之外,这种文化与民间文化在其他诸多方面有着根本的区别(详后)。恰如著名社会学家洛文塔尔所指出的:

> 在现代文明的机械化生产过程中,个体的衰微导致了大众文化的出现,这种文化取代了民间艺术和高雅艺术。通俗文化的产品全无任何真正的艺术特征,不过,在其诸种媒介方式中,这种文化已被证明有其自身的真正特征:标准化、俗套、保守、虚伪,是一种媚悦消费者的商品。④

这里有一个问题特别需要引起注意,即对西方现代文化的形态认识,必须充分注意到现代主义文化和大众文化的二元对抗格局。换言之,两种文化的特定排他性关系和对抗关系,是我们理解现代主义文化为何会走向一条"拒绝交流"和"拒绝解释"道路的一把钥匙。一些西方的美学家特别强调,在大众文化的包围面前,现代主义文化若要保持自己的特性,坚持作为一种"反文化"或"对抗文化"的颠覆力量而存在,那么,它就必然要采取一种激进的策略和路线。齐美尔在世纪初就一针见血地指出:"在日常生活的各个方面,物质文化的财富与日俱增,但个体的心灵却只有通过远离物质文化来丰富自己的发展形式和内容。"⑤这就是说,艺术在物质文化的巨大压力下,只有一条生路,那就是远离它。从后来的法兰克福学派,到 20 世纪 70 年代以来的批判理论和左派理论,大多是按照这样的思路来清理现代主义文化的历史脉络的。自律的概念在现代主义美学家看来,不只是艺术的一种品性,甚至可以说是现代主义文化赖以生存的根基,因为只有自律才能为现代主义文化找到自身的合法化的证明。阿多诺直言:"艺术作品的自恋特征是其真理(包括社会真理)的条件。他为的原则就是交换原则,它展示了被遮蔽了的现实支配性。摆脱压抑只有通过某种反抗压抑的方式才有可能体现出来,通过无用的东西来展示剩余使用价值。艺术作品是那些超越交换、利润和人类虚假需求有害支配物的全权代表。在一个虚构的社会总体背景上,艺术虚构的自在性就像是真理的标记。"所以,"现代主义拒绝交流就是意识形态——自由艺术的必要条件而非充分条件"⑥。马尔库塞的看法与阿多诺完全一致,他写道:"艺术活动(在很大程度上还有对它的接受能力),已经变成少数脱离生产过程的'优秀分子'的特权。""艺术不能废除有助于小圈子性格的社会分工,但它也不能把自己'通俗化'而又不削弱它的解放效果。"⑦透过这个视角我们就不难理解为什么现代主义文化会那样强调创新和自我,在相当程度上这都可以看做是对现存的社会和大众文化的激进反抗。美国学者杰姆逊说得好:"现代主义文学中的主要问题是一个表达的问题。首先,在一个不断大众化的社会,有了报纸,语言也不断被标准化,便出现了工业化城市中日常语言的贬值。农民曾经有过很丰富的语言,传统的贵族语言也很丰富,而进入工业化城市之后,语言就不再是有机的、活跃的和富有生命力的了,它也可以成批生产,就像机器一样,出现了工业化语言。因此那些写晦涩艰深的诗的诗人其实是在试图改变这种贬了值的语言,力图恢复语言早已失去了的活力。"⑧

从本质上看,现代主义文化与大众文化是相对立的,两者的本性和功能截然相反。虽然就像一切自然现象的两极之间都存在着广大模糊的"灰色区域",在这两种亚文化之间亦存在着诸多过渡形态,然而,从极化的对比意义上,我们可以清楚地看出这两种文化的对立性质。

首先,现代主义文化是自律的,而大众消费文化是他律的。所谓自律,意指现代主义文化自在自为的一面,反映了它以自身的内在审美本性作为合法的根据;所谓他律,是指大众文化他在他为的一面,反映了这一文化"类物"的商业本性。如果说自律性揭示了现代主义文化关注自身审美本性,以及对现存社会的反抗和颠覆功能,以审美价值为归依的话,那么,他律性则昭示了大众文化关注审美以外的商业价值,并以维护现存资本主义制度为宗旨的特性。在西方古典文化向现代文化的转变历程中,康德最先提出了审美无功利性的命题,自此以后,审美文化的自律特征引起了人们越来越多的探讨。历史地看,审美自律性的观念乃是近代形成的资产阶级美学观的体现,是社会和文化不断分化的历史产物。对审美自律性的认可,并不意味着取消它的社会—伦理功能,而是要通过更加辩证的方法来理解艺术。黑格尔曾指出,如果艺术的目的被视为与艺术本身无关,那么,就等于说艺术没有自己的定性和目的,它只是作为手段而服务于另一种东西,而它的概念就要到这另一种东西里去寻找。阿多诺则更深刻地断言:

> 确切地说,艺术之所以是社会的,主要是因为它站在社会的对立面。现在,只有在它已经变得自律时,这种对立的艺术方可能发展起来。正是通过在自身凝聚了某种存在,而不是屈服于现存的社会规范进而证明自己是有"社会效用的",艺术才批判了存在在那儿的社会。纯粹的和内在复杂的艺术是对人的贬低的无言批判,这种贬低也就是导向其中一切都是他为的(for—other)总体交换社会的。⑨

这段话看起来有点费解,为何艺术只有与社会对立才能批判社会?什么叫做"其中一切都是他为的总体交换社会的"?西方思想家们发现,自19世纪末以来,审美文化的发展出现了一些令人担忧的倾向。齐美尔敏锐地发现,心灵的伟大创造力不断为拜物的力量所消解,因而主观的精神文化日益让位于客观的物质文化。半个世纪后,这种倾向非但没有减弱,而且愈加强烈了。阿多诺认为这是文化朝向"类物本质"(thing-like essence)转化的一个显而易见的事实,在这个过程中,审美的自律性受到严重威胁,伴随着总体交换的商业社会的形成,文化变得越发具有"商品的拜物特征","文化商品受制人的消费的方面也就是其绝对的他为特性。由于不得不媚悦消费者,所以这类文化商品也就欺骗了消费者"⑩。这种文化的内在逻辑是商品的交换逻辑,它不是导向艺术自身的内在审美价值,而是以某种外在的商业价值为宗旨,所以它是非自律的。阿多诺名之为"艺术的非本质化"(desubstantialization of art)。由于大众文化与现代商业社会总体交换的原则相一致,因此,它很自然地形成了主导文化的"霸权",对现代主义文化构成了威胁。在这种文化境况下,现代主义文化若要维护自身的生存,似乎只有转向自律性了。西方现代主义艺术走的正是这样一条路,以自律甚至自恋来抗拒大众文化的侵蚀。

其次,现代主义文化与大众文化的对立,还体现为趣味的对抗。趣味是一个含义复杂的美学范畴。在审美主体方面,它呈现为审美判断的规范标准和鉴赏力;在审美客体方面,又反映为经由主体创造而物化在对象上的风格、形态和特征。从文化学角度说,趣味是一定文化内在属性的具体表征,它不但体现为个体的判断力与选择,而且更集中地昭示了群体乃至某种亚文化的共性。透过趣味这块棱镜,我们可以清晰地窥见现代主义文化与大众文化之间的种种差异。

一般来说,现代主义文化旨在创立和维护某种优秀规范和标准,它所关注的是审美的内在价值;与此相反,大众文化旨在创造短暂流行的时尚,这是实现其持续商业价值的必然要求。换言之,两种文化各有其全然不同的话语形态,前者可称之为雅趣,后者则名之为畸趣(德文 kitsch 这个词,本来就是指所谓的大众文化)。比较地说,现代主义文化是一种复杂的审美话语,它追求的是内在的颠覆性、创造性、个性风格和历史意识,因而形成了某种不断超越自身的内在动力,恰如美国文学批评家欧文·豪所言,现代主义"存在于对流行方式的反叛之中,它是对正统秩序的永不减退的愤怒攻击"。大众文化则相反,它是一种可复制的话语,它因其市场运作的内在规律所致,必然造成追求标准化、无个性、程式化和媚悦等特征。如果说现代主义文化在打破古典文化的文化诸多规范时,仍在缔造新的规范的话,那么,大众文化则不停地模仿前者,并把现代主义文化已经成熟了的规范加以程式化、俗套化和标准化。所以,一方面,现代主义文化不断地追求创新而"陌生化",寻找新的题材领域和技巧风格,它很少从大众文化中直接汲取什么养料,这与古典文化中贵族文化从民间文化中吸收营养的情况不同,因为在现代文化形态中,两种亚文化有对立排斥的特性。但另一方面,大众消费文化却不断地从现代主义文化中攫取成熟的东西,并使之程式化甚至变成为俗套。现代主义是铤而走险,旨在把熟悉的东西经由创造性的转化变为"陌生";而大众文化反其道而行之,走一条既经济又安全的路,旨在将一切"陌生"的创新转化为熟悉的易于接受的东西。

在涉及趣味问题时,西方一些文化研究者发现,在大众文化领域中,常常可以发现一种"格雷欣法则"在起作用,即价值不高的东西会把价值较高的东西挤出流通领域。美国学者麦克唐纳曾根据50年代西方文化的现状,指出了"格雷欣法则"的表现:

> 优秀的艺术同平庸的艺术竞争,严肃的思想同商业化的俗套程式竞争,胜者只能属于一方。在文化流通中和货币流通中一样,似乎也存在着格雷欣法则,低劣的东西驱逐了优秀的东西,因为前者更容易被理解和令人愉悦。简便易行的办法是在广大的市场上迅速抛售庸俗之作,并使之不达到某种品质。格林伯格曾写道:"庸俗低劣之作的特殊审美品质,就在于它是一种被欣赏者事先'消化了'的艺术,使他不必费力,向他提供某种最简便的艺术愉悦,这就绕过了在真正的艺术中须经努力才可理解的难点",因为庸俗之作已在其内部包含了欣赏者的反应,而不是迫使他做出反应,所以,《爱迪·盖斯特》或印第安情诗,就会比 T.S. 艾略特和莎士比亚的作品更有诗意。⑪

麦克唐纳依据大众文化产品易于接受的事实,指出了"格雷欣法则"的作用,因为它是最有力最简便的消费对象,它为欣赏者准备好了他们想要的一切。在我看来,问题还不那么简单,"格雷欣法则"还包含更深刻的原因。到了20世纪80年代,另一位美国艺术社会学家威尔逊,提出了不同见解。他指出:

> 大众商业社会不可避免地强行贯彻某种以次驱好的格雷欣法则。不管怎么讲,好的东西总被视为最好之物的天敌;商业价值与大众传媒的发展,这两者的结合,赋予这个天敌以压倒一切的优势。所以,通俗文化的巨大规模被认为必然会淹没高雅文化那孤立而优雅的声音。⑫

威尔逊在此强调了商业价值与大众传媒的结合,这一点十分重要。大众文化追逐商业价值,其标准化、程式化和可复制性,经由大众传媒的效力推广开来,便获得压倒性的优势。相比之下,先锋派文化追求创造性和个性风格,显然不适于大众传媒的标准化与可复制性要求。威尔逊这种偏重于技术角度的解释,在我看来仍不足以全面说明格雷欣法则。从更加广阔的社会文化角度来看,"格雷欣法则"之所以会在大众文化领域中频频出现,是和现代社会的许多因素密切联系在一起的。人们比较容易注意到大众文化追逐商业利润,因而置伦理要求和审美规范于不顾这样的事实。但是,这种说法只指出了表面现象,未能揭示其中更深刻的原因。在我看来,这与现代都市化社会所形成的大众密切相关,说白了,乃是由现代大众生活方式及其文化特征所决定的。工业化使大量的人口集中于都市,教育的普及造就了大批具有读写能力的文化大众,技术的进步和工作效率的提高,使他们具有越来越多的闲暇时间,于是,闲暇便成为一种生活。另一方面,都市化所形成的文化大众,与农业文明的俗民不同,不再以家庭为纽带,而是日益以社会组织(如产业、公共机构、社会服务等)作为交往的纽带,因此,个体乃至小群体之间的个性差异渐渐被消解,取而代之的是社会学上所描述的"社会大众"。在这种条件下,文化大众中的从众趋向便滋生出来。恰如社会学家里斯曼所指出的,现代人的"他人导向"判然有别于传统社会的"传统导向"和近代社会的"内在导向";心理学家罗杰斯则发现,现代人有一种看不见的群体压力,个人差异必然引起不安和焦虑,人人相似才是最安全的。闲暇的无聊和从众的趋向,再加上商业社会普遍的消费享乐主义的影响,便滋生出一种寻求感官刺激直接性的庸俗趣味,同质的现代文化大众需要一种同质的闲暇消费享乐,而大众消费文化中色情、暴力、隐私、黑幕等内容,恰恰迎合了这种需求。丹尼尔·贝尔在其《资本主义的文化矛盾》一书中,特别强调了畸趣和文化大众之间的联系:"过去三十年里,资本主义的双重矛盾已经帮助树立起流行时尚的庸俗统治:文化大众的人数倍增,中产阶级的享乐主义盛行,民众对色情的追求十分普遍。时尚本身的这种性质,已使文化日趋粗鄙无聊。"⑬

不同的文化有其不同的功能,现代主义文化与大众文化功能上的对立,是这两种文化形态的又一根本区别。从对比的意义上看,一般说来,现代主义文化是一种严肃文化,其道德关切和审美追求,通常构成了它对现存文化的反思、批判和重建功能。诚如前面在谈论自律特征时所指出的那样,这种文化坚持自律,就是站在社会的对立面来批判这个社会。特别是在大众商业社会整体的交换关系已经形成,商业文化霸权无处不在,恶性膨胀的消费享乐主义所构成的虚假的意识形态掩盖了某种真实的支配性关系时,艺术对社会的反思和批判作用,就变得十分迫切和必要。反之,现代大众文化,是一种总体上体现出他律的商业倾向的文化。一般来讲,它往往起着维护现存文化,助长消费享乐主义的虚假意识形态,强化大众商业社会文化霸权的功能。关于这一点,法兰克福学派的思想家们有过许多精辟的论断。洛文塔尔指出:大众文化"提供的不过是娱乐与消遣——即最终使人们从无法忍受的现实中逃避出来。无论在哪里,种种革命倾向都化为一个胆怯的头脑,并被如下一类欲望之梦的虚假而缓解释然,诸如幸福、冒险、激情的爱、权力和感伤"⑭。豪瑟则更明确地指出:"纯艺术、严肃艺术、不妥协艺术,具有一种破坏效果,常常是一种痛苦的折磨人的效果。但大众艺术却要缓解人类存在的痛苦问题,并把我们从中解脱出来,不是鼓励我们的主动性和努力、批判和自我充实。"⑮

通过以上的分析,我们可以看到古典文化向现代文化的巨大转变。如果说古典文化以一种贵族—民间文化的相对和谐为标志的话,那么,这样的和谐在现代文化中已经被打破了。现代文化以一种对抗性的先锋派艺术—通俗文化(或高雅文化和大众文化)新的二元格局取而代之。换言之,现代文化所由构成的两种亚文化,是与古典文化的二元构成全然不同的。现代主义文化并不是古典贵族文化的当然继承人,它对传统的反叛有时就是以对传统贵族文化的否定形式出现的。它在许多方面都是对古典文化激进的偏离和否定,以致对文化赖以生存的根基构成致命一击。文学变成了反文学,绘画变成为非画,戏剧演变为反戏剧。西班牙哲学家奥尔特加高度概括了这种文化的特征注定是"非人化的",注定是不流行和没有观众的。后来,德国哲学家阿多诺干脆说,这是一种自恋的艺术,一种拒绝进入交换关系而疏远大众的艺术。现代主义文化有两点值得玩味,一是它对传统古典艺术的否定,未来主义者甚至叫嚣应把传统艺术付之一炬;二是它似乎比古典的贵族艺术更加"特权",并不为没有市场和受众而感到忧虑,甚至以此为荣,因为它已经高高举起自律的大旗,进而转为强烈的自恋。如果说前一点反映了现代文化中强烈冲动的创新动力的话,那么,后一点则预示了现代主义自身的内在危机。

在指出了现代西方文化二元对立的结构之后,显然有必要补充几点。第一,所谓的现代主义文化—大众文化的二元对立格局,只是就西方文化的总体状况而言的。如前所述,在采取这样的"理想类型"方法时,我们也许不得不注意到各种更为复杂的情况和大量介于两者之间的"灰色区域"。二元对立的结构最终不过是我们理解现代西方文化的一个参照系而已。第二,对现代主义文化和大众文化的类型分析,也只能说是总体形态上的概括和分析,反例以及更加复杂的现象的存在,不但是可能的,而且是必然的。在这里,我们特别要注意以下两种现象:其一,在现代主义文化中,也存在着向大众文化靠拢的现象。根据美国著名艺术理论家格林伯格(Clement Greenburg)的看法,其实先锋派艺术(现代主义)和庸俗艺术是一个彼此联系的孪生兄弟,是资本主义特定的社会、经济和政治状况的产物。虽然这两个范畴表面上是对立的,但却存在着一种内在的一致性。"先锋派自以为已割断了与这个社会的联系,但它却仍然以一条黄金脐带依附于这个社会。""庸俗艺术的巨大利润是诱惑着先锋派的一个根源,先锋派艺术家并不总能抵御这种诱惑。一些雄心勃勃的作家和艺术家即使没有被这一诱惑完全吞噬,却也在庸俗艺术的压力下改变他们的作品。"⑯到了20世纪

60年代,意大利先锋派艺术专家波吉奥利更明确地指出,先锋派和大众文化的流行时尚以及俗套之间并没有什么根本的区别,甚至一脉相承。照他的看法,先锋派那种特有的创新冲动,实际上不过是改变了古典的"永恒的美"的观念,而把"美"的观念变成为一种暂时的流行的俗套和时尚而已。"先锋派与时尚的联系是显而易见的……在某种新形式变成为陈词滥调、庸俗之物和俗套而被抛弃之前,时尚也会经过令人新奇与陌生、惊异与愤慨的阶段。正是在这里,我们体会到波德莱尔悖论深邃的真理,那就是要委天才以创造俗套的重任。由此来看,由于现代文化固有的狂热的天才崇拜的矛盾原理的作用,先锋派在时尚的影响下注定要争取它曾不屑一顾的普遍流行——这恰恰就是先锋派寿终正寝的开始。"⑰这种看法给我们提供了一种透视现代主义文化和大众文化关系的新的视角,即透过两者表面上的对立,去寻找深层的互动关系和内在联系。这么来看,先锋派的创新其实也同时是在向俗套转化,或者用庞德的话来说,先锋派追求的艺术美,不过是一种俗套和另一种俗套之间的短暂喘息而已。

其二,对大众文化来说,从20世纪30年代的法兰克福学派,一直到70年代以来的后现代理论,大多把大众文化视为消极的文化现象,诚如以上分析所表明的那样。但是,大众文化并不是铁板一块,它内在的成分也是相当复杂的。进入80年代以来,西方的批判理论和文化研究,开始把大众文化的颠覆性以及内在矛盾,作为一个重要的研究课题,也提出了一系列新的见解。就以阿多诺为例,他自20世纪30年代《启蒙辩证法》问世以来,一直高举对文化工业坚决批判的大旗,并始终把现代主义文化和大众文化当做两个彼此截然对立的范畴来考察。但是,到了60年代末,在他去世前夕,他逐渐意识到大众文化其实也有反抗现存资本主义社会制度的颠覆功能。晚近的批判理论,对这个问题有许多不同的看法,这是一个值得注意的动向。⑱这对于我们研究中国当代文化中的大众文化现象,是有所启发的。

后现代主义:"去分化"现象

自20世纪50年代末以来,西方社会和文化的新变化,进入了一个被称之为"后现代"的阶段。所谓"后现代",实际上是指现代主义之后的文化。关于这种文化到底具有什么特征,西方学术界争论颇为激烈。顺着以上我们讨论现代主义文化的思路,即原始文化是一种未分化的整合文化,古典文化是分化基础上的和谐文化,而现代主义文化则是一种分化的冲突文化,那么,后现代文化的特征究竟是什么呢?

不同理论对这个根本问题的解答也是完全不一样的。在利奥塔这个后现代的预言家看来,科学知识的发展,在后现代已经导致了完全不同于现代的景观,那就是在现代文化中那种作为一切知识根据的"元叙事"已经消解了。解放的叙事和启蒙的叙事不再是知识的合法化根据。科学知识的细分和专业化,形成了一个分化越来越细致和专门的局面。于是,有两种新的境况必须加以注意,第一,各个知识领域之间,越来越缺乏彼此可以沟通的可通约性,每门学科都创造出复杂的只有该学科的专家才能理解的术语和词汇,以及相应的表述方式。这样一来,彼此间的交流和理解开始成问题了。第二,由于曾经作为一切知识合法根据的"元叙事"的消解,各门具体科学不再寻求"元叙事"的证明,转而寻求某个学科内部科学家共同体的承认和默契。这个现象的直接后果是一种利奥塔所说的"局部决定论"。这和现代主义文化时期有很大的不同。如果说在现代主义文化中尚存在着共识的话,那么,在后现代文化中,非中心的、不确定的和局部决定论的特征,就使得知识与共识无关,与日常经验和常识无关。这可以看做是科学知识自律性发展到极端的一种表征。虽然利奥塔没有明说,但是很显然,他的后现代理论实际上是主张一种分化的自律的文化。

同样的现象可以从不同的角度加以理解,正像不同的视角可以透视到不同的景观一样。另一些西方学者对后现代文化的基本特征做出了相反的结论。在这方面,英国社会学家拉什的看法值得注意。在拉什看来,现代主义文化或现代化是一个分化的过程,而后现代文化或"后现代化",则是一个相反的过程,即后现代文化是一个"去分化"的过程。他在其著名的《后现代社会学》一书中写道:

> 如果文化的现代化是一个分化的过程的话,那么,后现代

化则是一个去分化(de-differentiation)的过程。如果说现代主义代表性的理论家是韦伯的话,那么,后现代的理论家并不是鲍德里亚,而是本雅明。……

首先,在某种过程中,有三个文化领域失去了自己的自律性。比如,审美领域开始将理论的和道德——政治的领域加以"殖民化"。其次,文化领域不再是具有本雅明意义的"韵味的"领域,即是说,它不再系统地和社会因素分离开来。这和高雅文化与通俗文化之间的边界的断裂有关,与高雅文化的广大受众的相应发展有关。然而,这也是一个文化的社会因素中新的普遍存在的问题,其中,表达采取了象征的功能。第三,"文化经济"逐渐变得去分化了。在生产方面,有后结构主义者所欢呼的那个著名的作者的瓦解,或者说,像20世纪80年代后期的传记体小说和从劳丽·安德生到布鲁斯·麦克利安的表演艺术那样的作者湮没在文化产品中。在消费方面,"去分化"也占有一定地位。比如,自60年代以来某些戏剧发展趋向,即把观众作为文化产品的一个部分包括在内的戏剧。最重要的文化体制之一是批评,它本应介于文化产品和消费之间。但无数的批评家在争论文学和批评的区别,这个问题和体制与文化产品的区别一样。其他的体制还包括以下方面,文化产品商业性流通的体制,广告的运用等。随着波普电视(the pop video)广告,以及乔装打扮成流行歌曲的广告(在80年代后期出现的那些来自60年代的灵歌),人们很难说在什么地方商业体制终止而文化产品开始。

最重要的也许是表达模式本身。如前所述,现代主义对于能指、所指和指涉物的作用有一个明确的自律性的规定。与此相反,后现代化却使这些区别变得成问题了,特别是能指和指涉物的地位及其关系问题,或者换一种说法,是表达和现实的地位及其关系问题。⑲

拉什的这一分析,在很大程度上指出了后现代文化和现代主义文化之间的许多相互对立的特征,他以分化/去分化这组对立范畴加以表述。在这里,分化是指审美的、理论的和伦理的三个领域各自从宗教和形而上学古典体系中摆脱出来,进而获得了自身的自律性和自身的合法性。我们看到,现代主义艺术正是沿着这样的路线发展的。在那些现代主义的艺术大师看来,艺术的个性风格、对绝对的追求以及永不消失的创新冲动,已经彻底摆脱了所有古典原则和他律原则。艺术就是艺术而不是别的什么(奥尔特加语)。自律是分化的结果,而分化是自律的条件。后现代文化则似乎有意要消解那些被现代主义艺术家和批评家所确立的区别和特征,有意要把许多在现代主义观点看来彼此有别甚至无关的领域和事物混淆起来。于是,那些经过艰苦努力逐渐被人们认可的边界和区别很快被打破了。

我以为,后现代主义的审美文化或者更准确地说"后审美文化",在西方主要体现为以下几个方面的去分化。首先,艺术与非艺术的区别消失了。我们知道,在西方文化的漫长历程中,艺术或美的艺术(the fine arts)完全是一个历史的概念,是一个在漫长分化的历史中诞生的范畴。艺术的特性和自律的存在,在现代主义艺术中得到了最为彰明较著的体现。换言之,相对于原始艺术和古典艺术,现代艺术才具有现代主义艺术家们所崇拜的"纯粹性"。这种纯粹性不但体现在各种艺术门类各自所特有的特征与所谓的本体性[20],而且集中地表现在艺术和非艺术的区别上。在现代主义的艺术发展过程中,不但艺术的类型和样式被纯粹化了,甚至审美经验和艺术的惯例(取迪基的用法和用意)也被纯粹化了。这里的纯粹化的含义是指,艺术就是艺术自身。因此艺术的审美经验和理解评价都必须是合乎艺术的自律法则的。但是,到了后现代主义阶段,这种现代主义式的冲动已经丧失了。后现代主义的艺术家似乎有意和他们的现代主义先驱过不去,开始嘲弄和混淆各种业已确立的界限和特征,就像现代主义的艺术家曾经嘲弄古典的艺术一样。当然,这种后现代的端倪并不是到了20世纪60年代才出现,而是在现代主义艺术如日中天时,即在现代主义阶段,就已经出现了。这方面的领袖人物,在艺术上以法国艺术家杜尚为代表,在美学理论上则以本雅明为代表。他们是站在现代主义的文化中提倡后现代主义的。以杜尚为例,他的一系列艺术作品(当然不是在现代主义意义上的),是对现代主义信条的反叛和抵制。他的《下楼的裸女》、《泉》、《LHOOQ》、《在摔断胳膊之前》等,有的消解了传统的甚至现代主义的空间,把静止的时间变成过程;

有的有意嘲弄了古典作品;有的干脆把现成物作为"作品"拿去展示。美国著名美学家费舍尔(John Andrew Fisher)在总结杜尚的艺术实践时指出,他是20世纪先锋派艺术之父,他的作品具有震撼力和革命性:"杜尚瓦解了许多构成视觉艺术的最根本的假定:1)艺术是人手工制作的;2)艺术是独一无二的;3)艺术应该是美观的和美的;4)艺术应该表现某种观点;5)艺术应该具有技艺或技巧。"㉑这些艺术观念在杜尚的艺术实践面前彻底瓦解了。如果说现代主义艺术家认定还存在什么关于艺术的特定规则和原理的话,那么,对于后现代主义艺术家来说,这样的规则和原理并不存在。因此,艺术和非艺术的界限便随之消失了。有趣的是,这样的边界和规范消失时,也就是艺术可以进入非艺术,或者说是非艺术进入艺术之时。这一点很像现代主义艺术家对古典原则的反叛。当现代主义艺术家可以以"非人化"的方式来创作时,古典的模仿原则甚至技巧也就不再起作用了。在后现代主义最初的发祥地美国,人们面对史密森、克里斯托、凯奇、纽曼等人令人费解的后现代作品,直接的反应就是:那是艺术吗? 无怪乎美国著名的艺术杂志《地平线》1971年秋季号在介绍后现代艺术家时,用了一个让人摸不着头脑的标题:"'非艺术','反艺术','非艺术的艺术',和'反艺术的艺术'都是无用的。如果某人说他的作品是艺术,那就是艺术。"("'Non-art', 'anti-art', 'non-art art', and 'anti-art art' are useless. If someone says his work is art, it's art.")㉒后现代艺术在消解艺术和非艺术的界限方面是非常彻底的,从杜尚首创的各种现成物的应用,到克里斯托对各种物体的包扎,真是无奇不有。这种现象带来的一个直接后果,是艺术和生活,或者说是审美的和社会的(拉什语)因素的混淆。史密森在盐湖上制作的"螺旋形防波堤",打破了在博物馆里陈列的艺术品的惯例;纽曼的"自画像"不过是艺术家自己扭曲的面部表情的照片;劳申伯格的"水牛"则是不折不扣的报纸和图片的混杂……艺术和生活界限的消失,不仅发生在美术馆和画廊里,而且也出现在日常生活中。关于这一点,美国学者杰姆逊有很好的描述:"后现代主义的文化已经从过去那种特定的'文化圈层'中扩张出来,进入人们的日常生活,成为消费品。"㉓艺术和日常生活界限的消失,对审美文化来说,是一个相当重要的变化。晚近的文化社会学研究,把这样的现象称之为"生活的审美化"。确定意义上的那种艺术和审美的观念已经被一种与日常生活形态混杂在一起的形态所取代。特别是随着雅皮士这样的文化阶层的出现,文化和审美已经演变成为一种生活方式,即对生活质量和品味的一种挑剔和判断。文化雅皮士不仅是指那些真正意义上的先锋派,而且也泛指各种文化人和中间人。这个不断扩大的阶层和队伍,对审美文化的发展具有重要意义,因为经由这样的文化阶层,文化已经不再局限于少数鉴赏家和收藏家,转而变成越来越多的文化大众的消费行为。㉔在审美文化与非审美文化的甚至日常生活相混淆的过程中,像广告、印刷品、广播等各种大众传播媒介,这些传统上不被当做艺术的形式,开始和艺术领域相互重叠和包容了。这样一来,现代主义艺术家孜孜以求建立起来的各种关于艺术的神圣的不可亵渎的信条,也就随之烟消云散了。面对后现代的文化,那是一个无边界无中心不确定的世界。

如果说第一个去分化是指艺术和艺术以外的事物之间界限的消失的话,那么,我们可以发现的第二个去分化现象,则是艺术内部的界限的消失。如前所述,现代主义的艺术家十分关注各种艺术自身独特的不可取代的特性和条件,戏剧不同于小说也有别于电影,诗歌不同于音乐也有别于绘画。各种艺术门类独一无二的存在成为现代主义艺术家的普遍追求。在比较的意义上看,被现代主义艺术家确立的各种艺术类型的规范和边界,也在后现代文化中丧失殆尽。在某种意义上说,后现代文化是一个混杂的文化,正像许多后现代的理论家们所喜欢采用的术语所反映的那样,诸如"混杂"(hybrid)、"拼接"(collage)等概念。这种去分化现象是指后现代的艺术家有意打破现代主义艺术家所恪守的各种规则和范式,将不同的艺术混合在一起,进而构成一个混杂的非类型的大杂烩。这方面最典型的例子莫过于50年代在黑山学院,音乐家凯奇和图尔多、诗人奥尔森和理查兹、舞蹈家卡宁汉姆、画家劳申伯格等人所发明的"偶发艺术",彼此之间根据不同艺术类型的媒介的互动,来产生随机的复杂的效果。这时,无论是那一种艺术,都已经不再是严格意义上的它自身了,而是被强制地混合在一个复杂的互动关系之中,彼此相互激发影响,很难说还有什么严格意义上的音乐、舞蹈或绘画、诗歌了。这种艺术门类的混杂,是后现代主义艺术去分化的一个显著特征㉕。我们知道,各种艺术自身特性的发现,以及相应的游戏规则的建立,是经过一个漫长的历史过程才实现的。原始艺术在很大程度上是整合不分的,古典艺术基本上确立的各门艺术的界限,正像古典美学家喜欢对艺术分类问题进行探索一样,而现代主义艺术则在更大的程度上区分了各种艺术之间的明确界限,并在追求各自的"纯粹性"方面,有所突破和发展。然而,后现代主义的去分化,即对各种艺术界限的消解,既不是回到艺术原初的整合状态,也不是追求不同艺术门类的融合,毋宁说,这不过是一个混杂的游戏而已。混杂的结果就是以往确立的各种规范和标准的失效。这正是后现代主义文化混杂的目标指向。

　　后现代主义的第三个去分化现象,是把现代文化中高雅文化—大众文化的两极彻底抹平,或者说,用菲德勒(Leslie Fiedler)一篇脍炙人口的论文的标题来描述,即是一种"跨越边界——填平鸿沟"("Cross the Border—Close the Gap")。我们知道,在原始文化中,由于尚未出现分化,文化基本上处于一种整合的状态;在古典文化中,分化已经出现,贵族文化和民间文化大体上能和谐运作,彼此的冲突尚不尖锐;而在现代主义文化中,始终存在着先锋文化(或精英文化、或现代主义文化、或严肃文化等)与大众文化(或通俗文化)之间的冲突。这个过程实际上也是一个文化分化不断加剧的过程及其结果。如果我们把后现代文化的基本特征视为一种去分化,那么,可以说,去分化的直接结果必然导致现代主义的(先锋派的)文化和大众文化之间冲突的消解。不少西方学者都注意到这个消解高雅文化和大众文化界限的发展趋势。杰姆逊关于这一发展有深刻的论述,他写道:

> 　　我曾提到过文化的扩张,也就是说后现代主义的文化已经是无所不包了,文化和工业生产和商品已经是紧紧地结合在一起,如电影工业,以及大批生产的录音带、录像带等等。在19世纪,文化还被理解为只是听高雅的音乐,欣赏绘画或是看歌剧,文化仍然是逃避现实的一种方法。而到了后现代主义阶段,文化已经完全大众化了,高雅文化与通俗文化,纯文学与通俗文学的距离正在消失。商品化进入文化意味着艺

术作品正成为商品,甚至理论也成了商品;当然这并不是说那些理论家们用自己的理论来发财,而是说商品化的逻辑已经影响到人们的思维。㉖

在上一节里,我们曾专门讨论过现代主义艺术如何与大众文化相冲突,以及两者各自不同的特征。依据法国社会学家布尔迪厄的理论,在现代文化生产中,存在着两个彼此相关却又有所不同的场,一个是所谓的"有限生产场"(the delimited field of production),另一个是所谓的"大规模生产场"(the large-scale field of production)。前者的生产者和消费者是同一种人,即艺术圈子内的文化人,而后一种的生产者和消费者却不一样。前者通过一种特有的"命名权"对后者发生影响。调解两种文化生产的中介环节是教育。教育所生产的不是文化产品,而是适合这些文化产品的消费者。在布尔迪厄的理论体系中,现代文化中这两种生产是有很大差别的,而在后现代文化中,两种之间的界限已经消失。注意到这个事实,就必须进一步分析两种彼此冲突的文化是如何被混合的。从理论上讲,假定甲和乙的冲突被消解,有三种可能性,一是甲吸纳乙,二是乙改变甲,三是彼此都改变自身趋于同一。对曾经处于对立之中的现代主义文化和大众文化来说,我们在后现代阶段看到的真正局面,既不是高雅文化对大众文化的改造,也不是彼此之间的互相妥协,而是以大众文化逻辑对高雅文化的凌越为基本特征的。换一种说法,那就是高雅文化最终以放弃自己特有的逻辑,向咄咄逼人的大众文化或文化工业屈服。这种去分化过程的实际后果,导致了后现代文化不再是一个二元对立的结构,而是一个以大众文化为主潮的文化,无论是古典式的贵族文化,或者是现代主义的先锋派文化,都处于边缘化的他者地位。导致这种状况的原因是复杂的,至少有两个原因值得注意。第一,后现代主义的这种文化景观,实际上是西方消费社会和商业社会发展的必然结果。一些西方学者发现,后现代文化的这种境况,实际上是现代主义文化的自律化的一种瓦解。如果说现代主义是把审美从社会的因素中独立出来的话,那么,后现代则是把审美领域重新沉入它曾经从中分离出来的那些领域。诚如拉什所言:"如果现代化意味着各个场的分化,那么,后现代化则至少意味着某些场部分地陷入另一些场之中。比如,审美场的破裂而进入社会场。或者说,随着商品化,审美场破裂后进入经济场之中。"㉗即是说,后现代社会是一个消费社会,商品生产的规律无所不在,并且渗透到审美文化领域之中。这正是20世纪30年代法兰克福学派的理论家们所预言的。阿多诺就曾对此忧心忡忡,他以现代主义艺术为典范,通过其自律甚至自恋来抗拒商品的交换逻辑。而在后现代阶段,这种现代主义的冲动已经耗尽,而商品化作为一个社会的普遍逻辑渗透在各个领域(场)之中,审美文化也不例外。当文化产品变成和一般商品无甚区别的东西时,审美文化也就不可避免地落入经济场之中,并且受到商品生产、流通和消费规则的制约。第二,导致高雅文化和大众文化界限消失的另一个原因,是中产阶级的文化大众人数急剧倍增的结果。丹尼尔·贝尔从趣味角度论述了这个问题,他在其《资本主义的文化矛盾》一书中写道:"今天,现代主义已经消耗殆尽。紧张消失了。创造的冲动也逐渐松懈下来。现代主义只剩下一只空碗。反叛的激情被'文化大众'加以制度化了。它的实验也变成了广告和流行时装的符号象征。""过去三十年里,资本主义的双重矛盾已经帮助树立起流行时尚的庸俗统治:文化大众的人数倍增,中产阶级的享乐主义盛行,民众对色情的追求十分普遍。时尚本身的这种性质,已经使文化日趋粗鄙无聊。"㉘在贝尔看来,清教的传统在后现代条件下被中产阶级的享乐主义所取代,这种享乐主义又是和现代主义的衰落以及市场体系的扩张密切联系在一起的。于是,高雅文化和大众文化的区别被中产阶级的趣味所模糊,进而享乐主义把大众文化的时尚与畸趣引入了所有文化领域,高雅文化原来的属性也就被改变了。按照布尔迪厄的看法,后现代文化的这种发展,其实有两个动力因素,其一是生产和消费的新阶层的出现,特别是后工业社会的中产阶级的发展,使得符号生产的文化领域中中产阶级的文化品性得以扩张。这就进一步使得过去曾经是属于少数文化人的"有限生产场"的边界,被付之一炬,于是,两种文化原来的界限消失了。其二是后现代出现了一种新的预言家或新的先锋派,不同于现代主义的先锋派,他们不是促进异端和文化的自律化,而是相反,他们要支持正统和非自律化。正像后现代的建筑大师文杜里等人所言:"我们喜欢惯例。"这样一来,现代主义那种创新和个性风格便被一种中庸

的混杂的无风格所取代,而大众文化和高雅文化的区别也就丧失了。㉙

除了这三个去分化现象之外,后现代文化中的去分化现象还可以指出许多。诸如生产者和消费者的界限的丧失,个人风格被某种杂糅诸种风格的形态所取代,甚至出现了古典的现代的不同民族风格的混杂的无风格形态,等等。这里,我们需要特别指出,后现代文化中的去分化是一个与现代主义文化的分化相对的概念,是一种对现代主义文化的反拨。另外,后现代的去分化,并不是一种回归古典文化或现代文化那种总体文化的趋向,恰恰相反,在后现代文化中,一种破碎的片断的文化形态才是其主要形态。这里,我们不难发现一个悖反现象:一方面是现代主义那种二元对立的文化结构被某种一元结构所取代;另一方面,整个文化又处于一种片断的破碎的和无中心的状态中,而生活在后现代的主体,则始终被一种片断感所笼罩。正像英国社会学家鲍曼(Zygmunt Bauman)的一部近著的标题所示"生活在碎片之中(Life in Fragments)"㉚。

注释:

① ⑬ ㉘ 丹尼尔·贝尔《资本主义的文化矛盾》,三联书店 1989 年,第 30 页,第 37 页,第 66、37 页。

② Jose Ortega Y. Gassct, "The Dehumanization of Art," in Bate, W. J. (ed.), *Criticism: The Major Texas*, New York: Harcourt Brace Jovanovich, 1970, p. 661.

③ Jose Ortega Y. Gasset, "The Coming of the Masses," in Rosenberg, B. & White, D. M. (eds.), *Mass Culture*, New York: The Free of Glencoe, 1957, p. 42.

④ ⑪ ⑭ Rosenberg, B. & White, D. M. (eds.), *Mass Culture*, NewYork: The Free Press of Glencoe, 1957, p. 55, p. 61, p. 55.

⑤ Simmel, G., *The Philosophy of Money*, London: Routledge & Kegan-Paul, 1978, p. 446.

⑥ ⑨ ⑩ Adorno, T. W., *Aesthetic Theory*, London: Routledge & Kegan-Paul. 1984, pp. 323—337, p. 321, p. 25.

⑦ 马尔库塞《现代美学析疑》,文化艺术出版社 1987 年,第 15、16 页。

⑧ ㉒ ㉖ 杰姆逊《后现代主义与文化理论》,陕西师范大学出版社 1987 年,第

160页,第148页,第147—148页。

⑫ Wilson, R. N., *Experiencing Creativity*, New Brunswick: Transaction, 1986, p. 97.

⑮ Hauser, A., *The Sociology of Art*, London: Routledge & KeganPaul, 1982, p. 582.

⑯ Greenberg, C., "Avant—Garde and Kitsch," in Hall, J. B. & Ulanov, B. (eds), *Modern Culture and the Arts*, New York: McGraw—Hill, 1967, p. 180,【编者按】.182—183.

⑰ Poggioli, R., *The Theory of the Avant Garde*, Cambridge: Harvard University Press, 1968, p. 82.

⑱ See Kellner, D., *Critical Theory, Marxism and Modernity*, Cambridge: Polity; Morrow, R. A. & Brown, D., *Critical Theory and Methodology*, Thousand Oaks: Sage, 1994.

⑲㉗㉙ Lash, S., *Sociology of Postmodernism*, London: Routledge, 1990, p. 11—12, p. 252, p. 263.

⑳ 比如,西方现代主义绘画所走的就是一条追求自身特征的道路。依据现代主义艺术最卓越的代言人美国批评家格林伯格的看法,现代主义绘画实际上就是与古典绘画的对抗,这种对抗表现在它极力想摆脱文艺复兴以来绘画向雕塑学习并和雕塑竞争的格局。现代主义画家意识到,绘画的本来特征应该是二维平面上的表现艺术,于是,它不再追求表现深度和阴影、透视关系等等。回到绘画的平面性,是现代主义绘画对绘画自身合法性及其依据的一种发现。在现代主义绘画的发展过程中,不但作为绘画的整体的艺术在追求与雕塑不同的纯粹性,甚至不同的画派也在追求不同的艺术特征。另一位美国艺术批评家库赫认为,现代主义绘画实际上是一个分解(breakup)的过程。所谓分解,就是指绘画在其现代主义阶段,由于不同画派强调和表现不同绘画特征,绘画的总体性不复存在,没有代表一切的绘画,只有强调不同方面的绘画。如印象派强调色彩,立体主义强调形,超现实主义强调梦幻,抽象主义强调非具象等等。以上内容详见拙译格林伯格的《现代主义绘画》(载《世界美术》1992第3期)和库赫的《分解:现代艺术的核心》(载《江苏画刊》1993第3期)。

㉑ Fisher, J. A., *Reflecting on Art*, Mountain Vien: Mayfield, 1993, p. 121.

㉒ Meehan, T., "If someone says his work is art, it's art," in *Horizon*, Autumn, 1971, pp. 4—15.

㉔ See Featherstone, M., "Towards a Sociology of Postmodern Culture," in Haferkemp, H. (ed), *Social Structure and Culture*, Berlin: Walter de

Gruyter, 1989.

㉕ 参见拙译约翰·T·波莱蒂《后现代主义艺术》,载《世界美术》1992年第4期。

㉚ Bauman, Z., *Life in Fragments*, London: Routledge, 1995.

原载《文艺研究》1997年第5期

金惠敏

主体的浮沉与我们的后现代性

　　谁曾料想在主体和主体性问题上中国思想文化界会经历如此剧烈的逆转:20世纪70年代末至整个80年代我们一直都在热切地呼唤、在殚精竭虑地建构主体和主体性理论——那是思想解放浪潮最美丽的一朵浪花。先是关于异化和人道主义问题的论争,其中例如我们把美当做人的本质力量的对象化,即是说,美是主体性或人性的集中表现;再是沉潜良久而终于在这场讨论中浮出水面的依据康德而建立主体性的尝试;推而广之,在文学批评领域对于重振作家主体性和作品自主性的殷殷之情。90年代初后现代主义的登陆似乎一夜之间便改写了我们对于主体性的十数年的执著诉求;往好处说,主体性被作为一个陈旧的话题而冷落了——90年代早期对人文精神的唤呼只是一个转瞬即逝的小小插曲;往坏处说,主体性成了当代社会各种弊端的罪魁祸首,甚至是帝国主义和法西斯主义的同义词。

　　当然,这一认识的转变并不完全是由于后现代主义视角的介入,因为80年代中后期的文学新潮实际上就已经形成了对"五四"精神的质疑和挑战,但是其所直接意识到的和谋求着叛逆的对象则是仿佛与"五四"毫不相涉的"文革"理式,即主体性的而同时又是个人意志的、理性的而同时又是专制的、激情的而同时又是空泛的、崇高的而同时又是非人性的。对后一方面的批判我曾经认为是思想解放运动的一个继续和深化,也就是说,中国后现代主义的原初动机在于推进一个现代性的计划。而进一步的思考却反过来指向前一方面,即现代性本身以及"五四"以来启蒙主义的中国现代思想史,这里是把"文革"理式作为中国现代启蒙主义的一个结果来谈论的。80年代末期有批评家已经敏锐地发现了这股文学新潮,例如实验小说的后结构主义踪迹,但是其所关注的问题一如其所评说的作家作品之公开或隐秘的述说是纯粹文学性的,即对于无论是经典现实主义或所谓革命现实主义均呈异质性的一些形式因素,如修辞、语态、叙事方式以及由此而产生的再现危机,等等。只是到了1991年以后在我陆续发表的以"后人道主义"为总题的系列文章里,这类文学探索的文学史意义才被特别地彰显为思想史的意义,好像因为一场"政治风波"而中断了主体性研究才被接续起来,但其所代表的已经不再是对过去的恢复而是一个反思,并且由这一反思而进入的一个新的理论时期。

中国自鸦片战争以来的现代性运动是由西方世界所发动而推向全球的现代性运动的一个部分,同样20世纪90年代以后我们对现代性的反思和批判也是西方后现代主义的现代性再检视的一个东方回应。我之所以一直坚持后现代主义在中国仍然是本土性的,乃是由于在考虑到中国的不充分的现代性的同时,认为第一现代性的任何实现一方面呈现为差异性,另一方面也潜在地决定于其共同性,因而第二对现代性之共同性的反思也同时是对我们自己历史经验的省察。既然现代性在中国已经是一个作为进程的历史事实,那么反思现代性就不仅是一个历史的亦即现实的内在欲求,而且也为未来可能出现的过度现代性建立一个预警机制。现代性绝非如启蒙主义者所幻想的那样是一个绝对的价值,只要其被施之于行动,其偏离就是不可避免的,因而我们甚至可以说,反思现代性未必要等到彻底现代性甚至过度现代性出现的那一天,或者干脆说,现代性在其诞生之日,假定有这么一个绝对起点的话,即意味着后现代性的必然以及合法性。

现代性与后现代性在哲学上争衡的焦点是主体性及其与他异(otherness)①的关系。所谓主体性简单地说就是主体作为主体所具有的性质、功能或状态。因而理解主体性也就与理解何谓主体的问题直接相关。界定主体以及揭示主体被赋予的意义即主体性是一项复杂的工作。在此我不想清理其在西方哲学史上自亚里士多德以来的语义演变情况,也不可能展示其在当代哲学中所有丰富性和差异性;我只想一般地指出主体所具有的若干我认为最重要的性质。第一,任何关于主体的讨论都潜在地指具体的、历史的、或是个体的或是集体的人。虽然在笛卡儿的公式"我思故我在"中主体表现为纯粹之思,在康德主体拒绝被实体化或个体化,它只被允许作为思想的功能或形式,但无疑这种作为思想的主体就是新兴的资产阶级。第二,对于客体世界而言,主体无论是作为认识的或行动的主体都是能动的一极:在认识论上它给予客体以形式,在与自然的关系上它改造和支配后者。第三,这种主体对于客体或自然的态度和行动当被移之于其与他者的关系时则可能触目惊心地表现为血腥的征服、阴毒的情柔或貌似入情入理的整合。在这一方面经历过现代性思想洗礼的知识分子都有着深刻的反省,例如德国学者乌黛·古佐尼(Ute Guzzoni,1934)坦白:

> 作为主体的欧洲人发现和殖民异域,基督徒归化他族,丈夫训导妻子,父母训导子女。作为主体的个人抑制自己的意愿和需要,同时普遍性原则则排除那些不能被整合于其内的因素。我相信,我们不再希望成为主体。②

"不再希望成为主体"是不可能的,由于理性我们无法不成为主体,我们无法回到洪荒、回到与自然同一的混沌,问题因而就只能是如弗·利奥塔所寻求的:我们应当成为怎样的主体。显然古佐尼所不想成为的主体,是那个被赋予对于客体无限权力的主体,是所谓现代性的主体,这一主体不仅外向地征服,而且内向地控制,即控制那些不合于理性规范的力量或冲动。由此第四,在现代思想中主体被规定为理性的主体,否则它便不可能担负起律人律己以至于统治整个客体世界的责任——弗洛伊德的惊世骇俗之处在于揭示了一个非理性的主体,而作为一位精神病医生其职责则是复归一个理性的主体。

这一主体形式就其积极性而言帮助推进了西方的现代化进程,创造了巨大的物质财富,激发了人在客体面前的英雄主义气概,提升了人的个性和尊严,如在鲁滨孙、浮士德、拜伦身上所体现的那样。但在另一方面,如前述所及,也摧残和镇压了客体或他者,害人损己,罪孽深重。就此而言,我们可以理解西方人如哈贝马斯对理性和理性主体的顽固坚持,并且在北约轰炸南斯拉夫时在所谓普遍人道原则的大旗下赤膊上阵为北约罪行辩护,但不能理解何以在有着百余年被帝国主义欺凌史的中国竟有为数不少的学者也顽固地拒斥对现代性这个必须为现代罪恶承担责任,至少是部分责任的思想体系进行后现代性的反思。套用一句从前十分流行的老话,真不知这些人的立场站到哪儿去了?不久前的一日,当我凝视着圆明园内被英法联军焚烧过的大水法所残留的几个白骨似的石柱时,我一下子明白了什么是西方意义上的现代主体性。这不是远古的一场兵燹,那时也许只有赤裸裸的利益之争,而火烧圆明园如法国大文豪雨果所声讨的是所谓"文明人"对"野蛮人"的劫掠。

西方现代哲学所幻想和讴歌的主体性在后现代性的透视下已经暴露出其最邪恶、最狰狞的一面。我们承认,主体性原则作为一种哲学价值是一回事,而主体性原则被野蛮性地使用是另一回事,但是"野蛮性地使用"的不是别的什么与主体性无关的东西,因而由痛心疾首于主体性原则的"野蛮性地使用"而反思主体性本身就是合情合理的事情。我认为,主体性危机根源于,接着前述对主体的界说,第五,主体诞生于主体—客体二分法(dichotomy)这一母体,不过对于这一母体,主体永远不能摆脱其依附性,也就是说,客体的消失即意味着主体的死亡。这是一个悖论,全部西方哲学史即无论是以本体论为中心的古代哲学还是转向了认识论的现代哲学,都在致力于解决主体如何才能与客体同一的问题,而这同时也就是自我与他者的关系问题。柏拉图不能解决这一问题,所以他乞灵于认识的"突然跳跃"(eksaiphnes)、灵感或迷狂;康德不能解决这一问题,所以其普遍而必然的先验知识不过仍然是主体关于自我而非关于客体的知识;胡塞尔不能解决这一问题,因而其声嘶力竭的呼喊"返回到对象,返回到现象,返回到本质"最终不过是无可奈何地"返回主体",其"先验自我"如果不是被设定为一个超绝本体,那么在认识论范围内它就仍是一个主体;萨特不能解决这一问题,以至于在《禁闭》中恐怖地尖叫"他人即地狱"。

主客体二分观念,或者换言之,主体与他者之关系,支撑了全部的西方文明史,它既是一个纯粹哲学的问题,也是一个文化问题、政治问题、社会问题,以至日常生活问题;它是一个古老的历史故事,也是颇具现实紧迫性的一场运动;也许对于我们而言,至关重要的是,它不仅仅是西方人的问题,也是切近我们自己历史与我们自身之现实的问题:我们已经并仍在经历着现代性,这也就是说,我们同时便拥有了后现代性,而问题仅仅在于我们是否意识到或者愿意看到这一点。

注释:

① other(法文为 autre)一般译为"另类"或者"他者"。在后结构主义的语汇中,该词包含有两层意思:一是认识论中的客体,二是被主体所排斥和压抑的异质。"另类"不能表达第一层意思,故不采用;"他者"兼有两层意思,但用"他者性"译 otherness 即"他者"作为他者的性质显得有些生硬。考虑再三,译 otherness 为"他异"。

② Ute Guzzoni, "Do We Still Want to Be Subjects?" in *Deconstructive Subjectivities*, ed. Simon Critchley and Peter Dews, Albany: State University of New York Press, p. 215.

原载《外国文学》2001 年第 6 期

金惠敏

后现代主义在中国的过去和未来

在 20 世纪 90 年代以来国内思想文化界争论最激烈的三大主题新保守主义、自由主义和后现代主义中,由于后现代主义在中国文化传统中一般被认为没有根基——它是外来的,且是新近出现的,因而对于我们又是陌生的,它所遭到的质疑和抵制远远超过了前两者。时至今日,许多人仍在怀疑它在中国的存在:中国,后现代主义,风马牛不相及!

但是有两个事实我们无法否认:第一,后现代主义是西方自 20 世纪 60 年代以来兴起至 80 年代中期达到其鼎盛的一个哲学文化思潮(当然该词的历史远可溯及 19 世纪 70 年代不列颠画家 John Watkins Chapman 对它的使用);第二,这股思潮自 90 年代在中国迅速蔓延,与中国文化在当代的发展发生了某种关系,欢呼、唾骂、拿来、拒之门外……无论它与中国文化发生的是怎样的一个关系,但关系毕竟是发生了,是一既定的事实。因此即便我们承认反对者对后现代主义外籍身份的鉴别,但既然十几年来它已经与我们不断地打交道,深入进我们的学术生活和精神生活,结下了实实在在的恩恩怨怨,那么如果再要说后现代主义在中国是一个伪问题或者一个子虚乌有的东西,便是不尊重起码的历史事实了。历史可以被不同地评价,但不能被抹煞。记得 80 年代中期曾有"伪现代主义"的提法,否认中国文学的现代主义,这一论断的幼稚今天已显露无遗。

回首后现代主义在中国十余年的风风雨雨,我认为,在工具论的层面上说,其于中国当代文化发展的贡献有以下三点不应有疑:

第一,揭示了 1985 年后新时期文学的转折性特征。新写实小说、先锋写作、王朔现象以及如今仍是风光无限的女性文学,曾令"革命"现实主义批评一夜失语,功能尽废。当时这类创作都继续着前期对"文革"的批判,但所持的标准则发生了重大变化:在内在精神上,如果说前期是以一种启蒙式的理想主义批判被政治所利用的"理想主义",那么后期则连启蒙式的理想主义都一起否定掉了。我在90年代初期曾经指出的池莉小说对"五四"精神的挑战即属此类情况。今天有人为给"文革"文学翻案,把"五四"——"十七年"——"文革"——"新时期"连成一线,"文革"文学前有"五四"传统的庇荫,后有张承志等辈的发扬光大,因而不应否定。这一观点虽然漏洞百出,不堪入目,但如果在后现代主义看来它们之间还真有一定的联系和共同性,这就是对理性、主体、自我的极度张扬以至绝对化。

启蒙主义在现代中国有两条进路:一是"五四"至20年代末的以个性解放为标志的资产阶级启蒙主义,一是以人类解放为最终目标的无产阶级启蒙主义。"救亡"从来没有压倒过"启蒙",因为自鸦片战争以来"救亡"一直是以"启蒙"开道的,即以梁启超的话说,"新民"以"立国",或者"立国"先须"新民";即使20年代末以后个人主义以及其极端形式无政府主义受到抑制、抛弃而代之以集体主义,还有一定程度上的民族主义,但它们并不是个人主义的更不是启蒙主义的对立面。应该注意,无产阶级启蒙主义当时有一个确定的对象,这就是国民党蒋介石政府的专制和独裁,因而共产党人所要求的"民主"对于从"五四"传统中走出来的知识分子就具有极大的召唤力;再者,民族解放是"二战"以后现代化进程在世界范围内的一个表现。

启蒙主义如果绝对化自然也会走向它的反面。"文革"文学以无产阶级启蒙主义为其主导精神,但此时的启蒙主义已经被歪曲、被片面化、被绝对化,以致变成了启蒙主义的敌人。自由、平等、博爱、人道主义,这些曾经被无产阶级革命作为同盟军或在一个较高形式上即共产主义被囊括、被作为题中之义的资产阶级思想,这时其所代表的人类的一般理想早已飘然仙逝,而仅仅剩下一个资产阶级的躯壳,于是摧毁它、践踏它、弃之如敝屣便成为合理合法的行为。例如,当"民主"的主体被转译为"人民"时,其原初的意义在汉语语境中不知要发生怎样的转折、酿造几多的荒唐和残酷!经过"文革"释义学的"民主"对于那些"文革"的过来人,我们确知,至今仍是一个时时纠缠着他们灵魂的可怕的梦魇。

1985年以前的新时期文学以"人道主义"为旗帜,纠正"文革"对"启蒙主义"的歪曲和绝对化,试图接通"五四"启蒙主义传统。但它没有意识到,它所批判的与其所张扬的同出一源,即同出于欧洲启蒙主义,因而也就不可能从根本上反思启蒙主义及其"人道主义"。如前所说,这恰恰是具有后现代主义精神的新时期后期文学的不自觉的历史使命:虽然主观上它仍在继续着前期的批判工作,但这一工作已经延伸至启蒙主义的老根。在表达形式上,这种文学也呈现出令读者捉摸不定的游戏性叙述和修辞风格,似乎身体力行着后结构主义的非理性主义宣言。可以说,把新时期文学区别为两个既相联系又相区别的阶段是后现代主义风气之先的年轻批评家的一个重要成果。

第二,揭示了张艺谋电影的"东方主义"情结。郑义的《老井》、莫言的《红高粱》这些张艺谋电影据以改编的文学原作,就其产生的历史语境而言,是审美现代主义的产物。当时市场经济微露端倪,但在习惯了计划经济文化的人们心中所引起的震动却是强烈的和深刻的。"寻根文学"即是对这一市场化初潮的第一个回应。《老井》的做法是浪漫主义的怀旧,《红高粱》是尼采式的感性解放(据说张艺谋最初的灵感来自于对《悲剧的诞生》的阅读),它们因抵抗性地回应现代化进程而汇入现代主义的大潮。

但当这种怀旧的、感性解放的现代性越出国界而接轨国际时,抵触现代性的题材反过来却成了对它的亲密接触,或者说,历时的审美现代主义演变为共时的理性现代主义。原始的、蒙昧的、丑陋的和野性的等等在现代化的视野中,可能对它是一种必要的张力和批判姿态,而在"东方主义"眼中则是对"西方中心论"的最刺激、最出味的佐料。诚然,"东方主义"不是张艺谋电影的全部,但它无疑是获得西方观众青睐的一个重要因素:西方文化需要一个"他者"、一个"镜像"以确定和强化其主体性形象。张艺谋深谙此道,并由此构造了自己的一贯风格,这甚至在他最近所导演的"申奥"宣传短片中亦留下其明显的千篇一律的风格化标记。没有后现代主义理论(这里表现为后殖民主义)的探照,人们就不可能看穿张艺谋"东方主义"的获奖策略或者在西方的卖点。

当然，我们不怀疑作为艺术家的张艺谋有着"东方主义"的无意识结构和情感趋向，但当有一天这种无意识的资源被有意识地采掘和夸张地使用时，其所产生的效果将是自然天成而煽惑至深的，因而就需要特别地指出和提醒。

第三，为"新左派"提供理论支持。当前知识界有"新左派"的说法，但它并没有独创的一套理论话语，而是更多地代表一种面对新问题时对"老左派"的怀念和亲和态度，所以称之为"亲左派"可能更合适一些。"亲左派"的批判对象是国际上的帝国主义（文化）霸权，和国内渐趋优势的资本主义话语。对此新情况，经典马克思主义和列宁主义当然仍旧有效，但从后现代主义出发显然更有新意一些。关于"亲左派"对后现代主义的借取，也许只是提到被其常常引用的后马克思主义政治理论家拉格劳（Ernesto Laclau）和莫菲（Chant Mouffe）也就足够了。——美国学者马克·波斯特尔指出："在他们看来，批判理论必须是后结构主义的。"① 不过中国"新左派"对法国后结构主义揭示于语言的修辞性、互文性等等以及借之于尼采的谱系学还较隔膜，因而并不是地道的"后结构主义"，他们的激情更多的源自于其漂移的"灵晕"（aura）的感染。

由于"亲左派"目前更多地表现为一种情绪或立场，而较少地作为一种理论，要完整地勾勒和评价它与后现代主义的关系显然为时尚早。不过它对后现代主义理论的心有灵犀和取用却是一个有目共睹的事实。

后现代主义是一个具有多向可能性的理论范畴和文化现象。以上三点只是它在中国这一特殊语境中的一些特殊的实现（方式）。虽然这种实现主要表现在工具论的层面上，即后现代主义被作为一种理论策略而非我们真实的内在要求，但对这一工具的使用另一方面却也逐渐地修改了我们原先的文化心理构成。例如当其作为一个透视角度使我们看到了以我们既有理论所看不到的我们本身的存在时，它就不再只是一个工具性的透视角度了，工具论这时会多多少少地转向本体论，即由工具的使用而形成新的心理积淀和反应方式。② 就此而言，我们似更可以说，后现代主义已经是我们的或中国的了。

这里我们必须改变对当代西方文化的一个传统观念即西方／中国、中心／边缘的二元对立。在一个日益全球化的时代，在一个后现代主义已成为一个国际文化现象的时代,后现代主义对于我们不应是一个封闭的理论对象、一个能够被严格"界定"的对象,而是一个生成性的、需要我们参与其中去批评它、增删它、改造它的"未定性"的对象。如果可能的话,创造出我们自己的后现代主义理论。我们不能因其"本身界定就不够清楚"而责备它、拒斥它。事实上,如果说后现代主义有什么共同特征可以界定的话,那就是它的不可界定性,就是它的非共同特征性,它的延异性和多样性。

曾经有人提出后现代主义在中国的"变体"一说。这一观点之出发点与"界定"说如出一辙,即首先"界定"了在西方的"后现代主义"。也许更进一步说,其错更甚,因为它是后现代主义所批判的"西方中心论"的一个翻版。

现在如果我们不把后现代主义作为一股思潮,一场运动,而是作为一种理论看待,那么即使在绝对理性独霸的德国思想传统中,尼采之外,仍有不少后现代主义的思维方式,例如施莱尔马赫的解释学和辩证法,伽达默尔的"他者"在意义阐释中的作用——有人说,伽达默尔是最法国的德国理论家。甚至又例如在马克思主义这一同时被作为现代性思想的主要源泉那里,有学者发现:"马克思的实践唯物论出现于作为时代思潮的后现代理论之前,但是在彻底批判资本主义这点上,正如这个词的字面意思,属于后现代思想。"③在中国的情况就更不用说了,虽然我们不必完全同意德里达对中国传统文本的援引,或者大卫·霍尔的对于前现代的中国思想如何恰恰就是最后现代的证明④,但说后现代主义理论契合中国传统思想的某些方面则绝对是一个合乎事实的判断,只是由于现有的学科壁垒,这种关系尚未被学者们充分地展示出来。

后现代主义不是一个一朝一夕的偶然事件,无论在西方传统还是在中国古典思想中它都有着深厚的历史根基,而且如前所述,十数年来在中国它已经由单纯的工具论而渐入本体论的境界。就此来说,那些匆促宣布其过时的人,诚如美国解构主义大师希利斯·米勒所言,只是代表了他们自己的一厢情愿。作为一场文化运动,后现代主义潮起潮落,会有竟时;但作为一种理论,它将是一个永远不可替代的透视角度,何况目前它还在生机勃勃地发展着、丰富着,前景未可臆测。

注释：

① Mark Poster, *The Mode of Information, Poststructuralism and Social Context*, Cambridge: Polity Press, 1996, p. 137.

② 一个有关的历史佐证是，洋务派在其"中学为体，西学为用"的理论纲领中对"西用"的接纳和实践最终导致了在孙中山手上的"体"与"用"于"中学"与"西学"之间的位置互移。或者说，器物层面上的现代化势必造成文化/制度的现代化，即器物使用的意义一定是超越于器物的。

③ 岩佐茂《实践唯物论与生态思想》，载《马克思主义与现实》(北京)2001年第2期，第88页。

④ David Hal, "Modern China and Postmodern West," in *Culture and Modernity: East-West Philosophic Perspective*, ed. Eliot Deutsch, Honolulu: University of Hawaii Press, 1991, 4th through 6th sections, pp. 57—67.

原载《求是学刊》2001年第3期

史 建

90年代中国艺术的后现代倾向

　　对艺术现象进行后现代视角的表述是困难的,因为后现代艺术不像建筑那样表现为脉络连贯的风格流变,而是有着更为复杂的背景,其内涵也难以确定。虽然曾经以20世纪60年代为后现代艺术的肇始,但目前更倾向于70年代末,因为这时德国、意大利的新表现主义和法国的自由派打破了美国自第二次世界大战以来世界艺术中心的地位,当代世界艺术开始呈现多元的、地域化趋势。而80年代中期以来西方理论界对后现代主义的"理论化"和其对艺术界的重要影响,日益使后现代艺术成为当代西方艺术的理论形态,而非作品形态。也正因此,我们可以从不同侧面表述后现代艺术的特征:一、个人独特风格的消失;二、先锋(前卫)性的传统意义的消失;三、风格的漫游,即奥利瓦所说"游牧的创造";四、艺术自身各门类及与生活界限的消失,包括大众传媒的介入与介入大众传媒;五、对现实的直接关注。

　　对西方后现代艺术的关注,在中国起于1985年美国波普艺术家劳申伯格在北京举办的作品展。它提供了放弃架上绘画的信号,也输入了反艺术的信息。而后者对中国80年代艺术的影响更为深远,它导致对波普艺术的源头,即西方现代艺术的异质——达达艺术和杜尚的持续热情。这样,波普艺术的输入,实际上在80年代导致了"回溯"到达达的奇观。可以说20世纪80年代中国艺术界接受的后现代主义,主要是脱去了本义的、形式化的波普艺术和达达艺术的反传统倾向。

　　但是值得注意的是,80年代"新潮美术运动"最重要的艺术家如吴山专、谷文达、黄永砯的作品和艺术主张都已具有明显的后现代特征。如吴山专的《红色幽默》系列即开始运用"文革"中常见的大字报形式对文字进行批判(视觉的和语义的)。只是他们的超常表现还更多地是源于个性因素,即天生的反主流、嬉皮和平民主义的生活态度。

事实上,以"新潮美术运动"为代表的80年代中国艺术,并不像许多论者所说的,是集西方现代美术的百年风云史于十年之一瞬,而是努力在用艺术去承担非艺术所能承担的文化批判与建构的使命,"首要的是震撼人的心灵,而不是愉悦人的眼睛"。在艺术实践上,则更多地表现出与"西方现代派艺术相抗衡"的简单的超越态度。80年代的中国现代艺术充满着激进混杂的宣言、玄奥博大的观念、莫名自虐的行为,其对艺术语言的有效探索是严重缺乏的。也正因此,吴山专等人的富于后现代意味的探索才成为这个现代艺术运动的最重要成果之一。

无论从何种意义上说,1988、1989两年都应该作为一个重要的转折而纳入90年代话题。从这时开始,中国社会经济、文化开始步入近代以来最重要的转型期,"现代性"与启蒙话语开始受到质疑和追问,文学进入了所谓"后新时期",艺术也开始了"后新潮"或所谓"后89"时代。这时,更多的艺术家开始自觉地转入对"逻辑规则及西方现当代艺术的关注"①。1988年的"徐冰版画艺术展"虽然以其建构的表面特征引起广泛赞誉,但作品中蕴含的无聊感与冷漠的技术倾向也已被注意。第二年被称为"中国现代艺术展"的新潮美术回顾展,由于启蒙话语的自我消解,"现代性"已被排挤到边缘,以至不少批评家痛心疾首地认为:

> 它们终于因为失去了生命激情的冲荡而变得枯燥无润,它们终于因为失去了大自由精神的充盈而沦为浅白的无爱的把戏、玩闹、噱头。这不能不是新潮美术的悲哀!(牛克诚)
> 现在这个展览,在面向社会以及美术界时,除了还有那种悲剧感的气氛之外,就是多了一种"流氓意识",从英雄主义、悲剧感下跌到了一种生命状态。(高名潞)

可以说在1988、1989两年,依旧在"现代艺术"的旗号下,中国艺术却在向后现代"暗转"。

90年代中国艺术是无序的、多元化的,再也不能形成80年代中期那种壮观的"运动"和"思潮",所谓"后新潮艺术"或"后89"也只具有时间分期的意义。我们只能粗略地概括出几种趋向,这些趋向或者有意接受后现代思潮的影响,或者"无意"中表现出某种"后现代性"。

1. 建构/解构:总体的指向

建构趋向曾以前面提到的徐冰的创作为代表,它是"新潮美术"中"理性之潮"②的延续。徐冰的《析世鉴——世纪末卷》(1987—1991)在"语言纯粹化"潮流中以退为进,广为吸收西方当代艺术的观念与手法,并加以东方化。尤其重要的是他自造了"汉字"(天书),且制作异常精致、气魄宏大,使原本纯形式而无意义的作品具有了某种无可名状的历史感。但是徐冰(也包括吕胜中的现代剪纸《招魂》系列)却过于沉浸在历史/民间的幻觉中,而愈来愈远离现实,那种东方传统理想徐缓/浓烈、复杂/规整、单纯/神秘的意韵,遮掩了历史与现实的全部真实性。当他的《鬼打墙》以拓印长城的方式追问历史时,艺术语言的空泛虚无就愈加明显地显露了出来。

徐冰的艺术是具有建构意识的,但是"建构"在90年代艺术中只是徒有其表的虚幻外衣,它的那些曾经崇高博大的人文精神内涵早已被抽空了。艺术家们已经放下了艺术贵族的架子,徐冰曾以"手艺人"自居,艺术创作成为无意义的纯技术操作,而所谓"建构",只表现为他对虚幻的崇高的莫名的眷恋。

武汉的"思维派"艺术(弓克、未明、华利、任戬、周细平、梁小川、乾子)则代表了另一种"建构"趋向。思维派艺术致力于"充分转换东方的文化遗产并使之在人类文化层面上重新协调人类多元的思维状态"③,他们的文本化"作品"如《昆仑》和《创世纪》,在对历史与东方文化的未来的宏大迷人的把握中,显示出对抗和颠覆西方文化中心的"壮志"。只是其建构更多地还停留在诗意玄想和自足状态,缺乏更为现实的切入点和"对话"的姿态。思维派艺术的意义更多地在于借助语言文字和现代传媒使思维意志得以自由展现,它进一步消解了艺术/非艺术的界限。

同样致力于排除西方中心主义和思维转换的,是傅中望的"榫卯结构"。其代表作品如《榫卯·器》、《龙骨》等,都在对东方传统的榫卯结构的变形与观念化中,试图转换出新的东方精神。

所有这些具有建构倾向的艺术,都在致力于消解或排斥西方中心主义,这也是 20 世纪 90 年代中国文艺的总体趋势之一。只是对建构东方文化的忘情的执迷,使具有建构倾向的艺术往往用后现代艺术的形态表述更近于"现代性"的玄远话题,而东方文化主题仍然没有摆脱西方视角的第三世界"寓言"的阴影。

解构可以说是 20 世纪 70 年代以来西方艺术的主要趋向之一,在具有代表性的艺术家如巴斯奎特、哈林、贡巴斯这些都市底层浮现出来的艺术家的作品中,呈现出历史风格与个人经历等等混杂的充分自由的样态。90 年代以来,中国艺术家的观念和作品也较多地呈现出解构状态。如在徐坦的《'90 嘉士利》、《'90 沙漠盾牌》和朱小禾《做梦的猫》、《热带女郎》等作品中,现代生活的瞬间记忆与无意识的历史幻象并置、冲突,作品不再呈现为有意识控制的整体。它们或者是艺术家创作中时空随意漫游、切换的记录,或者是对"现实"的不断思考、叠加、涂抹后的痕迹。消解了深度感的历史的碎片、当代社会无序混杂的记忆、流行的消费文化的虚幻影像都并置、叠印在作品中。如我们熟悉的明星照、易拉罐、广告语汇、古典绘画片断、新闻图像等都出现在作品中,而当某一个"场面"将要显露出意味深长的语意时,它的深度感就会被"涂抹"或置换,作品因此呈现出自由的跳跃状态。但是仔细地审视后,就会发现东方式的沉重的凝思与抒情总还是禁不住显露出来,它使平面性被"消解",一种玄虚的深度感便浮现出来。

美国的具有解构倾向的建筑师埃森曼曾说,解构是很东方的想法,是西方人对东方思想的读解,④不少中国艺术批评家也认为解构主义的挑战根本上是中国传统思想的老水还潮。⑤但是,至少到目前为止,解构思想还更多地存在于观念形态,它更多地被作为一种表意和释义策略。

90 年代中国艺术的建构趋向,以文化对抗为基点而致力于东方"太极文化"的建构,这与西方具有建构倾向艺术的强烈关注现实有很大不同。而解构倾向则更多地存在于观念形态。建构/解构趋向并不是某些具体作品或艺术家的简单归类,它实际上是显示了 90 年代中国艺术的某种总体的指向。

2. 波普化:消费/"政治"的双重走向

中国的波普艺术直接导源于 90 年代以来消费浪潮的迭起、大众文化的滥觞和传播媒介的超常畸形发展，它使当今中国社会与 60 年代处于前消费时代的美国波普文化有了某种契合。此时，西方的波普艺术也就不仅仅被作为表现手法，而是更多地在思维、观念形态上被接受和"挪用"，成为中国艺术家切入 90 年代现实的有效方式。

过去，艺术是由主流艺术、新潮艺术和民间艺术组成，而到了 90 年代，通俗（大众）艺术一下子从边缘跃升到主流的位置，而"商品化进入文化意味着艺术作品正成为商品……商品化的逻辑已经影响到人们的思维"⑥。

对于日益商品化的通俗文化的关注，使一些艺术家有意识地运用波普手法与观念，如李邦耀的《产品托拉斯》、曹丹的《大货架》都表现出对日益物化社会的关注；王子卫的《扑克》、周细平的《东西南北风系列》、俸正杰的《指向》则分别显示了对市民和明星文化现象的思考；杨国辛的《参考消息》、《思绪》和石磊的《胎教，忘了歌词的帕瓦洛蒂》已显出题材的国际化趋势。还有一些作品，则试图拼贴混杂的历史与当代视觉经验，如袁晓舫的《陶瓷·青龙》、魏光庆的《红墙》等。值得注意的是张培力的《1990 年标准音》，它通过人们"烂熟于目"的中央电视台新闻联播播音员形象的复制，传达了一种难言的当代人的复杂感受，确实产生出一种波普艺术应有的表现力度。

90 年代的波普化直接切入当代大众生存状态的，往往更多是装置性作品，如曾被认为首先进入到中国的后现代情境之中的广州的"大尾象联合艺术展"中徐坦的《匀速、变速之一》和《匀速、变速之二》，即通过华丽艳俗的店面装饰、霓虹灯，以及腊鸭、墙纸画、电动玩具车、领袖像等商业区浮华媚俗场面的定格、拼接，饶有趣味地映现出消费大潮之中的社会百态。邱志杰的《献给新生活》则是在交错摆放的大玻璃上印制了自己生活经历中的形象和事件，这些影像透过玻璃与周围的影像"叠印"，并随着观者视点的移动而不断产生新的"意义"。任戬的《档案》系列，用复印件、打字纸、拼贴包装等制作了商品化特征的划一的"人事档案"，将它储存并曝光，由此显示出对曝光后的苍白单一与储存后的神秘的揭示，它与张培力的《1990 年标准音》一样，都保持着一种现实批判的力度。而孙平的艺术活动《股票发行系列·文本与行动》,则把直面消费文化的波普趋向再由装置推向行动。

孙平一本正经地制作了充满调侃意味的"招股公告"和"股票",并举行了发行仪式,一些艺术家和批评家用自制的风格各异的"货币"前来"参股"。整个活动既是对消费文化热点的戏拟,也是对它的参与和消解,其意义是"多元"的,体现了艺术家对90年代文化的更为平和、机智、开朗的态度。在这类题材的波普创作中,不再满足于简单地挪用西方波普手法与策略,而是具有了某种"原创"性,也就是产生了波普艺术的中国变体。另外,还有一种被称为"政治波普"的趋向,则是更具有冲击力的形式。

虽然早在20世纪80年代末王广义就用冷静客观的心态"复制"了毛泽东像,并耐心而毫无用意地打上格子,但还是被认为具有理性批判倾向。90年代初,当他把"文革"时期的宣传画与当下流行的商品形象拼贴并置的时候(《大批判系列》),才被认为产生了"政治波普"。在这期间,还产生了余友涵的《毛泽东》系列、耿建翌的《永放光芒》、叶永青的《大招贴》、刘大鸿的《开会》和《门神》、陈文波的《王牌》、张濒的《榜样》系列和《红舞》系列、龚加伟的《邀歌》、祁志龙的《'92形象消费》等大量作品。又由于这类作品接连在国内的一些展览中获得好评,有些还入选第45届威尼斯双年展,因而形成了政治波普热。

政治波普,这种把"文革"题材(包括毛泽东母题)与当代商品消费语汇拼接混杂而成的波普艺术形式,是迟早要在中国出现的。但是中国的政治波普从一开始就表现出与前苏联流亡艺术家的政治波普的不同指向,中国政治波普的目的不是(或主要不是)对意识形态的批判与颠覆,而更多地是对这个民族由政治狂热如此迅疾地转入消费狂热的一种困惑和"反应"。这时波普艺术不仅仅是突破艺术表现界限的有效手段,更成为一种切入现实生存状态和消构历史的适用方式。这就使"文革"成为政治波普最为适用的历史影像,正如画家叶永青所说:"我无法回避'文革'的'大字报'和当下的'广告栏'这类历史与现实的纠缠对我具有的正面意义","构成我们这一代人最主要的视觉经验是由'文革'的大字报以及当今的大招贴的各种形象片断所诱发的。它亦揭示了中国近20年由政治精神的盲目膨胀到被当下泛商业化和实用主义所解构的历程,两者均同样地具备如下的特征与关联性:无个性的、通俗易懂的、肤浅的、批量的、重复的、铺天盖地的、煽情的等等。"⑦

在具体实践中,老新潮艺术家多在历史与现实的并置中表现对历史的追问和对现实的困惑,年轻一代艺术家的作品,似乎更沉浸在对不曾经历过的历史的随意拆解、置换和把玩中。西方和港台艺术界都对政治波普的意识形态倾向进行了有意的误读与强化,国内的先锋派批评家因之认为它有机会主义之嫌。政治波普能够大量产生、展览,并且被广泛评论和产生影响(至少在艺术圈内),说明它对政治权威话语的消解是滞后和虚拟的,它不再有耐心和信心像 80 年代那样打政治擦边球,商业性的成功策略确实正在起着越来越重要的作用。

政治波普与后现代和意识形态的复杂关系,使它必然成为持续的热点,并且在某种程度上也是最为国际化的、西方视角的中国艺术的后现代主义变体。

3. 后现实主义:生存状态的投影

自从抗战以来,现实主义一直是中国艺术的主流。现实主义艺术的主旨是人道主义的,它以一种悲悯情怀关照理念化或者情感化了的现实,突出艺术家的人格力量。虽然现实主义在中国发展的道路极不平坦,但其直观性和后来对理想主义的虚拟,使它得以全面展开,并成为当代中国艺术的坚固传统。80 年代中期,高扬人道主义的现实主义风格由于转入矫情的风俗与寻根之流,逐渐走入末路,为后起的新潮美术的现代主义流向所遮掩。90 年代则出现了一种被批评家们称为"新生代"、"近距离艺术"(尹吉男)或"泼皮写实主义"、"玩世写实主义"(栗宪庭)的新的现实主义,即本文所特指的"后现实主义"。"后现实主义"衔接了它与现实主义的"亲缘"关系,并特指 60 年代出生的具有现实主义特征的青年艺术家的创作状态,同时也暗示了与后现代艺术观念的某种契合。

后现实主义并不是横空出世的,它也与 90 年代中国文化的转型密切关联。但是与波普艺术更多关注外界观念与视觉经验嬗变不同,后现实主义往往更侧重于对内心和日常生活空间的细腻感受。他们"把前两代艺术家对人的居高临下的关注,转换在平视的角度,放回到自身周围平庸的现实……描绘自己周围熟视、无聊、偶然乃至荒唐的生活片断。"⑧"新生代艺术家普遍不愿涉猎晦涩艰深的哲学问题","他们往往抓住生活中的真实感受进行艺术创作,从一个非常落实,非常具体的人物的事件起点投射出一定的情绪性和观念性的精神因素"。⑨

北京的新生代艺术家的作品在描述冷漠、无聊的现实时不时流露出幽默调侃的特性。如刘小东的作品(《缠绵》)多表现与个人相关的似是而非、貌合神离的生活琐事;喻红的作品(如《飞翔》)往往用广告画法处理人物,突出了生活的煞有介事和无聊感;赵半狄的作品(如《一个清晨》、《蝴蝶》)则喜欢用古典主义的模式表现生活的平庸、琐碎、偶然。另外,方力钧、韦蓉、王浩、王玉平、宋永红也都是新生代的重要"成员",他们的价值观和审美倾向都比较趋同。

更多的后现实主义作品,是脱去了京味文化的幽默感的写实风格,如沈晓彤、许力、忻海州、何森、王发林等人的作品,往往更切近生存现实的状态。这样现实的深度感消失了,成为一个无目的的、"虚"的存在。

后现实主义是传统现实主义的当代形态,它保留了与传统现实主义的某种更为"实在"的联系,如刘小东所说:"我坚持现实主义是因为现实主义对于我来说具有纪实性和直接性,我依托在这个基点上,心中感到实在。"⑩后现实主义把写实技法视为"绝活",并炫耀之,同时也吸收70年代以来西方新表现主义等后现代艺术的表现手法。

后现实主义是对中国90年代"后现代"语境的"个性"把握。它是写实的,但又拒绝了对意义的追求,反对解释,消解了现实主义的深度模式,具有了某种"后现代性"。

后现代倾向已成为20世纪90年代中国艺术的不容忽视的现象,并且由于具有后现代倾向的艺术在某种程度上是具有"先锋性"的艺术,因而使它亦成为这个艺术转变期的重要标志。

注释:
① 任戬《文本化的选择》,《当代艺术》系列丛书2,湖南美术出版社1992年11月,第10页。
② 在80年代,作为"理性之潮"重要代表的北方艺术群体,就有着极为强烈

的建构意识。他们高扬一种博大崇高的理性精神,力图恢复人的健康而人本的状态,在对永恒精神和终极实在的不懈追求中实现人格的完善和精神的升华。参见高名潞等主编《中国当代美术史(1985—1986)》。
③ 乾子《思维意志的文本化》,《当代艺术》系列丛书 2,第 5 页。
④ 张永和《采访彼得·埃森曼》,《世界建筑》1991 年第 2 期。
⑤ 赵冰《编者的话》,《当代艺术》系列丛书 1。
⑥ 杰姆逊《后现代主义与文化理论》,陕西师范大学出版社 1986 年 9 月,第 147 页。
⑦ 叶永青《〈大招贴〉——中国现实视觉的时代图式》,《当代艺术》系列丛书第 5 辑。
⑧ 栗宪庭《美术史论》,1993 年第 3 期。
⑨ 尹吉男《独自叩门》,第 26 页。
⑩ 刘小东《尊重现实》,《美术研究》1991 年第 3 期。

原载《学术月刊》1995 年第 11 期

曾艳兵

后现代主义与中国诗学

近年来,在一片轰轰烈烈的后现代话语的热潮中,"后现代主义与中国诗学"这一论题却常常被人们忽略不论。究其原因恐怕首先是对"后现代主义与中国"这一论题的纵深研究不够;其次,人们似乎普遍地认为后现代主义与中国诗学风马牛不相及,无法将二者联系起来进行思考和研究。笔者在深入研究了后现代主义诗学理论与中国诗学之后,发现二者之间相同或相近之处还是很多的,即使是相异之处,探究起来也是非常有趣的。更重要的是中国后新时期诗学理论虽然在许多方面参照和借鉴的是后现代主义诗学理论(包括其概念范畴的运用),但其理论不可能对中国传统诗学无所依附,即便是全然的反传统诗学,也仍然可以被认做是对传统诗学的一种发展或者变革。所以,我们说中国如果真正有了后现代主义诗学,那就只能是中国的后现代诗学,而绝不简单的是后现代主义诗学在中国。下面我们从三个方面来论述后现代主义与中国诗学的关系。

一 本体怀疑论与怀疑本体论

"本体怀疑论"是西方后现代主义的主要特征之一。昔日笛卡儿提出"我思故我在",便是从一种普遍的怀疑出发,开始了他的哲学思考和体系的建构,但这里的怀疑实际上是他的"不怀疑"或证明"我在"的原因和起点,而笛卡儿的本体论却是不可怀疑的。胡塞尔认为我们不能通过"我思"来证明"我在",因为只要笛卡儿在"思",就有"思"的对象,"思"跟"所思"是不能分开的。于是胡塞尔说,"我思所思"。笛卡儿的"不可怀疑"的命题在这里受到了胡塞尔的质疑,但是,作为胡塞尔自己的本体,即主客体未分化之前的绝对意识(纯粹心理)却又是不可怀疑的。萨特将笛卡儿的命题中的主格与宾格调换了一下位置,于是有了这样一个命题,"我在故我思"。萨特认为,当你提问时你已经存在了,人类总是先存在而后思。在这里存在作为本体是无须证明、也不可能证明的。萨特之后的后现代主义理论家们并不争论"我在"与"我思"谁是第一性的问题,而是从根本上取消了这一问题。他们认为,这一问题根本就不存在:一切都是虚构,一切都是语言,一切都受到怀疑,后现代主义自身也不能被排除在外。这样,怀疑就是本体,本体在怀疑中化为乌有。

由本体怀疑论向纵横发展,整个哲学话语、文学话语、历史话语、社会学话语、政治话语都受到了质疑。斯潘诺斯说:"解构意识意味着存在——包括文学话语的存在——组成了一种不可分解的横向的连续性。这一连续从本体论开始,尔后通过语言和文化而止于政治。"①利奥塔说:"我将使用现代一词来指示所有这一类科学:它们依赖元话语来证明自己合法,而那些元话语又明确地援引某些宏伟叙事,诸如精神辩证法,意义阐释学,理性或劳动主体的解放,或财富创造理论。"后现代主义就是"针对元叙述的怀疑态度"②。后现代主义抽掉了西方传统科学与哲学赖以生存与成立的"元叙述"基础,这样便宣告了"形而上学的死亡",这必然导致欧洲现存的一切——理性、信仰、哲学,乃至整个资产阶级社会——的合法化基础的动摇。于是,一切意义,尤其是超验的价值和意义都是虚伪的、虚无的。

在西方诗学传统中,通常是存在先于存在者,永恒先于时间,一先于诸多,同一先于差异,这样,文学的形式便被理解、被表达为一种目的和中心。后现代主义首先便从时间上、逻辑上将二者的关系颠倒过来,他们认为瞬间过程在本体论上是先于形式的。罗伯特·克里利说:"我感兴趣的,除了我想写的东西外,是那些被赋予我去写的东西。我并不清楚在写作前我要说的是什么。对我自己来说,发音就是认识词语中所给予的体验是什么这一经验能力。"③于是,后现代主义形式的尺度就是"关于机遇的尺度",诗就是诗的机遇的啼哭,中心成为无中心,集中成为分散,确信变成怀疑。"后现代机遇形式尺度是关于外向性的区别性尺度——是本体论的差异。"④

本体怀疑论使中心或本源缺失,一切都变成了语言,不存在不经过语言的主体,不存在不经过语言的对象,不存在不经过语言的意识。语言对存在具有先在性和生成性。真理的存在亦依赖于语言的言说。西方形而上学的传统设立了一个个规律、结构,而这一切都是用语言虚构出来的,人们用这些虚构来规范世界、认识世界,以理念设定来统治可感知的世界,其不可靠性、不确切性可想而知。后现代主义在将语言确立为本体的同时,立即又抽掉了它的意义,这样他们便可将其本体怀疑论贯彻到底。

中国传统诗学虽然不乏怀疑精神,并注重朦胧性、感悟性、类似性和多义性,但却从来没有怀疑过本体的存在,虽然对本体的内涵有着各种不同甚至完全对立的解释。中国古代诗学发端于"言志"说。《说文》载:"诗,志也。'志发于言',从'言','寺'声。"朱自清认为:"'志'字原来就是'诗'字。"⑤这样,"诗言志"便具有了本体论的意义。"志"是一种认识活动、意向活动,至于活动的目的及内容则千差万别。

在道家那里,《庄子·缮性》从历史发展的角度对"志"的不同意义做了区分,认为古之"得志"者不在治国驭民,不在高官显位,只是得其身心自由而感到无限的快意,无所乐而无所不乐。今之"得志"者则有身外之求,求得"轩冕在身",追求与愿望没有止境,最终却"志"不可得。所以,庄子的"志"实质上等同于他的"无为"。

在儒家那里,"志"的内涵有时是仁("志于仁"),有时是道("志于道"),有时是学("志于学"),总之,它代表了儒家的最高政治理想,它包含着儒家学派关于人生、社会、伦理的种种信仰,是儒家精神领域内的一种定向追求。但是,由于人们的出身、性格、学识、修养各不相同,因此,虽然同属儒家学派,也是人各有志。《论语》中记录了孔子与他的学生两次"言志"的情景,第一次见于《公冶长》篇:子路之志是"愿车马衣裘与朋友共,敝之而无憾";颜渊之志是"愿无伐善,无施劳";孔子之志是"老者安之,朋友信之,少者怀之"。与庄子志于"无为"不同,孔子及其门徒均志于"有为",只不过其"有为"的内容各不相同罢了。即使是孔子本人,其志向也并不是一成不变的。第二次"言志"见于《先进》篇:曾皙自述其志

"莫春者,春服既成,冠者五六人,童子六七人,浴乎沂,风乎舞雩,咏而归。"孔子听罢喟然叹曰:"吾与点也!"比较孔子这两次"言志",前者显然重在政治理想的实现,后者则重在自我修养的完善。

先秦以远,人们对"诗言志"在诗学本体论中的地位不曾有过怀疑和争议,但对"诗言志"中的"志"是什么,却一直没有固定的观念来制约它。"赋诗言志"是古代士大夫之间彼此精神交往的手段之一;"献诗陈志"则是臣之于君、民之于官、下级之于上级情感表达的特殊方式。

在墨子那里,"志"是"天志",不是人为。荀子则认为,"志"就是圣人之"道",这样,"志"便不再是诗人个人的感情,而只能是对圣人思想意志的传导。汉儒董仲舒发展了荀子的这一思想,他在《春秋繁露·玉杯》中说得更为直接明确:"志于礼","志为质"。《毛诗序》却又强调了诗人的感情对于诗歌创作的决定和制约作用:"诗者,志之所之也,在心为志,发言为诗。情动于中而形于言,言之不足故嗟叹之,嗟叹之不足故永歌之,永歌之不足,不知手之舞之,足之蹈之也。"

这样,诗学本体论便从"言志"发展出"缘情"。但是,"缘情说"除了在魏晋南北朝时期有过一段短暂的辉煌与兴盛外,在诗学传统中就不再居于主流或中心的位置。不过,无论"言志"还是"缘情",作为诗的本体都是必然的,无可怀疑的。但诗的本体的内容究竟是什么,人们却总在怀疑、讨论,并各有自己选择的标准。这便是中国传统诗学同后现代诗学的最大不同。中国当代的后现代主义倡导者们,虽然大胆地借鉴、吸收了西方后现代主义的巨大的颠覆性,但他们往往还只是从方法论上颠覆传统诗学,而在本体论上他们更多的是致力于对诗学内容的重新阐释和限定。这一点与中国传统诗学的"怀疑本体论"特征恐怕不无联系。

二　诗的误读与诗无达诂

与西方文学发展过程中的前现代主义、现代主义、后现代主义相对应,中国的诗学理论在论及作品与接受者的关系时也大致经历了"阅读的可能性——阅读的不可能性——阅读即误读"三个阶段。

前现代主义包括诸如现实主义、浪漫主义、自然主义等流派,它们对文学的本质的认识虽然各不相同,有的甚至完全对立,但它们却都认为阅读是可能的。现实主义源于古希腊的"摹仿说"。既然是摹仿,就存在被摹仿的对象,于是,通过摹仿的作品就可以认识被摹仿的对象;又因为文学所摹仿的现实具有必然性和普遍性,即揭示出现实的内在本质和规律,所以文学又具有教育与陶冶作用。总之,文学的阅读是有其客观的、普遍的价值标准的。浪漫主义摹仿心灵的真实,偏重表现主观理想,抒发强烈的个人感情,因此,分析研究作家的心灵史、生活史就能阅读、欣赏作品。自然主义认为,文学应该客观地、精确地、科学地呈现人的生物本能、生理直觉以及遗传病变,文学因此也就具备了真正的客观性、精确性和科学性。总之,因为前现代主义坚持现象后面有本质,偶然之中有必然,表层下面有深层,因此,不管人们对前现代主义作品做出怎样不同的评价,但它们总是可阅读的,也是有意义、有价值的。

现代主义者在宣布"上帝死了"之后,便处在失去了终极信仰和崇高价值标准的焦虑和恐怖之中,虽然他们仍然有着悲壮的追求和不懈的努力,并试图重建新的形而上学大厦(如潜意识、深层结构、亲在等等),以让孤独、漂泊的灵魂有一片栖息之地。但他们的追求和努力最终是徒劳无功的,灵魂仍然无家可归。不过,现代主义无论怎样强调作品的不可理解,他们还是认为作品的本意是存在的。这本意有时是作者的,有时是集体无意识与民族无意识,有时就在于作品本身,有时却是由读者提供的,有时干脆是不可理解、不可言说的。T.S.艾略特说:"一首诗看来会对不同读者有不同的意思,所有这些意思又都会不同于作者原来考虑的意思。""读者的解释不同于作者的,但会同样正确——甚至更好。"⑥现代主义注意到了理解、阐释的千差万别、千变万化,但同时也承认本意还是存在的,并且,我们有可能越来越接近本意。到了后现代主义那里,本意根本就不存在了。因为没有了本意,因此一切的理解都是误解;同样,一切的误解也都是合理的。误解和理解不再有界限,一切都是可能的,"怎样都行"。后现代主义便在无界限、无意义的语言符号中自由嬉戏。

美国著名的解构主义大师哈罗德·布鲁姆写过关于"诗的误读"的诗论四部曲。他认为,由于任何一部文学作品都是由已往的文本拼写而成的,这种文学的"互文性"关系便使得所有的文本都成为误读的结果。布卢姆将"误读"分为三种:后来的诗人对前辈诗人的误读;批评家对诗歌文本的误释;诗人对自己的作品的误解。他说:"诗的影响,总是以对前一位诗人的误读而开始的。这种误读是一种创造性的校正,实际上必然是一种误解。一部成果斐然的'诗的影响'的历史,乃是一部焦虑和自我拯救之漫画的历史,是反常和随心所欲修正的历史,而没有这一切,现代诗歌本身是根本不可能生存的。"⑦美国当代另一位理论大师德曼却是从语言的修辞性这一角度来剖析"诗的误读"的。传统的语言观所关心的是语言能否有效地与一个语言之外的所指物或意义衔接,而德曼所关心的却是语言的比喻和换喻的内在可能性。"语言的修辞性"一经确立,就必然带来指意的不确定性,从而颠覆了文本的指意性。一切文学文本都不可避免地要依靠修辞性语言,而修辞性语言就是用一个文本描述另一个文本,用一个修辞语替代另一个修辞语,这就是"互文性"。因为一切语言都是比喻性的,所以文本的本意就不再存在,一切的阅读也就都成为误读。

中国诗学理论中有"诗无达诂"说。"诗无达诂"源于西汉董仲舒的《春秋繁露·精华》:"《诗》无达诂,《易》无达占,《春秋》无达辞。""诗无达诂"原本是论《诗经》的,以后引申为:对任何一部文学作品,不同的读者都可以做出不无道理的无穷无尽的各式各样的解释。这一结果首先是由文学的特殊的存在方式决定的。"诗言志",志本在心,发之为诗,"情动于中而形于言",因此,我们难以用今天的语言去对昨天诗人用他自己的语言所表现的特定的感情做出绝对准确而透彻的解释。这里说的是,昨日诗人的本意是存在的,只是今日的读者无法同昨天的作者同一。解释是可能的,但是"达诂"却是不可能的。"达诂"的不可能是因为"达志"的不可能。"达志"的不可能是由文学作品的丰富性、宽泛性和不确定性决定的。王夫之在《姜斋诗话》中说:"作者用一致之思,读者各以其情而自得……人情之游也无涯,而各以其情遇,斯所贵有诗。"解释的可能性由于接受者的不同而众说纷纭,千姿百态,即所谓"见仁见智"。

这种普遍的解释的可能最后导致语言的不可能。《文心雕龙·神思》云:"意翻空而易奇,言征实而难巧也。""言不尽意"是常有之事。因为诗人对特定情境所触发的特定的感兴之志、之情、之意的表达具有不可重复性,所以,一旦作者用语言来表达时便总是难以尽物尽意,如刘禹锡《视刀环歌》所谓"常恨言语浅,不如人意深"。为了超越语言的局限,司空图在《二十四诗品》中提出了"超以象外,得其环中"的韵味说,他强调创造与欣赏都应突破有限的"象",而把象外之象、韵外之致、味外之旨视做诗的极致的理论。看来,意会和沉默或许可以达诂,但是,这却根本不是解释,并且也不需要解释。

当然,后现代的"诗的误读"与中国传统诗学的"诗无达诂"是有着重大区别的,这种区别概括起来主要表现在如下几点:

一、"诗的误读"是一个文学本体论问题;"诗无达诂"则是一个文学鉴赏问题。前者因为有了误读而后产生诗;后者因为有了诗而后有各种不同的理解和阐释。前者认为一切阅读都是误读;后者认为所有的阅读自有道理。

二、在后现代主义那里,解释是不可能的,因为被解释的意义根本就不存在;在中国诗学中解释是可能的,但准确地解释本意却是不可能的。

三、"诗的误读"是语言的本质决定的;"诗无达诂"是语言的局限决定的。这一点已涉及我们下面要论述的问题。

三 语言无意义与意在言外

在言和意的关系上,西方诗学理论也经历了三个发展阶段:语言作为表意的工具——语言本身即意义——语言无意义。

前现代主义大体上是将语言视做表意的工具。高尔基说:"文学就是用语言来创造形象、典型和性格,用语言来反映现实事件、自然景象和思维过程。""语言是作家用以塑造艺术形象、反映社会生活的必不可少的工具。"⑧作家就是通过语言——这个文学的第一要素——来摹仿自然(现实主义、自然主义)与表现主体(浪漫主义)的。

现代主义开始强调语言的意义就在语言本身,或者说是语言创造了意义。海德格尔将昔日被颠倒了的人与语言的关系再次颠倒过来。他认为,通常人们总觉得人是作为语言的形成者和主人而活动着,但是,事实上,语言才是人的主人。"是语言在言说。人只是在倾听语言的呼唤并回答语言的呼唤的时候才言说。"⑨结构主义者认为,语言结构就是意义的本源,它与语言之外的自然、主体无关。解释学者认为,人与世界的普遍关系就是一种语言性关系。人是生活在现实社会之中的,由于现实社会的结构就是一个语言的结构,人也无往而不在一种语言之中。存在主义者认为,诗人的言说并不能损及现实世界的一根毫毛,但现实世界的意义却是诗的言说创造出来的,诗的言说的使命就是使一个新的世界展现出来,只有在这一新的世界里,人的居住才是有意义的。

后现代主义从根本上否定了意义的存在,语言当然也不例外。在后现代主义那里,语言是失去了所指的能指。所谓语言的意义,实际上只是以新的能指符号取代有待阐释的能指符号的过程,或者说是由一个"能指"滑入另一个"能指"的永无休止的倒退。而在语言的这一倒退过程中,后现代主义者所能做的,就是放弃对语言意义的追寻,在无意义场中"自由嬉戏"。杜威·佛克马认为,在后现代主义宇宙观中,一方面"语词创造我们的世界,语词形成我们的世界,语词正在成为我们这个世界的惟一仲裁";另一方面,语词充其量只是一些"僵化的意义",诗人所能做的只是"对意义废料的回收"。⑩

中国传统诗学一向十分重视语言的内在含义,同时又总是意识到语言的局限与不足,因而更加强调语言之外的意义。中国传统诗学里有"言不尽意"、"立象尽意"之说。言中有意,但不能尽意,故而要立象。象是什么?"象"本是指客观事物或人物的外部形态。在老子那里,"象"的意义被引申为超越视听之区的某种观念在想像中的形态,即所谓"无物之象"。这里的"象"实际上就是对"道"的描述。"道"是超越人们感性经验的,但它又不是彻底的虚无,它是存在于冥冥之中的一种自然的规律性,人们可以凭自己的内视、内听去感觉它。"象"是"道"的生机、生命力的表现,是非常真实的存在,是可信而非可疑的存在。"象"的最高境界是"大象","执大象,天下往",而"大象"却"无形"。"无形"便不能为语言所限定,它只有突破语言的媒介,才可能"尽意"。于是,便有了卦象。卦象的两个最基本符号是"—"和"--",这是对天与地最简化的形象模拟,"盖古人目睹天地混然一体,苍茫无二色,故以一整画象之;地体为水陆两部分,故以两段象之"⑪。卦象进而又从简单模拟上升为意象化观念,这样"—"和"--"便由具象的天和地上升为阳刚和阴柔两大观念。所以,卦象的产生是因为语言不能尽意,而对言、意之间关系的探讨和研究又奠定了我国诗学理论的基础。

看来,在言和意的关系上,中国的传统诗学理论似乎始终立足于西方诗学理论发展的第一阶段,而同现代主义、后现代主义阶段没有多少共同之处。中国诗学首先是将语言当做表意的工具,如《毛诗序》所谓"情动于中而形于言",《史记·太史公自序》所谓"诗以达意"等等;但是,中国传统诗学理论又非常重视语言表意的不足和语言的言外之意,如《毛诗序》所谓"言之不足故嗟叹之",《易传·系辞》所谓"立象以尽意"等等。西方诗学由于一开始只将语言仅仅看做摹拟现实的工具,于是,一旦现实的含义不再是真实确定的,依附在它之上的语言也就失去了意义,成了纯粹浮于表面、没有对象的能指符号。中国传统诗学因为既强调了言内之意,又重视言在意外、得意忘言,因此,对语言的功能与局限均有深刻的认识,而在语言的巨大的内部张力中最后能超越语言,达到"忘言"、"至悟"的境界。在这个意义上,我们说中国传统诗学与后现代主义诗学相去甚远。再退一步讲,就汉语这一特殊的象形文字而言,我们也不可能将汉语仅仅看做能指符号,因为语言是象形的,其象形本身就是意义;又因为中国诗学从来没有一味地突出语言本身的意义,因此也不可能突然走向其反面,进入一种语言"后乌托邦"状态。

与"言不尽意"相反,中国诗学也强调"言外之意"和"得意忘言"。"言外之意"通常是指"言有尽而意无穷"。语言是作者表情达意的工具,是作者的观念、情趣的外化,但是,读者在阅读、欣赏作品的同时又必须超越语言,去品味那存在于作品之外的"真味"、"至味"、"余味",这才是真正的"诗品"。这种离形求似、超象审美实际上就是诗味的极致——得意忘言了。

总之,在后现代主义那里,语言已成为本体,不论它是意义的生成,还是意义的虚无;在中国诗学中,语言却总是工具、媒介,没有语言根本就进入不了文学审美的过程,而拘泥于语言则永远不会达到"忘言"、"忘象"的最佳审美境界。中国当代的后现代主义的实践者们虽然过于突出了语言的意义,发挥语言自身所具有的自述功能,展示出语言之间的最大张力以便使读者获得一种审美震惊。但是,这些作家最终并没有将语言确立为本体或将其推向彻底的虚无。譬如当代语言实验的先锋作家余华所追求的,就是希望找到"一种能同时呈现多种可能,同时呈现几个方面,并且在语法上能够并置、错位、颠倒,不受语法限制的表达形式"⑫。这里,语言仍然是一种表达形式,它既不是表达的对象,也不能等同于表达本身。中国当代作家的这一观点同我国传统的诗学理论基本上是一致的。

注释:

① 斯潘诺斯《复制:文学与文化中的后现代机遇》,路易斯安娜大学出版社1987年,第247页。
② 让-弗朗索瓦·利奥塔《后现代状态:关于知识的报告》,《后现代主义》,社会科学文献出版社1993年,第57页。
③④《后现代主义文化与美学》,北京大学出版社1992年,第229、234页。
⑤ 朱自清《诗言志辨》,中华书局1956年,第2页。
⑥ 韦勒克《现代文学批评史》,中国人民大学出版社1991年,第5卷,第262页。
⑦ 哈罗德·布鲁姆《影响的焦虑》,三联书店1989年,第31页。
⑧ 高尔基《论文学》,人民文学出版社1978年,第332页。
⑨ 海德格尔《诗·语言·思》,文化艺术出版社1991年,第187页。
⑩ 柳鸣九主编《从现代主义到后现代主义》,中国社会科学出版社1994年,第451页。
⑪ 见陈良运《中国诗学体系论》,中国社会科学出版社1992年,第175页。
⑫ 余华《虚伪的作品》,《偶然事件》,花城出版社,第318页。

原载《文史哲》1997年第2期

卓新平

后现代思潮与神学回应

　　自 20 世纪 60 年代以来,当代基督教神学的一大热点问题乃"后现代主义"(Postmodernism)。这一术语已专被用来表达西方文化经现代发展之后所出现的时代特色。所谓现代主义时期,在西方史学理解中是指 17 世纪欧洲启蒙运动以来直至 20 世纪 60 年代的思想文化发展,其特点是崇尚理性能力、客观思考、经验科学方法和对人类进步的信仰。但这些观念被 20 世纪人们所经历的两次世界大战所粉碎,取代它们的乃人们的幻灭感、文化破碎感,以及自我的异化和分裂感,由此而在 60 年代早期出现后现代主义对现代主义的批评和否定。于是,人们用"现代"一词表示已经过去的时代。有人以 19、20 世纪之交作为"现代"的结束,亦有人强调第一次世界大战的爆发标志着"现代"发展已落下帷幕。自此以后,凸显后现代特色的人们对那些曾被珍视的价值观和确切自信的理论建构表示怀疑或疏远,取而代之的则是宣称真理的消解和模糊、未来发展的随意和不确定、文化传统的破裂和瓦解、主体意识的衰退和死亡、永恒真理的隐遁和消失。由此而论,纯否定性的后现代主义批评对现代主义之实存虽有"修订"、"破坏"意义,却无"重建"、"再创"之能力。为克服后现代主义所指出的现代文明或所谓西方社会"后封建性"发展的危机,西方学术界从政治、经济、思想、文化等层面提出了各种前景分析和应急理论,其多样性和复杂性都是前所未有的。在与之相关的各种尝试和努力中,当代神学对后现代主义的回应亦引起了人们的普遍关注。

现代文化的危机

后现代主义思潮的涌现,揭示了现代社会文化发展中所潜在的危机。蒙受现代进程之负面影响的人们深感以往曾被其所景仰的"现代"理想既不是一个"业已实现的项目",也不再为其"尚未完成的计划",所谓"现代"作为一种过渡业已陈旧、衰微,故有人喊出了"现代死了"的惊人口号。为了划清与"现代"的界限,人们以前缀"后"(post)之表述来标新立异,"后"之界定一时成为时髦的话语或做法,如用"后历史"来表示近代历史发展的结束,用"后启蒙时代"来给作为近现代社会文化发展重要标志之一的"启蒙时代"划上句号,用"后工业化"来揭示走到尽头之"工业化社会"的窘境,甚至在当代政治、军事历史上"冷战"已经结束的情况下,人们对新的发展亦冠以"后冷战"之说。

这种现代文化的危机,在政治理论和文化思想界得到了广泛的讨论。反映所谓后现代特色的社会政治学说,在由"政治战略"和"军事战略"转向"文化战略"的趋势中,可见一斑。尤值一提的是,在关涉世界文化命运和文明发展的各种议论中,美国学者亨廷顿(Samuel P. Huntington)基于"后冷战"时期世界政治的发展变化而提出了"文明的冲突"之说,在东西方世界引起了普遍关注和广泛讨论。在亨廷顿看来,近现代世界发展经历了国王之间的战争,民族、国家之间的战争,以及资本主义与共产主义之间的意识形态冲突,但随着冷战的结束,这一历史似乎已走到了尽头。因此,他认为"未来世界冲突的根源将不再是意识形态或经济利益的,人们的巨大分歧以及冲突的根本来源将是文化的","文明之间的冲突将是现代世界冲突发展中的最新阶段"。他分析了西方文明与伊斯兰、儒家、印度及其他文明的关系,指出在经济现代化使本土同一性及国民同一性减弱之际,通常以"基要主义"等保守形式出现的宗教则会填补由此留下的缺口。于是,"'宗教的复兴'提供了一个超越民族界限的关于身份和认同的基础,并且加强了不同文明之间的融合"。他声称西方的文明乃基于其"犹太教-基督教传统",从而将西方与其他文明发展相区别,并进而断言:"未来世界冲突的焦点将是西方和几个伊斯兰-儒教国家。"①

对于亨廷顿的这种划分和断言,不少人持有异议。其实,文明的冲突与交融乃反映出人类历史发展的对立统一,政治上冷战的结束并不一定就必然走向文明的冲突。各文明深层的精神、价值和伦理积淀本已包含着化解这种冲突、促成相互融合的有利因素。这在"后冷战"时代亦不例外。而且,亨廷顿以不同宗教为依据的文明板块划分亦极为勉强。对此,不少宗教学者曾以"亚伯拉罕宗教"传统来看犹太教、基督教和伊斯兰教三者的关系及其信仰和思想文化关联,反驳伊斯兰教与基督教即与西方文化截然对立之说。例如,加拿大新教学者白理明(Ray Whitehead)就曾指出:"伊斯兰教似乎并非完全与西方相对立,而乃是其同一宗教体系之内的姊妹。'亚伯拉罕的'世界观包括犹太教、基督教和伊斯兰教(我们亦可加上自由派人道主义和马克思主义),它们都有着共同的文化根源,即源自亚、欧、非三洲交界之东地中海世界的希伯来和希腊思想体系。仅此而言,现代政治、经济等层面的冲突并不以文化传统或文明差异为根基。尽管亨廷顿预料冲突会在许多不同的文明中发生,但其基本斗争则为'西方与其余世界'的斗争。"②

现代文化出现的种种矛盾与危机,使人们感受到一种立于达摩克利斯剑下的焦虑和不安。如同亨廷顿那样,不少人在观察、分析问题的视野、思路和方法上已与以往之见解迥异。这种变化一方面给人带来新颖之感,另一方面却也使人陷入深深的担忧和焦虑之中。而人们对于现代发展的多层面批评,则使后现代主义思潮迅速蔓延;其带来的社会价值观的失落和传统唯理认知方法的失效,已造成人们思想上的混乱或茫然。一种"新的紊乱"在其社会生活和精神生活的诸层面相继出现,这种失衡与嬗变亦使人们生出种种找寻精神安慰的新渴求。故此,作为西方文化传统和精神价值之重要组成部分的基督教必须对后现代主义理论加以回应,迎接当代思想界这一突如其来的挑战。正是在这一意义上,基督教神学与后现代主义的思想交锋已不可避免,后现代主义的各种理论亦成为当代神学研讨的焦点之一。

对"后现代主义"的理解

"后现代主义"一词始于1934年奥尼斯(F. Onis)出版的《西

班牙暨美洲诗选》中,费兹(D. Fitts)在 1942 年出版的《当代拉美诗选》中亦用过此词。汤因比(Arnold Toynbee)也曾于 1946 年在其《历史研究》中使用该术语来标明当今人类历史时代,称此为"西方第三期(现代主义)之后"的时代,并认为它或许代表着人类历史的最后一个时期。后现代主义之说最早则流行于建筑和艺术史领域,高层建筑中的"外骨架"风格即被视为"后现代式"。例如,巴黎的蓬皮杜中心和伦敦的克洛尔美术馆均被称为后现代建筑。1968年,艺术史家斯坦伯格(Leo Steinberg)也曾称沃霍尔(Andy Warhol)和劳申伯格(Robert Rauschenberg)之拼贴艺术等非传统视觉观的创作为后现代艺术。此外,在 20 世纪 50 年代和 60 年代结构语言学中关涉本文、符号代替原初意义和价值本源的多种理论亦为后现代主义的发展提供了一种知识背景和文化语境。索绪尔(Ferdinand de Saussure)和雅各布森(Roman Jakobson)等人先后在其结构语言学中提出了语言符号之解释可随心所欲,它乃与其他符号互相依存的理论,从而宣告了语言符号具有固定或绝对意义之可能性的终结。与此同时,它亦被人视为信仰一种绝对存在之可能性的终结。由符号组合而构成的意义可因其组合之改变而出现意义的变换。这种语言游戏或本文言说之意,事实上掩盖着在语言体系或语言世界之外真实意义的缺乏。"至此,人类对真理、良善、正义的追求不断被语言所消解,生命的价值和世界的意义消泯于话语的操作之中。"③

　　这种具有怀疑或否定精神,以及反文化或反传统姿态的后现代主义思潮来势迅猛,不仅已成为建筑、视觉艺术、音乐和语言文学中的热门话题,而且在文化哲学、美学、教育学、社会学、宗教学及神学等领域也引起了广泛讨论和激烈争辩。后现代主义作为西方后工业社会出现的一种含混而庞杂的社会思潮,除了反映出当代人在社会观、历史观、价值观和人生观上的巨大裂变之外,亦揭示了他们在认知视野和方法上的根本变化。就其社会形态而言,后现代主义反映了西方后工业社会即晚期资本主义社会所具有的一些全新特征;而从其精神状态来看,它则由新解释学、接受美学、解构哲学、法兰克福学派和女权主义的兴起而形成其文化氛围。与之相伴随的,乃是存在主义、结构主义、分析哲学和现象学影响的逐渐消退。不过,结构主义可被看成从现代主义到后现代主之间的过渡现象。列维－施特劳斯(Claude Lévi-Strauss)的结构主义人类学研究和巴特(Rolande Barthes)对神话的文学批评曾经表明,人类符号体系尽管多种多样、分布广远,但仍可用绘图方式来加以标示。其展露出的具有支配作用的语言规律,能够取代在犹太教、基督教思想传统中的那些形而上学常数。它乃证明人类精神具有创立终极秩序的能力,并可为之提供一种确立秩序的范式。结构主义在认识论上的这种乐观主义,随之被德里达(Jacques Derrida)、福科(Michel Foucault)、利奥塔(Jean-Fransois Lyotard)和鲍德里亚(Jean Bandrillard)等后现代主义和后结构主义思想家所无情破坏和摧毁。他们断言,语言本身及其利用者从根本而言乃是变化无常的,符号象征过程所具有的整体折中性已使逻辑规律失效,而创造假象之技巧的出现则令"自然"之表述让位给电脑语言即计算机程序所拥有的模仿和复制。这样,现代主义所坚信的确定和明晰不复存在,其哲学精神所持守的整体性观念、生命本体论、永恒真理论和终极价值论均受到根本性动摇。后现代主义"通过对语言拆解和对逻辑、理性和秩序的亵渎,使现代文明秩序的权力话语和资本主义永世长存的神话归于失效"。但它因"背叛了现代主义对超越性、永恒性和深度性的追求,而使自己在支离破碎的语义玩弄中,仅得到一连串的暂时性的空洞能指"。④这种激进的后现代主义在破坏一个旧世界上显示出巨大的威力,但其彻底虚无主义的否定方式则使之没有能力来重建一个新世界。

不过,人们将这种对旧世界及其思想文化体系的破坏和摧毁具有势如破竹之力的后现代主义视为其兴起之初矫枉过正的激进主义或极端主义,故称之为"激进的后现代主义",并批评它对于建构一种全新的哲学思想体系和社会文化及世界观持过于谨慎的态度,从而无所作为。而与之对应,人们逐渐发现并进而承认在后现代主义发展的后期已出现了一种"建设性的后现代主义",它对以往的偏激有所纠正,对人类的发展抱有更为乐观的态度。这种"建设性后现代主义"的倡导者之一伯姆(David Bohm)曾说:"在整个世界秩序四分五裂的状况下,如果我们想通过一种有意义的方式得到拯救的话,就必须进行一场真正有创造力的全新的运动,一种最终在整个社会和全体个人意识中建立一种新秩序的运动。这种秩序将与现代秩序有天壤之别,就如同现代秩序与中世纪秩序有天壤之别一样。我们不可能退回到前现代秩序中去,我们必须在现代世界彻底自我毁灭和人们无能为力之前建立起一个后现代世界。"⑤以上述考虑为契机,西方许多思想家亦试图摆脱"激进的后现代主义"彻底否定精神给当代社会和人们心灵上留下的阴影,寻求一种具有新的希望、新的生命力的后现代思想文化发展。对此,天主教神学家孔汉思(Hans Küng)认为后现代表明了一种探索,是用来说明一个"新时代"的"探索概念"。它在 20 世纪 60 和 70 年代开始萌芽,所蕴含的意义"则是指在 80 年代开始的、其本身价值得到承认、但是概念尚不明确的时代的符号"。⑥

后现代主义的哲学陈述

后现代主义理论并非凭空而降,其在西方近代哲学和神学史上亦可找到某些思想渊源和发展踪迹。康德曾将其哲学研究由形而上学转向认识论,指出世人不可能认知现实存在的真正本质,因为人的知识经验受人之精神所具有的空间、时间、因果等先验原则(a Prioris)所制约。这种先天知识结构虽能更多地揭示其认知主体,却对其反映的认知客体有着不确切感,而对其认知现象之外的自在之物则绝对无知。康德思想所表述的这种不确定性和不可知论,对近现代思想家积极倡导一种怀疑精神产生了重大影响。例如,克尔恺郭尔对黑格尔思辨体系和新教理性主义神学的讽刺批判,尼采对整个西方文化的彻底否定和关于"上帝之死"的宣言,都基于这一思想。海德格尔亦曾穷根究底,对存在本质加以彻底回溯和追问,结果发现其问题本身不过是已经过时的形而上学传统之遗存,需要由"诗意的思想"来取代,即选择一种发现或创立构成实在之"基本语言"的尝试。海德格尔及其先驱的这种后现代主义意向被当代崛起的解构主义哲学所发扬光大,形成了对现代主义形而上学和认识论的彻底反对与否定。

解构主义哲学的代表德里达运用曾促成雅各布森结构语言学发展的"基本差异性"来作为其哲学的理论原则,反驳西方理性中心论思想关于能为一切确立合理性的某种本源"在场"之断言,否定任何整体性体系的可能性。针对寻求清楚明确之回答这一理性要求,德里达的回应则是以提出本源不在场、客体的踪迹短暂易逝和不可判定性等概念来替代。"德里达以解除'在场'为他理论的思维起点,以符号的同一性的破裂,能指和所指的永难弥合,结构中心性颠覆为'差异性'意义链作为自己理论的展开。这样,德里达企图打破千古以来的形而上学的迷误,拆解神学中心主义的殿堂,将差异性原则作为一切事物的根据,打破在场,推翻符号,将一切建立在'踪迹'上……突出差异以及存在的不在场性。……德里达以其彻底的虚无主义立场成了现代思想的叛逆者,他对无中心性、无体系性、无明确意义性的吁求,使现代思想的原野变成了'荒原',精神、价值、生命、意识、真理、意义,这一切犹如枯萎的落叶,在现代思想的深谷飘荡。"⑦

基于其社会学研究视域,福科以相同原则来对收容所、监狱等社会机构和两性问题等社会现象加以历史勾勒及现状调查,由此证明社会关系总是破坏性的、不完善的。他指出,这些关系的建立和维持都是靠有权者对无权者的压迫和牺牲,其表现出来的权力意志要比尼采所预见的远为可怕。此外,利奥塔也宣称,西方文化中维系着犹太教、基督教模式之世俗形式的"元叙事"曾以其单一标准来裁定任何差异,旨在统一所有话语,并使其营造的统治性意识形态得以合法化;但这种"元叙事"现已失效,沦落为纷繁杂乱的"微小叙事"。它们彼此矛盾、相互竞争,反映出事物本身所具有的非逻辑性、差异性和不可判定性。另外,鲍德里亚曾以其新启示录幻象来加强海德格尔对技术发展的批评,认为当今时代不仅缺乏一种超越性绝对存在,而且已陷入人为符号体系的无边之网。

后现代主义与当代神学

就其本有意向而言,后现代主义表现出对宗教信仰及其神学理论的抨击和否定。然而,其反传统性和对现代性的批判精神在当代基督教神学领域同样引起了某种共鸣和回应,如天主教神学家孔汉思、新教神学家巴特(Karl Barth)和蒂利希(Paul Tillich)等人的神学理论,即反映出某些后现代主义的思维特征和对其挑战的正面答复。巴特在其危机神学中强调上帝乃绝对另一体,与人世毫无相同、相通之处,世人得救只能靠上帝自上而下的恩典,而与个人努力绝不相干。这种观念在一定程度上已与德里达对"差异性"的理解和强调相吻合。蒂利希则从当代人的焦虑与绝望中看到了后现代主义所显明的"无意义"境况,他主张正视这种"无意义",认为人的"存在勇气"就包含着"敢于绝望的勇气",即把这种破坏性最大的无意义之焦虑归入其自我存在的最高勇气之中。蒂利希所理解的"上帝彼岸之上帝"亦与德里达的"踪迹"说不谋而合,即证明一种本源之不在场,却仍可在人们对之隐喻意义上的再现中察觉其"在场"。此外,60年代的后自由派神学家林德贝克(George Lindbeck)曾经认识到,后现代主义对语言的注重也可用来反驳现代主义对宗教信仰的诋毁,其重新认可的语言世界使信仰获得了更大的可能。而现代主义尝试用世俗来替代所谓"过时"的宗教信仰之举,则被理解为现代人因使世俗主义神话获得合法性而造成的错误。今天,神学家则可按其思路,借用"现代死了"之表述来取代20世纪初曾风靡欧美的尼采名言"上帝死了"。通过回顾、反思现代主义对宗教现象的批判,以及后现代主义对现代世界的批判,当代神学既看到了后现代主义批判一切、否定一切的破坏性,亦发现了神学对现代性展开批判这种积极切入及其与后现代主义重构理论相挂钩的可能性。故此,"后现代主义神学"一说在这种对话语境中亦找到了相应的位置。此即孔汉思所言"走向'后现代'之路"的神学。

　　后现代主义在当代基督教思潮中有着极为复杂的回应。对后现代主义否定精神的直接回应主要表现在阿尔泰泽尔(Thomas J. J. Altizer)、泰勒(Mark C. Taylor)、沙莱曼(Robert Scharlemann)和哈特(Kevin Hart)等人的神学理论中。阿尔泰泽尔等人的"上帝之死"神学因对基督教启示传统的彻底反思而具有鲜明的后现代色彩。其理论的重要特点之一,就是赋予基督教传统神学术语各种隐喻性、辩证性意义,使曾受到现代文化强烈批评的基督教"道成肉身"、"钉十字架"和"死后复活"等信条获得适应时代潮流的重新诠释。泰勒则与德里达灵犀相通,他主张建立一种反系统化的神学,并应用德里达的修辞策略面对唯心主义理论僵局加以解构,代以各种意喻多样的解释,由其无序性之丰富来构成神学讨论的"神圣环境"。沙莱曼主要受到海德格尔和蒂利希等人存在主义和现象学理论的影响。他针对本体论思维方式而究诘神学反思的本质,并通过蒂利希的相互关联法来进而阐述神学思维包括接受和回答之方法,由此让人想到其本文所具有的基本隐喻性,从而使存在论问题失效。其意义的实现则乃本文之想像中的具体性与读者之理解境况所达成的一致。哈特曾对德里达在当代哲学和神学思想界中的影响加以评价。他认为,非系统化的神秘传统为当代否定神学提供了新的可能性,它保留着对理性认知的必要估量,同时又可避免坠入形而上学之陷阱。因此,他觉得德里达的解构主义实际上有助于信仰的神圣之途达到一种后现代性意义上的恢复。

激进的、否定性的后现代主义因充满破坏性、缺乏创造性而说明它仅为一个过渡时代,对辞旧迎新这一历史转型过程起着巨大的催化作用。就其历史作用而言,它意味着西方文化发展已经超越自启蒙运动以来所形成的现代性,标志着曾风行西方社会的现代思想气质或精神状态之解构和失效。但后现代主义将把西方引向何方却不很明朗,由此亦导致当代西方人的种种困惑和迷惘。后现代主义的激进派曾无情地宣告,20世纪初人们试图在地上创造天国的种种努力已经失败,甚至其存有的这种希望也已彻底破灭。后现代思潮之否定意向所造成的文化景观和社会气氛,使西方人感到这个世纪乃是充满失败、挫折和期望落空的世纪。"20世纪以重复其来临时已经具有的教训而终结。尽管我们有着很好的意向,然而凭借我们固有的人之能力却不可能把人间变成天国。对许多当代人而言,认识到此点仅能得出一个结论,即根本就没有天国、超越和彼岸之存在——不管是说它存在于我们的上空还是存在于我们的未来;我们乃为不完善的自我,被囚禁在一个不完善的地球上。"⑧

但在当代基督教神学讨论中,后现代主义所带来的失败主义或虚无主义情绪并非全然消极的。相反,这种悲观绝望的精神氛围已给基督教神学的全新发展及其重新成为社会倾听的话语提供了一个极好的机会。当代神学家正从后现代主义带来的经验、教训和给人的启迪中探寻神学的新发展,并对人类宗教和基督教神学的历史与现状加以反思和总结。当代神学思潮在与后现代主义的碰撞中也产生了新的思想火花和创意,从而形成二者之间彼此吸纳、共辟新径的局面。例如,德国新教神学家蒂姆(Hermann

Timm)就曾以《美学年代:论宗教的后现代化》(1990)等著作来论述后现代主义对宗教进程的影响,并开始一种美学神学之体系的建构。在后现代主义的刺激和冲击下,当代神学显得更加活跃,其对自然、世界和现实社会的关切亦更为直接。

就当代新教神学而言,其对后现代主义思潮的积极回应和直接参与,在一定程度上改变了后现代主义的纯批判和否定性质,使之在认识世界的态度上和自身发展的方向上都出现了一些转机,由此萌生出与现代哲学中后现代主义理论迥异的立意,并构成给人带来希望、富有积极意义的后现代主义之思想流派。这种变化体现为后现代主义从其破坏性到建设性、否定性到肯定性,以及悲观性到乐观性的根本过渡;而其得以实现的内在动力之一,即基督教的主动参与和全力支持。例如,具有乐观主义和创新精神的"建设性后现代主义",就主要由新教神学家所倡导和推行。这种肯定性和积极意义上的后现代主义乃由美国新教过程神学家科布(John B. Cobb)及其在克莱尔蒙特神学校的同事格里芬(David Ray Griffin)等人所首创。科布和格里芬均为克莱尔蒙特神学校的神学及宗教哲学教授,并分别担任"过程研究中心"的主任和执行主任,格里芬还担任了在圣巴巴拉建立的"后现代世界研究中心"的主任。他们从其神学立论来积极寻求人与世界、人与人之间关系的重建,以对人与世界、与自然之关系的关注来补充当代哲学中建设性后现代主义之不足。其倡导的建设性后现代主义以结合后现代的有机论和整体论而形成其独特的整体有机论体系及方法,旨在其否定与摧毁的同时亦达到其保留和建设,消除人与世界、人与自然、思维与存在之间的对立及分离。在谈到生态学、科学与宗教的关系时,科布指出:"生态运动是一种正在形成的后现代世界观的主要载体……这一运动对于基督教来说是极其重要的。"他认为,后现代生态世界观提倡一种科学和宗教的改良,而且在某些方面还回到了古典宗教的源头,"这种后现代的生态学世界观具有深刻的宗教内涵,并拒斥现代的、牛顿式的上帝。它更类似于神学唯意志论者所反对的神秘主义观点"。在其理解中,世界的整体及各部分均由与神性的关联所构成,"世间的价值越大,神圣的生命便越丰富"。所以,研究和探讨这一个世界的生存价值与意义,亦是"关于神圣的谈论",它"给一种本来就是的宗教观点更增加了宗教的内容。……它加强了圣经和基督教遗产的延续性"。⑨由此观之,当代神学家对"后现代主义"的"建设性"重构或运用,归根结底还是依赖于其基督教信仰之指导。他们将其神学立意注入后现代主义的理论框架之中,否定现代发展所导致的世界和自然之"祛魅",以便能为世界和人类获得神性"拯救"而再现神秘、重建神圣。

与新教神学这种"建设性"见解不谋而合的,亦有当代天主教中涌现的后现代神学。孔汉思在其理论中即表现了对后现代的乐观和积极评价。在他看来,神学的后现代之探,乃展示了神学的"觉醒"。这种神学强调"对现代的内在批判"和"对启蒙的启蒙",追求的是克服危机、面向未来和步入"新时代"。它以其"探索"、"开放"等特征而说明其本身"正在寻求方向,正在制订纲领"⑩。诚然,站在不同立场的人会用后现代这一术语来表达截然不同的思想意向。而孔汉思则主张用之表现一种新的探索和创造,"后现代神学"乃是在"新时代"中表现一种"新宗教精神",使在"现代"被压抑、遭萎缩的信仰因素获得更新、达到升华。在他看来,后现代社会中人的精神状况,使宗教的作用得以突出,因为人们此时不仅意识到"存在的危机",亦感到对"上帝的忘却"使人缺乏面对危机、克服危机所必需的安慰、温情和关切。孔汉思借用法兰克福学派批判理论的著名代表霍克海默的信念表达了宗教在后现代的意义:"没有'完全的他者',没有'神学',没有对上帝的信仰,生活中就没有超越纯粹自我持存的精神";"没有宗教,在真与伪、爱与恨、助人和惟利是图、道德和非道德之间就不可能有确有依据的区别";"没有'完全的他者',对完满的正义的追求就不可能实现";"没有我们称之为上帝的最终的、原初的、最实在的现实……我们'对安慰的渴求'就依然不能得到满足"。⑪这里,他强调宗教体现了一种超越的审视和终极的关切,给人以生存勇气和未来期望。孔汉思构筑神学后现代之路的一大特点,即提出了一种"普世"信仰和"全球伦理"。在这一基于各种宗教信仰、价值观念和道德体系之全球性互相理解的普世神学或世界伦理上,孔汉思看到了一个颇有希望的"时代转折"。由此,后现代的话语亦增添了"普世性"、"世界性"和"全球性"之说。而孔汉思本人一方面推崇从基督教的普世出发来"开辟世界宗教的神学",另一方面则呼吁一种"全球伦理"的建立。这两方面在当代世界思想文化发展中均已颇具规模、广有影响。

综上所述,后现代主义的发展本身已说明20世纪神学历史对西方当代精神的重构确有影响,并正发挥其潜在作用。这是因为基督教神学正视后现代主义对人世作为的批判及否定,而且它本来就强调人靠自我来创立新的人世秩序之尝试注定要失败。但这绝非意味着信仰及其希望之破灭,基督教相信人不可能创立天国乃预示着上帝降临人世、实现"新天新地"的极大可能。所以,当代基督教思想家在面对后现代主义提出的难题时亦充分利用其带来的创意,在现代主义对宗教的批判和后现代主义对一切价值、传统的毁坏这两难境遇中寻找其重立价值和真理之途、阐明基督教对其既超越又内在之上帝的确信,从而以基督教之"立"来与后现代主义之"破"形成鲜明对照。孔汉思对此曾公开表示,"在今天的社会现实条件下,对《圣经》和基督教传统的讨论绝对不是无害的智慧沙堡游戏,而是具有高度实际成果的反思。"

注释:

① 参见亨廷顿《文明的冲突?》,《外交》(Foreign Affairs)第72卷,1993年夏第3期,第22—47页。
② 参见白理明《基督教与现代文明的危机》,《基督教文化与现代化》,中国社会科学出版社1996年,第12、11页。
③ 王岳川《后现代主义文化研究》,北京大学出版社1992年,第2页。
④ 《后现代主义文化研究》,北京大学出版社1992年,第2、15页。
⑤ 引自大卫·格里芬编《后现代科学——科学魅力的再现》,中央编译出版社1995年,第75页。
⑥⑩⑪ 孔汉思《神学:走向"后现代"之路》,引自王岳川、尚水编《后现代主义文化与美学》,北京大学出版社1992年,第159页、第157页、第165页。
⑦ 王岳川《后现代主义文化研究》,第13页。
⑧ 格伦茨(Stanley J. Grenz)和奥尔森(Roger E. Olson)《20世纪神学》,唐纳斯格罗夫1992年英文版,第314页。
⑨ 大卫·格里芬编《后现代科学——科学魅力的再现》,第125—126、141—143页。

原载《中国社会科学院研究生院学报》1997年第3期

胡全生

拼贴画在后现代主义小说中的运用

一

　　拼贴画,法文为 collage,意为粘贴,现多指一种绘画技法,即"把偶得材料,如报纸碎片、布块、糊墙纸等贴在画板或画布上的粘贴技法",故亦有人译做拼贴法。《简明不列颠百科全书》说,"19世纪就有人把各种剪下的纸片拼贴成为装饰作品"①。此说道出了拼贴画原先的目的是为装饰作品服务。但拼贴画绝非只为装饰作品所用,它在达达派、超现实派尤其在立体派的艺术家手里用得出神入化,产生了巨大的影响,不仅波及当时和后来的艺术家,而且也波及当时和后来的文学家。至 60 年代,拼贴画在艺术上成了一种大众艺术,而拼贴画作为一种写作技法,也在后现代主义小说中流行。

　　立体派中最有影响的两位画家毕加索和布拉克都是"在1912年开始创作拼贴画"的,②也就是说,他们是在立体派的第二个时期开始拼贴画创作的。立体派的第一个时期是"分析时期",第二个时期为"综合时期",有人称前者为"分析的立体派",此时的画家"单纯用几何形体认识和表现事物";后者为"综合的立体派",此时画家"将非绘画性材料放进画面与几何图形结合(如泥沙、报纸与颜料混合作画)"。③1912 年前的早期立体派,还不曾摆脱印象派画家塞尚的画风和绘画思想的影响。1912 年以后,立体派才有了质的飞跃,因此此时的画风和绘画思想都有了根本性的转变。依照弗赖(Edward F. Fry)的看法,立体派两个时期在对待视觉世界的变化,在哲学史上与柏格森和胡塞尔间的思想差异平行。④ 柏格森在《形而上学导论》(1903)和《创造进化论》(1907)中,强调经验持续性(duration in experience)的作用:随着时间的流逝,观者记忆中对外部可见世界里特定物体的感性信息就积累起来,而这积累的经验则成了观者对那物体的理性认识的基础。弗赖认为这一过程与塞尚和1908—1910年的毕加索以及布拉克的方法相似。1911年以后,毕、布作画不再直接描摹自然中的原模型(model),而是直接依赖相当于可视世界物体之形的想像标记(ideational notation)。他们1913—1914年的贴纸和绘画已不存在假象空间(illusionisticspace),由于多重时空感觉,画中已不见柏格森式的认识积累,物体的表现不再有半点假象了。贴纸的发明,使得画能够同时暗示物体的形状、颜色、质地和侧面影像(即黑色轮廓像)。毕、布这期间的画与经验世界的关系,很像胡塞尔现象学中的逼真还原法(eideticreduction)。胡塞尔在1914年前,思索着建立一种理解存在的方法。这种方法应脱离心理解释,是具体的、纯描述的、以直觉为基础的纯还原。胡塞尔将这个任务定在1913年的《观念:纯现象学概论》。他认为用纯还原法可抵达物体的本质,抵达描述该物的要素,这些要素包括与理想、抽象、几何概念相对立的形态本质。后来胡塞尔在《笛卡儿沉思》(1913)中举例剖析他的方法。毕、布的画与胡塞尔的方法的惊人相似之处在于,他们与塞尚和柏格森所倚重的心理学方法形成明显的对照。毕、布不依规则而凭直觉作画。毕、布的形成是凭直觉发明的,不复制于自然,而塞尚的形是混合的(composite),而混合形是心理积累过程的结果,它紧紧依附于视觉经验。而且,毕、布的形只是许许多多的可能选择之一。塞尚运用抽象风格手段描绘现实,毕、布却用具体的、伸手可触的方法,就像在拼贴画中一样。毕、布在画中糅进标签、广告、邮票等物构成拼贴画,这样便抛弃了传统的画面空间,也就是说贴纸及其他材料背后的假象深度不存在了,这些材料同样也失去了假象性,它们必须理解为真实物体,指涉这些物的本身。正如米歇尔·普伊所言,"他们(指立体派画家——引者注)渴望真实","他们追求本质,追求纯观念……他们希望将宇宙还原为刻有平面的固体(plane-faceted solids)之联合"。⑤ 这种还原与胡塞尔的还原几乎没有区别。胡塞尔的还原法,是要除去人的意识中先天就带有的意向性,因为带有意向性的意识不是纯粹的意识,"它本身掺有外在世界的杂质,意识受了扭曲"。排除意识的这种意向性,"就是把外在世界的真实性'放入括号'(即放在一边,存而不论),用'还原法'除去意识身上的污垢,还原到原始状态,这样,现象的本质,也就是不含任何经验内容的'纯意识'就会脱颖而出。这种纯意识是借直觉自我而呈现出来的。因此,意识的本质就是本质直觉。"⑥

二

艺术是相通的,绘画技法被移植到文学创作里是屡见不鲜的。拼贴画作为一种现代绘画技法,也被用于现代文学创作。

用什么方法创作,总是与创作人的思想观念有关。毕加索对此说得非常明白:"艺术并不依赖自身进化。人的观念转变了,其表达方式也跟着转变。""变化并不意味进化。如果一个艺术家改变了他的表达方式,这只能意味他已改变了他的思维方式,而且在改变中或许变得更好,或许变得更糟";"当我找到了要表达的东西时,我就表达它。……如果我想表达的主题暗示了不同的表达方式,我便毫不犹豫地采用它们。我从不尝试或做实验。每当我有东西要说,我就以我认为应该说的方式去说。不同的动机不可避免地要求不同的表达方式。这并不意味进化或进步,只不过是采用了想表达的观念及表达此观念的手段而已。"⑦

立体派的诞生、发展时期正是索绪尔语言论、弗洛伊德心理分析学说、爱因斯坦相对论的产生时期,这些理论与学说的出现,必定影响人们的思维方式。"上帝死了",世界就不再是原先的世界,画家再用文艺复兴以降的认识、表达方式来认识、表达已发生变化的世界,显然已不够和不妥。文艺复兴至19世纪末,统治500年历史的绘画原则是平面视觉。立体派画家认为这种绘画是一种虚假艺术,因为它只依赖视觉,而视觉却是靠不住的东西,当时的哲学、心理学已证明了这一点。同一个人,离画家20米远与离画家2米远,看上去是一大一小,落实到画上也是一大一小,然而这是种错觉,不是真实。要说这是"真",它只是一种视觉之"真",不是客观之"真"。所以立体派画家要摒除这种错觉,要"回归事物本身"(胡塞尔语),摒除的结果是画上的物以几个维面出现。于是一个人体像,大腿可以比躯体大,脸可以是正面,而鼻子可以是侧面(故而占去了半个脸),眼睛可以一上一下,如毕加索《亚威农的少女》中右下角蹲着的妓女。这种画用眼看,得到的感觉是奇、怪,因为它不是一幅平面视觉图,也就是说,它不要求你用眼看,因为眼视的标准已不符合这画的要求。想像一下,若你以不同方位看这个蹲着的妓女,你就会觉得画是多么自然多么真实。所以立体派不是视觉之真,而是观念之真,立体派"画物体不以物体在我们眼前呈现的模样为模型,而以物体在我们心中所见的模样为模型:不将自己局限于观察自然实物的模样复制物体——即是说只从一个视觉来画——人可以努力表现物在想像中的模样,在想像中,我们不仅意识到而且还同时见到物之所有方面"。⑧立体派的第三号人物胡安·格里斯也说:"我用智力成分作画,用想像作画。我努力把抽象的做成具体的。我由普遍到具体,这意思是说,我以抽象开始,而目的却是为了达到真实的事实。"⑨从立体派画家的所说所做中,我们知道立体派画家追求的不是视觉之真,而是概念之真即主观的真实。

三

追求主观之真也是现代派小说家的努力之一,所以他们的笔墨着眼更多的不是外部世界而是主观世界,这一点恐怕已是不争的事实。乔伊斯和普鲁斯特都是毕加索和布拉克的同代人,也就是说他们都生活在"上帝死了"的时代。人类不曾想到,新时代新科学技术的发展,反倒使人异化成奴隶,反倒使人失去了主体性,成了一边叫喊"我是谁?"一边寻觅失去的自我的孤魂。这真是一个荒诞的世界,一个无理可言的世界。

世界是物与人的世界,因为世界原本就由物与人构成,这是事实。现代派小说家认为以往小说家的失误,是只将世界物的一面(即所谓客观世界)对等于现实,而把世界人的一面抛在一边(即使包括人也只涉及人之表面活动),这是个片面的世界,是个单数世界。但现实不是单数,而是复数。人是一种意识动物,所以现实要完整就不仅要包括物,而且还要包括人的思想与情感、幻想与愿望。在权衡人的主观世界与物的客观世界时,现代派小说家将天平倾向前者,一者因为他们认为物的世界是不可捉摸、难以确定故而难以描写的世界——哲学家、数学家、物理学家都作如是说,所以他们淡化情景描写、事件叙述、情节设置。二者因为他们认为"人的内心世界,首先是潜意识和无意识活动,是一种比外部世界的真实更重要、更本质的真实"。⑩可见在追求什么样的真实的问题上,现代派小说家和立体派画家是可以达成共识的。

　　被称做激进现代派的后现代主义小说家在对待现实的问题上则趋向极端;他们干脆认为现实是个虚构物。这种看法,自然离不开他们所处的环境。他们不仅经历了两次世界大战,不仅受到索绪尔、弗洛伊德和爱因斯坦的理论的影响,而且还受到维特根斯坦、海德格尔、哥德尔、海森柏格等理论的影响,置身于"语言学转向"的氛围之中。正如帕特里夏·沃所说,"现实是虚构物这一概念,理论上在许多学科、许多政治和哲学观点中已经建立。……它们开始说明,'现实'绝非仅仅是种给予物。'现实'是被制造出来的。它由一种相互关系产生,即世界中明显的'客观事实'与社会传统及个人或人与人之间的见解的相互关系。"⑪黑格尔曾认为历史可视为艺术作品,因为历史"读"起来就像部小说:历史的结局是已知的。后现代主义小说家不仅接受这种观点,认为历史是虚构活动,是借助语言将事件作观念上的安排以构成一种世界模式,而且还认为历史本身就像小说一样,塞进了相互关联的情节,这些情节表面看来独立于人之设想而相互作用。在后现代主义小说家那里似乎存在这样的逻辑推理:小说是语言的产物,而语言是个自足自律体系,不能与现实直接对等,所以,如果说小说叙述的是真实,那么这种真实是语言之真,符号之真——即来自语言(符号)的真实。后现代主义小说之所以又被称做"自我意识小说",原因就在于此。

　　现代派小说也有一种自我意识,但这种自我意识不涉及文本的虚构性。虽然现代派小说和后现代派小说"都肯定心(mind)在面对现象的明显混乱时的构造力,但是现代主义自我意识尽管可能将注意力引向文本的美学构造,但并不以当代元小说的方式'系统地炫耀文本自身的人工条件'"。⑫读现实主义小说,读者用文本中的文字指涉客观世界的物,由此来获取释义。读现代主义小说,读者不能以这种方法来获取释义,他们须先暂时悬置每一文字的指涉过程,直到文本内种种指涉的完整模式能被看做一个整体,一个大比喻,也就是说,读者须密切注意复杂的交叉指涉(cross reference)网,因为意义的构成此时主要是通过文本内的词语关系。此时,心成了完美的美学工具。但是,后现代主义小说家却不把心看做这样的工具,他们认为心也是由语言构成的,因为他们认为创作小说基本上就是创作"现实",即现实是虚构物。因此关注的主要对象不是意识(心)而是创作本身。

四

　　文学拼贴画是指文学作品中嵌入他人语录、广告词、新闻报告、典故、外语、菜单、图画等等。现代派与后现代派小说家都使用这一技法,但由于二者文学观念不同,他们使用这些技法的程度和效果亦有不同。从程度上说,前者使用的频率大大低于后者。就效果而言,差异也非同小可。

　　二者的这种差异,可见于现代派与后现代派画家使用拼贴画的差异。现代派画家的拼贴画,所包含的各种形象常有一定的联系,即使各种形象中有的无甚关系,但是绘画技巧的整体一致性却将它们"串联起来"。观看这种画,由于可以从不同的角度同时观看,观者就"可以得到一种同时性的印象"。但是看后现代派画家的拼贴画,却很难能得到这种印象。后现代拼贴画中,各类碎片"原封不动"、"未加改造"地拼贴到画布或画板上,这里物还原为物,每件东西都成了一个主题,所以呈现的是"一种具有复杂性的情形"⑬,观者在这种"复杂性"中,感到的是迷惘,是失措,所谓画乱心乱意也乱。

　　现代派与后现代派小说家在使用拼贴画时也有这种差异。美国的现代派作家多斯·帕索斯是位善用拼贴画的作家,他的代表作《美国》三部曲所采用的所谓"新闻短片法"、"摄影镜头法"都是文学拼贴画。"新闻短片法"将报纸标题、文章摘录、流行歌曲、官方演说、报告引语等分散于各叙事部分;"摄影镜头法"投影出印象主义片断记述;同时作者还利用了影星、艺术家、政治家、金融家、发明家、工运领袖、社会名流等历史人物的传记。孤立地看,它们是一幅幅拼贴画,但这些孤零零的拼贴画却都与美国社会的全景图发生着联系,也就是说它们可以被看做这幅全景图的部分。多斯·帕索斯企图借用拼贴画,通过并置手段,来"表现时间的同时性","使时间空间化",⑭ 而最终的效果是绘制出一幅万花筒式的美国社会全景图。可见,拼贴画像其他创作手法一样,在现代派小说家手里只是一种表现手段或方式,它最终有所指有所言,换言之,现代派小说家"相信通过拼贴画可以表现世界及其复杂性"⑮。

但是后现代文学拼贴画不同,它从头到尾、从上到下只是孤零零的拼贴画,也就是说它在时空上没有彼此的相互联系,没有整体与部分的联系,因为它不表现同时性或整体性;它无所指亦无所言,只成了没有所指的能指,因为这里物还原为物,而此时的物就是语言,就是符号——自显(self-apparent)符号。我们面对着它,或者说它"傲慢地凝视着我们"时,"我们感觉的是这媒体本身,而不是媒体所表现的东西"。⑯

请看伦纳德·迈克尔斯(Leonard Michaels)的短篇小说《在50年代》(In the Fifties)的开头:

> 在50年代,我学习开车。我常常堕入爱河,朋友比现在多。
> 当赫鲁晓夫指责斯大林时,我的室友拉血,脸发黄,头发脱了一大半。
> 我听杰出的E.B.伯根的讲座,直到参议员麦卡锡下台。我想像纽约大学着了火。可怜的学生在大厅里游荡着相互对视。
> 不到一个月,我日夜兼程写了部小说,小说写得很糟糕。
> 我去上学:纽约大学,密执安大学,伯克利大学——大部分时间上学。
> 在安阿伯市的同性恋酒吧,我与人神侃,侃得天旋地转,一星期侃四五个晚上。
> 我读文学评论,样子就像人啜糖果。
> 私人关系于我比什么都重要。
> 我和一个强壮的肥仔打架,直打得他倒在我脸上动弹不

得。

我和足球运动员、爵士乐手、色狼、花癫、非专业性欲倒错者,许许多多医科大学犹太预科生建立了私人关系。

一次,做猴子吗啡瘾实验,我和 35 只猕猴建立了私人关系。猴子把我当做一个用水管从笼里冲洗臭烘烘粪便的怪物。⑰

从中我们看到了什么?好像什么也没看到。似乎每一段叙述着一件事,可事与事之间却毫无联系,不见因,不见果,不见时间的轨迹,"没有解释,没有意义,不见世界之构成,正如史蒂维克所说:这些描写只意味其本身"。它们是"自显符号"。⑱既然从符号中看到的还是符号,从语言中看到的还是语言,谁又能说小说——符号的堆砌——是在反映现实呢?要说反映了,这个现实绝不是 the reality 或 the Reality 而是 a reality,即作家或读者揣摩的某一个现实。若说这些自显符号有何乐趣,这乐趣就是它"缺乏有主有次、有高有低的等级制度(hierarchy),缺乏有根有据的含义(informed meaning),而这种缺乏正可让读者体验到这些自显符号存在的完整含义"。⑲

在现代派小说中,拼贴画的使用(加之它没有现实主义文本中那么清晰的时间顺序与因果逻辑顺序)使文本的统一性和连贯性受到了威胁,但它们并没有完全消失,因为现代派小说家从不肯放弃对终极意义的追求。现代派小说家虽然看到世界的混乱甚至荒诞,但他们不甘与这混乱、荒诞一道消沉,他们还要作最后一搏,企图在混乱、荒诞中寻找出意义。他们不放弃历史,所以有"怀旧",他们不甘心沉沦,所以有"顿悟"。这种追求将拼贴画所呈现的"乱"抹去了。

后现代派小说家不抹去这种"乱";他们让"乱"赤裸裸地展现在那里。世界不是乱的吗?要反映它的"真"不是正好可以让文本与它一样乱吗?现实不是呈"断续性"的吗?要表现这种"断续性"还有什么比拼贴画更恰当呢?因为拼贴画本身就是一种有意不连贯、呈碎片式的、充满"空白"的艺术。但是,拼贴画在后现代主义小说家手里,恐怕主要不是为了反映或表现这种"乱"或"断续性",而是它摧毁了艺术模仿生活的说法。后现代文学拼贴画孤零零地嵌在文本里,兀然而立的是物的实在性,表明它不仅不受控于想像反而与想像构成明显的对立。依据帕特里夏·沃的看法,拼贴画的根源在超现实主义,而超现实主义画家"企图在'艺术作品'中并入传统上认为低于艺术的成分(如尿壶),这便向视艺术为神圣的价值体系发起了挑战"。沃认为这种技法在超现实主义画家那里依然把艺术家推崇为创造家,因为这暗示他或她多少还是个神奇的"转换人",但是在后现代主义小说中,拼贴画与用得甚滥的互文技巧汇成一流,这不仅使作为神圣体系的文学受到挑战,而且使灵气十足的、炼金术士般的艺术家也受到了挑战。"文本/写作显然被看做是制作文本/写作。语言编码行为分解成另一些语言编码行为。"[20]这种由符号到符号的过程,实际是在时时提醒读者,小说不过是个由符号做成的人工物而已,许多后现代主义小说家,如福尔斯、B.S.约翰逊、巴思、巴塞尔姆等,都在作品中借助人物或插入叙述人(intrusive narrator)之口,评说小说的虚构本质,揭示小说的人工痕迹。

五

文学拼贴画似乎可分为两种。一种是图画式的,即由图画或照片等视觉艺术做成的拼贴画。如唐纳德·巴塞尔姆的《解释》(The Explanation),一开头就有一幅黑色正方图,中间和末尾又有三幅;《在托尔斯泰博物馆》(At the Tolstoy Museum)共有九幅插图,而《鸽子从宫中飞出》(The Flight of Pigeons from the Palace)有十一幅。这种拼贴画在现代主义小说中很少见。另一种是文字式的,即用文字做成的拼贴画。这种拼贴画似乎又可以分成两类:一类是直接或间接引用他人语录、广告词、报告书、标语等等——总之是捡来的"现成物"——做成的。这种拼贴画在现代派和后现代派作品里很常见。如多斯·索帕斯的《美国》三部曲,庞德的《乐章》,艾略特的《荒原》,乔伊斯的《尤利西斯》都有,在巴思、苏肯尼克、巴塞尔姆等后现代派小说家的作品里更是常见。另一类是由文字构成的独立叙述单位,说独立是因为它往往作为一个段落,且段落之间常用符号隔开,没有时序及因果关系的联系。这种拼贴画最典型的例子是库弗的《保姆》。《保姆》共分 108 节

(段),每节都可构成一个独立的叙述单位,被看做一幅拼贴画。另两个典型例子是加斯的《在国土中心的中心》和巴塞尔姆的《看见父亲在哭泣》。

　　文学拼贴画的这两种形式在巴塞尔姆小说里得到充分体现,他恐怕是最喜欢用这一技法的后现代主义小说家了。而且他似乎用得很有收获——出了名,也似乎很有心得:"拼贴画的原则是20世纪所有各种媒体艺术的中心原则。"就拼贴画的效果,他说道:"拼贴画的要紧处,是不同的物粘贴在一起,粘贴得好时就造出了一个新真实。这新真实,弄得好的话,可以是或者意味对它源于另一真实的评论,也可以大有别的含义。如果成功的话,它就是一个它本身:哈罗德·罗森堡(Harold Rosenberg)的'焦虑物',这个物并不知道它是个艺术作品还是一堆废物。"对巴塞尔姆的拼贴画,学者有不同的反应。希克尔(Schickel)以巴塞尔姆的《大脑损伤》(The Brain Damage)为例,认为此小说反映了当代社会的情景。当代社会就是个大脑损伤的社会,它不可能将事物紧紧地、合理地聚合在一起,就像拼贴画所暗含的那样。卡津(Kazin)则认为巴塞尔姆是"只靠反戈一击操作"。而克林考维茨(Klinkowitz)认为,他俩都将巴塞尔姆的拼贴画当做了知识评论或道德判断,没有看到"现成物",这是错误的。克林考维茨的理由是美国现代派诗人威廉·卡洛斯·威廉斯的名言:"作为艺术作品,要紧的不是作者的言而是作者的行。"拼贴画家将各种不同背景的物取来粘在一起,以创造新物体,但无必要去评论这些物的来源,画家也完全可能不知道它们的来源。巴塞尔姆的做法与拼贴画家一样,他的"现成物"是烂熟于耳的陈词滥调,是现代生活的固定模式。克林考维茨分析巴塞尔姆的《大学里的豪猪》时也意识到小说处理的是"一个简单、熟悉的世界","这大学也像一所真大学,豪猪行为也像豪猪",用豪猪来影射黑人可"看做一种讥讽式评论",但是克林考维茨认为此小说所做的远远不止这些,"在讥讽式评论的背后还有有趣,那是当种种不同的物——牛仔、豪猪、大学主任——一齐混合在一个封闭的环境时看到所发生的事的有趣"。巴塞尔姆强调的是物而不是含义。将各种物混合在一起,喻体就消失,所剩的是纯媒体的物质。所以克林考维茨认为巴塞尔姆的目的是创造一个新作品。克林考维茨承认巴塞尔姆的作品"确有道德的一面","但巴塞尔姆的真正目的和成就是用更好的艺术作品代替次等艺术作品"。克林考维茨的结论是:"要正确认识它们就须将它们读做拼贴艺术而不是评论艺术"。㉑

　　希克尔、卡津和克林考维茨三人的看法,似乎代表着西方学者对文学拼贴画的两种见解。一种是将拼贴画看做模拟客观世界凌乱、荒诞的外在方式。它是一种滑稽模仿(parody)。这种看法的依据是拼贴画本身所带有的碎片性:它本身就是用一块块的碎片粘贴起来的。巴塞尔姆本人说过"碎片是我信赖的惟一形式"。㉒希克尔就属这种看法。克里斯托弗·巴特勒和克里斯托弗·纳什也属这种看法。巴特勒认为拼贴画"反映一种见解,即诗之形必须自身模仿断续性、偶然性以及工业社会中断裂的生活模式"。㉓与此类似,纳什认为"不仅'外部故事'而且'外部话语'(被剪贴的'现存物',如从报纸、火柴盒、标签上弄下来的东西)也成了文本组织的成分;书之话语与'整个世界'的话语合并在一起。……倘若作品不再能借助表现它来使经验'整体化',那就可在作品信息的大部浮现中表现整体性中的、使得作品不可整体化的混乱方面。"㉔显然,这种看法实际上仍将拼贴画看做一种表现手段,一种服务于内容的形式,一种模仿现实的技法。

　　另一种是将拼贴画看做可供游戏的符号。这种看法的依据是拼贴画本身所带有的互文性:它是被捡来的(或称被移用的)现成物,因此它带有他文性,由于它被置于一个新的语境里,故而产生新、旧文本的"对话",在这种对话中,写作失去了指涉功能,拼贴画成了没有所指的能指。克林考维茨就属这类看法。帕特里夏·沃、艾伦·西赫和科格的见解都与克林考维茨相近。沃的"语言编码分解成另一些语言编码"与克林考维茨的"须看做拼贴艺术"说的是一回事:突出拼贴画的物质性。同样,西赫认为后现代主义作家对拼贴画的运用,常常是"大众游戏之一部分,在这种游戏中,作者在传送笼罩作者世界的堕落的话语中承担着讥讽的接力作用"。这类后现代派作品,"在指涉历史以及在构成我们认为是真实秩序的作用中,把我们从游戏的互文性带到互文性的游戏里"。㉕科格认为"拼贴画原本想用作填补艺术与真实间的空隙的方法",但实际上"它获得许多复杂而矛盾的含义,似乎是突出了艺术与真实的对比而不是消除这种对比"。㉖不难看出,这种看法是否认拼贴画的表现功能的。要说它表现了什么的话,那就是写作的游戏性。拼贴画突兀而立的是它的物性,即它的实在性,而文学作品的本质是虚构性,这种虚实的并置迫使着读者直接面对这种游戏性。

那么谁对谁错呢？没有谁对谁错的问题,而是见智见仁的问题。在诸如多斯·帕索斯这样的现代主义小说家的作品中,我们只看到"拼贴画可以表现世界及复杂性";在巴塞尔姆这样的后现代主义小说家的作品中,我们还感觉到拼贴画是"这媒体本身"。这个"还"字,既说明了后现代主义小说家在拼贴画的运用上超越了现代主义小说家,也说明了读者(批评家也是读者)从中读出了更多的含义。如此甚好——后现代主义小说家说,写作既然成了一种游戏,要紧的就不是由作者说了算,而是要留出更多的"空白"与更多的"选择",空白多了,选择多了,读者就更自由。惟有作者死了,读者才能永生。

注释:

① 《简明不列颠百科全书》,卷Ⅱ,中国大百科全书出版社 1985 年。
② Edward F. Fry, *Cubism*, Thames and Hudson Ltd, 1978.
③ 王世德主编《美学词典》,知识出版社 1986 年,第 563 页。
④ 弗赖开始未曾明言早期立体派与后期立体派的区别,他只说了"塞尚和 1913—1914 年立体派之间对待视觉世界的变化"〈Edward F. Fry, *Cubism*, Thames and Hudson Ltd, 1978. p. 38.〉,但在第 39 页,他就说得较明白了:"塞尚或早期立体派与 1912 年后的立体派之间的区别,可以另一方式来界定。"可见弗赖前后的措词虽有异,所指却相同。Edward F. Fry, *Cubism*, Thames and Hudson Ltd, 1978, pp. 30—40.
⑤ Michel Puy, "The Salon Desindependants," in *Cubism*, p. 65.
⑥ 程代熙《现象学:美学、文学批评》(代前言),米·杜夫海纳《审美经验现象学》,韩树站译,文化艺术出版社 1992 年,第 3 页。
⑦ Pablo Picasso, "*Statement to Marius de Zayas*," in *Cubism*, pp. 166—167.
⑧ Charles Lacoste, "*on 'Cubism' and Painting*," in *Cubism*, p. 120.
⑨ Juan Gris, "*Personal Statement*," in *Cubism*, p. 162.
⑩ 章国锋《从'现代'到'后现代'——小说观念的变化》,载柳鸣九主编《从现代主义到后现代主义》,中国社会科学出版社 1994 年,第 7 页。
⑪ Patricia Waugh, *Metafiction: The Theory and Practice of Self-Conscious Fiction*, Methuen, 1984, p. 51.

⑫ Patricia Waugh, *Metafiction: The Theory and Practice of Self-Conscious Fiction*, Methuen, 1984, p. 21.

⑬ 参见塞奥·德汉《美国小说和艺术中的后现代主义》,载《走向后现代主义》,佛克马、伯顿斯主编,王宁等译,北京大学出版社 1991 年,第 256—257 页。

⑭ Allen Thiher, *Words in Reflection: Modern Language Theory and Postmodern Fiction*, the Universtity of Chicago Press, 1984, p. 185, p. 184.

⑮ Allen Thiher, *Words in Reflection: Modern Language Theory and Postmodern Fiction*, the Universtity of Chicago Press, 1984, p. 185, p. 184.

⑯ Jacon Korg, *Language in Modern Fiction*, the Harvester Press Ltd., 1979, pp. 72—73, p. 63.

⑰ Jerome Klinkowitz, "Experimental Realism" *in Postmodern Fiction: A Bio—Bibliographical Guide*, ed., Larry McCaffery, Greenwood Press, 1986, pp. 67—68.

⑱ Jerome Klinkowitz, "Experimental Realism" *in Postmodern Fiction: A Bio—Bibliographical Guide*, ed., Larry McCaffery, Greenwood Press, 1986, pp. 67—68.

⑲ Jerome Klinkowitz, "Experimental Realism" *in Postmodern Fiction: A Bio—Bibliographical Guide*, ed., Larry McCaffery, Greenwood Press, 1986, pp. 67—68.

⑳ Patricia Waugh, *Metafiction: The Theory and Practice of Self-Conscious Fiction*, Methuen, 1984, p. 145.

㉑ See Jerome Klinkoweitz, *The Practice of Fiction in America*, the Iowa State University Press, 1980, Chapt. 9: "Donald Barthelme's Art of Collage".

㉒ Morri Dickstein《伊甸园之门——六十年代美国文化》,方晓光译,上海外语教育出版社 1985 年,第 221 页。

㉓ Christopher Butler, *After the Wake: An Essay on the Contemporary Avant-Guard*, Clarendon Press, 1980, p. 84.

㉔ Christopher Nash, *World Postmodern Fiction: A Guide*, Longman, 1987, p. 218.

㉕ Allen Thiher, *Words in Reflection: Modern Language Theory and Postmodern Fiction*, the Universtity of Chicago Press, 1984, p. 185, p. 184.

㉖ Jacon Korg, *Language in Modern Fiction*, the Harvester Press Ltd., 1979, pp. 72—73, p. 63.

丁　帆

"现代性"与"后现代性"同步渗透中的文学

　　回眸 20 世纪,可以看出这样一种迹象:20 世纪的前 80 年,其"现代性"受到了过多的质疑,从乡土文学到都市文学(沈从文的"边城"系列乡土小说与茅盾的大都市小说《子夜》,甚至于像"新感觉派"的小说,其价值定位都是一致的。而惟有鲁迅的价值判断是特立独行的)基本上是排斥"现代性"的;而到了 90 年代,人们似乎又走向了另一个极端:过分地强调"现代性"与"后现代性"文化的优势,而忽视了它的矛盾与弊端。

　　谁也没有预料到的一个问题是,90 年代世界格局发生了根本的变化,人类试图在"全球一体化"的语境之中寻求共同的利益。中国大陆在苏东巨变与一场政治风潮后,毅然坚持在经济领域里开始向"全球一体化"迈进,然而,仅仅在经济领域内实行接轨,而在文化和文学上对"现代性"和"后现代性"进行排拒却又是不可能的,试图在经济与文化之间形成一个"滞差"①格局的政治诉求,几乎成为泡影,甚至文化与文学上的变化可能要比经济上的变化更快、更深、更习焉不察。从这里,我们可以看出一个在世界文化与文学的整体框架中,东西方世界又有了重新回到共同文化起点的可能性。人们预言 21 世纪将是一个高度信息化、全球化、区域化的物质时代,而文化语境的冲撞与合流也成为历史的必然。在这样的背景下,我们从历史的角度去回顾和重新考察"20 世纪文学史",尤其是"新时期文学"以及 90 年代文学,似乎更加有理由对转型期的文学现象做出一个符合于历史发展的判断。

一 文学背景:作为"现代性"与 "后现代性"的社会文化生成

"20世纪文学史"的论题的提出,其本身就是对文学史依附于政治史价值判断的一种反拨,其实质内涵就是将"五四"时期"现代性"诉求的宗旨,作为判别一个世纪以来文学发展的整体价值框架体系,这显然是半个世纪以来文学史断代分期方法的一大进步。但是,论者们所没有料到的问题是,90年代以来,尤其是逼近世纪末的最后几年里,中国在文化体制没有突变的情况下,能够如此迅速与世界文化对接,如此深刻地融会于西方文化,"五四"的沉重命题没有也不可能在漫长的历史过程中完成,它却使人们在"全球一体化"的演进之中看到了新世纪文化的骤变,高速运转的经济物质发展的巨轮将中国悄然带进了一个"全球一体化"的轨道,轻轻地、悄然无声地就消解了近现代以来那个十分沉重的启蒙文化语境,这就难怪一些原是"五四"文化启蒙的学者们,亦只能"放逐诸神"而"告别革命"了。当然,"五四"精神与启蒙宗旨的实现,可能也不是由"全球一体化"的物质变化历史过程就可一蹴而就而简单完成的,它的最后仪式毕竟要靠国民整体文化素质的提高,未来尚难以预料。在这样一个复杂而光怪陆离的文化和学术背景下,我们究竟用什么样的标准来判断文学的历史构成和临界呢?

尽管西方后现代的学者们将马克思的历史分析方法也归属于被淘汰之列:"我将部分地放弃使用任何对文明(或文化)命运的循环解释,即关于文明由诞生到成长、再到死亡的固定说法及其各种翻版……以及卡尔·马克思关于从原始社会、奴隶社会、封建社会、资本主义社会到社会主义社会的阶段论。"②尽管马克思对于社会主义历史阶段的设想有许多未曾料到的复杂因素因而出现了苏联的解体,但是,马克思的这种历史断代分期方法却仍是可取的,它不仅仍适用于人类社会文化发展的阶段性历史描述,而且它也更适用于中国社会文化发展的形态描述,尤其是对中国20世纪末社会文化"现代性"转型的历史断代分期有着十分重要的指导意义,更不必说它对文学史的"现代性"进程所产生的至关重要的制约作用了。

就中国的社会文化发展形态而言,漫长而强大的封建主义文化体制将一个静态的、田园牧歌式的农业文明修炼和维护得十全十美。然而近些年来,有些学者提出了我国明朝的资本主义形态问题,也更有些学者提出了唐朝的资本主义萌芽问题。这些观点的提出固然对我国的历史经济发展演变提供了一个新的视角,但是,历史的发展并不是以其主观的意志为转移的。毋庸置疑,一直到 1898 年康梁策动的"戊戌变法",才正式在大厦将倾的封建主义文化体制和语境之中,提出了要解决向资本主义过渡的社会变革命题,其实质就是要解决中国的"现代性"问题。但是,看似风雨飘摇而不堪一击的封建清朝政体却是百足之虫,死而不僵,它以几千年的沉重文化躯体的质量和能量,足以使得向资本主义转型的社会文化命题胎死腹中。而"五四"新文化的艰难命题仍然是在试图解决前者没有也不可能解决的"现代性"的问题。但是,它亦如鲁迅悲观的预言那样难以实现,对着旷野而找不到出路和找不到强大敌手的恐惧和悲哀,作为一个闷在"铁屋子"里的文化绝望者的悲鸣,这就是鲁迅在"呐喊"过后"荷戟独彷徨"的真正缘由。"尽管商人和贪官在地方范围内有所勾结,中国国家却不断阻挠资本主义的繁荣,每当资本主义利用机遇有所发展时,总是要被极权主义国家拉回原地(这里的极权主义没有贬意)。真正的中国资本主义仅在中国之外立足,例如南洋群岛,那里的中国商人可以自由行动,自由发展。"③因此,经过多元文化思潮的冲击和洗礼之后,20 年代末与 30 年代中期就中国究竟走没走、走不走资本主义道路,以及社会价值选择问题的讨论,就变得举足轻重了。这些由文化界发起的社会性质的大讨论,都是对"现代性"的巨大质疑,同时也是放弃中国"现代性"契机的一次次历史的反动。毫无疑问,20 世纪后半叶,我们仍然沉浸在无边的农业文明的社会形态和文化语境之中,尽管我们的沿海地区在 80 年代已经完成了从农业文明向工业文明的转型,那些资本主义原始积累时期的文化矛盾叠映在中国这一沿海地区的时空之中。但是相比之下,中国还有大部分的内陆省份,尤其是西部地区,仍然在充满着试图进入"现代性"文化语境的希望的田野上耕耘,就此而言,尽管农业文明与工业文明的落差已经形成,但是它还不足以形成使中国完全摆脱农业文明的社会肌理。亦如邓小平所说的那样:"我国经历百余年的半封建、半殖民地社会,封建主义思想有时也同资本主义思想、殖民地奴化思想互相渗透结合在一起。"④以此来形容和概括那一时期中国社会多元文化的生成状况,是再准确不过的了。

而 90 年代却有了一个根本的改变,这就是社会机制的运行开始受着"全球一体化"的影响和制约,表面上它首先是经济上的市场化带来的种种社会现象的变化,但是,更深层面的文化意识形态的入侵,包括从生活观念到思想观念,乃至小到审美观念的迅速蜕变,却是改变这个世界的根本动力。况且,就空间而言,即便是内陆的西部地区也开始走出农业文明的阴影笼罩,逐渐完成向工业文明的过渡,因此,将此作为中国漫长的农业文明一个恰好的世纪末的社会文化终结,其立论不是没有道理的。

"后现代主义"的理论家杰姆逊"试图根据向晚期资本主义(社会全球化了的资本主义)的第三个更为纯粹的阶段的发展,来确定后现代文化产品的地位。这里他注意到了,由于资本和信息流的迅速积累所推进的国际市场的扩大,为民族——国家提供基础的国家-社会之二元对立,已经为后现代文化所完全淹没"⑤。其实,一个更有诱惑力和挑战性的命题,乃是具有世界意义与人类意义的"后现代"文化命题的讨论。如果说那一场发生在 80 年代中期文坛上的关于"伪现代派"的讨论,还是在一种一元的启蒙文化语境中讨论问题,其所得出的"中国尚未形成适宜现代派成长的土壤和温床"的结论在当时还有理论市场的话,那么,如今这个论题却早已过时,"土壤和温床"已然形成,而其时所面临的"后现代"文化讨论,也正是由于中国的沿海与发达的城市开始步入与西方社会经济和文化同一起跑线的表征,是同步进入信息时代的表征,是共同进入人类二难文化困境命题的表征,也是西方文化意识形态与我们的文化意识形态对撞和融合的征兆。人类处于高科技文化语境之中的困惑的共同命题——资本主义和后资本主义的文化矛盾已经先期抵达中国文化的彼岸,而 20 世纪的"现代性"问题也将不作为一个可以悬置到 21 世纪以后再进行讨论和解决的艰难命题了,它在中国的不同地区,同时与后现代文化一起进入了我们的视野。

毋庸置疑,"20 世纪文学史"所提出的问题无非就是本世纪的一个不死的文化思想命题——中国的"现代化"过程的阐释。其文学的使命也是围绕着这个命题而展开它想像的翅膀的。20 世纪的一代代知识分子以及一代代的作家们,都置身于这个启蒙文化语境的乌托邦之中而不能自拔,然而,当这个文化语境正悄然无声地来到我们身边时,我们反而不以为然,显得手足无措,而失去了判断的能力。

根据上述阐释,我们似乎可以得出这样的一种结论性判断:就中国的社会文化结构而言,它已经走出了农业文明的羁绊,在现代化的"补课"中,逐渐完成工业文明的全面覆盖,而且,随着后工业文明的提前进入,社会文化结构的某些部分在某种程度上已经提前与西方社会一同进入了人类新的文化困境命题的讨论之中。因此,与之相对应的文学艺术在90年代以后所发生的质的裂变,也正是其在摆脱农业文明和封建文化体制过程中的症候反应。如果把"五四"到90年代以前仅仅作为"现代化"与"现代性"的一个漫长过渡,那么,90年代在完成了社会结构转型的最后阵痛后,文学已然脱离了以农业文明为主导内容的封建文化母体。在这一时间的维度上,和西方社会文化结构相似的是,"现代性"和"后现代性"同时进入了中国的沿海发达的城市,贝尔所描写的"资本主义的文化矛盾",以及杰姆逊、吉登斯们所描写的"后现代主义文化的矛盾",也同样在中国的沿海地区与大都市中并存着。亦如鲍曼所言:"作为划分知识分子实践之历史时期的'现代'与'后现代',不过是表明了在某一历史时期中,某一种实践模式占主导地位,而决不是说另一种实践模式在这一历史时期中完全不存在。即使是把'现代'与'后现代'看做是两个相继出现的历史时期,也应认为它们之间是连续的、不间断的关系(毫无疑问,'现代'和'后现代'这两种实践模式是共存的,它们处在一种有差异的和谐中,共同存在于每一个历史时期中,只不过在某一个历史时期中,某一种模式占主导地位,成为主流)。不过,即使是作为一种'理想范型',这样的两种实践模式的划分依然是有益的,有助于揭示当前关于知识分子的争论的实质,以及知识分子可以采取的策略的限度。"⑥无疑,20世纪80年代和90年代的中国同时面临着"现代"与"后现代"社会和文化的转型与过渡,以此为标志,它预示着一个新的历史纪元与文学纪元的到来!这样的断代与分期并非是历史的巧合,而是带有充分的历史必然性。

二 "新时期文学":"现代性"的
重温与"后现代性"预支的溃败

其实谁都知道社会变革对文学所发生重大影响的道理,这种"反映论"是任何时代与历史都无法改变的:"事实上,一种强大的号召通常出现于重大的历史转折之后。一种新的历史语境形成,文学肯定会做出必要的呼应。这时,文学不仅作为某种文化成分参与历史语境的建构,另一方面,文学又将进入这种历史语境指定的位置。二者之间的循环致使文学出现了显而易见的历史特征。很大程度上,这种历史特征同时可以在另一些类型——诸如经济学,社会学,法学,伦理学,哲学——之间得到相互的验证。"⑦但是,还须强调的是它们之间的互应与互动关系。

"新时期文学"作为一个沿用社会政治的历史分期,它反映出20世纪70年代末与80年代初,人们的历史观还局限在一个旧有的依附于改朝换代的政治分期情结中的状况。当然,我们不能否认文学与政治的必然关系,但是,文学有其自身运动的规律,它有时往往是超越政治的,比如,70年代末文学首先以"伤痕文学"的批判现实主义姿态重新回到"五四"文学的人性与人道主义的逻辑起点上,率先回到"现代性"的文化命题轨道上,尽管历经了诸如人道主义异化等问题的讨论,但是由这一命题所引发的中国经济上的"现代化"的加速"补课"过程,无疑又反作用于文化和文学的迅速蜕变。

因此,当文学在90年代急剧膨胀,"新时期文学"的内涵和外延不再适用时,人们就不得不用不断翻"新"趋"后"的方式追赶文学发展的潮头,来适应社会文化结构迅速调整的需求。如果将这些文学现象放在文学史发展流变的长河中去考察,我们会陷入一个时间的陷阱,在不断加"新"的过程中,将文学史切割成一个个细小的时间单元,而不能真正廓清文学史在通过量的变化而达到的质的飞跃的本质特征。虽然有一些理论家已经注意到了90年代中国社会和文化发生的骤变,但是,他们仍然想依赖于旧有的历史分期方法,将这一文学时段无限地延续下去:"进入90年代,中国的文化状况发生了引人注目的转变。从70年代后期开始的'新时期'文化正在走向终结,各个文化领域都出现了转型的明显征兆。

有学者将这一文化的新变化定名为'后新时期'。关于'后新时期'文化的讨论目前正在进行。但一般认为,'后新时期'是对90年代以来中国大陆文化新变化的概括,它既是一个分期的概念,又是对文化中出现的众多新现象的归纳和描述。"⑧既然"新时期"这一概念已经不再适用,那么,我们就没有必要再用"后"的方式去概括本质已经发生裂变的文学"众多新现象"了。从文学史宏观的时空角度来看"新时期文学"与"后新时期文学",它们只是文学史断代与分期的一个短暂的转型阶段,它出现在未来的文学史中,充其量只能是一个概括彼时段的专有名词而已。而我们只需看到的是——这一转型期对中国的社会文化结构与文学结构的本质性改变的意义是空前巨大的,是具有划时代(从农业文明进入工业文明和后工业文明)意义特征的。

随着人类历史文明进程速度的加快,历史的周期也相应地缩短,所以,我们在分析事物现象时,就不可能用"长时段"的历史切割方法去解析文学,"于是出现了一种新的历史叙述方式,即所谓'态势'、'周期'和'间周期'的叙述方式,供我们选择的时间可以是十多年,二十五年,甚至是康德拉捷夫的五十年周期"。"历史学家肯定拥有一种关于时间的新尺度,按照崭新的方位标及其曲线和节奏定位,使时间的解释能适应历史的需要。"⑨当我们在具体分析历史细节的时候,我们往往信奉的是克罗齐的那句"一切历史都是当代史"的名言,以及杜威的"历史无法逃避自身的进程。因此,它将一直被人们重写。随着新的当前的出现,过去就变成了一种不同的当前的过去"⑩。

缘着上述的新历史观,"新时期文学"的每一次"新"的理论解释,都显得那样疲惫与牵强,那种追赶理论潮头的窘迫感,也正是人们企图在发现与适应中国"现代性"和"后现代性"的过程中的一种必然结果。中国80至90年代的每一次文学现象的发生与每一次文学运动的操作,都恰似一个个有着必然因果关系的环链那样紧密衔接。

从"伤痕文学"、"反思文学"、"改革文学"的政治分期的价值判断中突围出来以后,在"现代性"的惶惑和眩晕中,"寻根文学"作家们以其反启蒙反"五四"的文化姿态,试图以民族主义的话语进入"现代",乃至"后现代"的文化语境之中。如果说他们在进入世界性的文学描写技术的表层结构中取得了一些成功经验的话,那么,他们的这种文化保守主义是对进入"现代性"文化语境的又一次巨大的质疑,比起20世纪20年代末到30年代中期的那一场对"现代性"的质疑,更有其社会文化的对抗性。因为,从另一种角度来说,它又和西方"后现代性"的文化反抗话语相像,"后现代性"的文化话语中对"现代性"的"资本主义的文化矛盾"有着尖锐而深刻的哲学文化批判,但是,"寻根文学派"的作家们却退守到反启蒙的文化立场上,试图删除"现代性"这一历史的必然进程,而直接进入与世界文学对话的"全球一体化"的"后现代文化"语境之中,虽然他们在具体的创作中又在无意识层面回归到"五四"文化启蒙的"现代性"母题上,但是其"透露出的'寻根'作家民族认同的虚幻性及其文化民族主义情结的偏执与内在矛盾已经是显而易见了。可以说,当时的文化'寻根'正是一种近乎偏执的文化保守主义,但又是一种充满矛盾的文化保守主义,这种矛盾几乎表现在每一位'寻根'作家的小说之中","'寻根小说'的内在矛盾导致了对其文化和文学史价值评估的复杂性"。⑪可以说,"新时期文学"在以"伤痕文学"重回启蒙话语发端后,试图在走出文化困境中寻觅一条新路时,"寻根文学"引领我们的文学走过了一段历史的弯路,而恰恰是这样一个有碍于"现代性"进程的观念,却引起了另外一种文化观念的反弹。

　　被当时一些理论家们指责为"伪现代派"的作家作品,现在看来却是对文学和文化加速进入"现代性"的过程起着文化与生活观念蜕变的重要作用。可以将他们看做是对"寻根文学"历史观的一次反动。与文化保守主义相反,他们在技术层面并不像"寻根派"文学家们那样走得更远,而是注重将一种新的文化和生活观念输送给文坛和青年一代。刘索拉和徐星将《你别无选择》和《无主题变奏》中的新潮生活方式与存在主义的生存观念,在一夜之间就烙在了青年们的灵魂之中,把森森和孟野式的思想观念于闪电般的瞬间寄植在青年一代的思想深处。作为现代主义文化生活观念在20世纪下半叶的第一次"补种",它的思想史意义是大于文学史意义的。

　　如果所谓"伪现代派"给当时的文坛带来的仅仅是思想与生活观念的文化蜕变,那么,更大的反弹则是"前先锋小说"。⑫作家们

(指80年代中后期以马原为代表的那批以激进的叙述姿态进行创作的作家作品,亦称"实验小说"或"新潮小说")直接抛弃了文学的内容的叙述,在形式的技术革命领域里"乘滑轮远去"。"冷漠叙述"、"叙述魔方"、"叙述迷宫",成为他们决绝叙述内容与情感的革命大纛,似乎他们也与西方的后现代文学艺术家们一同进入了后现代的社会文化语境当中,可以天马行空地操作"纯线型叙述"方式了。殊不知,这才是一次真正的文化错位——在没有后现代文化语境"温床"下的这次文学革命,很快就在失去"听者"与"观者"的孤芳自赏中偃旗息鼓了。"由此可见,'实验小说'对现代性的文化挑战主要不是源自中国本土文化的发展逻辑,而是对外国后现代小说的提前模仿。""可以说,中国的现代性工程不仅是尚未完成的仪式,更是甫才开始的序幕,其启动的代价也是众所周知的。而且我们也有理由要求我们后现代主义的实验者,不要简单地抛弃一切价值关怀并因此由表面的'激进'变为犬儒式的'保守'。"⑬当然,它在小说形式探索上的功绩是有目共睹的,甚至,它的幽灵一直徘徊在90年代的"后先锋小说"创作之中。事实证明,任何试图超越和背离社会文化语境基础的错位性文学艺术的描述,都将是徒劳的,它仍然须得退回到二者同步的逻辑原点上来,于是,这次文体的技术革命就又引起了一次形式与内容的反向性的极端反弹。

视点下沉的"新写实小说"和"新历史小说"似乎标举着一个新的文学历史时期的到来。他们的写作技法与历史观,显然与以前的作家有了本质的区别,尤其是他们在叙述方式上有别于"游戏迷宫"式的"前先锋小说",而在内容上又区别于人们所厌弃的"宏大叙事",况且与批判现实主义相去甚远,而与自然主义相近。所以,人们对它的警惕性不够。其实,从很大程度上来说,"新写实小说"与"前先锋小说"在许多思想和艺术观念上都是相似的,这在我们以往的论述中已经阐释得很清晰了。⑭,但是,须得强调与修正的是:"新写实小说"在面对"现代性"与"后现代性"两种不同文化语境时,犯下了一个至今人们都习焉不察的错误——它们用"存在主义"和"虚无主义"的姿态,一方面否定和解构了20世纪"现代性"的启蒙文化的价值取向,另一方面又对"全球一体化"的文化语境抱以冷漠与疏离的态度。前者消弭了人们对"现代性"文化历史过程的向往激情,后者则删除了人们对"后现代性"文化弊病的警惕。尽管它也十分关注小人物的命运,也对琐细的生活倾注了过分的热情,但是,它对人性中的那些卑微猥琐的下意识和潜意识的热衷,显然削弱了"五四""现代性"的人性要求;而对生活中那些"一地鸡毛"式的人生烦恼的"原生态"描摹,恰又是对后现代文化语境将人充分物化缺乏清醒认识与批判的体现。毫无疑问,"新写实"恰好又伴随着那个特殊政治社会背景,闪耀出它那种"祛魅化"的身影,导引了 90 年代文学在逐渐进入全球化过程中走向无序格局的文学思潮。就此而言,"新写实小说"作为文学史断代分期层面上承上启下的一种特殊文学现象和思潮,也就不足为奇了。它恰恰又是横亘在 80 年代与 90 年代之间的一种变体的文学,正好成为文学分水岭中的特殊文学现象。

三 90 年代文学:正在进行的"后现代性"与尚未终结的"现代性"

利奥塔认为后现代主义"不是现代主义的终结,而是它连续的新生状态"[15]。从这个意义上来说,世纪之交的中国文学面临的仍然是两种,甚至三种(包括前工业社会时代的现实主义文学)模态的文学境遇。在这一点上,杰姆逊也将西方文学世界概括为现实主义、现代主义、后现代主义三种文学艺术模态并存的时代[16],是有一定道理的。

我们之所以将 90 年代作为中国文学的转型期,除了上述的社会经济和文化基础的变革外,其中更重要的原因就是文学经过了十年"现代性"的反复回归与"后现代性"的超前演练,以及政治风浪的磨洗和西方后现代文化理论的倾泻,变得愈来愈趋向于单一化,在表面多元化的掩盖下,文学的本质却愈来愈向"后现代文化"设置的单一物质化的理论陷阱坠落。可以说,西方"后现代文化"理论家们正努力批判与克服的种种"后现代文学"的弊端却毫无保留地出现在 90 年代的中国文坛。文学的媚俗化、商品化、感官化、物欲化、非智化、非诗化、唯丑化、唯恶化……凡此种种,正预示着中国文学在"全球一体化"经济的框架中,超前预支了西方文化意识形态的矛盾与弊端。

90 年代"女性主义文学"的兴起,当然不能简单地看成是对西方后现代文化语境中的"女权主义"的模仿,但是过分地强调女性的主体地位,而忽略了两性同构的人类文化学意义,彻底地反掉男女平等、平权的"现代性"内涵,正是它走向没落的标志。从"女权书写"到"女性书写",这是走向符合人性发展的"现代性"描写;而从"女权书写"到"身体书写",却是"后现代性"亟待克服的违背人性发展的文学描写因素。[17]从这一文学走向来看,女性文学领域内所面临的理论困惑已经与西方文学描写阈的困惑同步了。"事实上,代表着后现代艺术特征的'身体'审美(aestheticization of the body),在创造它或欣赏它的时候,都需要解除对情感的控制。同样,后现代理论,那些发现或促进了精神分裂、多元神经紧张的理论,或者说,一种对体验身体紧张的、解码过的前恋母情结(preoedipus)的'返回',也要求更大的情感控制的解除。"[18]这种摈弃了现实主义与现代主义审美内容的病态描写,只能是超越人性的文学倒退。

同样,在90年代的"晚生代"的作家作品中也存在着一个"复制"生活而缺乏深度的"后现代性"问题。杰姆逊认为"后现代主义的第一特点是一种新的平淡感","这种新的平淡阻碍艺术品的有机统一,使其失去深度,不仅绘画如此,就是解释性的作品也是如此。也就是说,后现代主义的作品似乎不再提供任何现代主义经典作品以不同方式在人们心中激起的意义和经验。""后现代主义的那种新的平淡,换个说法,就是一种缺乏深度的浅薄。"[19]当然,在"晚生代"作家作品中,也会因人而异、因作品而异。即便在同一作家的同一时期的作品之中,也往往会呈现出审美内容的二律背反观念,他们对"后现代性"尚缺乏一种逻辑的、理性的自觉自主意识,"这些作家脱离了旧的东西,可是还没有新的东西可供他们依附;他们朝着另一种生活体制摸索,而又说不出这是怎样的一种体制;在感到怀疑并不安地做出反抗姿态的同时,他们怀念的是童年那些明确、肯定的事物。他们的早期作品几乎都带有怀旧之情,满怀希望重温某种难以忘怀的东西,这并不是偶然的。"[20]因此,在他们的作品中,虽然其理性上主张平淡化的生活"复制"与"克隆",但是,那种乌托邦的浪漫主义情结还时时在他们的描写阈中"闪回"。如果说他们对"后现代性"的理论还没有足够的逻辑把握的话,他们似乎更像达达主义那样"采取反人类的活动","他们把德国浪漫主义哲学家们的美学全然与伦理学分离的原则加以改写——'艺术和道德毫无关系'。"㉑作为"后现代主义攻击艺术的自主性和制度化特征,否认它的基础和宗旨"㉒是有其文学史的必然的,但是,将文学反叛置于对人类进步优秀的审美经验和亵渎框架之中,恐怕也是"后现代性"的一次审美误植:"后现代主义发展了一种感官审美,一种强调对初级过程的直接沉浸和非反思性的身体美学,这被利奥塔称为'形象性感知'";"后现代主义无论是处在科学、宗教、哲学、人本主义、马克思主义中,还是在其他知识体系中,在文学界、评论界和学术界,它都暗含对一切元叙述进行着反基础论的(anti-foundational)批判。利奥塔强调以'微小叙事'(petits recits)来取代'宏大叙事'(grands recits)";"在日常文化体验的层次上,后现代主义暗含着将现实转化为影像,将时间碎化为一系列永恒的当下片段"。㉓这些文学叙述的征象都一一表现在90年代的许多"晚生代"的作家作品之中,这不能不说是他们对"后现代性"文化和文学审美的一次超前性预支。

如果"晚生代"是处于"后现代性"浸淫于中国文坛的先锋和前卫的位置的话,那么,90年代的一些所谓"现实主义冲击波"的作家们却是从另一个端点来解构文学的"现代性",与"后现代性"的作品解构"现代性"一样,达到了殊途同归的目的。在90年代这个同一时间维度界面上,为什么会出现两种不同的创作观念和创作方法呢?究其原因,我以为,恐怕是一大批作家仍然沉湎在农业文明乌托邦式的田园牧歌之中使然。农民与平民的阶级本位、对静态文化形态的现实主义再现与描摹的本位与本能,对一种宗教情绪顶礼膜拜的本位与本能,就决定了他们必然站在更加保守的立场上来对这种"现代性"与"后现代性"交混而失序的社会文化形态,做出自己的文化价值判断。但是,值得注意的问题是,他们在回归旧现实主义时,并不是恪守古典写实的价值立场:"这种思想鼓励我们向生活提示尽可能高的、启示录式的要求,并告诉我们说,我们能够冲破索然无味的日常生活方式,而达到光彩夺目的大同和完美。它断言,我们和我们生活的世界,比社会或原罪观念想要我们相信的,具有更大的可塑性,更充满可能性,更不受环境的约束。"㉔从某种意义上来说,在他们悲凉而无奈的身影中,又带有一种对某种权力的肯定,而这又恰恰是"后现代性"之义中的重要内涵,这一点不幸被"后现代主义"的理论家所言中:"乌托邦现实主义的观点承认权力是不可避免的,而不认为只要使用权力就一定有害无益。最广义的权力是实现目标的工具。在全球化加速发展的情况下,最大限度地抓住机会并把有着严重后果的风险降到最小,需要协调权力的使用。这对解放政治和生活政治来说,都是如此。同情弱者的困境是所有解放政治的内在组成部分,全部实现解放的目标通常又要依赖特权阶层的代理人的参与。"㉕ 因此,当我们来解读那些经理、厂长、乡长、镇长、县长们与工人、农民、平民们之间"分享艰难"时的文化疑惑,就会猛然顿悟了。

文学表现上的"后现代性"症候不仅在创作观念之中,而且已经渗透到了具体的描写技巧技法之中了。进入 90 年代以来,一个不易被人觉察的巨大描写空洞已经形成——风景画面的逐渐消亡!它预示着人类在现代性的历史过程中忽略了它的延展性与成长性,在后现代的文化语境中,我们在将文学的重心一味地"向内转"时,全然舍弃了对于外部世界的关注,堵塞了人与自然的和谐沟通的逶迤天路。而那些坚信现代性的写作会给文学带来一幅美丽图画的梦想已然在后现代性的文化语境中冰释和解体:"它把森林和沼泽地变成乡村和花园;它修建了数以百计宽广、井然有序和美丽的新城市;它的产品直接丰富和改善了平民百姓的生活……静与动之间、乡村与城市之间、活力与机械力之间都取得平衡。"㉖ 可惜的是,这幅美妙的图画在后现代性的描写语境之中,已经成为碎影与泡沫。如果稍加留意,你就会发现,不知何时我们的小说、散文、诗歌里已经很少再见景物与环境描写了,就连戏剧舞台的布景中,风景也多在被删除之列。从中我们可以看出文学在物化的历史变迁中的症候性表现。用"装饰美化"的方法来拯救溃败的非人性化描写,显然是徒劳的,文学描写的滑坡是不以人们意志为转移的:"把日常现实理想化,使美国场景同阿瑟王的宫廷和耶稣的巴勒斯坦相一致;在诗歌中给动词加上古体的词尾,使美国语言诗歌化;高度赞美美国风光,使其能与阿尔卑斯山和尼罗河媲美——总之,装饰美化。"㉗ 这种具有"现代性"的乌托邦描写的消亡,是人类在返归与自然沟通的路途中须警惕的命题。

"现代主义和后现代主义之间并没有一层铁幕或一道中国的万里长城隔开;因为历史是一张可以被多次刮去字迹的羊皮纸(原

注:'羊皮纸'是指原先书写的文字可以刮去而重复多次,但每次都会留下依稀可见的字迹),而文化则渗透在过去、现在、未来的时间之中。"㉘当90年代以后中国文学确实走进了一个现代性与后现代性并存交叉的文化语境之时,弄清楚我们需要做什么,我们能够做什么,恐怕是当务之急。我们需要做的首先是弄清楚其理论存在的必然基础,"一种垄断不再时兴了,新的垄断又重新出现!资本主义不免一死,但祖父和父亲死后,儿孙辈仍将生息繁衍。"㉙"后现代主义导致了当代社会中文化领域的转型"㉚(杰姆逊语),廓清了这一理论前提以后,我们再来确定价值判断:具有现代性的资本主义固然不免一死,但是,我们更难看清楚的却是后现代主义在反现代主义文化的过程中,所表现出的更加反文化的立场:"后现代主义中代表欲望、本能与享乐的一种反规范倾向,它无情地将现代主义的逻辑冲泻到千里之外,加剧着社会的结构性紧张与恶化,促使上述三大领域(笔者按:系上文所指的'政治、文化和经济'三大领域)进一步分崩离析。"㉛或许惟有这样,才可能进入文化批判的层面,最终解决同时袭来的"资本主义的文化矛盾"与"后资本主义的文化矛盾"。

无疑,一切历史的发展,包括文学史的发展,都必须遵循人类物质与精神两个层面的需求,尤其是要符合人性的规范,因此,从这个角度来看,用人性、人道主义和美学的眼光来治史,是十分必要的。它作为超越一切历史与国界时空的文学史惟一能够永存的衡量标准和价值判断,将成为我们今后治史与衡量文本的重要依据。

注释:
① 关于"文化滞差",见笔者《社会转型期知识分子的文化选择》,《粤海风》1997年第10期。
② [法]费尔南·布罗代尔《徘徊在十字路口的历史》、《资本主义的活力》、《历史与时段》,引自《资本主义论丛》,顾良、张慧君译,中央编译出版社1997年3月,第151页。
③ [法]费尔南·布罗代尔《徘徊在十字路口的历史》、《资本主义的活力》、《历史与时段》,引自《资本主义论丛》,顾良、张慧君译,中央编译出版社1997年3月,第98页。
④ 邓小平《党和国家领导制度的改革》,《邓小平文选(一九七五——一九八

二年)》,人民出版社 1983 年 7 月,第 296 页。

⑤ [英]迈克·费琴斯通《消费文化与后现代主义》,刘精明译,译林出版社 2000 年 5 月,第 91 页。

⑥ 齐格蒙·鲍曼《立法者与阐释者——论现代性、后现代性与知识分子》,洪涛译,上海人民出版社 2000 年 11 月,第 3 页。

⑦ 南帆《双重的解读——八九十年代中国文学的一种描述》,《文学评论》1998 年第 5 期。

⑧ 谢冕、张颐武《大转型——后新时期文化研究》,黑龙江教育出版社 1995 年 12 月,第 1 页。

⑨ [法]费尔南·布罗代尔《徘徊在十字路口的历史》、《资本主义的活力》、《历史与时段》,引自《资本主义论丛》,顾良、张慧君译,中央编译出版社 1997 年 3 月,第 178 页。

⑩ 约翰·杜威《逻辑:探究的理论》(1938 年)第 239 页。转引自[美]Robert E. Spilier 著《美国文学的周期》"中译本序言",王长荣译,上海外语教育出版社 1990 年 6 月,第 7 页。

⑪ 丁帆、何言宏《论二十年来小说潮流的演进》,《文学评论》1998 年第 5 期。今天看来,当初对"寻根文学"的看法有局限,从文学史的"现代性"角度来重新审视,可能更能清晰地透视出这一文学现象在转型期的本质和历史作用。

⑫ 我将他们称为"前先锋",是要区别 90 年代中后期出现的 60 和 70 年代出生的"后先锋"作家。

⑬ 丁帆、何言宏《论二十年来小说潮流的演进》,《文学评论》1998 年第 5 期。

⑭ 丁帆、何言宏《论二十年来小说潮流的演进》,《文学评论》1998 年第 5 期。

⑮ 转引自[英]迈克·费琴斯通《消费文化与后现代主义》,刘精明译,译林出版社 2000 年 5 月,第 113 页。

⑯ 杰姆逊(Fredric Jameson)《晚期资本主义的文化逻辑》,三联书店、牛津大学出版社 1997 年 12 月,第 287 页。

⑰ 关于"女性主义文学"的有关论点,可参见笔者在 1998 年中国当代文学研究会年会"女性文学讨论会"上的发言,见《红岩》1999 年第 1 期。

⑱ 引自[英]迈克·费琴斯通《消费文化与后现代主义》,刘精明译,译林出版社 2000 年 5 月,第 69 页。

⑲ 引自[英]迈克·费琴斯通《消费文化与后现代主义》,刘精明译,译林出版社 2000 年 5 月,第 69 页。

⑳ [美]马尔科姆·考利(Malcolm Cowley)《流放者的归来——二十年代的文学流浪生涯》,上海外语教育出版社 1986 年 10 月,第 133 页。

㉑ [美]马尔科姆·考利(Malcolm Cowley)《流放者的归来——二十年代的

文学流浪生涯》,上海外语教育出版社 1986 年 10 月,第 133 页。
㉒ [英]迈克·费琴斯通《消费文化与后现代主义》,刘精明译,译林出版社 2000 年 5 月,第 179—180 页。
㉓ [英]迈克·费琴斯通《消费文化与后现代主义》,刘精明译,译林出版社 2000 年 5 月,第 179—180 页。
㉔ [美]Morris Dicksten《伊甸园之门——六十年代美国文化·前言》,上海外语教育出版社 1985 年 5 月,第 1 页。
㉕ [英]安东尼·吉登斯《现代性的后果》,田禾译,译林出版社 2000 年 7 月,第 142 页。
㉖ [美]Richard H. Pells《激进的理想与美国之梦——大萧条岁月中的文化和社会思想》,卢允中等译,上海外语教育出版社 1992 年 3 月,第 128—129 页。
㉗ [美]Larzer Ziff《一八九〇年代的美国——迷惘的一代人的岁月》,夏平等译,上海外语教育出版社 1988 年 10 月,第 13 页。
㉘ [法]让-弗·利奥塔等《后现代主义》,赵一凡等译,社会科学文献出版社 1999 年 1 月,第 118 页。
㉙ [法]费尔南·布罗代尔《资本主义论丛》,顾良、张慧君译,中央编译出版社 1997 年 3 月,第 44 页。
㉚ [英]迈克·费琴斯通《消费文化与后现代主义》,刘精明译,译林出版社 2000 年 5 月,第 179—180 页。
㉛ [英]迈克·费琴斯通《消费文化与后现代主义》,刘精明译,译林出版社 2000 年 5 月,第 179—180 页。

原载《文学评论》2001 年第 3 期

叶舒宪

《哈利·波特》与后现代文化寻根

一 《哈利·波特》：后文学时代的文学奇迹

2001年，作为新世纪和新千年的双重开端，有两件始料不及的事件撼动着人们的心灵。一件是被定义为恐怖主义的"九一一"事件；另一件就是《哈利·波特》席卷全世界的图书与影视市场。在英国、美国、加拿大的各个城市，少儿在家长的陪伴下彻夜排队购买此书的情景成为重要的媒体新闻。数十种不同语言的译本迅速使它成为全球的畅销书。一部超常的畅销书竟然使所有的畅销书黯然失色。疯狂的市场利润追逐者们全都把目光投向《哈利·波特》，不光它的出版商和电影制作商的股票在"九一一"之后的经济萧条中一路攀升，就连玩具商、文具商、电子游戏商和可口可乐公司等也都抢先占领与之相关的各种专利，让一股哈利旋风跨越地理界限，横扫城市和乡村。甚至有经济学家惊叹：《哈利·波特》在拯救全球经济！

有心的读者难免会掩卷而思：这样一部在世纪之交的新千年期待中带来全球精神骚动的作品，为什么会如此惊人地刷新着文学出版史和电影票房的双重记录？是什么因素让它能够在文学早已失去轰动效应的后现代社会里强烈吸引千千万万孩子和家长的心灵，让早已沉寂的巫术魔法再度风靡世界？

笔者以为，目前媒体对这部书的热切关注和讨论似乎局限在儿童文学写作和图书营销术方面，无法解答上述问题的所以然。

而跳出单纯的文学视野,从广阔的思想文化背景着眼,会把问题引向更深入的层面。《哈利·波特》的作者罗琳来自苏格兰首府爱丁堡,那里是英联邦的生态运动的重要大本营,而苏格兰也正是70年代以来流行欧美的"新时代"(New Age)运动的一个主要发祥地。在全球媒体共同刮起的《哈利·波特》旋风背后,其实还有积蓄已久的文化思想风潮在起作用。了解新生态运动的返朴归根性质及其对后现代艺术思维的巨大牵引作用,是理解《哈利·波特》所蕴涵的后基督教自然观的一个前提。

"新时代"这个词组,预示着基督教时代终结以后全新历史时期的来临。那是一个与追求物质繁荣的资本主义现代性相背反的、寻找新的精神觉悟的时代,其重要标志就是异教想像、法术思维的全面复兴以及生态意识的大觉醒。新时代人要求重新建构人与自然的关系,并且自觉地将各种非主流的、边缘性的思想资源有效结合起来,比如生态主义与女性主义的大联合、东方宗教与西方巫术传统的结合,等等。《哈利·波特》恰好同时满足了新时代理念的这几方面的特征。她的巨大社会影响力不光是儿童文学创作上的成功,而且也可以看做是一个标志新世纪文化冲突与走向的重要信号。还可以看做体现后现代主义和后基督教自然观的一个文学标本。

打开四卷本的《哈利·波特》,最吸引读者的奇妙所在莫过于那一座霍格沃茨魔法学校了。一所传授知识的学校,怎么可能建在巍峨的城堡里呢?对于熟悉现代学校的美国或中国的儿童来说,似乎《哈利·波特》这样的幽暗写法带有典型的魔幻想像背景,读者自然要惊叹作者出奇的幻觉能力。可是到过苏格兰城市爱丁堡的人都会理解,这个中世纪古城不仅本身就以古城堡建筑为最突出特色,而且还真有不少学校就建在古色古香的黝黑城堡里。作者的这种表现不但不是虚构想像的产物,反而是以真实的生活实景为原型的。倒是以保护古城风貌而坚决抗拒建筑现代化而闻名于世的爱丁堡人,给作者提供了立足于后现代的现实,构思中世纪风格的学校场景的极大便利。

作为对抗现代性和片面发展的高科技社会的内在要求,自20世纪中期以来,有一种愈演愈烈的生态觉悟与文化寻根激情,激荡在处于迅猛文化变迁中的西方社会物质繁荣表象之后。一些敏锐的艺术家和知识分子在审美趣味上自觉或不自觉地要求复归人与自然的本来和谐状态,重新通过艺术感知来寻找和确认自己在宇宙中的位置。弥漫在整个20世纪艺术中的原始主义风潮,就是这种以归根和复朴来抗拒激烈变迁引起的自然破坏和人性失落的表现。《哈利·波特》这部书也只有还原到反叛现代性的激进民间运动的脉络里,才有可能获得透彻的理论把握。其基本的文化寻根主旨,用霍格沃茨学校全体师生们高唱的校歌之词来说,就是"把被我们遗忘的,还给我们"。① 以下从自然观和社会观两方面加以论说。

二　上帝的引退与新自然观的确立:从屠龙到养龙

在人与自然的关系上,古希腊哲学有"人为万物尺度"一说,是人类中心观的早期表达。基督教以全知全能的上帝为中介,上帝造好世界万物后最后造了人。于是人不仅凌驾在一切生物之上,而且也是仅次于上帝的自然主宰。《旧约·创世记》说得明白:耶和华造人的目的就是让人去管理天空的飞鸟、陆地上的走兽和海中的游鱼。如果按照当今的生态伦理学观点发问:人凌驾于自然之上,是谁给的权利?那么答案就是犹太教—基督教的上帝。从犹太教创世神话,到基督教新教伦理和资本主义精神,始终把人凌驾于一切物种和生命之上;自然作为人类开发的对象资源,在工业化的疯狂生产中遭到最严重的破坏。大地母亲被人的技术猖狂开发和残酷劫取弄得满目疮痍。如马克斯·韦伯所强调的那样,是巫术的废弃才使技术高涨成为可能,而不是相反。因为巫术是"经济生活理性化的最严重障碍之一"。西方文明在技术上的优越地位很大程度上取决于这样的事实:欧洲不像世界上其他地区那样根深蒂固地依赖于巫术。② 由于西方社会自启蒙以来以理性的名义压制巫术已经有数百年历史,所以到了20世纪中叶,"科学对于自然界的控制程度已使得它在某些人眼里成了神灵"③。这种取代上帝的科技"神灵"究竟能把我们人类引向何方呢?过去一直是乐观的看法占上风,而经历了两次世界大战,特别是21世纪第一年的"九一一"事件之后,对科技神灵的信念已从根基上动摇了。有没有新的选择呢?新时代人选择了回归巫术。

新时代为什么与环境主义相互认同?"因为新时代从印度教和佛教那里借来了整合的世界观;我们自己、物质世界和超自然世界都是一个单一的实体。这就使许多新时代人对环境主义抱有强烈兴趣。我们应该保护物质世界不受无节制的开发,不仅是为了我们自己未来的利益,因为这个星球就是一个灵性的存在。正因为如此,许多新时代人是素食主义者,还有许多醉心于用整体观方式进行身体治疗和心理治疗。"④整合的世界观首先要求把人看成自然万物中的一分子,而不是凌驾于自然之上的为所欲为的征服者。与此相应,凌驾于世界之上的耶和华要让位于象征自然大地的母亲神。

　　以古希腊文学和基督教文学为两大源头的西方文学,有一个最常见的英雄叙事母题——屠龙。因为西方人的神话动物谱把龙视为恶与暴力的象征,因此战龙或杀龙,就成为一切男性大英雄的第一重要的过关考验了。无论是赫拉克利斯,还是圣乔治,从上古神话到中世纪传奇的基本情节总是围绕着屠龙而展开。在《哈利·波特》这里,基督教的上帝及其往昔的无上权威几乎完全缺席了。过去一直是上帝对头的魔鬼化身——巫师们,反倒成了正面的形象。霍格沃茨魔法学校的格言用拉丁文表达,意为"千万别招惹一条龙"⑤。故事的主人公不再与龙为敌,而是成了龙的豢养人和放生者。《哈利·波特与魔法石》第14章写到挪威脊背龙在人的饲养下茁壮成长,最终被放回野生世界。这个情节虽然发生在魔幻的想像王国,却是对人类灭绝众多物种的文明罪行的彻底忏悔。其中所蕴涵的生态文化寻根意义也是耐人寻味的。如果说恐龙代表着人类出现之前自然生命的辉煌,那么在人类陷入生产主义"增长癖"所催命下的不归之路而不能自拔的时刻,恢复龙的生命辉煌也就意味着恢复人类中心主义之前的自然秩序,那其实也是道家憧憬的"天与人不相胜"的原始和谐境界。

　　上帝和科技神灵离去后的世界是异教复兴的天下。有学者指出,当代的异教主义是20世纪的一种创造,提供了对占支配地位的西方思想模式的一种回应。现代的科学的宇宙观不能提供一种包容了人类和生态的整合性的宇宙图景,如格雷厄姆·哈维所说:

　　　　异教的宇宙观"复魅"于世界。异教的人们谈论神与精灵,并不是因为信仰它们,而是因为他们认真看待许多文化的如下暗示:世界并非只居住着新加入进来的人类,而且也居住着巫术的动物、植物和矿物。世界是一个令人激动的、神圣的生存场所。⑥

在这个生存场所里,各种生命物种的关系只能是"万类霜天竞自由"的关系,不存在高高在上的主宰者和统治者。以往由人类中心主义价值观所导致的那种人类独尊、独大的不正常状态应当终结了。所有生物平等的基础是他们共同的母亲——地球。英国科学家洛夫洛克(James Lovelock)的"盖娅假说"(Gaia hypothesis)给这种新的地球生态观提供了基础。他的《盖娅:地球生命的新观照》(牛津大学出版社 1979 年)一书认为,我们一切生物赖以出生和存活的这个地球,不仅是宇宙之间仅有的一个发生了生命的环境,而且她自身也是一个生物有机体,一个能够自我适应和自我调节的体系,一个可以改变自身环境使之顽强存活下去的系统。这样一种全新的自组织的地球观,很容易让人们回想起神话时代的人格化的大地女神,于是借助于洛夫洛克科学著作的广泛影响,复活的希腊"盖娅"女神成为 20 世纪末期西方民间崇拜的一个新的中心偶像。也是继基督教的上帝之后,引领异教想像的自然母亲的神圣意象。

要恢复女神信仰时代的观念和思想,首先要从被男性牧师们把持的父权制的基督教世界观伦理观中解放出来,女巫和巫师正是实现这种现代解放的有生力量。我们在霍格沃茨魔法学校看到的那些骑着扫帚飞翔的人物形象正是前资本主义的西方社会中对女巫的标准想像。⑦小说主人公哈利的母亲也是一位以自我牺牲的行为拯救儿子的女巫。当哈利还被囚禁在麻瓜世界时,为他带来魔法学校信息的是猫头鹰,而这种鸟在希腊神话中正是雅典娜女神的化身。而霍格沃茨的女副校长名叫"米勒·麦格",据说也是从雅典娜女神的罗马名称"密涅瓦"转化过来的。⑧从想像的原型上看,原来也是异教女神的再生。

三 反叛现代性:麻瓜世界批判

在《哈利·波特》中,异教女神与基督教上帝的对立大致影射为两个不同的世界。从出身上看,异教女神通常以隐形化身的方式出现为女巫。魔法世界与麻瓜世界的对立,如果从性别尺度去划分,那么魔法世界也就可以认同为女巫的世界,阴性的世界,而麻瓜们的世界则为阳性的世界。《哈利波特与魔法石》叙述霍格沃茨魔法学校开学,新同学互相介绍自己的家庭出身:

"我是一半一半。"西莫说,"爸爸是一个麻瓜,妈妈直到结婚以后才告诉爸爸自己是女巫。可把他吓得不轻。"

大家都哈哈大笑。

"那你呢,纳威?"罗恩问。

"哦,我是由奶奶带大的,她是女巫。"纳威说,"不过这么多年来我们家一直把我当成麻瓜。……"⑨

从人物出身上的这种严格的二分法标准看,女作者显然是要表达她对现存社会的某种批判的看法。简单地说,当英国学院派的教授们还在讲堂上讨论现代性的利弊得失时,来自民间的女作者用她的另类思维给我们描绘了一幅异常生动的反讽性图景,那就是"麻瓜们"的现代性:沉溺于物质主义的当今芸芸众生就像哈利·波特姨妈姨夫一家人,除了追求市场利润和平庸世俗享乐以外,已经逐渐丧失了人对自然宇宙的敬畏与神秘感,成为与大千世界万种生灵完全隔绝的城市动物园中日益痴呆和异化的动物。

《哈利·波特与密室》开篇描写到,弗农姨夫膀大腰圆,没有脖子,蓄着异常浓密的大胡子;佩妮姨妈长了一张马脸,骨节粗大。他们的儿子达力也是形体肥胖,没有脖子。从这一家人的精神状态看,姨夫所在公司生产的钻机订单,是生存在这个世界上的惟一意义。如果钻机这样一种资本主义生产的技术工具代表了人类劫取大地母体的凶器,那么姨夫一家人就表明,走火入魔的资本主义生活方式在变本加厉地生产戕害自然的技术凶器的同时,也成批地生产着丧失人类真性而惟利是图的行尸走肉。在作者看来,治疗这种社会病态、恢复原始人性的途径还是有的,那就是回到前工业社会或前资本主义的巫术/魔法思维与感知传统,因为那是植根于千百万年的人类生存实践的最古老的精神传统。作者的这种对照与褒贬分明的写法,其实还是潜藏着激进的现实批判精神的。其启悟性的潜台词似乎在说:醒来吧,沉溺于物欲中的人们。反省吧,不愿做现代性奴隶的人们。跟随小巫师哈利去寻找到你的九又四分之三站台吧,你的精神新生就将从那里开始。

哈利在魔法学校学习一年以后,放暑假回到姨妈家,好像一下子结束了美妙幻想的巫术世界沦陷到平庸乏味的现实世界:"哈利刚一到家,弗农姨夫就把他的咒语书、魔杖、长袍、坩锅和最高级的光轮2000锁进了楼梯下那又小又暗的柜子里。哈利会不会因为一个暑假没有练习而被学校魁地奇球队开除,德思礼一家才不管呢。哈利的家庭作业一点也没做,回学校时无法交差,这跟他们有什么关系?德思礼一家是巫师们所说的麻瓜(血管里没有一滴巫师的血液)。在他们看来,家里有一个巫师是莫大的耻辱。弗农姨夫甚至把哈利的猫头鹰海德薇也锁在了它的笼子里,不让它给魔法世界的任何人送信。"(第2页)在罗琳笔下,巫术世界与现实世界的二元对立就是这样鲜明地表现为美与丑、善与恶的对立。并借主人公的自我感觉来帮助读者也在两个世界间建立倾向性明确的价值选择:"他真想念霍格沃茨,想得五脏六腑都发痛。他想念那个城堡,那些秘密通道和幽灵鬼怪。"原来,幽灵鬼怪的魔法世界是主人公逃离资本主义非人性现实的惟一手段。

暑假中恰逢哈利生日。然而,"德思礼一家忘记了这一天是哈利的十二岁生日。他们从来不会送他什么像样的礼物,更别提生日蛋糕了。"这天,姨夫煞有介事地宣布今天是个非常重要的日子。哈利还以为会有什么意外的关怀或惊喜降临他的生日。可是现实又让这个孩子彻底失望了:姨夫心目中的重要事情和自己的十二周岁毫无关系;德思礼期待的还是物欲的追逐:他有可能在这天做成平生最大的一笔交易。⑩

从后现代的批判立场反思现代性的弊端,有学者提出"强制完成现代性"的概念并同"极权理性"相互联系。《后现代文化》一书的作者科斯洛夫斯基认为,人的生存的有限性同强制完成现代性、同话语理性是相对立的。"我们必须对那些强制完成现代性的作法加以限制,还要尽可能地留存尚未完成的东西,留下空地。如今,如果我们不再能够忍受废墟,要把一切往昔东西的遗迹天衣无缝、富丽堂皇地修饰一新,把任何空旷的原野与平川都看做待开发区,并且尽可能快地利用,那么,我们便处于强制完成现代性或极权理性的现代化强制之中。"⑪当我们赖以生存的这个惟一负载着生命的星球,到处都布满开发区、工业区的时候,那也就快到了给大自然的生命多样性敲响丧钟的时候。当我们脑子里只有利润和定单的呼唤时,人也就难免丧失人的本性了。而资本主义的生产逻辑是无情的,开发市场和占有市场成了今天所有人关注的焦点。姨夫德思礼既是这个疯狂生产的社会制度的千千万万推动者之一员,其实也是它的受害者。人类向自然进军的步伐由于市场魔鬼的召唤和科技手段的突飞猛进而到了毁灭自然的边缘。如何"给现代化减速",而不是再提速,已经成为面临"增长极限"和患上"过度增长癖"(hyper growthmania)而不能自救的现代人类的大难题。

如何诊断"增长癖"和"过度增长癖"?美国一位后现代主义的经济学教授赫尔曼·达利提供了详细的症候标准:

> 他们以为,经济的增长可以治愈贫穷、失业、债务、通货膨胀、赤字、污染、匮乏、人口爆炸、犯罪、离婚和吸毒。简言之,经济增长既是灵丹妙药,又是至高至善。这就是增长癖(growthmania)。当我们把为了使我们免受增长所带来的意想不到的后果而需的费用也计算到 GNP 中去,并乐观地把它也看做经济进一步增长的标志时,我们就患了过度增长癖;而当我们耗尽地理资源和支持人类生命的生态系统,并把这种枯竭当做目前的纯收入时,我们就进入目前的这种晚期过度增长癖状态了。⑫

从这种后现代立场判断,晚期过度增长癖实在相当于晚期癌症。虽然学者的理论性诊断方式与艺术家的感觉诊断方式不同,但是对病症及其严重性的把握还是基本一致的。如此看来,《哈利·波特》为我们描绘的为推销钻机而生存的德思礼一家与受魔法使命召唤的哈利·波特之间的对立,其所要表达的显然不再是简单的灰姑娘一类孤儿逆境受虐的主题,而是为了治疗理性异化和现代性痼疾——"过度增长癖"而开出的一剂猛药:用复归巫术幻想的万物有灵世界的方式来克服人对物欲的痴迷,来对抗资本主义市场魔鬼的诱惑力量。

也许这种以毒攻毒的治疗方法会引起人们的普遍怀疑,巫术和魔法可以给儿童的幻想世界增添一些奇异色彩,难道还能够预示现代社会的发展前景吗?如果你亲自到发达国家的民间体验一下,看到那么多的成年人在迷恋巫术、女巫、萨满教和瑜珈、禅宗等非基督教的修行方式⑬,你就会明白,罗琳写的系列小说《哈利·波特》虽然是给少年人看的,但是它所赖以产生的那种巫术——萨满教复兴的社会土壤却完全不是儿童文学领域里的现象。借用分析心理学大师荣格的一部书名——《现代人寻找灵魂》,或许可以较好地解答如下的疑问:当代人为什么需要巫术——萨满教?魔法究竟能给消费社会带来一些什么?晚近的身体人类学提出的一个重要主题是:人和客体可以相互转化。而昔日的萨满—巫师们正是社会群体之中掌握这种变形转化技术的惟一能手。"最值得一提的是萨满(shaman),据说它既可以是动物,也可以是客体。这种转换性的世界,实际上与马克思所说的商品拜物教的观点是相对立的,商品拜物教是一个过程,在这个过程中,人们之间的社会关系表现出了一种看待事物之间关系的虚构形式。"⑭从对抗商品拜物教的意义上去理解,霍格沃茨魔法学校所传授的那些与现代科学完全背道而驰的巫术和魔法一类东西,才有可能获得正面的思想价值。要知道,那绝不仅仅是为了激发儿童兴趣而添加的一些文学幻想调味品,而是从大学时代就深受女性主义和民间思想熏陶的女作家罗琳的基本文化认同和思想倾向的产物。⑮如果我们没有忘记,当代生态主义和女性主义的契合,正是由于在反叛父权制统治和反叛基督教统治这两个方面找到了基本价值的认同。那么,生态女性主义(ecofeminism)批判男性中心的神话观也好,女性主义巫师(feminism witchcraft)掀起当代女巫的复兴运动也好,都可以看成是以反叛西方现代性发展道路为宗旨的同一种后现代精神之体现了。如凯瑟琳·凯勒《走向后父权制的后现代精神》所说:"尽管那些被贴上'巫婆'标签的妇女通常属于最低经济阶层,缺乏受教育和识字的机会,但是,她们中间许多人却似乎都学会用各种草药给人治病。玛格丽特·墨里率先提出,女巫代表了一种故意蔑视旧宗教教会权威的顽强精神。在巫术中,自然是活生生的具有精神和神性的东西。"⑯

至于反叛基督教自然观与世界观同反叛现代性的必然关联,凯瑟琳·凯勒的如下解说是足以令人信服的:"人们通常认为,科学的现代性(scientific modernity)维护了女性的尊严,并使我们逐步地从'过去'的束缚和迷信中摆脱出来。事实并非如此。尽管以炼丹术和巫术为代表的深信万物有灵的传统科学的最终失败减弱了人们对女巫的迫害,但同时也使得人们对巫术活动本身产生了怀疑。女巫的一切作为都是通过民间传统建立在关于自然生生不息的有机形象这种信念基础之上的。在这种信念中,物质洋溢着精神,在存在的所有层次和类型中无不流动着内在的联系。而现代科学的胜利——即使它最终有助于结束早期现代性对女巫的迫害——也仅仅完成了对女性智慧中这种反文化的消除。科学逐渐变成一种世界观,依据这种世界观,自然和妇女(两者的命运从历史一开始就紧密地联系在一起)应受到新的资产阶级男性科学和技术理性的操纵和利用。"⑰不难看出,《哈利·波特》的作者罗琳的巫术和魔法立场,在反对"资产阶级男性科学和技术理性"的统治方面,与凯勒所主张的是基本一致的。

综上所述,《哈利·波特》所掀起的这一场空前浩大的魔法风暴,是在全球化时代对晚期资本主义的市场疯狂、科技痴迷和理性强制的全面解构与背叛。在它那"满纸荒唐言"的文学幻想表现形式中,毕竟能够引发出值得深思的现实问题。

注释:

① 《哈利·波特与魔法石》,苏农译,人民文学出版社 2001 年,第 78 页。
② 基思·托马斯《巫术的兴衰》,芮传明译,上海人民出版社 1992 年,第 545 页。
③ 同上,第 552 页。
④ Steve Bruce, "The New Age and Secularisation," *Beyond New Age: Exploring Alternative Spirituality*, ed., Steven Sutcliffe and Marion Bowman, Edinburgh University Press, 2000, p. 227.
⑤ 戴维·科尔伯特(David Colbert)《哈利·波特的魔法世界》(The Magical World of Harry Potter),麦秸译,人民文学出版社 2002 年,第 112 页。

⑥ Fiona Bowie, *The Anthropology of Religion*, Oxford: Blackwell, 2000, chapter 5.
⑦ 参看骚尔曼《女巫:撒旦的情人》,马振骋译,上海世纪出版集团1999年,第79页。
⑧ 戴维·科尔伯特(David Colbert)《哈利·波特的魔法世界》(The Magical World of Harry Potter),麦秸译,人民文学出版社2002年,第147页注1。
⑨《哈利·波特与魔法石》,苏农译,人民文学出版社2001年,第76页。
⑩《哈利·波特与密室》,马爱新译,人民文学出版社2001年,第3页。
⑪ 科斯洛夫斯基《后现代文化》,毛怡红译,中央编译出版社1999年,第36—37页。
⑫ 赫尔曼·达利《稳态经济:治疗增长癖的后现代良方》,大卫·格里芬编《后现代精神》,王成兵译,中央编译出版社1998年,第165页。
⑬ 参看和《哈利·波特》同样出现在苏格兰爱丁堡的《超越新时代:探求另类的精神性》一书(*Beyond New Age: Exploring Alternative Spirituality*, ed., Steven Sutcliffe and Marion Bowman, Edinburgh University Press, 2000)。
⑭ 大卫·帕金《英国的当代人类学中存在一种新物质性吗》,《21世纪:文化自觉与文化对话》(一),北京大学出版社2002年,第262页。
⑮ 关于罗琳受女性主义和民间非主流思想的影响情况,可参看西恩·史密斯《〈哈利·波特〉背后的天才:J. K. 罗琳传》,宋润鹃等译,时代文艺出版社2002年,第46页。
⑯ 凯瑟琳·凯勒《走向后父权制的后现代精神》,大卫·格里芬编《后现代精神》,王成兵译,中央编译出版社1998年,第101页。
⑰ 同上,第103—104页。

原载《海南电大学报》2002年第3期

张旭东

全球化时代的文化悖论：
多样性还是单一性

杰姆逊的主要论点之一是，后现代说到底是"经济变成了文化，文化变成了经济"①。在我看来，这是杰姆逊的后现代话语的认识论和政治核心。杰姆逊的后现代话语在他的主要著作《后现代主义：晚期资本主义的文化逻辑》的标题中已经具体化和通俗化了。这个辩证的语式是一个丰富的思想传统——尤其是法兰克福学派——的浪尖。我们对它已经耳熟能详，以至于在做出各种各样的评论时经常忽略了杰姆逊的辩证法所要求的必要分析步骤和最终的政治哲学评价。杰姆逊的方案并没有在后现代游戏式的无差异表层上将文化与经济融合起来，也没有采用全球化之类的通用标签来进行历史情景分析。杰姆逊坚持认为，我们必须格外留心包括经济和文化、市场和力比多、基于生活方式的消费及其对"主体性"的意识形态表达在内的各种结构分化的力量，毫不含糊地将经济因素摆在首位，并且同样毫不含糊地强调对文化的意识形态理解，将文化看成是一种具有显著历史性，同时在历史上又具有全新品质的资本主义活动方式。

毫无疑问，在将后现代和全球性当做自明的东西相提并论之前，必须首先寻绎其历史基质。在理解这种历史基质时，有必要脱开以后现代主义和全球化的名目而为我们所知的那种意识形态补充和文化庆典。若欲达成这种理解，就必须专心致志地解读各种社会、文化和文化政治构成物，因为无论在概念的层面上，还是在历史的层面上，这些构成物都先于后现代—全球性话语的霸权。这种话语表述了自由主义意识形态的普遍要求，下文主要从这个角度来进行一番分析。

那个按后现代主义和全球化思路构想出来的物质、社会和政治世界究竟由哪些因素构成呢?事实上,研究后现代主义和全球化的学者,尤其是从事文学和文化研究的学者甚至不愿提及这些构成因素,这仅仅表明了意识形态—文化氛围的浓厚质密。例如,人们不再感到有必要从通讯或信息技术之类的更平淡的视野去研究后现代性和全球化的条件;事实上,正是通讯或信息技术使现代商业、金融和交易的模式发生了转变,尽管结果很不平衡,转变的方式也十分有限。但是,正如杰姆逊指出的,所有这些技术转变都要以"商业决策"这种精明的逻辑为基础。"商业决策"并不是什么新玩意儿,它与资本主义一样古老。资本主义发展长期处于不平衡的状态,在许多情况下,这种不平衡还在进一步加剧。在当今世界上,财富和权力空前集中。于是,后现代和全球性就变成了市场的自我确认。以消费主义为媒介,市场是按自由、多样性、多元性和普遍性来理解的。就此而言,若欲了解作为意识形态的后现代主义和全球化,就必须考虑到如下问题:两者是如何在西方都市中心和西方以外的其他镜像城市生产出日常生活的?在这方面,我们所说的后现代全球性或全球化后现代性不过是指一种被彻底纳入资本主义生产和消费系统的生活方式的普遍性、相同性和标准化。支撑着这个世界的是我们这些生活在第一世界中的人视为理所当然的管理和服务的效率和便利。毫无疑问,即便将这个"全球空间"称为"不连续的连续性"或"分散的同质性",那也是一种委婉说法,因为这个"全球空间"的日常经验有赖于——取决于——与整个系统的彻底认同;任何人都不能偏离这个系统,否则他/她就会被抛在机器和技术(以及它们所提供的安全感和认同感)这个"巨大的架座"(gigantic enframing)(海德格尔)之外。

商业和意识形态的逻各斯、形象、象征对日常世界的渗透、商品的力比多化和性欲化、商业社会的道德—政治价值使生活世界与文化世界、私人领域和公共领域几乎毫厘不爽地重叠在一起,因为这两个世界和领域在旧的民族国家语境中已经失去了意义和相互联系。盖尔纳(Ernest Gellner)曾经从社会学—哲学的观点出发区分了近代的两种视野:"个人主义—原子式的"和"浪漫—有机的"。②如果说这种区分在今日的语境下还有某种使用价值的话,那就在于,这种两分法——盖尔纳正确地认为,其影响遍及于一切民族情景中的一切政治立场——可以帮助我们认识到,现代知识社会学和文化政治学的深陷的断层线已经发生了戏剧性的位移。在后冷战时代,启蒙和普遍理性的那种"个人主义—原子式的"视野几乎已经吸纳了一种"浪漫—有机的"、温暖而又模糊的意识,对共同体、人群和文化有了某种感觉。这种新的普遍主义—个人主义的视野并不是靠挑战和颠覆那些未经批判地建基于习俗和传统之上的世界观,并通过论证而产生出理性协商的知识和伦理。相反,它将自己当做地地道道的文化。如果有人对其缺乏反思的状态提出质疑,它就惊诧不已。赞同"个人主义—原子式"观点的人有时不得不论证他们的立场是超越历史的,是"文明"本身。每当这个时候,如同传统的"浪漫—有机的"人一样,他们都会感到恼怒、惊骇和愤愤不平,他们想不出这还有什么需要论证的。换句话说,新普遍主义话语——后现代主义和全球化话语是其最关键的范畴——认为它所反映的不是一种生活形式,而是人类本质和存在本身。

毫无疑问,晚期资产阶级社会的这种政治本体论最好从形式和理性的层面上——也就是说,用自由主义—普遍主义或个人主义—原子式的反本质、反文化的语言——加以论证。就此而言,罗尔斯关于政治自由主义的构想从各方面来看都比哈贝马斯的方案更彻底、更自信、更现实化。即便仅仅因为哈贝马斯没有将韦伯的幽灵从他的哲学运思中彻底清除出去,这位交往理性的始作俑者就只能在透明理性的稀薄空气中建构他的方案。哈贝马斯乞灵于康德,罗尔斯则在一个多元的世界中提出了"交叠共识"论,以此作为罗马法的现代等价物。德国人最终又一次为"世界历史民族"(马克思、韦伯)从政治或法学的层面上介入的活动提供了一个苍白的哲学注脚,尽管这里涉及的历史和地缘政治情况完全不同。③

具有讽刺意味的是,对罗尔斯的更可信、也更令人不安的挑战来自理查德·罗蒂。罗蒂一直都在抨击美国学界的左派,指责他们缺乏爱国主义精神。④如果罗蒂只是为美国沙文主义提供了又一种说法,那就不必理会他,但实际上,罗蒂试图复兴更为传统的新政或社会改革政策。他提醒自己的同胞,美国在实质民主(财富分配等等)方面仍是一个很不平等的国家,美国的理想尚未"实现"。罗蒂认为,罗尔斯关于自由民主程序的哲学表述在抽象的层面上真是美妙之极,就连特权阶层、超级富裕阶层、保守人士对它也不会感到有什么问题。这一评论可谓切中要害。不仅如此,有趣的是,罗蒂对美国民族主义的诉求始终是一把双刃剑:它的矛头一方面指向国内政治中的社会不平等,另一方面又指向新兴的"国际超级阶层"。这个新阶层正是威胁着美国政体的全球化势力。(在罗蒂的《实现我们的国家》这本书中,有一个比喻透露出相当敏锐的观察力:横越大陆的班机的前排座位坐着商界精英,坐在飞机尾部的是一大帮赶赴各种国际会议的学界人士,比如今天前来参加这个全球化和大众文化学术研讨会的学者就属于这群人。)罗蒂的观点很值得注意,因为他揭示了自由民主的普遍主义的一个内部裂隙:像罗蒂那样的一批人对任何从政治上或思想上追求超越美国宪法的开放历史视野的努力一般都不抱同情,甚至采取敌视的态度;因此,对他们来说,与自由民主体制的内部问题做斗争的惟一方式就是从更为古老、经典的民族政治模式中寻找灵感,重新唤起民族国家的理念或理想主义。不过,罗蒂复兴美国民族主义的努力只能放在经济、政治、文化领域的跨国流动和冲突的全球语境中来加以审视。从这个观点来看,罗蒂的方案最终难免流于玩世不恭和平庸乏味,这一点可能是他自己所不愿意承认的。换句话说,由于美国军事和经济力量的全球统治地位,由于制度化的全球不平等和等级结构,由于美国的利益按其本性就是全球性的,因此,巩固美国的民族政治和民族意识形态,使它们达成实质的(而非抽象的或程序的)同质化,就应该成为我们的头等大事。美国人和潜在的美国人在其直接的地方性、独特性和褊狭性方面已经并且瞬息间就达到了普遍的水平。对他们来说,罗蒂从哲学上将美国的理念与人类历史的乌托邦理想接通,确实达到了一定程度的具体性。只有在这个基础上,我们才能理解他对杰姆逊的古怪指责:他说杰姆逊的著作缺乏足够的乌托邦冲动。

建基于消费概念之上的晚期资产阶级的主体性概念与其在经济、社会、政治中的普遍性几乎完全重合起来了,这可以部分地解释后现代/全球视野模糊不清的状态。在这种视野中,民族国家,连同其引出的一切正当的和不正当的暴力要求和文化要求,几乎已经杳无踪影了。现在,需要更多地从历史的视角去描述民族国家在这种境况中的作用。鉴于资本主义与国家权力之间存在着历史的相互依存关系,最近几十年的变化主要在于这种关系的范围(以及美国政体的发展,按照杰姆逊的说法,这导致了美国与世界上其他民族国家之间的深刻的不对称),而不在于这种关系本身。⑤诚然,全球资本主义需要全球性的政体形式来提供"法律和秩序",以及更广泛的意识形态合法化。但是,这种新兴的全球体制按其本性就是一种不道德、不人道的政体形式,因为它并不准备将基本的公民权和人权扩及于传统民族疆域以外的臣民,甚至连一点表示都没有。因此,可以说,双重标准是西方新干预主义的内在品质,谁也没有法律或政治上的根据"让统治阶级说话算数",而这正是激进知识分子在挑战自由资产阶级国家的现状时采取的传统政治策略(布洛赫在《自然法与人的尊严》中提供了这种激进民主立场在现代的最后表述之一)。

另一方面,民族国家不仅为非西方世界的许多民族和共同体提供了惟一有意义的保护,使其免于跨国公司的操纵,免于专横的西方通过各类经济和文化代理人而实施的跨领土国家权力的支配,而且还为特定民族情景中的政治参与和行动提供了惟一切实的舞台。考虑到这种现实情况,如果抽象地、非历史地抨击民族国家、民族主权、民族文化和政治生活等理念,那就确然无疑地透露出一种明显的美国中心主义和欧洲中心主义立场,一种普遍一个人主义的信仰和意识形态。一旦采取这样一种立场,对后现代/全球化主体性的确认迟早就会变成对西方的自由和民主理念的重新确认。正如前面讨论过的,最后一点不过是一个特殊共同体的浪漫文化主义的现代翻版而已,其普遍要求迟早会变成罩着一层薄薄面纱的沙文主义和种族主义。

在新自由经济的时代,所有的国家,甚至所有的大陆都被卷入一场你死我活的竞争或"充满怨恨的激烈争吵"(杰姆逊语),其焦点是,在全球市场的"看不见的手"面前,"谁比谁更过剩"(Giovanni Arrighi语);⑥新殖民主义在国际货币基金组织的贷款中,在美国的电视节目中,在北约的军事行动中获得了生动的表现。具有讽刺意味的是,在这样一个时代,非西方社会的"传统文化"也进入了以新兴波波斯(波希米亚资产阶级)为特征的西方大都市的消费场景。"波希米亚资产阶级"这个词语出自新保守主义阵营的大卫·布鲁克斯,颇能显示他的机敏和睿智。从社会学的角度来看,这是一个值得注意的意象,因为它突现了一些新的模式:在建构"新的(国际)上层阶级"的过程中,以 90 年代迅速崛起的美国高技术和时装市镇(索霍区、帕洛阿尔托、阿斯彭等等)为引力中心,金融资本与文化资本融会在一起。作者细致入微地描述了 90 年代瑜珈功修炼者、骑小轮摩托车飞奔者、文化反叛者、对性持开明态度者、政治正确的维护者、具有健康和环境意识者、专业人士,对他们表现出过分的钦佩,颇有讨好之嫌。从这些人身上,我们可以看出,60 年代以及自欧洲浪漫主义以来的全部精神资源已经被一个新的消费概念——毋宁说消费行为——驯化了,吸纳了。这种消费概念或消费行为植根于经济与文化的相互渗透(植根于美国大学与公司文化的新型英才教育、文化与金融资本拥有者的联姻等等,所有这些都构成了《天堂里的波波族》这本书的从社会学角度看十分有趣的方面),两者都同时被理解成资本和身体:在波波族身上,在他们那种立足于消费和文化之上的对个人自由和社会尊严的新感觉中,资本已经变成了身体,反之亦然。⑦

有必要赶紧补充一句:所有这些意识形态概念(自由、多样性、多元性和普遍性)都过分受制于消费主义,因此,在涉及现代资产阶级主体性概念的理解或自我理解时,它们从根本上具有力比多的性质。我们也可以说,这个特殊的主体性概念已经与其早期的——经典的或现代主义的——资产阶级渊源发生了分离,两者之间隔着一道历史的裂痕。这一裂痕产生出关于后现代主义的批判话语,以一种无情的历史逻辑决定了,现代西方与资产阶级革命的普遍理念之间的连续性不过是一种怀旧的、感伤的虚构。于是,我们可以发现,后现代主义和全球化的庆典式的意识形态话语与韦伯使一个解魅的世界理性化的努力处在同一个结构位置上。事实上,韦伯通过其比较宗教社会学(儒教、佛教、印度教等等)将基督教生活世界的毁灭投射到了东方(海德格尔曾接受《明镜报》记者的采访,在这次著名的或臭名昭著的访谈中,海德格尔说,不能指望通过比如说东方的道家思想或神秘主义来拯救西方,拯救之道就在爆发危机的地方。这是对韦伯问题的姗姗来迟的,却更加诚实的回答);与此同时,他又要求建立一个愿意并能够在海外贸易和殖民扩张中与英法两国竞争的"政治上成熟的"——亦即理性化的、自由民主的——德国⑧。作为民族主义者的韦伯为德意志帝国忧心忡忡,作为理性主义者的韦伯又为普遍的现代性劳神费心,这两个韦伯有一种内在的、令人不安的冲突,而在美国版的(帕森斯式的)作为社会科学家的韦伯身上,人们很难面对韦伯的这种困境。但是,若要从历史的和文化政治的层面上理解我们的时代,除了必须面对德里达所认为的马克思的幽灵之外,还必须面对韦伯的幽灵。韦伯的理性化方案所蕴涵的文化政治悖论在韦伯死后,也就是说,在后现代/全球化意识形态中才获得解决,这也许再合适不过了。后现代/全球化意识形态使文化和经济彻底地倒在普遍性这个新的一致性平面上,这就是杰姆逊所说的"压抑的多元性"⑨。

这种压抑的多元性通常仍被礼赞为一种多样化的、流动的、创造性的和解放的力量。不过,我们不妨审视一下它那隐藏在包容性背后的排他性、隐藏在平等背后的不平等、隐藏在多样性和异质性背后的意识形态同质性。换句话说,有必要检讨一下自由普遍主义的隐含假定和原则。这种普遍主义历史地植根于作为人类生活的自律领域的政治的概念之中。在这方面,只要读读施米特的相关著述就足够了。施米特讨论了作为普遍性的政治框架的自由民主体制的内在悖论和脆弱性。在《议会民主制的危机》(德文原题是《当今议会制的思想史状况》)中,施米特写道(这是在20世纪20年代初):

> 在表面政治平等的条件下,另外一个领域以实质不平等占优势的领域(在今天,例如经济领域)将支配政治。……无论在什么地方,只要不偏不倚的平等概念在缺乏不平等这个必要的关联概念的条件下实际地控制了一个人类生活领域,这个领域就失去了它的本质,而被另外一个受不平等无情地支配的领域弄得黯然失色。⑩

施米特接着写道:

> 只要是人,就享有平等;但这不是民主,而是一种自由主义;不是政体形式,而是个人主义—人道主义的伦理观和世界观。近代的大众民主立足于这两者的杂乱的组合。⑪

在这里,施米特将自由主义与伦理观和世界观(在施米特写作的特殊德国语境中,伦理观和世界观两者指的是某种也许可称之为基于文化的民族意识形态的东西)。除此而外,还有一点也非常有趣:施米特在自由主义与民主之间打进了一个楔子,将"个人主义—人道主义"的特征归属于前者(自由主义),以便主要按同质性来界定后者(民主)。"(卢梭的'公意'概念)表明,一个真正国家的存在条件是,人民必须具有高度的同质性,以至于从根本上达到了全体一致。"⑫

现代学者只能以将信将疑的态度对待施米特的敏锐观察。不过,在他的著作中,重要的不是那种多少有点阴险的利他主义。例如,施米特说,"一切实际的民主都建基于这样一个原则之上:不仅平等者是平等的,而且不平等者也将得到平等的对待。"⑬他又说,"如同公意一样,要么存在着全体一致,要么就不存在全体一致",因此,"(社会)契约的存在与否毫无意义"。⑭(施米特的意思是说,后者只是一个自由主义的幻想,而不是民主制度的运作方式;民主制度靠的是排斥异质因素,形成共识)尽管施米特有一种政治机会主义倾向,但他充分地承认,社会正朝着更自由、更民主的方向迈进,这种空前未有的趋势是普遍的、不可逆转的。就历史判断而言,施米特和托克维尔实际上没有太大的区别。在一个全球化和后现代主义的时代,对我们的批判思考更有用的是施米特的一些独特思路。他区分了政治的各种要素和范畴,因而对那些据认为超越了政治的东西达到了更具历史性的理解。他写道:

> 在政治领域,当人们互相面对时,他们并不是什么抽象物,而是在政治上有利害关系、受政治制约的人,是公民、统治者或被统治者、政治同盟或对手——因此,不管怎么说,这里涉及一系列政治范畴。在政治领域,一个人不可能将政治的东西抽取出来,只留下人的普遍平等。经济领域的情况亦复如此:人不是被设想成人本身,而是被设想成生产者、消费者等等;换言之,这是按特殊的经济范畴来设想人。⑮

正是透过政治这面无情的镜子,施米特抓住了黑格尔"具体思

维"的根本历史内核。在《政治的概念》中,施米特以令人折服的思想睿智评论道:

> 量变转化为质变这个经常被人引用的命题具有十足的政治含义,它表达了这样一个认识:从一切领域都可以到达政治这个点,随之而来的是人类群体的质的新强度。这个命题的实际运用主要是在经济领域,但到了19世纪,它便开始产生出致命的后果。……迄今为止一直处于非政治或事实层面上的东西现在具有了政治性。当它达到一定的数量时,比如说经济财产就变成了明显的社会权力(说得更准确一些,政治权力),propriété(财产)变成了pouvoir(权力)。原先只是受经济驱动的阶级对立,现在变成了敌对群体的阶级斗争。⑯

这样,施米特的范畴和要素思想就提供了一个有助于阐明历史和阶级意识的产生的辩证概念。这也许就是卢卡契和本雅明高度评价他的原因,尽管晚年的卢卡契在其巨著《理性的毁灭》中指出,施米特的理论运思预示了,欧洲帝国主义秩序将在纳粹的手中瓦解;透过施米特,可以发现纳粹与颠覆了欧洲封建主义的早期资产阶级革命的相似性。但是,在某种程度上,必须承认,受价值驱动的斗争的最激烈的形式或"生活形式"的冲突具有价值中立的性质:施米特所说的政治最终建立在敌友区分的基础之上。巧合的是,毛泽东正是运用这对范畴开始了他对中国社会的分析,提出了强有力的关于中国革命的理论。

经过了里根—撒切尔的私有化十年,又经过了冷战结束后的"世界新秩序"的十年,后现代主义和全球化已经很难被看成是自由民主框架内一种抽象的、价值中立的和非政治的普遍性了。在这期间,美国在海湾、巴尔干和反恐的无国界空间发动或领导了三次战争。这说明,后现代主义和全球化的时代并没有摆脱"人类群体的(突然)强化",而是发挥着杠杆的作用,将各种各样的冲突推到前台,尽管这些冲突有其传统的限制条件,要受制于地方、民族、地域的隔绝、静止和惰性。如果说一个全球帝国正在形成,它也更多地形成于晚期资产阶级的梦幻之乡,用文明的标尺彻底排斥他者,确保自我的绝对自由和安全。这个全球帝国被假定具有空间的总体性和时间的无限性;它将自己看成是一种并非支配着特殊的社会群体或人类群体、而是"直接支配着人性"(Negri 和 Hardt 语)的文明。这些想法与其说符合资本主义生产和消费的扩张(实际上,即便在最发达的资本主义社会中,这种扩张也很不平衡),还不如说符合以经济与文化、特殊与普遍的交汇为基础的晚期资产阶级主体性这个全新的概念。⑰从这种观点来看,也许有某种办法可以矫正 Antonio Negri 和 Michael Hardt 在《帝国》中提出的一个在别的条件下无法质疑,因而也就无关宏旨的口号:"根本没有什么外部"(这是对帝国来说的。这个全球帝国混合了后现代主义和全球化,由于左派对全球乌托邦持有一种唯意志论和非历史的看法,因此,与实际存在的资本主义体制基于不可靠的理由所宣称的相比,它就是一个更规范的概念构成物)。在消费自由、日常生活生产的均质化、同质化的空间里,政治经济学变成了力比多经济学。只要"内部"由这种情况所决定,就可以采取各种各样的方式,按照被排斥在帝国的同质化国家之外的因素来清晰地界定"外部"。换句话说,"内部"与"外部"的这种修辞性的二项对立(或者说,将"外部"从"内部"的位置上清除出去)只有从政治的角度来理解才有意义。但是,一旦从政治的角度来理解这种二项对立,也就是说,一旦"人类群体的强化"——突然的,而又是历史的——达到了政治的水平,内部与外部的两分法就像敌友的对立一样昭然若揭和不可避免了。只要看看美国媒体将文化变成政治的手腕,只要看看公众对"九一一"恐怖袭击事件的反应,这一点就再清楚不过了。

在这方面,后现代主义和全球化似乎是按与自由民主制相同的政治逻辑运作的:第一,它们需要同质性;第二,如果有必要的话,它们还要清除或根除异质性。"后现代"和"全球性"这两个词标志着文化变成政治的历史时刻,与此同时,"文化变成政治"也必须理解成"政治变成文化"。如果说——正如杰姆逊指出的——"美国生活方式"提供了一种"文化的"同质性,并且使这种同质性超越了经济不均等或政治不平等(实质性平等),从而成功地控制了阶级斗争,那么,后现代和全球化时代显然就是美国化的时代。这种美国化规模更大,但同样没有什么均等可言。⑱但是,即便在考虑这个将全球后现代性视为全球美国化的规范概念时,我们也必须找到政治上有意义的方法来解释差异、抗拒之类的传统的和现实的阻力,批判地,但又不失同情地分析它们对异质性——而不仅仅是对"可供选择的方案"——的要求,分析其在政治上和文化政治上所采取的自我肯定姿态,最终对这些立场和意识形态在真正的全球政治——以反认同、反标准化的身份建构为特征——中的有用性做出策略性评估。这些立场和意识形态是建构任何一个关于更好的社会制度的有意义概念时必须利用的资源,而不是迅速跳到完全按西方的各种政治立场来界定的全球乌托邦的累赘或障碍。

《帝国》一书提出的一个比较有说服力的论点就是,这种新的政治动物不想打仗,而是想维持和平。但是,如果从施米特的一个思想出发来理解这个论点,就能够进一步增强它的力量。施米特认为,对同质化的"我们"概念的任何极权式建构都自觉或不自觉地建基于一个虚假的、非历史的和不可企及的幻想之上:即我们的生活方式、我们的存在的"绝对安全"。追求和平的冲动确实是触及"我们的生活方式"的一切文明—霸权秩序的一个根本特征。从中国的万里长城到美国的国家弹道防御系统,都透露出这种绝对安全的幻想。《共产党宣言》有一段精彩的文字,说万里长城被"资产阶级的廉价商品"象征性地"击垮"了。其实,根本等不到这个时候,历史上游牧部落已经一再突破了这道防线。但是,中国人又一再象征性地或以其他形式重建长城。正如施米特告诉我们的,绝对安全本身建基于敌人的概念之上,而所谓的敌人是遭到否定的他者。长城巍然屹立,象征性地否定了敌人作为人的存在,但实际上又暗中承认了这个被否定的、非人化的敌人从外部和内部对我们的康乐和福祉构成的实实在在的威胁。世贸中心双子座的轰然坍塌给曼哈顿的空中轮廓线留下了一个"缺口",这是何等的令人毛发倒竖,它似乎每天都在提醒纽约人,用一道长城来保卫自己的绝对安全,已经越来越不可能了,但又越来越有必要。我们见过各式各样的长城:现代化和现代性,那种认为财富和权力能够提供安全、保护、荫庇的古典观念(作为殖民主义和帝国主义时代的残余物),地理距离和分隔。曾几何时,这一切都变得弱不禁风而又遥不可及。溯其缘由,一方面,这个世界上确有那么一些人把生命看得比其他"价值"更重(我们只能名之为"邪恶"),另一方面,通常意义上的全球化和后现代过程本身亦难辞其咎。

在这种特殊的意义上,我们也许会承认,全球化和后现代主义作为一种意识形态话语,不过代表着构造一个同质概念的又一次尝试。这个概念并不被用来再现人类状况,而是被用来驾驭人类状况。这个驾驭过程假借了自由、多样性和多元性的名义,也就是说,它所采取的手段是构造和生产主体性以及人性概念本身。在这个意义上,德勒兹关于肯定性、内部分化和同一的多元——所有这些概念都与黑格尔的二项对立、辩证矛盾等经典概念针锋相对——的哲学思考很可能成为意识形态和文化政治论辩的新的哲学基础,因为它一方面为自由民主意识形态的文化主义的自我理解提供了机会,另一方面又为其批评者提供了机会。这些批评者坚持社会系统和文化系统的某些仍处于有关"什么是人性"的同质化文化政治观念之外——在这个特殊的意义上,仍处于自由民主意识形态建基于其上的晚期资产阶级政体的政治权力的控制范围之外——的持久价值。随着不同人类群体在某个特定层次上(也就是说,在全世界的一个特定阶层内部)的沟通和互动的日益增多,以必要的、隐蔽的政治凝聚力和同质性为基础的排斥必须根据文明和人性本身的极端他性来加以界定。即便恐怖主义或伊斯兰原教旨主义不存在,它们也会被创造出来。伊拉克人、塞尔维亚人,在某种程度上还包括中国人,已经处在这样的位置上。此外还有非洲大陆,那里的情况更为隐蔽,这个地区如此彻底地脱离了人们的视线,难道这个现象本身不可怕吗?在这方面,也同样没有什么让人感到新鲜的;而且施米特也同样可以为我们提供一些现成的教益。在《政治的概念》的结尾,施米特指出(这是在1932年):

> 战争受到谴责,但处决、制裁、讨伐、绥靖、国家警察、确保和平的措施依然存在。于是,对手不再被称为敌人,而是被称为扰乱和平者,并因此而被打入不齿于人类的败类之列。为保护或扩大经济权力而进行的战争以宣传为辅翼,必然变成一场十字军东征,变成人类的最后一场战争。这一点隐含于伦理与经济的两极性中:这种两极性具有惊人的系统性和融贯性。但是,这个据说是非政治的——甚至明显是反政治的——系统服务于现存的或新出现的敌友分类,根本无法逃

脱政治的逻辑。⑲

但是,如果我们发现政治在现代(后现代)变成了某种非政治的、文化的、伦理的、力比多的或文明的东西,我们就应该期待着看到文化变成了政治的、社会的、策略的、经济的和特殊的东西。如果卢梭、施米特和毛泽东有什么共同性的话,那就在于这样一个直觉:为国家政治——当然也包括政府本身——提供了终极正当性的人民"公意"基本上是一个通过教育塑造、培养的问题。换句话说,公意是受到国家认可或在政治上受到认可的教育的结果,而教育的功能是要为国家/政府的正当化服务。因此,教育按其本性就先于民主,并且在这个特殊的意义上具有独裁的性质。如果说国王(主权者)是对非常情况做出决断的人,独裁者就是教育者,是了解人民意愿的人。我认为,现在可以回到杰姆逊所说的"压抑的多元性"问题上来了。它使下述常识具有了实质性内容:在全球资本主义及其后现代文化的语境中,说到底,支配人民意愿的是资本主义生产和消费的逻辑。这种利他主义的特殊的现代——或全球化/后现代——新花样是,鉴于文化变成了经济,经济变成了文化,鉴于资本与身体的相互渗透,决定一种隐含地而又必然地具有政治性,并且先于普遍性概念的教育的内容的主权者乃是市场本身。对后现代/全球化状态的历史性的这种政治哲学理解可以促使具有批判意识的知识分子与后现代主义和去中心消费主义的文化话语保持"谨慎的距离"。这些话语是全球化时代的文化财富,不过,对此我们"不能不带着惊恐去观照"(本雅明语)⑳。

注释:

① Fredric Jameson, "Notes on Globalization as a Philosophical Issue," in Fredric Jameson and Masao Miyoshi, edited. *The Cultures of Globalization*, Durham, NC: Duke University Press, 1998, pp. 54—77.

② Ernest Gellner, *Language and Solitude*, Cambridge and New York: University of Cambridge Press, 1998, pp. 3—13.

③ For the Rawls—Habermas debate, see John Rawls, "Reply to Habermas," in *Political Liberalism*, Cambridge, MA: Harvard University Press, pp. 327—434; Jürgen Habermas, "Political Liberalism: A Debate with John Rawls," in *The Inclusion of the Other: Studies in Political*

Theory, Cambridge, MA: Massachusetts Institute of Technology Press, 1999, pp. 49－104.

④ Cf. Richard Rorty, *Achieving Our Country*, Cambridge, MA: Harvard University Press, 1998. 关于罗蒂这本书的思路的中文评论,参见张旭东《知识分子与民族理想》,载《读书》2000年10月号,第24－33页。

⑤ Jameson, op. cit., p. 58.

⑥ Ibid., p. 65.

⑦ Cf. David Brooks, *Bobos in Paradise － The New American Upper Class and How They Got There*, New York: Simon and Schuster, 2000.

⑧ Max Weber, op. cit., pp. 24－25.

⑨ Jameson, op. cit., pp. 71－72.

⑩ Carl Schmitt, *The Crisis of Parliamentary Democracy*, Cambridge, MA: Massachusetts Institute of Technology Press, 2001, p. 13.

⑪ Ibid., p. 13.

⑫ Ibid., p. 13.

⑬ Ibid., p. 9.

⑭ Ibid., p. 14.

⑮ Ibid., p. 11.

⑯ Carl Schmitt, *The Concept of the Political*, Chicago: University of Chicago Press, 1996, p. 62.

⑰ Antonio Negri and Michael Hardt, *Empire*, Cambridge, MA: Harvard University Press. 2000, p. xiv－xv.

⑱ Jameson, op. cit., p. 74.

⑲ Carl Schmitt, *The Concept of the Political*, op. cit., p. 79.

⑳ Walter Benjamin, "Theses of Philosophy of History," in *Illuminations*, edited by Hannah Arendt, translated by Harry Zohn, New York: Schoken Books, 1969, p. 256.